Guttentagsche Sammlung
Nr. 8. Deutscher Reichsgesetze. Nr. 8.
Textausgaben mit Anmerkungen und Sachregister.

Die Reichsgesetze über den

Unterstützungswohnsitz,

die Freizügigkeit,
die Reichs- und Staatsangehörigkeit,
nebst den auf ersteres Gesetz bezüglichen landesgesetzlichen Bestimmungen sämtlicher Länder.

Textausgabe mit Anmerkungen und Sachregister.

Begründet von
Geh. Regierungsrat Dr. J. Krech.

Neunte, vermehrte und verbesserte Auflage,

herausgegeben von
Geh. Regierungsrat P. A. Baath,
Mitglied des Bundesamts für das Heimatwesen.

Berlin und Leipzig 1922.
Vereinigung wissenschaftlicher Verleger
Walter de Gruyter & Co.
vormals G. J. Göschen'sche Verlagshandlung — J. Guttentag, Verlagsbuchhandlung — Georg Reimer — Karl J. Trübner — Veit & Comp.

Vorwort.

An Stelle des verstorbenen Herausgebers der achten Auflage hat der Unterzeichnete, der im Jahre 1911 sein Nachfolger geworden ist, die Herausgabe der neunten Auflage übernommen. Diese hat gegenüber der vorhergehenden Auflage eine nicht unwesentliche Änderung erfahren, die bei den drei zum Abdruck gelangten Reichsgesetzen am geringfügigsten ist. Durch Reichsgesetz vom 30. Juni 1913 (RGBl. S. 495) in Verbindung mit der daraufhin erlassenen Kaiserlichen Verordnung vom 4. April 1915 (RGBl. S. 381) ist das Unterstützungswohnsitzgesetz mit dem 1. Januar 1916 auch in Bayern eingeführt worden. Dafür ist infolge des unglücklichen Krieges Elsaß-Lothringen ganz aus dem Reichsgebiet ausgeschieden. Von den Ländern waren die Freistaaten Reuß ä. u. j. L. durch Notgesetz vom 21. Dezember 1918 (GS. Reuß j. L. S. 111) eine Verwaltungsgemeinschaft eingegangen und haben sich dann in Gemäßheit des „Gesetzes über die Vereinigung der beiden Freistaaten Reuß zu einem Volksstaat Reuß sowie über die vorläufige Verfassung und Verwaltung“ vom 4. April 1919 (in Kraft seit 17. April 1919, GS. für beide Freistaaten Reuß S. 27) zu einem Staat vereinigt. Durch Gesetz vom 30. April 1920, betreffend das Land Thüringen (RGBl. S. 841), sind die Länder Sachsen-Weimar-Eisenach, Sachsen-Meiningen, Reuß, Sachsen-Altenburg, Sachsen-Gotha ohne das Gebiet von Coburg, Schwarzburg-Rudolstadt und Schwarzburg-Sondershausen mit Wirkung vom 1. Mai 1920 zu einem Lande Thüringen vereinigt worden. Durch Gesetz vom 30. April 1920 (RGBl. S. 842), in Kraft gemäß Verordnung vom 21. Juni 1920 (RGBl. S. 1329) seit 1. Juli 1920, ist das Gebiet von Coburg mit Bayern vereinigt worden.

Die Anmerkungen zu den Reichsgesetzen sind auf ein geringes Maß beschränkt geblieben. Die Rechtsprechung des Bundesamtes ist bis zum 57. Bande berücksichtigt worden.*) Mancherlei Änderung hat die Landesgesetzgebung erfahren; die Änderungen sind auf Grund des dem Bundesamte für das Heimatwesen zur Verfügung stehenden amtlichen Materials berücksichtigt worden. Die neue Auflage gewährt ein vollständiges Bild des gegenwärtigen Rechtszustandes im Deutschen Reiche.

Die Wiedergabe der Landesgesetzgebung ist nicht durch den Abdruck der einzelnen zum Unterstützungswohnsitzgesetze erlassenen Ausführungsgesetze in der Reihenfolge der Paragraphen erfolgt, sondern im Anschluß an die in den §§ 8, 30, 33, 37, 60 des Gesetzes über den Unterstützungswohnsitz aufgestellten Grundsätze in besonderen Abschnitten. Dadurch ist eine größere Übersichtlichkeit des massenhaften Stoffes erreicht worden. Wo die Vorschriften der einzelnen Landesgesetze mit den entsprechenden Bestimmungen der preußischen Gesetzgebung (wörtlich) gleichlauten oder (sachlich) übereinstimmen, ist der Raumersparnis wegen der wörtliche Abdruck durch einen entsprechenden Hinweis ersetzt. Die Reihenfolge der Landesgesetze richtet sich nach der Bevölkerungszahl der einzelnen Länder, wobei zu bemerken ist, daß für das Land Thüringen selbst noch keine armenrechtlichen Gesetze erlassen sind; es gelten noch die Gesetze der vereinigten sieben Gebietsteile. Besondere Sorgfalt ist auf Ausgestaltung des Sachregisters verwandt worden.

Berlin, im Oktober 1921.

Baath.

*) Im einzelnen wird wegen der Rechtsprechung des Bundesamts auf Krech-Baath, Erläuterung des UWG., vierzehnte Auflage, verwiesen.

Inhaltsverzeichnis.

Nachträge und Berichtigungen siehe Seite 522

Abkürzungen.

AB. = Armenverband.
ABG. = Angestelltenversicherungsgesetz.
Entsch. = Entscheidungen des Bundesamts, herausgegeben von Wohlers, Heft 1—23; von Krech, Heft 24—40; von Bünger, Bd. 41, 42; von Krech, Bd. 43; von Baath, Bd. 44—57.
FrG. u. FreizügG. = Freizügigkeitsgesetz.
LAB. = Landarmenverband.
OAB. = Ortsarmenverband.
Pr. AG. = Preußisches Ausführungsgesetz vom 8. März 1871.
Pr. LBG. = Preußisches Gesetz über die allgemeine Landesverwaltung.
RBO. = Reichsversicherungsordnung.
UW. = Unterstützungswohnsitz.
UWG. = Gesetz über den Unterstützungswohnsitz.
BA. = Vollzugsanweisung zum bayerischen Armenpflegegesetz vom 4. August 1915 (GBBl. S. 614).

Über die Bedeutung der Worte „gleichlautend" und „übereinstimmend" siehe am Schlusse des Vorworts.

Einleitung.

An Stelle der Artikel 3 und 4 der Verfassung des Norddeutschen Bundes vom 26. Juli 1876 (BGBl. S. 1) sind jetzt folgende Vorschriften der Verfassung des Deutschen Reiches vom 11. August 1919 (RGBl. S. 1383 f.) getreten:

Art. 110. Die Staatsangehörigkeit im Reiche und in den Ländern wird nach den Bestimmungen eines Reichsgesetzes erworben und verloren. Jeder Angehörige eines Landes ist zugleich Reichsangehöriger.[1])

---

[1]) Über den Einfluß des Friedensvertrags von Versailles auf die Deutschen der abgetretenen Gebiete vergl. Art. 53, 54 (nebst Anlage), 37, 85, 91, 113 Ges. v. 16. Juli 1919 (RGBl. 687 ff.). In den Rechtsbeziehungen zwischen den AV. der Abstimmungsgebiete, des Saargebiets und der besetzten Landesteile zu denen der übrigen deutschen AV. sind keine Änderungen eingetreten. Die abgetretenen Gebiete sind Ausland geworden, und zwar das Memelland, Danzig, die an Polen abgetretenen Gebietsteile mit dem 10. Jan. 1920, Elsaß-Lothringen mit dem 11. Nov. 1918. Die Rechtsbeziehungen zu den AV. dieser Gebiete haben aufgehört; die dort Unterstützungsberechtigten sind landarm geworden. Nach der Abtretung hat der vorläufig unterstützende inländische AV. keine Ansprüche gegen den nunmehr ausländischen AV. des UW. und umgekehrt der nunmehr ausländische vorläufig unterstützende AV. keine Ansprüche gegen den inländischen AV. des UW. Gegenseitige Ansprüche bis zur Abtretung bestehen zu Recht, können aber nur im diplomatischen Wege durch das Reichsministerium des Auswärtigen verfolgt werden. Bezüglich Elsaß-Lothringens sind Ansprüche an das gemäß § 72 des Friedensvertrags beim Reichsministerium des Innern gegründete Ausgleichsamt anzubringen. (Erlaß des Pr. Ministers für Volkswohlfahrt v. 9. März 1920 — III E 198 —, Zeitschrift für Heimatwesen 1920, 25. Jahrgang, S. 118—120, Volkswohlfahrt 1920 S. 15.) Nach Erlaß

Jeder Deutsche hat in jedem Lande des Reichs die gleichen Rechte und Pflichten wie die Angehörigen des Landes selbst.

Art. 111. Alle Deutschen genießen Freizügigkeit im ganzen Reiche. Jeder hat das Recht, sich an beliebigem Orte des Reichs aufzuhalten und niederzulassen, Grundstücke zu erwerben und jeden Nahrungszweig zu betreiben. Einschränkungen bedürfen eines Reichsgesetzes.

Art. 6. Das Reich hat die ausschließliche Gesetzgebung über:

3. die Staatsangehörigkeit, die Freizügigkeit, die Ein- und Auswanderung und die Auslieferung.

Art. 7. Das Reich hat die Gesetzgebung über:

5. das Armenwesen und die Wandererfürsorge;

7. die Bevölkerungspolitik, die Mutterschafts-, Säuglings-, Kinder- und Jugendfürsorge.

Art. 9. Soweit ein Bedürfnis für den Erlaß einheitlicher Vorschriften vorhanden ist, hat das Reich die Gesetzgebung über:

1. die Wohlfahrtspflege.

Art. 12 Abs. 1. Solange und soweit das Reich von seinem Gesetzgebungsrechte keinen Gebrauch macht, behalten die Länder das Recht der Gesetzgebung. Dies gilt nicht für die ausschließliche Gesetzgebung des Reichs.

Neu ist Art. 163: „Jeder Deutsche hat unbeschadet seiner persönlichen Freiheit die sittliche Pflicht, seine geistigen und körperlichen Kräfte so zu betätigen, wie es das Wohl der Gesamtheit erfordert.

---

v. 18. April 1921 haben bis auf weiteres Zahlungen preußischer AV. aus armenrechtlichen Verpflichtungen an die Saarregierung zu unterbleiben. Verzeichnis der mit dem 15. Juni 1920 an Dänemark übergegangenen Gebietsteile s. Volkswohlfahrt 1921, S. 203, der nach Abstimmung am 16. August 1920 an Polen gefallenen Ortschaften ebenda, S. 316.

Jedem Deutschen soll die Möglichkeit gegeben werden, durch wirtschaftliche Arbeit seinen Unterhalt zu erwerben. Soweit ihm angemessene Arbeitsgelegenheit nicht nachgewiesen werden kann, wird für seinen notwendigen Unterhalt gesorgt. Das Nähere wird durch besondere Reichsgesetze bestimmt."

Auf sozialem Gebiet liegen noch Art. 7 Z. 8: Gesundheits- und Veterinärwesen, Z. 9: Arbeitsrecht, Versicherung und Schutz der Arbeiter und Angestellten, Arbeitsnachweis, Z. 11: Fürsorge für Kriegsteilnehmer und ihre Hinterbliebenen, Art. 119: Ausgleichende Fürsorge für kinderreiche Familien, Art. 122: Schutz der Jugend, Art. 145: Unentgeltlichkeit des Unterrichts und der Lernmittel in Volks- und Fortbildungsschulen, Art. 146: Unterrichtsbeihilfe an Minderbemittelte, Art. 151: Gewährleistung eines menschenwürdigen Daseins, Art. 157 f.: Arbeitsrecht.

Zur Ausführung dieser Verfassungsbestimmungen sind noch keine Gesetzesvorschriften ergangen. Es gelten noch:

1. das Gesetz über die Freizügigkeit vom 1. November 1867 (BGBl. S. 55);

2. das Gesetz über die Reichs- und Staatsangehörigkeit vom 22. Juli 1913 (RGBl. S. 583), in Kraft seit 1. Januar 1914;

3. das Gesetz über den Unterstützungswohnsitz vom 6. Juni 1870 (BGBl. S. 360), das jetzt für das ganze Deutsche Reich gilt.

Der Geltungsbereich aller drei Gesetze entsprach dem Gebiete des Norddeutschen Bundes (Art. 1 der Verf.). In ihm ist das erste Gesetz am 1. Januar 1868, das zweite am 1. Januar 1871 — die §§ 17 und 20 nach dem Gesetze vom 21. Juli 1870 schon am Tage der Verkündung des letzteren Gesetzes (BGBl. S. 478) —, das dritte am 1. Juli 1871 in Kraft getreten.

Die beiden ersten Gesetze gelten nach Art. 80 I, 3 und 24 der zwischen dem Norddeutschen Bunde und den Großherzogtümern Baden und Hessen vereinbarten Verfassung des Deutschen Bundes (BGBl. 1870 S. 627 ff.) auch für diese Großherzogtümer;

nach Art. I des Vertrages vom 25. November 1870 (BGBl. S. 654) für Württemberg;

nach § 2 I, 3 und § 9 des Gesetzes vom 22. April 1871, betreffend die Einführung Norddeutscher Bundesgesetze in Bayern (BGBl. S. 87), für Bayern (vergl. auch Schlußprotokoll vom 23. November 1870 I, II, III; BGBl. 1871 S. 23).

Durch die §§ 9 und 12 des zitierten Gesetzes vom 22. April 1871 sind die Bestimmungen in § 1 Abs. 2, § 8 Abs. 3 und § 16 des Gesetzes, betreffend die Erwerbung und den Verlust der Bundes- und Staatsangehörigkeit, für das ganze Reich aufgehoben.

In Helgoland ist das zweite Gesetz durch Art. I Nr. 1 der Verordnung vom 22. März 1891 (GS. S. 21), das Freizügigkeitsgesetz durch Verordnung vom 29. März 1909 (RGBl. S. 335) eingeführt worden.

Das Gesetz über den Unterstützungswohnsitz ist durch Art. 80 der Verfassung des Deutschen Bundes (BGBl. 1870 S. 627 ff.) als Bundesgesetz in Hessen südlich des Mains vom 1. Juli 1871 an eingeführt.

Der § 2 des Gesetzes, betreffend die Verfassung des Deutschen Reichs, vom 16. April 1871 (BGBl. 1871 S. 63) bestimmte in Abs. 1 und 2:

„Die Bestimmungen in Artikel 80 der in § 1 gedachten Verfassung des Deutschen Bundes (BGBl. 1870 S. 647),[1])

[1]) D. h. der zwischen dem Norddeutschen Bunde und den Großherzogtümern Baden und Hessen vereinbarten Verfassung (s. S. 12 oben).

unter III § 8 des Vertrages mit Bayern vom 23. November 1870 (BGBl. 1871 S. 21 ff.), in Artikel 2 Nr. 6 des Vertrages mit Württemberg vom 25. November 1870 (BGBl. 1870 S. 656) über die Einführung der im Norddeutschen Bunde ergangenen Gesetze in diesen Staaten bleiben in Kraft.

Die dort bezeichneten Gesetze sind Reichsgesetze. Wo in denselben von dem Norddeutschen Bunde, dessen Verfassung, Gebiet, Mitgliedern oder Staaten, Indigenat, verfassungsmäßigen Organen, Angehörigen, Beamten, Flagge usw. die Rede ist, sind das Deutsche Reich und dessen entsprechende Beziehungen zu verstehen." [1])

Als Reichsgesetz ist das Gesetz über den Unterstützungswohnsitz in Württemberg und Baden vom 1. Januar 1873 in Kraft getreten (Gesetz vom 8. November 1871, RGBl. S. 391); in Elsaß-Lothringen am 1. April 1910 (Gesetz vom 30. Mai 1908, RGBl. S. 377). Durch Reichsgesetz vom 30. Juni 1913 (RGBl. S. 495) in Verbindung mit der daraufhin erlassenen Kaiserlichen Verordnung vom 4. April 1915 (RGBl. S. 381) ist das UWG. mit dem 1. Januar 1916 auch in Bayern eingeführt worden. Für Helgoland ist die

---

[1]) Die infolge des Abs. 2 im Texte der beiden ersten Gesetze vorgenommenen Veränderungen sind durch gesperrte Schrift angedeutet. — Für das UWG. ist in Art. II Abs. 1 der Novelle vom 30. Mai 1908 bestimmt:

In den §§ 1, 2, 5, 28, 30, 31, 32, 34, 65 ist an Stelle der Worte „Norddeutsche" bezw. „Norddeutscher" und „Norddeutschen" zu setzen: „Deutsche" bezw. „Deutscher" und „Deutschen".

S. über den Begriff „Deutschen" oben im Text und § 1 Abs. 2 des Gesetzes.)

in § 6 des Gesetzes vom 15. Dezember 1890 vorbehaltene Kaiserliche Verordnung bezügl. des Unterstützungswohnsitzgesetzes vom 29. März 1909 (RGBl. S. 335) ergangen. — Danach modiziﬁert sich auch der Begriff eines „deutschen Hilfsbedürftigen“ und eines „deutschen Armenverbandes“ im Sinne des Gesetzes über den Unterstützungswohnsitz dahin, daß darunter nur Hilfsbedürftige und Armenverbände zu verstehen sind, welche dem Geltungsbereich dieses Gesetzes angehören. Dies ist in den meisten Ausführungsgesetzen der einzelnen Bundesstaaten ausdrücklich ausgesprochen[1]) und in dem Art. II Abs. 2 der Novelle vom 30. Mai 1908 auch reichsgesetzlich festgestellt (s. § 1 Abs. 2 des Ges.). Mit dem Hinzutritt Bayerns gilt das UWG. seit dem 1. Januar 1916 für das ganze Reichsgebiet. Nur Staatsangehörigkeitslose und Personen, welche die unmittelbare Reichsangehörigkeit besitzen, gelten, obwohl Deutsche, als Ausländer im Sinne des UWG., erwerben keinen reichsrechtlichen Unterstützungswohnsitz.

Das Gesetz über den Unterstützungswohnsitz ist zuerst durch das Reichsgesetz, betreffend die Abänderung des Gesetzes über den Unterstützungswohnsitz, und die Ergänzung des Strafgesetzbuches vom 12. März 1894 (RGBl. S. 259) abgeändert und ergänzt worden. Die Novelle ist

---

[1]) Vergl. die Ausführungsgesetze für Preußen (§ 69), Württemberg (Art. 49), Baden (§ 7 MinVer. v. 6. Dez. 1872), Hessen (Art. 21), Braunschweig (§ 34), Sachsen-Altenburg (§ 17), Sachsen-Koburg-Gotha (§ 43), Anhalt (§ 3), Schwarzburg-Rudolstadt (§ 26), Waldeck (§ 31), Reuß ä. L. (§ 1), Reuß j. L. (§ 39), Schaumburg-Lippe (§ 58), Lippe (§ 35), Lauenburg (§ 57) und die Entsch. des BA. **9** 122, **11** 131, **12** 145, **13** 117, **15** 35, **31** 49, **26** 150.

nach Art. 3 mit dem 1. April 1894 in Kraft getreten. — Die dort verordnete neue Redaktion des Textes des Unterstützungswohnsitzgesetzes ist in Nr. 9 des Reichs-Gesetzblattes von 1894 S. 262 ff. bekanntgemacht worden. Eine zweite Abänderung ist durch die Art. 1 I—V und Art. 2 der Novelle vom 30. Mai 1908 herbeigeführt worden. Die in derselben (Art. 4)[1]) dem Reichskanzler übertragene neue Redaktion des Unterstützungswohnsitzes ist durch Erlaß des Reichskanzlers vom 7. Juni 1908 (RGBl. S. 380) unter der Überschrift: Gesetz über den Unterstützungswohnsitz vom 30. Mai 1908 in dem RGBl. S. 381 ff. bekanntgemacht worden. Über das Inkrafttreten der abgeänderten bezw. neuen Bestimmungen verordnet Art. 3 der Novelle:

Die Vorschriften der Artikel 1 und 2 treten am 1. April 1909 in Kraft.

Sie finden auf alle nach diesem Zeitpunkt eintretenden neuen Unterstützungsfälle Anwendung.[2])

---

[1]) Art. 4 der Novelle lautet:

Der Reichskanzler wird ermächtigt, den Text des Gesetzes über den Unterstützungswohnsitz (RGBl. 1894 S. 262), wie er sich aus den im Art. 1 vorgesehenen Änderungen ergibt, unter Fortlassung der Randbemerkungen durch das Reichs-Gesetzblatt bekanntzumachen.

[2]) Die Vorschrift soll nach der Begründung die Zweifel beseitigen, welche hinsichtlich der zur Zeit des Inkrafttretens schwebenden Armensachen entstehen können. Nach der Rechtsprechung des Bundesamts sind unter neuen Unterstützungsfällen die Fälle zu verstehen, in denen seit dem 1. April 1909 Unterstützung gewährt ist (Entsch. **42** 18); es sei

Zur Ausführung des Reichsgesetzes über den Unterstützungswohnsitz und zur Ergänzung desselben in den der Landesgesetzgebung überlassenen Materien (§§ 8, 30 Abs. 3, 33, 37, 60 a. a. O.) sind in sämtlichen Ländern Ausführungsgesetze bezw. Verordnungen, in Bayern ein Armengesetz, erlassen worden. Alle diese Gesetze sind in dem Anhange wiedergegeben. (Vergl. auch die Nachweisung der dort abgedruckten landesgesetzlichen Bestimmungen am Schlusse des Anhangs.)

Der Krieg hat auf Grund des Gesetzes, betreffend die Ermächtigung des Bundesrats zu wirtschaftlichen Maßnahmen, vom 4. August 1914 (RGBl. S. 327) verschiedene Änderungen des UWG. zur Folge gehabt, insbesondere durch die Bekanntmachungen des Bundesrats, betreffend die Einwirkung der Fürsorge für Angehörige von Kriegsteilnehmern auf deren Unterstützungswohnsitz, vom 13. November 1915 (RGBl. S. 765), und betreffend Einwirkungen der Flüchtlingsfürsorge auf das Armenrecht, vom 16. Mai 1918 (RGBl. S. 409).

---

denn, daß eine schuldhafte Säumnis vorliegt (Entsch. **43** 1, 20). — In dem Urteil v. 28. Okt. 1911 (Entsch. **44** 12) hat das Bundesamt ausgesprochen, daß die Frage nach den Grundsätzen zu beurteilen sei, welche das BA. für Begründung und Fortdauer der Unterstützungspflicht der LAV. aufgestellt hat. (Vergl. zu § 30 Anm. 6.) Über die vor dem 1. April 1909 begonnenen Pflegefälle vergl. Entsch. **44** 1, 3, 6.

I.

Gesetz über den Unterstützungswohnsitz.

Vom 30. Mai 1908 (RGBl. S. 381).

§ 1. Jeder Deutsche ist in jedem Bundesstaat in bezug
a) auf die Art und das Maß[1]) der im Falle der Hilfsbedürftigkeit[2]) zu gewährenden öffentlichen Unterstützung,[3])
b) auf den Erwerb und Verlust des Unterstützungswohnsitzes

als Inländer zu behandeln.

Im Sinne dieses Gesetzes sind unter Deutschen die Personen zu verstehen, die dem Geltungsbereiche des Gesetzes angehören. Auf diese Personen finden die Bestimmungen im § 7 des Gesetzes über die Freizügigkeit vom 1. November 1867 (Bundes-Gesetzbl. S. 55) keine Anwendung.[4])

1. Anhang A. 2. § 4 FreizügG., § 61 d. G.
3. Anm. 1 zu § 5 FreizügG., §§ 2, 14, 27.
4. Anm. 1 zu § 7 FreizügG. und Einl. S. 13, 14.

§ 2. Die öffentliche Unterstützung hilfsbedürftiger Deutscher[1]) wird, nach näherer Vorschrift dieses Gesetzes, durch Ortsarmenverbände und durch Landarmenverbände geübt.

1. Wegen der Ausländer s. § 60 d. G.

§ 3. Ortsarmenverbände können aus einer oder mehreren Gemeinden und, wo die Gutsbezirke außerhalb der Gemeinden stehen, aus einem oder mehreren Gutsbezirken beziehungsweise aus Gemeinden und Gutsbezirken zusammengesetzt sein. Alle zu einem Ortsarmenverbande vereinigten Gemeinden und Gutsbezirke[1]) gelten in Ansehung der durch dieses Gesetz geregelten Verhältnisse als eine Einheit.[2])

1. Gesamtarmenverbände: Anhang B und Entsch. **52** 151, **53** 134; Gutsarmenverbände: Entsch. **57** 1.

2. Insbesondere in Beziehung auf Erwerb und Verlust des UW., Entsch. **14** 4, **32** 91.

§ 4. Wo räumlich abgegrenzte Ortsarmenverbände noch nicht bestehen, sind dieselben bis zum 1. Juli 1871 einzurichten. Bis zum gleichen Termine muß jedes Grundstück, welches noch zu keinem Ortsarmenverbande gehört, entweder einem angrenzenden Ortsarmenverbande nach Anhörung der Beteiligten durch die zuständige Behörde (§ 8) zugeschlagen, oder selbständig als Ortsarmenverband eingerichtet werden.

§ 5. Die öffentliche Unterstützung hilfsbedürftiger Deutscher, welche endgültig zu tragen kein Ortsarmenverband verpflichtet ist (der Landarmen), liegt den Landarmenverbänden ob. Zur Erfüllung dieser Obliegenheit hat jeder Bundesstaat bis zum 1. Juli 1871 entweder unmittelbar die Funktionen des Landarmenverbandes zu übernehmen, oder besondere, räumlich abgegrenzte Landarmenverbände, wo solche noch nicht bestehen, einzurichten.[1])

Dieselben umfassen der Regel nach eine Mehrheit von Ortsarmenverbänden, können sich aber ausnahmsweise auf den Bezirk eines einzigen Ortsarmenverbandes beschränken.[1])

1. Siehe Anhang B.

§ 6. Armenverbände, deren Mitgliedschaft an ein bestimmtes Glaubensbekenntnis geknüpft ist, gelten nicht als Armenverbände im Sinne des Gesetzes.

§ 7. Die Orts- und Landarmenverbände stehen in bezug auf die Verfolgung ihrer Rechte einander gleich. Hat ein Bundesstaat unmittelbar die Funktionen des Landarmenverbandes übernommen (§ 5), so steht er in allen durch dieses Gesetz geregelten Verhältnissen den Landarmenverbänden gleich.[1])

1. Siehe zu § 61.

§ 8. Die Landesgesetze bestimmen über die Zusammensetzung und Einrichtung der Ortsarmenverbände und Landarmenverbände,[1]) über die Art und das Maß der im Falle der Hilfsbedürftigkeit zu gewährenden öffentlichen Unterstützung,[2]) über die Beschaffung der erforderlichen Mittel,[1]) darüber, in welchen Fällen und in welcher Weise den Ortsarmenverbänden von den Landarmenverbänden oder von anderen Stellen eine Beihilfe zu gewähren ist,[1]) und endlich darüber, ob und inwiefern sich die Landarmenverbände der Ortsarmenverbände als ihrer Organe behufs der öffentlichen Unterstützung Hilfsbedürftiger bedienen dürfen.[2])

1. Anhang B. 2. Anhang A.

§ 9. **Der Unterstützungswohnsitz wird erworben durch**

a) Aufenthalt,[1])
b) Verehelichung,[2])
c) Abstammung.[2])

1. Selbständiger Erwerb §§ 10—14, 17.
2. Abgeleiteter Erwerb §§ 15, 16, 18—21.

§ 10. Wer innerhalb eines Ortsarmenverbandes nach zurückgelegtem sechzehnten Lebensjahr[1]) ein Jahr lang[2]) ununterbrochen[3]) seinen gewöhnlichen Aufenthalt[4]) gehabt hat, erwirbt dadurch in demselben den Unterstützungswohnsitz.[5])

Sind in der örtlichen Abgrenzung der Ortsarmenverbände während des Laufes der einjährigen Frist Änderungen eingetreten, so wird deren Wirkung auf den Beginn der Frist zurückbezogen.[6])

1. Beginn der Fähigkeit zum selbständigen (vergl. Anm. 1, 2 zu § 9) Erwerb und Verlust (§ 22 Nr. 2) des UW. für alle Personen, ausgenommen Ehefrauen (§§ 15, 17), mit dem Anfang des 17. Geburtsjahres (16 Jahre alt).

2. Vor dem zurückgelegten 17. Lebensjahre (Ablauf der Frist mit dem Ende des letzten Tages im 17. Lebensjahre) kann niemand selbständig den UW. erwerben oder verlieren.

3. Nicht jede Entfernung ist als Unterbrechung des gewöhnlichen Aufenthalts anzusehen, § 13 d. G.

4. Trotz des Aufenthalts beginnt der Lauf der Erwerbsfrist nicht: § 11 Abs. 2, § 12 Abs. 1, oder ruht: § 12 Abs. 2, § 14 Abs. 1, oder wird unterbrochen: § 14 Abs. 2.

5. Vergl. § 64 d. G.

6. Bedeutung dieser Vorschrift: Entsch. **46** 1.

§ 11. Die einjährige Frist läuft von dem Tage, an welchem der Aufenthalt begonnen ist.[1])

Durch den Eintritt[2]) in eine Kranken-, Bewahr- oder Heilanstalt wird jedoch der Aufenthalt nicht begonnen.[3])

Wo für ein ländliches oder städtisches Gesinde, Arbeitsleute, Wirtschaftsbeamte, Pächter oder andere Mietsleute[4]) der Wechsel des Wohnorts zu bestimmten, durch Gesetz oder ortsübliches Herkommen festgesetzten Terminen stattfindet, gilt der übliche Umzugstermin als Anfang des Aufenthalts, sofern nicht zwischen diesem Termin und dem Tage, an welchem der Auf-

enthalt wirklich beginnt, ein mehr als siebentägiger Zeitraum gelegen hat.[5])

1. Der Tag wird mitgerechnet; s. § 12 Abs. 1 — §§ 187, 188 Abs. 2 BGB. kommen für die Berechnung der Erwerbs- und Verlustfrist nicht zur Anwendung (Art. 32 EG.BGB.), Entsch. **39** 7.

2. Eintritt: Entsch. **47** 28, **49** 3, **52** 9, **57** 13 (mit Zwischenaufenthalt).

3. Sondern erst mit dem Tage, an welchem die den Eintritt begründenden Umstände aufgehört haben (s. § 12 Abs. 1); in der Regel also mit dem Tage des Austritts, Entsch. **24** 3, **26** 9; Trinkerheilanstalt: Entsch. **46** 3, **47** 37.

4. Auch Wohnungsmieter; Entsch. **7** 2, **11** 10, **45** 7.

5. Der Tag des üblichen Umzugstermines und der Tag des wirklichen Zuzugs werden nicht mitgerechnet. Voraussetzung der Anwendung der Fiktion ist der von dem sich auf sie Berufenden zu erbringende Nachweis, daß der Umzug innerhalb des gesetzlichen Zeitraums und mit Bezug auf den üblichen Umzugstermin sich vollzogen hat; Entsch. **32** 9, **40** 13, **51** 3, **55** 8. Kein doppelter UW.: Entsch. **50** 3.

§ 12. Wird der Aufenthalt unter Umständen begonnen, durch welche die Annahme der freien Selbstbestimmung bei der Wahl des Aufenthaltsorts ausgeschlossen wird,[1]) so beginnt der Lauf der einjährigen Frist erst mit dem Tage, an welchem diese Umstände aufgehört haben.

Treten solche Umstände erst nach Beginn des Aufenthalts ein, so ruht[2]) während ihrer Dauer[3]) der Lauf der einjährigen Frist.

1. Wie Geisteskrankheit (Entsch. **46** 10, **47** 7, **48** 10—16, **54** 2), Entmündigung (Entsch. **54** 5), behördlicher Zwang (Zwangserziehung: Entsch. **40** 4, dagegen **47** 12; ein entflohener Fürsorgezögling ist willensfrei: Entsch. **51** 6; ebenso einstweilen entlassener Soldat: Entsch. **52** 12, **57** 25; Kassenpatient: Entsch.

52 15; Flüchtling: Entsch. **53** 3, 8, **54** 17; Armierungsarbeiter: Entsch. **54** 12; russische Landarbeiter: Entsch. **54** 27, **55** 13; polizeiliche Zuweisung einer Wohnung: Entsch. **57** 17; bezügl. Soldaten, dessen Familie verzieht, vergl. Entsch. **57** 18), Verhaftung; s. auch § 26 d. G.

2. Die willensfreien Zeiten werden zusammengerechnet.

3. Das Ruhen beginnt mit dem Tage, an welchem der betr. Umstand eintrat; der Fortlauf der Frist mit dem Tage, an welchem der betr. Umstand aufhörte; s. Abs. 1.

§ 13. Als Unterbrechung des Aufenthalts wird eine freiwillige Entfernung nicht angesehen, wenn aus den Umständen, unter welchen sie erfolgt, die Absicht erhellt, den Aufenthalt beizubehalten.[1])

1. Anm. 3, 4 zu § 10. — Solche Umstände nachzuweisen, liegt der Partei ob, welche den Erwerb des UW. nach § 10 behauptet. — Es kommt auf die tatsächlichen Umstände des einzelnen Falles an und ob aus ihnen zu entnehmen ist, daß bei der Entfernung die Absicht bestand, den Aufenthalt als gewöhnlichen beizubehalten (Nichtunterbrechung des Aufenthalts) oder den Aufenthalt (als gewöhnlichen) nicht ferner beizubehalten (Unterbrechung des Aufenthalts), bezw., daß bei der Rückkehr beabsichtigt wurde, den Aufenthalt nicht dauernd fortzusetzen (Nichtunterbrechung der Abwesenheit) oder den Aufenthalt als dauernd wiederaufzunehmen (Unterbrechung der Abwesenheit); Entsch. **15** 6, **18** 7, 9, **23** 18, 20, **26** 21, **48** 1 bis 10, **52** 20, 129, **53** 17, **56** 12, 13; Dienstboten: Entsch. **44** 14; Schachtmeister: Entsch. **49** 19; Schiffsbarbiere: Entsch. **50** 1; Schiffer: Entsch. **51** 1; Aufsuchen eines auswärtigen Krankenhauses: Entsch. **54** 39; Landstreicher: Entsch. **54** 44; Arbeiter, der getrennt von seiner Familie und nicht am Arbeitsort nächtigt: Entsch. **57** 30.

§ 14. Der Lauf der einjährigen Frist (§ 10) ruht[1]) während der Dauer[2]) der von einem Armenverbande gewährten öffentlichen Unterstützung.[3])

Er wird unterbrochen[4]) durch den von einem Armenverband auf Grund der Bestimmung im § 5 des Gesetzes über die Freizügigkeit vom 1. November 1867 gestellten Antrag[5]) auf Anerkennung der Verpflichtung zur Übernahme eines Hilfsbedürftigen. Die Unterbrechung erfolgt mit dem Tage,[6]) an welchem der also gestellte Antrag an den betreffenden Armenverband oder an die vorgesetzte Behörde[7]) eines der beteiligten[8]) Armenverbände abgesandt ist.

Die Unterbrechung gilt als nicht erfolgt, wenn der Antrag nicht innerhalb zweier Monate weiter verfolgt[9]) oder wenn derselbe erfolglos geblieben ist.[10]) [11])

1. Die unterstützungsfreien Zeiten werden zusammengerechnet.

2. Das Ruhen beginnt mit dem Tage, an welchem zuerst tatsächlich die Unterstützung gewährt ist; der Fortlauf der Erwerbsfrist mit dem ersten unterstützungsfreien Tage; Antrag und Bewilligung, Nachricht an das Vormundschaftsgericht allein unerheblich; Entsch. **50** 15, **57** 34, 51. Für welchen Zeitraum eine Unterstützung als gewährt gilt, bestimmt sich nach den Umständen des Einzelfalles; Entsch. **44** 3, **48** 16, **51** 8, 10.

3. Jede von irgendeinem Armenverbande oder einer an seine Stelle getretenen Anstalt (Entsch. **45** 15, **46** 16—27, **50** 11, wozu Arbeitsasyle nicht gehören: Entsch. **50** 8) irgendeiner zur Familiengemeinschaft nach §§ 15—21 (s. auch Grundsätze des Bundesamts über die armenrechtliche Familieneinheit; RZBl. 1883 S. 87) gehörigen Person tatsächlich gewährte notwendige oder ungerechtfertigterweise ausgesetzte (Entsch. **45** 10, aber: **57** 37) öffentliche Unterstützung hat diese Wirkung; s. jedoch § 77 des Krankenversicherungsgesetzes; Entsch. **44** 18, jetzt § 118 RVO., § 92 AVG. Nicht eine von einem Lieferungsverbande irrtümlich gewährte Unterstützung, wenn auch sonst Armenpflege nötig gewesen wäre; Entsch. **57** 36. Familienangehörige des Ehemannes sind die Ehefrau während der Dauer der ehelichen Gemeinschaft (§§ 15, 17), die ehelichen

und den ehelichen gesetzlich gleichstehenden Kinder bis zur Erreichung des armenwürdigen Alters (nach der Novelle v. 30. April 1908: 16 Jahre), die in die Ehe gebrachten ehelichen und außerehelichen Vorkinder der Ehefrau, solange diese selbst den UW. des Mannes teilt; Entsch. **48** 21. Familienangehörige einer Witwe und einer unehelichen Mutter sind nur ihre leibliche eheliche oder uneheliche Nachkommenschaft; Familienangehörige der nach § 17 selbständigen Ehefrau nur die Kinder, welche ihr bei der Trennung vom Haushalt des Vaters gefolgt sind (§ 19). Über Stiefkinder vergl. Entsch. **48** 126, **50** 49, **51** 154.

Die Grundsätze über die armenrechtliche Familieneinheit gelten reichsgesetzlich nur für Deutsche; Entsch. **42** 189, 198.

4. Die bisherige Aufenthaltszeit bleibt außer Berechnung; Einfluß der Novelle v. 30. Mai 1908: Entsch. **52** 156. Die stärkere Wirkung in Abs. 2 rechtfertigt sich, weil bei dauernder Hilfsbedürftigkeit die Ausweisung (Zurückweisung an den verpflichteten AV.) erfolgen kann (§§ 5, 6 FreizügG.).

5. Nur ein bezüglich des Familienhaupts gestellter Antrag hat diese Wirkung; Entsch. **25** 17. Wegen der Unterbrechung durch einen von dem übernahmepflichtigen OAV. gestellten Überführungsantrag vergl. Entsch. **18** 25, **25** 11, **28** 42, **38** 12, **44** 20; durch Übernahmeeinverständnis: Entsch. **51** 11.

6. Es tritt (abgesehen von den Fällen des Abs. 3) dieselbe Wirkung ein, als sei eine Entfernung infolge des gestellten Antrags bereits mit diesem Tage erfolgt; s. Anm. 4.

7. Kommunalaufsichtsbehörde.

8. Außer dem antragstellenden AV. auch der AV., von welchem die Anerkennung der Übernahmepflicht verlangt wird; § 6 FreizügG.

9. Durch Anstellung der Klage.

10. Die auf Grund des § 3 Ermächtigungsgesetzes vom 4. Aug. 1914 erlassene BRV. v. 13. Nov. 1915 (RGBl. 765) bestimmt: „Unterstützungen, die auf Grund des Gesetzes vom 28. Febr.

1888 / 4. Aug. 1914, betr. die Unterstützung von Familien in den Dienst eingetretener Mannschaften (inzwischen geändert durch Ges. v. 30. Sept. 1915, RGBl. 629; Verordnungen des Bundesrats v. 19. März 1915, RGBl. 187, 191; 21. Jan. 1916, RGBl. 55; 3. Dez. 1916, RGBl. 1323; 20. April 1917, RGBl. 371; 2. Nov. 1917, RGBl. 985; 28. Sept. 1918, RGBl. 1223; 9. Dez. 1918 RGBl. 1411), gewährt werden oder gewährt worden sind, bewirken, soweit sie ganz oder zum Teil an Stelle solcher Unterstützungen treten, die bisher von Armenverbänden wegen einer nicht nur vorübergehenden Hilfsbedürftigkeit gewährt worden sind, das Ruhen der einjährigen Frist für den Erwerb und Verlust des Unterstützungswohnsitzes der unterstützten Personen sowie derjenigen, deren Unterstützungswohnsitzverhältnisse die Unterstützten teilen." Über die Grenzen zwischen Kriegsunterstützung, Kriegswohlfahrts- und Armenpflege vergl. Entsch. **49** 29, **50** 70 bis 105, **51** 77 bis 116, **52** 59 bis 96, **53** 74 bis 95, **54** 108 bis 134, **55** 54 bis 79, **56** 47 f., **57** 66 f. Wer Anspruch auf Kriegsfamilienunterstützung hat, kann danach im allgemeinen nicht Gegenstand der Armenpflege sein. Dagegen kann über die Höchstsätze der Erwerbslosenfürsorge hinaus Armenunterstützung notwendig werden: Entsch. **56** 54.

11. Anfangs bewirkte Unterstützung von Kriegsflüchtlingen kein Ruhen des Fristenlaufes; Entsch. **54** 55. Jetzt gilt die folgende Bekanntmachung des Bundesrats v. 16. Mai 1918 (RGBl. 409), betr. Einwirkungen der Flüchtlingsfürsorge auf das Armenrecht:

I. Unterstützungen, die auf Grund des Gesetzes v. 28. Febr. 1888 / 4. Aug. 1914, betr. die Unterstützung von Familien in den Dienst eingetretener Mannschaften, oder sonst im Wege der öffentlichen Kriegswohlfahrtspflege Personen gewährt werden oder gewährt worden sind, die infolge der kriegerischen Verhältnisse nach dem 31. Juli 1914 aus dem Ausland in das Reichsgebiet übergetreten sind, bewirken das Ruhen der einjährigen Frist für den Erwerb und Verlust des Unterstützungswohnsitzes der unterstützten Personen sowie derjenigen, deren Unterstützungswohnsitzverhältnisse die Unterstützten teilen.

Das gleiche gilt von Unterstützungen der im Abs. 1 bezeichneten Art, soweit sie Personen, die sich im Inland infolge feindlichen Einfalls oder drohenden feindlichen Einfalls oder auf Grund einer Räumungsanordnung der Zivil- oder Militärbehörden von dem Orte ihres vordem begründeten gewöhnlichen Aufenthalts entfernt oder ferngehalten haben, während der Dauer ihrer Entfernung gewährt werden oder gewährt worden sind.

II. Die Verpflichtung zur Erstattung der Kosten der vorläufigen Unterstützung und zur Übernahme hilfsbedürftiger

a) landarmer Deutscher,

b) staatloser ehemaliger Deutscher,

c) staatloser Personen deutscher Abkunft,

die nach dem 31. Juli 1914 infolge der kriegerischen Verhältnisse aus dem Ausland in das Reichsgebiet übergetreten sind und innerhalb eines Monats nach dem Grenzübertritte hilfsbedürftig werden, regelt sich nach den folgenden Bestimmungen:

1. In den Fällen zu a und b ist derjenige Bundesstaat verpflichtet, innerhalb dessen der Hilfsbedürftige seinen letzten Unterstützungswohnsitz gehabt hat. Ist ein solcher nicht zu ermitteln, so liegt die Verpflichtung vorbehaltlich der Vorschrift zu 3 bei landarmen Deutschen demjenigen Bundesstaat ob, dem der Unterstützte angehört, bei staatlosen ehemaligen Deutschen demjenigen Bundesstaate, dem der Unterstützte zuletzt angehört hat. Die Vorschrift im § 30 Abs. 2 Satz 1 des Gesetzes über den Unterstützungswohnsitz findet entsprechende Anwendung.

2. In den Fällen zu c trifft die Verpflichtung denjenigen Bundesstaat, dem der letzte nachweisbare deutsche Vorfahre des Hilfsbedürftigen angehört hat.

Sofern nicht ein anderes bewiesen wird, gilt ein im Reichsgebiete wohnhaft gewesener Vorfahre als Angehöriger desjenigen Bundesstaats, innerhalb dessen der letzte nachweisbare inländische Wohnsitz belegen ist.

3. Für unmittelbare Reichsangehörige und ehemalige unmittelbare Reichsangehörige, hinsichtlich derer ein nach den Vorschriften unter 1 zur Erstattung verpflichteter Bundesstaat nicht

vorhanden ist, liegt die Verpflichtung demjenigen Bundesstaat ob, in dessen Gebiet die Hilfsbedürftigkeit hervortritt.

In diesen Fällen erstattet das Reich dem Bundesstaate die Kosten der Unterstützungen.

Das gleiche gilt, wenn sich bei Hilfsbedürftigen, die nach vorläufiger Prüfung ihrer persönlichen Verhältnisse beim Übertritt in das Reichsgebiet als Deutsche, als ehemalige Deutsche oder als Personen deutscher Abkunft angesehen worden sind, die Reichsangehörigkeit, die ehemalige Reichsangehörigkeit oder die Abstammung von einem Deutschen nachträglich nicht erweisen läßt.

4. In den Fällen zu 1 und 2 bestimmt sich der verpflichtete Bundesstaat bei Ehefrauen, sofern sie nicht nach § 17 des Gesetzes über den Unterstützungswohnsitz als armenrechtlich selbständig gelten, nach den hinsichtlich des Mannes maßgebenden Verhältnissen; bei minderjährigen ehelichen Kindern nach den Verhältnissen, die für denjenigen Elternteil maßgebend sind, dessen Unterstützungswohnsitzverhältnisse die Kinder teilen oder teilen würden, falls sie das 16. Lebensjahr noch nicht vollendet hätten; hierbei gelten Kinder, welche die Reichsangehörigkeit nicht besitzen, als Deutsche; bei minderjährigen unehelichen Kindern nach den hinsichtlich der Mutter maßgebenden Verhältnissen.

Die Verpflichtung für staatlose ehemalige Deutsche erstreckt sich auf Ehefrauen und minderjährige Kinder, auch soweit diese die Reichsangehörigkeit nicht besessen haben, die Verpflichtung für staatlose Personen deutscher Abkunft auf Ehefrauen nichtdeutscher Abkunft.

5. Ist Unterstützung auf Grund des Gesetzes vom 28. Febr. 1888 / 4. Aug. 1914 oder sonst im Wege der öffentlichen Kriegswohlfahrtspflege gewährt worden und tritt später an deren Stelle Armenunterstützung, so ist es für die Pflicht zur Erstattung der letzteren so anzusehen, als wäre die Hilfsbedürftigkeit bereits bei Beginn der Kriegswohlfahrtspflege eingetreten.

III. Die Bestimmungen unter II finden entsprechende Anwendung, wenn Deutsche, die keinen Unterstützungswohnsitz haben, oder ehemalige Deutsche auf Verlangen einer ausländischen

Staatsbehörde oder auf Antrag eines Konsuls oder Gesandten des Reichs nach dem Inkrafttreten dieser Verordnung aus dem Ausland übernommen werden.

IV. Die Bundesstaaten können ihre durch diese Verordnung begründeten Verpflichtungen im Wege der Landesgesetzgebung auf ihre Armenverbände übertragen.

Eine auf Grund des § 33 oder des § 60 des Gesetzes über den Unterstützungswohnsitz angeordnete Übertragung findet, soweit landesgesetzlich nicht ein anderes bestimmt wird, auf die Fälle entsprechende Anwendung, in denen nach den Bestimmungen unter II, 1 Satz 1 und III der Bundesstaat des letzten Unterstützungswohnsitzes oder nach der Vorschrift unter II, 3 derjenige Bundesstaat verpflichtet ist, in dessen Gebiet die Hilfsbedürftigkeit hervortritt. Für die Fälle der Verpflichtung eines Bundesstaats als Heimatstaat (II, 1 Satz 2, II, 2, III) kann die Landeszentralbehörde ergänzende Bestimmungen treffen.

Diese Verordnung tritt mit dem Tage der Verkündung in Kraft.

Auf Grund der Ziffer IV Abs. 2 Satz 2 sind in Preußen (Erlaß des Min. des Innern v. 15. Juli 1918), Bayern (Bek. des Staatsministeriums des Innern und der Finanzen v. 5. Juli 1918, Bayer. Staatszeitung, Staatsanzeiger Nr. 155, 2. Bl., v. 6. Juli 1918), Württemberg (Verf. des Min. des Innern v. 20. Juli 1918, Amtsbl. 147), Hessen (Bek. des Min. des Innern v. 1. April 1920, RBl. 121), Braunschweig (Verf. des Staatsministeriums v. 3. Aug. 1918), Sachsen-Meiningen (Bek. des Staatsministeriums, Abt. des Innern, v. 17. Aug. 1918), Koburg-Gotha (Ges. zur Ausführung der BRV. v. 16. Mai 1918 v. 1. Okt. 1918, GS. 75), Anhalt (V. des Staatsministeriums v. 7. Aug. 1918), Waldeck (V. des Landesdirektors v. 4. Nov. 1918, RBl. 318) die Landarmenverbände für verpflichtet erklärt worden. (Vergl. für Bremen: Anweisung des Senats v. 30. Aug. 1918, für Hamburg: V. des Senats v. 27. Sept. 1918; Amtsbl. 1639.) (Zur Kriegsfürsorge gehört auch die Erwerbslosenfürsorge nach der Reichsverordnung über Erwerbslosenfürsorge vom 1. Nov. 1921; Erlaß des Reichsmin. des Innern v. 27. Mai 1919.)

§ 15. Die Ehefrau teilt vom Zeitpunkte der Eheschließung ab den Unterstützungswohnsitz des Mannes.[1])

1. Sie verliert den bis dahin besessenen UW. und für die Dauer der Ehe die Fähigkeit zum selbständigen Erwerb und Verlust eines solchen (Ausnahme § 17). Ihr UW. bestimmt sich nach dem des Mannes; fehlt dem Manne ein UW., so ist auch die Frau landarm. — Vergl. §§ 1303 bis 1352 BGB. — Durch Verheiratung mit einem Ausländer verliert eine Frau mit der Staatsangehörigkeit den UW. — Die Kinder bleiben Inländer und werden landarm nach § 5; Entsch. **25** 163, **44** 22. — Umgekehrt erwirbt eine Ausländerin durch Verheiratung mit einem Inländer mit der Staats- und Reichsangehörigkeit auch dessen UW., während ihre mitgebrachten Kinder Ausländer bleiben und nicht den UW. ihrer Mutter teilen; Entsch. **42** 193. — Wo landesgesetzlich die Ausländer den Inländern gleichgestellt sind, beschränkt sich die Wirkung auf die Rechtsbeziehungen der AV. des Bundesstaats; Entsch. **42** 198.

§ 16. Witwen und rechtskräftig geschiedene Ehefrauen behalten den bei Auflösung der Ehe gehabten Unterstützungswohnsitz[1]) so lange, bis sie denselben nach den Vorschriften der §§ 22 Nr. 2, 23 bis 27 verloren oder einen anderweitigen Unterstützungswohnsitz nach Vorschrift der §§ 9 bis 14[2]) erworben haben.[3])

1. § 15. — Über Ehescheidung vergl. §§ 1564 ff. BGB.

2. Die Bezugnahme auf § 9 weist auf Erwerb des UW. durch zweite Ehe (§ 15) und Begründung eines Kindschaftsverhältnisses hin (§ 18 Anm. 1).

3. Auf bei Auflösung der Ehe bereits nach § 17 selbständige Ehefrauen findet § 16 keine Anwendung; es ändert sich nur der Grund der Selbständigkeit; der nach § 17 für die Frau begonnene Lauf der Frist setzt sich fort; Entsch. **19** 43.

§ 17. Als selbständig[1]) in Beziehung auf den Erwerb und Verlust des Unterstützungswohnsitzes gilt

die Ehefrau auch[2]) während der Dauer der Ehe, wenn und solange[3]) der Ehemann sie böslich verlassen hat,[4]) ferner wenn und solange[3]) sie während der Dauer der Haft des Ehemanns oder infolge ausdrücklicher Einwilligung[5]) desselben oder kraft der nach den Landesgesetzen ihr zustehenden Befugnis[6]) vom Ehemanne getrennt lebt und ohne dessen Beihilfe[7]) ihre Ernährung findet.

1. D. h. unabhängig vom Ehemanne, so daß Änderungen im UW. des Mannes auf ihren UW. keinen Einfluß haben; Entsch. **28** 24.

2. D. h. § 16 findet entsprechende Anwendung.

3. Die Selbständigkeit beginnt mit dem Tage des Eintritts der Voraussetzungen (bösliche Verlassung, Haft usw.); dieselben müssen während der ganzen Dauer der Erwerbs- bezw. Verlustfrist vorliegen. Die Wiedervereinigung mit dem Ehemanne (oder die Beihilfe des letzteren zur Ernährung der Frau) heben die Selbständigkeit auf und stellen den Regelzustand des § 15 wieder her; Entsch. **49** 23, **57** 41 (Bezug von Hausgeld).

4. Entsch. **22** 34, **23** 48, 52, **24** 59. — Seit 1. Jan. 1900 bestimmt sich der Begriff der böslichen Verlassung nach § 1567 BGB.; Entsch. **35** 33, **37** 18, 24, **41** 41, 47.

5. Entsch. **21** 46, **22** 42, **25** 22, **38** 15, **42** 45, 47, **46** 27, **49** 22, **51** 19.

6. Entsch. **20** 30, 31, 40, **21** 45, **22** 34, **24** 46, **25** 29, **26** 50, **28** 43 ff., **33** 18, **34** 40, **35** 36, **36** 23, **38** 15 ff., **43** 48, **46** 29 bis 34, **52** 23. Aufhebung durch eigenes Verschulden der Frau: Entsch. **52** 24, **54** 61. — Vergl. § 1353, §§ 1564 bis 1576 BGB. — Der gesetzlichen Befugnis steht die Unmöglichkeit, der Folgepflicht zu genügen, gleich; Entsch. **15** 29, **16** 41, **25** 29, **28** 46 ff., **37** 24, **45** 20; Doppelehe: **49** 20; Geisteskrankheit: **51** 21.

7. Entsch. **20** 34, **24** 52, **29** 41, **30** 24, **39** 16, 17 und insbesondere **44** 24; zwangsweise Beihilfe: Entsch. **45** 23, **46** 34.

§ 18. Eheliche und den ehelichen gesetzlich gleichstehende[1]) Kinder teilen,[2]) vorbehaltlich der Bestimmung des § 20,[3]) den Unterstützungswohnsitz des Vaters so lange,[4]) bis sie denselben nach Vorschrift der §§ 22 Nr. 2, 23 bis 27 verloren oder einen anderweitigen Unterstützungswohnsitz nach Vorschrift der §§ 9 bis 14 erworben haben.[5])

Sie behalten diesen Unterstützungswohnsitz auch nach dem Tode des Vaters bis zu dem vorstehend gedachten Zeitpunkte, vorbehaltlich der Bestimmung des § 19.

1. Über eheliche und den ehelichen gesetzlich gleichstehende Kinder nach dem BGB. siehe §§ 1591 ff., insbesondere über Kinder aus nichtigen Ehen §§ 1699 ff., über durch nachfolgende Ehe legitimierte Kinder §§ 1719 ff., über durch Verfügung der Staatsgewalt für ehelich erklärte Kinder §§ 1723 ff., Entsch. **51** 189, über an Kindes Statt angenommene Kinder §§ 1741 ff. Adoption durch eine Frau unerheblich: Entsch. **51** 23. Folgen der Anfechtung der Ehelichkeit: Entsch. **45** 25, **46** 44, **47** 25, für Kriegsteilnehmer: Entsch. **57** 44.

2. D. h. ihr UW. wird durch den des Vaters bestimmt, und zwar vom Tage der Begründung des Kindschaftsverhältnisses an; doch sind sie nur bis zur Zurücklegung des 16. Lebensjahres unfähig zu selbständigem Erwerb und Verlust des UW.; Anm. 1, 2 zu § 10. Änderungen im UW. des Vaters berühren sie nach diesem Zeitpunkt nicht mehr; Entsch. **10** 35, **24** 62.

3. Richtiger des § 19 Abs. 2 und des § 20.

4. D. h. sie behalten den UW., welchen sie durch Abstammung erworben hatten, bis usw. — Vergl. auch Anm. 2 zu § 16.

5. Der selbständige Erwerb oder Verlust ist nicht vor zurückgelegtem 17. Lebensjahre möglich (Anm. 2 zu § 10); der abgeleitete Erwerb begründet eine Änderung des UW. ohne Rücksicht auf das Lebensalter mit dem Tage der Eheschließung, Adoption usw.

§ 19. Wenn die Mutter den Vater überlebt, so teilen nach Auflösung der Ehe durch den Tod des Vaters die ehelichen und den ehelichen gesetzlich gleichstehenden[1]) Kinder den Unterstützungswohnsitz der Mutter[2]) in dem Umfange des § 18.[3])

Gleiches gilt im Falle des § 17, sofern die Kinder bei der Trennung vom Hausstande des Vaters der Mutter gefolgt sind.[4])

1. Anm. 1 zu § 18. — In Betracht kommen nur Kinder, die im Verhältnis zu beiden Ehegatten den ehelichen gleichstehen: §§ 1699, 1719, 1749 BGB.; vergl. Entsch. **17** 62, **51** 189. Anwendbar nur auf den Fall des Todes des Vaters, nicht auf Scheidung; Entsch. **56** 25.

2. Im Witwenstande (§ 16) und durch Wiederverheiratung (§ 15); ob der Mutter das Erziehungsrecht zusteht, ist unerheblich: Entsch. **35** 38.

3. Anm. 2 bis 5 zu § 18.

4. Entsch. **23** 63, **24** 34, 58, **46** 41.

§ 20. Bei der Scheidung der Ehe teilen die ehelichen und den ehelichen gesetzlich gleichstehenden[1]) Kinder in dem Umfange des § 18[2]) den Unterstützungswohnsitz der Mutter,[3]) wenn dieser die Erziehung der Kinder zusteht.[4]) [5])

1. Anm. 1 zu § 18. 2. Anm. 2 bis 5 zu § 18.

3. §§ 15, 16.

4. § 1635 BGB.; Entsch. **17** 41, **31** 24, **42** 50, **45** 27, **47** 23.

5. Über die Anwendbarkeit des § 20 auf Kinder aus nichtiger Ehe s. Entsch. **35** 28, 30.

§ 21. Uneheliche Kinder teilen in dem Umfange des § 18 den Unterstützungswohnsitz der Mutter.[1])

1. §§ 15, 16, 17; Anm. 2 bis 5 zu § 18. Vergl. auch §§ 1589_2, 1591, 1593, 1705 ff. BGB. Unehelichkeitserklärung: Entsch. **45** 25, **46** 44, **47** 25. Nach der Auflösung der Ehe der Mutter

folgen sie nicht mehr dem UW. des Stiefvaters, sondern dem der Mutter; Entsch. 57 46.

§ 22. Der Verlust des Unterstützungswohnsitzes tritt ein durch

1. Erwerbung eines anderweitigen Unterstützungswohnsitzes,[1])
2. einjährige ununterbrochene Abwesenheit nach zurückgelegtem sechzehnten Lebensjahre.[2])

Die Vorschrift des § 10 Abs. 2 findet auch in den Fällen der Nr. 2 des vorstehenden Absatzes Anwendung.

1. §§ 9, 10 bis 14; Anm. 2 zu § 16; Anm. 5 zu § 18.

2. Anm. 1, 2 zu § 10; vergl. auch § 64. — Nicht jede Rückkehr gilt als Unterbrechung; § 25. — Trotz der Abwesenheit beginnt der Lauf der Verlustfrist nicht: § 23 Abs. 2, § 24 Abs. 1; oder ruht: § 24 Abs. 2, § 27 Abs. 1; oder wird unterbrochen: § 27 Abs. 2.

§ 23. Die einjährige Frist läuft von dem Tage, an welchem die Abwesenheit begonnen hat.[1])

Durch den Eintritt in eine Kranken-, Bewahr- und Heilanstalt wird jedoch die Abwesenheit nicht begonnen.[2])

Wo für ländliches oder städtisches Gesinde, Arbeitsleute, Wirtschaftsbeamte, Pächter oder andere Mietsleute[3]) der Wechsel des Wohnorts zu bestimmten, durch Gesetz oder ortsübliches Herkommen festgesetzten Terminen stattfindet, gilt der übliche Umzugstermin als Anfang der Abwesenheit, sofern nicht zwischen diesem Termin und dem Tage, an welchem die Abwesenheit wirklich beginnt, ein mehr als siebentägiger Zeitraum gelegen hat.[4])

1. Anm. 1 zu § 11.

2. Anm. 2 zu § 11; s. auch § 24 Abs. 1. Durch den Eintritt in eine ausländische Anstalt wird der Beginn der Verlustfrist nicht gehindert; Entsch. **45** 1. Begriff des Eintritts: Entsch. **47** 28.

3. Anm. 3 zu § 11. **4.** Anm. 4 zu § 11.

§ 24. Ist die Abwesenheit durch Umstände veranlaßt, durch welche die Annahme der freien Selbstbestimmung bei der Wahl des Aufenthaltsorts ausgeschlossen wird,[1]) so beginnt der Lauf der einjährigen Frist erst mit dem Tage, an welchem diese Umstände aufgehört haben.

Treten solche Umstände erst nach dem Beginne der Abwesenheit ein, so ruht[2]) während ihrer Dauer der Lauf der einjährigen Frist.[3])

1. Anm. 1 zu § 12; vergl. auch Anm. 1 zu § 3 und zu § 12 FreizügG.

2. Anm. 2 zu § 12. **3.** Anm. 3 zu § 12.

§ 25. Als Unterbrechung der Abwesenheit wird die Rückkehr nicht angesehen, wenn aus den Umständen, unter welchen sie erfolgt, die Absicht erhellt, den Aufenthalt nicht dauernd fortzusetzen.[1])

1. Anm. 2 zu § 22; Anm. 1 zu § 13.

§ 26. Die Anstellung oder Versetzung eines Geistlichen, Lehrers, öffentlichen oder Privatbeamten sowie einer nicht bloß zur Erfüllung der Militärpflicht im Bundesheer oder in der Bundeskriegsmarine dienenden Militärperson gilt nicht als ein die freie Selbstbestimmung bei der Wahl des Aufenthaltsorts ausschließender Umstand.[1])

1. Schiffsjunge: Entsch. **49** 14; betr. Militärpersonen: Entsch. **50** 81, **52** 12, **57** 18, 22.

§ 27. Der Lauf der einjährigen Frist (§ 22) ruht während der Dauer der von einem Armenverbande gewährten öffentlichen Unterstützung.[1])

Er wird unterbrochen[2]) durch den von einem Armenverband auf Grund der Bestimmung im § 5 des Gesetzes über die Freizügigkeit vom 1. November 1867 gestellten Antrag[3]) auf Anerkennung der Verpflichtung zur Übernahme eines Hilfsbedürftigen. Die Unterbrechung erfolgt mit dem Tage,[4]) an welchem der also gestellte Antrag an den betreffenden Armenverband oder an die vorgesetzte Behörde[5]) eines der beteiligten[6]) Armenverbände abgesandt ist.

Die Unterbrechung gilt als nicht erfolgt, wenn der Antrag nicht innerhalb zweier Monate weiter verfolgt[7]) oder wenn derselbe erfolglos geblieben ist.

1. Die Anm. 1 bis 3 zu § 14 finden entsprechende Anwendung.

2. Die bisherige Abwesenheitszeit bleibt außer Berechnung; s. auch Anm. 4 zu § 14.

3. Anm. 5 zu § 14.

4. Es tritt (bei rechtzeitiger erfolgreicher Verfolgung des Antrags Abs. 3) dieselbe Wirkung ein, als sei eine Rückkehr infolge des gestellten Antrages bereits mit diesem Tage erfolgt; s. Anm. 2.

5. Anm. 7 zu § 14. 6. Anm. 8 zu § 14.

7. Anm. 9 zu § 14.

§ 28. Jeder hilfsbedürftige Deutsche[1]) muß vorläufig[2]) von demjenigen Ortsarmenverband unterstützt werden, in dessen Bezirk er sich bei dem Eintritte der Hilfsbedürftigkeit befindet. Die vorläufige Unterstützung erfolgt vorbehaltlich des Anspruchs auf Erstattung der Kosten[3]) beziehungsweise auf Übernahme[4]) des Hilfsbedürftigen gegen den hierzu verpflichteten Armenverband.[5])

1. §§ 4, 5 FreizügG. und Einl. S. 13.

2. Bis zum Aufhören der Hilfsbedürftigkeit bezw. bis zur Übernahme; §§ 5, 6 FreizügG., § 31 d. G. — Schuldhafte Nichterfüllung der vorläufigen Unterstützungspflicht (Abschiebung) begründet einen Anspruch gegen den abschiebenden AV. auf Ausgleichung der Armenlast nach Maßgabe der gesetzlichen Bestimmungen; Entsch. **4** 94, **38** 37, **44** 50, **45** 50, **47** 60, **48** 54, **49** 72, 73, **51** 74, **52** 54. Ausgleichung zwischen Gesamtschuldnern: Entsch. **50** 62.

3. a) Die Kosten müssen durch eine armenrechtlich notwendige Unterstützung entstanden sein (Anm. 1 zu § 5 FreizügG., § 30 d. G.) und dürfen das Maß des Notwendigen nicht überschreiten; s. Anhang A und § 30 Abs. 3 und 4. Keine vorbeugenden Maßnahmen: Entsch. **55** 27; Unterstützung über die Höchstsätze der Erwerbslosenfürsorge möglich: Entsch. **56** 54. Siehe über die Prüfungspflicht des vorläufig fürsorgepflichtigen AV. insbesondere wegen Heranziehung unterhaltungspflichtiger Personen, Krankenkassen usw. Entsch. **24** 97, **25** 48, **36** 30 — **17** 131, **24** 79, **26** 81, **35** 74, **37** 48 ff., **38** 57, **41** 100, **43** 54, **44** 44, **45** 34, **46** 72, **49** 54, 60, 63, **50** 49, 55, **51** 26, 43, **52** 27, 42, **54** 77, 78, **55** 29, **57** 61; nicht Pflicht zur Anstellung zweifelhafter Prozesse: Entsch. **53** 43, **56** 41; ferner über die Frage, ob ein Armenpflegefall vorliegt bei Krankenhauspflege entlassener Gefangener Entsch. **30** 46, **35** 69 ff., **36** 63 ff., **37** 69 ff., **42** 59, **47** 47, **54** 92, **56** 104; mit ansteckenden Krankheiten behafteter Personen, insbesondere Syphilis Entsch. **20** 107, **37** 77, **38** 93, **39** 62 ff., **42** 96, **48** 45, **57** 59 (auch für Bayern, abw. Sächs. OVG. **17** 47), Granulose **37** 75, Pocken **34** 88, Krätze **10** 84, **15** 65, **17** 88, **38** 97, Typhus **47** 52, Trinkerheilanstalt **47** 37, gemeingefährlicher Geisteskranker **28** 75, **30** 70 ff., **38** 81 ff., **40** 75 ff., **42** 54 ff., **56** 70; s. auch für Preußen Verf. des JustMin. v. 25. Okt. 1888 (JMBl. 325) und des Min. des Innern v. 15. Juni 1901 (Min. f. i. V. 197) in den Fällen der Zwangserziehung in Preußen

(Entsch. **18** 126, **32** 32, **35** 74, **37** 51, **40** 71, **42** 61; jetzt Novelle v. 7. Juli 1915, GS. 113, Entsch. **51** 55, **53** 49); Sachsen (Entsch. **38** 103 ff., Sächs. OVG. **8** 335, **10** 109); Baden (Entsch. **22** 19); Großh. Sachsen (Entsch. **32** 146, **38** 107); Anhalt (Entsch. **24** 113, **48** 47); Sachsen-Koburg-Gotha (Entsch. **33** 47); Schwarzburg-Sondershausen (Entsch. **37** 66); Reuß j. L. (Entsch. **38** 109, **44** 33). Kinder, für die die Eltern nicht sorgen können: Entsch. **44** 38; blinde Kinder: **50** 44; keine bedingte Armenpflege: **47** 34; Obdachlosigkeit: **48** 27, 32 bis 41; Hebammen: **48** 41, **50** 34; Armenpflege oder Kriegsunterstützung s. Anm. 10 zu § 14; nicht internierte feindliche Ausländer: **51** 62, 65; Ferienkolonie: **50** 28; Erholungsreisen: **50** 25; Krankenhauspflege und Vorschuß: **50** 30, 21, 36; Krankenhausaufnahme durch Privatvertrag: **51** 30; Geschäftsführung ohne Auftrag für einen AV.: **51** 36.

b) Der Erstattungsanspruch ist trotz mangelnder objektiver Hilfsbedürftigkeit begründet, wenn der vorläufig unterstützende AV. sich über die Notwendigkeit der Unterstützung in entschuldbarem Irrtum befunden hat; Entsch. **17** 73, **24** 70, **26** 90, **27** 36, **40** 80.

c) Nebenansprüche. Prozeßzinsen und Verzugszinsen §§ 288, 291 BGB. (Entsch. **28** 94, **33** 45, **39** 77, **44** 48), Kosten des Verfahrens (einschl. der Anmeldung nach § 34); nicht aber Kosten zur Ermittlung des verpflichteten Armenverbandes und zur Feststellung der Hilfsbedürftigkeit oder der angemessenen Art und Höhe der Unterstützung.

d) Es kann auch auf Befreiung von übernommenen Verpflichtungen geklagt werden; Entsch. **8** 116, 122.

e) Über den verschiedenen Umfang des Erstattungsanspruchs gegenüber den verpflichteten AV. und gegenüber dem Unterstützten selbst bezw. anderen Personen und über die Anrechnung der von letzteren Personen geleisteten Zahlungen auf den Erstattungsanspruch gegen den AV s. §§ 30 Abs. 3 und 62 d. G.

f) Bereicherungsklage des AV., der sich irrtümlich für endgültig verpflichtet hielt: Entsch. **50** 67, **51** 69, **55** 51.

4. § 5 FreizügG., § 31 d. G.

5. Gegen den endgültig verpflichteten (§§ 5, 30 d. G.) bei Abschiebung auch gegen den vorläufig verpflichteten AV.; s. oben Anm. 2.

§ 29. Erkrankt[1]) eine Person, die an einem Orte mindestens eine Woche hindurch gegen Lohn oder Gehalt in ein und demselben Dienst- oder Arbeitsverhältnisse[2]) gestanden hat, während der Fortdauer dieses Dienst- oder Arbeitsverhältnisses oder innerhalb einer Woche nach seiner Beendigung,[3]) so hat der Ortsarmenverband des Dienst- oder Arbeitsorts die Kosten der erforderlichen Kur und Verpflegung[4]) für die ersten sechsundzwanzig Wochen nach dem Beginne der Krankenpflege endgültig zu tragen oder, wenn die Krankenpflege von einem anderen Armenverbande gewährt worden ist, diesem zu erstatten.[5])

Die Verpflichtung des Ortsarmenverbandes des Dienst- oder Arbeitsorts[6]) erstreckt sich auch auf die Fälle der Erkrankung derjenigen Angehörigen des Dienstverpflichteten oder Arbeiters, welche sich bei ihm befinden[7]) und seinen Unterstützungswohnsitz teilen,[8]) sofern nicht nach Abs. 1 eine Verpflichtung eines anderen Ortsarmenverbandes dadurch begründet wird, daß die Angehörigen selbst im Dienst- oder Arbeitsverhältnisse gestanden haben.

Wird im Falle der Erkrankung einer der in den Abs. 1, 2 bezeichneten Personen Kur und Verpflegung auf Kosten einer Krankenkasse gewährt und muß bei Beendigung der Leistungen der Kasse die Armenpflege eintreten, so sind die Kosten der letzteren von dem Ortsarmenverbande des Dienst- oder Arbeitsorts in derselben Weise zu tragen oder zu erstatten, wie wenn die Armenpflege schon in dem Zeitpunkt eingetreten wäre, in welchem die Leistungen der Krankenkasse begonnen haben.[9])

Die Vorschriften der Abs. 1, 3 finden auf Lehrlinge entsprechende Anwendung.

Schwangerschaft an sich ist nicht als eine Krankheit im Sinne der vorstehenden Bestimmung anzusehen.[10])

1. Unter „erkranken" ist zu verstehen durch Erkrankung hilfsbedürftig werden; gleichgültig ist, ob am Dienstort oder an einem andern Orte; Entsch. **42** 112, **43** 16, 68, **49** 75, **51** 125, **53** 100, **55** 51, **56** 51 (abweichend von dem früheren Recht). Organische Fehler: Entsch. **44** 52; Idiotie: **54** 138; Entlausung: **55** 82; Einheitlichkeit oder Unterbrechung des Pflegefalles: **45** 63, **46** 83.

2. Das Dienst- und Arbeitsverhältnis muß ein konkretes sein, bei dem der Bedienstete oder Arbeiter ein unselbständiges Glied in der Wirtschaft oder dem Gewerbebetrieb eines andern bildet; Entsch. **21** 114, **30** 86, **31** 63, **33** 63, **35** 105, **46** 80, **57** 103, (Werkvertrag); Heimarbeiter, nicht aber Hausgewerbetreibende: **42** 119, **43** 83 (vergl. auch § 162 RVO.); wissenschaftliche Arbeiter: **43** 86; nicht staatliche Beamte: **31** 61; dagegen Armierungsarbeiter: **51** 130; russisch-polnische Saisonarbeiter: **51** 127; durch Privatdienstvertrag angestellte Hilfspersonen: **53** 102; Synagogendiener: **44** 61; Eisenbahngepäckträger: **44** 58; Beschäftigung Arbeitsloser: **43** 74, 76; Beschäftigung aus Mitleid bezw. Wohltätigkeit oder Dienstverhältnis: Entsch. **45** 51, **48** 56, **51** 132; Gelegenheitsarbeiter: **45** 55, **46** 78; Kurkapelle: **45** 58; gelegentliche Hilfeleistungen: **45** 59; Unterbrechung der Arbeit bei Fortdauer des Verhältnisses: **45** 65, 68, **46** 36, **49** 83. Die Woche ist bis zum Ablauf des siebenten Tages seit dem vollanzurechnenden Tage des Dienstantritts zu berechnen; Entsch. **42** 117, **43** 93, **44** 84, 86, **46** 90.

3. Nach früherem Rechte war eine Unterstützungspflicht nach Beendigung des Dienst- oder Arbeitsverhältnisses nicht begründet

— Die Woche ist bis zum Ablauf des siebenten Tages seit dem nicht mitzurechnenden Endtage des Arbeitsverhältnisses zu berechnen; Entsch. **43** 92, dagegen **46** 90. Unerheblich, wenn inzwischen neues Arbeitsverhältnis eingegangen, das keine anderweitige Haftung einer Arbeitsgemeinde begründet hat; Entsch. **46** 93.

4. Was darunter zu verstehen: Entsch. **44** 88, **45** 78 bis 90, **46** 101.

5. Es fällt nicht nur der Erstattungsanspruch des AV. des Dienstorts für 26 Wochen fort, sondern ihm liegt eine Erstattungspflicht für diesen Zeitraum auch ob, wenn die Erkrankung innerhalb einer Woche nach Beendigung des Dienstverhältnisses an einem anderen als dem Dienstorte öffentliche Unterstützung notwendig macht. Die Erstattungspflicht ist nicht, wie nach dem früheren Recht, auf das Fundament der Abschiebung gegründet. § 29 Abs. 1 statuiert vielmehr für die Dauer von 26 Wochen eine der Unterstützungspflicht des OAV. des UW. entsprechende armenrechtliche Verpflichtung. Der AV. des Dienst- und Arbeitsorts ist für die Dauer dieses Zeitraumes als alleiniger endgültiger Träger der Armenlast wie der AV. des UW. jedem andern AV. (auch dem AV. des UW.) erstattungspflichtig, der sich des Erkrankten hat annehmen müssen; Entsch. **42** 112, 128, **43** 16. — Eine Übernahmepflicht besteht innerhalb der 26 Wochen nicht. Der Arbeitsort sollte in allen Fällen nur vorübergehender Hilfsbedürftigkeit fürsorgepflichtig sein, nicht aber wenn es sich um dauernde Erwerbsunfähigkeit handelt. — Begründung des Entwurfs, Drucksachen des Reichstags, 12. Legislaturperiode, I. Session 1904 Nr. 349.

6. Sind Arbeiten nur an einem Orte geleistet worden, so ist es unerheblich, ob sie vertraglich auch an anderen hätten geleistet werden müssen, oder ob sich das Arbeitsgebiet des Arbeitgebers über verschiedene Orte erstreckt. Sind Arbeiten im ständigen Wechsel an verschiedenen Orten geleistet worden, ohne daß eine Beschäftigung von einwöchiger Dauer an einem Orte stattgefunden hätte, so entscheidet der Sitz der Betriebsleitung. Bei Beschäftigung von über einwöchiger Dauer entscheidet in der Regel der Beschäftigungsort; nur wenn Arbeiten von verhältnismäßig kurzer Dauer im ständigen Wechsel an verschiedenen Orten geleistet werden, kann der Betriebssitz auch dann maßgebend sein, wenn sich die Beschäftigung an einem Orte gelegentlich über eine Woche ausgedehnt hat; Entsch. **43** 108, **44** 65 bis 84, **45** 74 bis 78, **46** 98, **47** 72 bis 78, **48** 60 bis 67, **49** 78 bis 83, **50** 105, **51** 134, **52** 96.

7. Der Familienzusammenhang, die persönliche Verbindung, die häusliche Gemeinschaft muß beim Beginn der armenrechtlichen Kur und Pflege tatsächlich bestehen; Entsch. **44** 91, 96, **45** 90 bis 95, **48** 67 bis 76, **49** 86, **52** 99, **53** 104. Das trifft nicht zu bei einem monatelang von der Familie entfernten Schiffer (Entsch. **44** 99), aber auch nicht bei einem außerhalb des Wohnorts arbeitenden und nur Sonntags zur Familie zurückkehrenden Arbeiter; Entsch. **43** 110, 111, **44** 108 ff. Besondere Fristberechnung für jedes erkrankte Familienmitglied: Entsch. **48** 77.

8. Teilen der Unterstützungswohnsitzverhältnisse: Entsch. **46** 105, **47** 79, **57** 105 (Kinder nach vollendetem 16. Lebensjahr).

9. Der Zeitraum, während dessen ein erkranktes Kassenmitglied durch die Krankenkasse unterstützt worden ist, wird zugunsten des AV. des Dienst- oder Arbeitsorts auf die 26 Wochen angerechnet, aber für den Rest dieser Frist bleibt die Pflicht des AV. des Dienstorts bestehen, selbst wenn inzwischen das Dienst- oder Arbeitsverhältnis gelöst ist; Entsch. **45** 95, **46** 114, **47** 82, **48** 80, **50** 110. — Die Dienstbotenabonnementskassen sind keine Krankenkassen im Sinne des Abs. 3; Entsch. **44** 119.

10. Krankheit einer Schwangeren: Entsch. **45** 96, **47** 84, **49** 88.

§ 30. Zur Erstattung der durch die Unterstützung eines hilfsbedürftigen Deutschen[1]) erwachsenen Kosten,[2]) soweit dieselben nicht in Gemäßheit des § 29 dem Ortsarmenverbande des Dienstorts zur Last fallen,[3]) sind verpflichtet:

a) wenn der Unterstützte einen Unterstützungswohnsitz hat,[4]) der Ortsarmenverband seines Unterstützungswohnsitzes;

b) wenn ein Unterstützungswohnsitz des Unterstützten nicht zu ermitteln ist,[5]) derjenige Landarmenverband, in dessen Bezirk er sich bei dem Eintritte der Hilfsbedürftigkeit befand,[6]) oder, falls er im hilfsbedürftigen Zustande aus einer Straf-, Kranken-, Bewahr- oder Heilanstalt entlassen wurde,[7]) derjenige Landarmenverband, aus welchem seine Einlieferung[8]) in die Anstalt erfolgt ist.

Der Beweis, daß ein Unterstützungswohnsitz des Unterstützten nicht zu ermitteln gewesen ist, gilt schon dann als erbracht, wenn der die Erstattung fordernde Armenverband dargelegt hat, daß er alle diejenigen Erhebungen vorgenommen hat, welche nach Lage der Verhältnisse als geeignet zur Ermittlung eines Unterstützungswohnsitzes anzusehen waren. Wird nach der Erstattung ein Unterstützungswohnsitz des Unterstützten nachträglich ermittelt, so ist der Armenverband, welcher die Erstattung vorgenommen hat, berechtigt, von dem Armenverbande des Unterstützungswohnsitzes für die gewährte Unterstützung und für die durch nachträgliche Ermittlungen entstandenen Kosten Ersatz zu beanspruchen.[9])

Die Höhe der zu erstattenden Kosten richtet sich nach den am Orte der stattgehabten Unterstützung über das Maß der öffentlichen Unterstützung Hilfsbedürftiger geltenden Grundsätzen,[10]) ohne daß dabei die allgemeinen Verwaltungskosten[11]) der Armenanstalten[12]) sowie besondere Gebühren für die Hilfeleistung fest remunerierter Armenärzte[13]) in Ansatz gebracht werden dürfen.

Für solche bei der öffentlichen Unterstützung häufiger vorkommenden Aufwendungen, deren täglicher oder wöchentlicher Betrag sich in Pauschquanten feststellen läßt (z. B. Verpflegungssätze in Kranken- oder Armenhäusern), kann in jedem Bundesstaat, entweder für das ganze Staatsgebiet gleichmäßig oder bezirksweise verschieden, ein Tarif[14]) aufgestellt und öffentlich bekanntgemacht werden, dessen Sätze die Erstattungsforderung nicht übersteigen darf.[15])

1. Anm. 1 zu § 28. **2.** Anm. 3 zu § 28.

3. Anm. 2 bis 5 zu § 29.

4. Der Kläger hat zu beweisen, daß der Unterstützte seinen UW. beim beklagten AV. zur Zeit des Beginns der Unterstützung n o ch hatte; Entsch. **15** 6, **25** 1. — Bei der Abtrennung von Teilen eines OAV. (auch Gesamtarmenverbandes), der Vereinigung desselben mit einem andern OAV., der Bildung eines neuen OAV. liegt die Unterstützungspflicht, mit welcher der frühere (ungeteilte) OAV. belastet war, ungeteilt und gemeinschaftlich den beteiligten OAV. ob, bis eine Auseinandersetzung über die Armenlast stattgefunden hat; Entsch. **19** 102, **22** 109, 113, **23** 134, **24** 8, **31** 71, **32** 90, 92, **33** 67, **34** 121 ff., **41** 131, **50** 128.

5. Der Beweis der Landarmeneigenschaft soll, soweit es die Erstattungspflicht des LAV. angeht, schon bei Nichtermittelung eines UW. als erbracht gelten (prozessuale Beweispräsumtion, welche nur durch den vom LAV. zu führenden Nachweis eines UW. entkräftet werden kann; Entsch. **33** 68, **34** 129, 138). — Vergl. Abs. 2.

6. Anm. 2 zu § 28. Der LAV., in dessen Bezirk die Hilfsbedürftigkeit, sei es für das Familienhaupt, sei es für einen Familienangehörigen, zuerst für eine Armenbehörde erkennbar hervortrat (Entsch. **18** 87, **19** 108, **21** 123, **22** 128, **30** 113, **31** 86, **40** 27, **42** 128, **50** 112, **55** 84; Hilfsbedürftigwerden mehrerer Familienmitglieder in verschiedenen Bezirken: **55** 90; Begründung eines Gesamtschuldverhältnisses bei gleichzeitigem

Hervortreten der Hilfsbedürftigkeit zweier in verschiedenen LAV.-Bezirken sich aufhaltenden Familienangehörigen: **32** 96, **50** 111), bleibt so lange verpflichtet, als das Unterstützungsbedürfnis bei irgendeiner zur armenrechtlichen Familiengemeinschaft gehörigen Person (Anm. 1 zu § 4 FreizügG.) fortdauert; Entsch. **2** 72, **13** 95 ff., **16** 117, **19** 112, **22** 137, **27** 72, **43** 117, **45** 102. Ob Fortdauer oder Unterbrechung der Hilfsbedürftigkeit anzunehmen ist, kann nur nach den Verhältnissen des Einzelfalles entschieden werden. Bedeutung ärztlicher Gutachten: Entsch. **45** 98; unbedeutende Unterbrechung: **48** 84; zeitweise Entlassung aus Anstalten: **49** 90. Eine Unterbrechung liegt stets vor, wenn der Landarme inhaftiert worden ist und während der Haftzeit nicht Gegenstand der Armenpflege sein konnte (Entsch. **29** 86, **30** 117, **33** 79, **35** 112, **39** 32, **42** 123, **44** 113), es sei denn, daß es sich um eine Schutzhaft wegen Hilfsbedürftigkeit handelt; Entsch. **37** 127. Auch durch den Aufenthalt im Auslande wird eine Unterbrechung der (inländischen) Hilfsbedürftigkeit bewirkt (Entsch. **21** 135, **44** 114), sofern es sich nicht um eine bloße Durchreise handelt; Entsch. **21** 136.

7. Verf. der Württembergischen Minister der Justiz und des Innern v. 22. März 1895 (RgBl. 98); nicht militärische Arbeiterabteilung: Entsch. **44** 115; nicht Zivilgefangenenlager: **54** 141.

8. Gegensatz zu freiwilligem Eintritt; bloße Einweisung ist keine Einlieferung; Entsch. **35** 116, **49** 98. Einlieferung eines Entwichenen: Entsch. **47** 88; von Gesinde, Säuglingen in ein Krankenhaus: **50** 119, 123; aus der Charité: **52** 109; Wiederzuführung eines entlassenen Kranken: **55** 88.

9. § 34 findet hier keine Anwendung.

10. S. Anhang A.

11. Im Gegensatz zu den durch das individuelle Bedürfnis der Unterstützten entstandenen Kosten; Entsch. **6** 67, **51** 141, **52** 114. Dem Unterstützten kann der AV. seinen Gesamtaufwand in Rechnung stellen und das von diesem oder Drittverpflichteten (Unterhaltspflichtige, Arbeitgeber, Krankenkassen) Empfangene auf denjenigen Teil seines Gesamtaufwandes verrechnen, der durch das vom endgültig verpflichteten AV. zu Erstattende nicht gedeckt wird; Entsch. **13** 65, **22** 77, **23** 111, **25** 121, **40** 123, **44** 122, **46** 164.

12. Begriff: Entsch. **10** 101, **11** 102, **14** 92, **27** 66, **36** 100, **37** 140, **38** 127, **40** 111, **41** 159, **45** 110.

13. Entsch. **45** 115, **49** 105.

14. Anhang C. Bedeutung der Tarife: Entsch. **52** 118.

15. Die Tarifsätze sind Pauschalsätze (ZirkReskr. des Preuß. Min. d. Innern v. 28. April 1871, Entsch. **12** 70), es sei denn, daß die Tarifbestimmungen ausdrücklich nur Maximalsätze feststellen (z. B. Weimarscher Tarif § 5, s. auch Preuß. Tarif Nr. 6 Schlußsatz). Rückforderung zuviel gezahlter Beträge: Entsch. **47** 93, **48** 102, 109.

§ 30a. **Erstattungs- und Ersatzansprüche, welche auf Grund dieses Gesetzes[1]) erhoben werden, verjähren in zwei Jahren vom Ablaufe desjenigen Jahres ab, in welchem der Anspruch entstanden ist.[1])**

1. Nach §§ 28, 30 Abs. 1a und b auf Grund vorläufiger Unterstützung und wegen Verletzung der vorläufigen Fürsorgepflicht; nach § 30 Abs. 2 auf Grund vorläufiger Erstattung. — Aber auch sonstige Ansprüche, für welche die armenrechtlichen Spruchbehörden zuständig sind (z. B. wegen ungerechtfertigter Bereicherung; Entsch. **31** 111, **37** 105 ff.); dagegen nicht auch durch rechtskräftige Entscheidung völlig erledigte Ansprüche; Entsch. **31** 113. — Hemmung des Beginns: Entsch. **30** 131; Unterbrechung: Entsch. **33** 92, **34** 124, 167, **35** 125, **46** 152 bis 161, **49** 118, **50** 128. — Anerkenntnis: **50** 151, **53** 115. — Neue Verjährungsfrist beginnt vom Anerkenntnis an, nicht vom Schluß des Jahres: **56** 67. — Geltendmachung durch Einrede: Entsch. **30** 159; dagegen Replik der Arglist: **57** 111. — Keine Wiedereinsetzung in den vorigen Stand gegen Ablauf der Frist: Entsch. **40** 128. — Einwirkung der Kriegsverhältnisse: **52** 122. — Verjährte Gegenforderung: **52** 129.

§. 31. Der nach der Vorschrift des § 30 zur Kostenerstattung verpflichtete Armenverband ist zur Übernahme eines hilfsbedürftigen Deutschen[1]) verpflichtet,[2]) wenn die Unterstützung aus anderen Gründen als wegen einer nur vorübergehenden Arbeitsunfähigkeit notwendig geworden ist (§ 5 des Gesetzes über die Freizügigkeit vom 1. November 1867, Bundes-Gesetzbl. S. 55).[3])

1. Anm. 1 zu § 28.

2. Vergl. §§ 32 Abs. 1 und 2, 55 und 56.

3. Anm. 1, 3, 4 zu § 5 FreizügG. u. Entsch. **52** 133; Entsch. **12** 86, **32** 109, **45** 41, **46** 162, **48** 126, **49** 120 (Orts- und Landarmenverband).

§ 32. Der zur Übernahme eines hilfsbedürftigen Deutschen[1]) verpflichtete Armenverband kann — soweit nicht auf Grund der §§ 55 und 56 etwas anderes festgestellt worden ist — die Überführung desselben in seine unmittelbare Fürsorge verlangen.[2])

Die Kosten der Überführung hat der verpflichtete Armenverband zu tragen.[3])

Beantragt hiernach der zur Übernahme eines Hilfsbedürftigen verpflichtete Armenverband dessen Überführung, und diese unterbleibt oder verzögert sich durch die Schuld des Armenverbandes,[4]) welcher zur vorläufigen Unterstützung desselben verpflichtet ist, so verwirkt der letztere dadurch für die Folgezeit beziehungsweise für die Zeit der Verzögerung den Anspruch auf Erstattung der Kosten.

1. Anm. 1 zu § 28.

2. Das Verlangen (der Antrag; Abs. 3) ist an den vorläufig unterstützenden AV. zu richten. Es kann vor oder nach Erlassung der auf Übernahme lautenden Entscheidung (auch während des darüber geführten Prozesses) gestellt werden. Der Antrag muß

mit ausdrücklichen Worten und unbedingt unter unzweideutiger Anerkennung der Übernahmepflicht (Entsch. **29** 102 ff.) ohne unzulässige Vorbehalte hinsichtlich der Kosten und Art der Überführung (**14** 101 ff.) bei der den AV. vertretenden Behörde (**7** 112) gestellt sein, bei Familienangehörigen zugleich auf Überführung des an demselben Orte sich aufhaltenden Familienoberhauptes (**40** 30); anders bei Stiefkindern: **51** 154; Antrag erstreckt sich auch auf die anderen Familienglieder: **53** 116. Die Nichterledigung des Antrages hat — soweit nicht nach §§ 55, 56 etwas anderes festgestellt worden ist; Entsch. **16** 149, **26** 135, **28** 131, **34** 173 — ohne weiteres den Rechtsnachteil des Abs. 3 zur Folge. Widerspruch des Vormundes unerheblich: Entsch. **52** 136. Doch ist auch eine Klage auf Überführung zulässig; Entsch. **24** 160, **31** 125, **37** 151.

3. S. auch § 58.

4. Entsch. **48** 136.

§ 32 a. **Soweit nach Bestimmung der Landesgesetze einzelne Zweige der öffentlichen Armenpflege den Landarmenverbänden übertragen sind,[1]) gehen auf diese die Rechte und Pflichten der Ortsarmenverbände über.**

1. Siehe im Anhang B für Preußen § 31 Pr. AG., Ges. v. 11. Juli 1891, für Württemberg Art. 21 Ges. v. 17. April 1873, für Hessen Art. 5 Ges. v. 14. Juni 1871, für Oldenburg Art. 85 der erw. GemO., für Sachsen-Meiningen Art. 9 Ges. v. 24. Febr. 1872 bezw. 11. Dez. 1899, für Anhalt Ges. v. 29. Juni 1871, für Lübeck Bek. v. 5. Febr. 1883; s. auch Entsch. **26** 91, **28** 136, **29** 116, **39** 118, **51** 161; ferner die auf Grund der BRV. v. 16. Mai 1918 erlassenen landesgesetzlichen Bestimmungen bei Anm. 11 zu § 14.

§ 33. **Wird ein Deutscher,[1]) der keinen Unterstützungswohnsitz hat, auf Verlangen einer ausländischen Staatsbehörde oder auf Antrag eines Konsuls**

oder Gesandten des Reichs aus dem Ausland[1]) übernommen, so liegt, wenn bei der Übernahme der Fall der Hilfsbedürftigkeit vorhanden ist oder innerhalb sieben Tagen nachher eintritt, die Verpflichtung zur Erstattung der Kosten der Unterstützung beziehungsweise zur Übernahme des Hilfsbedürftigen demjenigen Bundesstaat ob, innerhalb dessen der Hilfsbedürftige seinen letzten Unterstützungswohnsitz[2]) gehabt hat, mit der Maßgabe, daß es jedem Bundesstaat überlassen bleibt, im Wege der Landesgesetzgebung[3]) diese Verpflichtung auf seine Armenverbände zu übertragen.

1. Einl. S. 6 und zu § 7 FreizügG.; die Gothaer Konvention und die Übernahmeverträge. — Für die Übernahme aus der Schweiz haben Preußen, Württemberg und Baden vereinbart, daß die OAV. der Übernahmeorte ohne Rücksicht darauf, ob sie dem Heimatsstaate des Hilfsbedürftigen angehören, die vorläufige Fürsorge zu übernehmen haben (Bek. v. 10. Nov. 1902, Preuß. MBl. f. i. V. 1903 S. 13); vergl. deutsch-schweizerischer Niederlassungsvertrag v. 13. Nov. 1909 (RGBl. 887), Bek. des Württemb. Min. des Innern, betr. Ausführung dieses Vertrages, v. 18. Jan. 1913 (Amtsbl. S. 71), Bayer. MinBek. v. 28. Aug. 1920 (Staatsanzeiger Nr. 205) über den diplomatischen Übernahmeverkehr. — Sache der Landespolizeibehörden ist es, dafür zu sorgen, daß bei der Übernahme die internationalen Verträge befolgt werden; für die Anwendung des § 33 kommt es nur darauf an, daß eine Übernahme tatsächlich erfolgt ist; Entsch. **44** 144.

2. Nach Entsch. **44** 142 finden in den seit 1. April 1909 eingetretenen Pflegefällen die Vorschriften der Novelle v. 30. Mai 1908 auch auf die Bestimmung der letzten UW. Anwendung. — Ebenso der Württembergische VerwGerHof, Urt. v. 21. Juni 1911 (Zeitschr. f. Rechtspflege u. Verwaltung IV S. 326).

3. S. Anhang D. Um die Landesgesetzgebung nicht zu nötigen, wegen der obenerwähnten Änderung des UWG. die

Landesgesetzgebung zu ändern, ist in der Novelle v. 30. Mai 1908 folgendes bestimmt:

Art. 2. Soweit die im § 33 des Gesetzes über den Unterstützungswohnsitz den Bundesstaaten auferlegte Verpflichtung durch Landesgesetz einem Armenverband übertragen ist, gilt diese Übertragung, wenn nicht durch Landesgesetz ein anderes bestimmt wird, auch für die Fälle, auf welche das gegenwärtige Gesetz die im § 33 vorgesehene Verpflichtung erstreckt.

§ 34. Muß ein Ortsarmenverband einen hilfsbedürftigen Deutschen,[1]) welcher innerhalb desselben seinen Unterstützungswohnsitz nicht hat, unterstützen, so hat der Ortsarmenverband zunächst eine vollständige Vernehmung des Unterstützten über seine Heimats-, Familien- und Aufenthaltsverhältnisse zu bewirken[2]) und sodann den Anspruch auf Erstattung der aufgewendeten beziehungsweise aufzuwendenden Kosten bei Vermeidung des Verlustes dieses Anspruchs binnen sechs Monaten nach begonnener Unterstützung[4]) bei dem vermeintlich verpflichteten Armenverbande[5]) mit der Anfrage anzumelden, ob der Anspruch anerkannt wird.

Ist der verpflichtete Armenverband nicht zu ermitteln, so hat die Anmeldung behufs Wahrung des erhobenen Erstattungsanspruchs innerhalb der oben normierten Frist von sechs Monaten bei der zuständigen vorgesetzten Behörde[6]) des beteiligten[7]) Armenverbandes zu erfolgen.

Ist nach der Ansicht des unterstützenden Ortsarmenverbandes der Fall dazu angetan, dem Unterstützten die Fortsetzung des Aufenthalts nach § 5 des Gesetzes

über die Freizügigkeit vom 1. November 1867 (Bundes-Gesetzbl. S. 55 ff.) zu versagen, und will der Ortsarmenverband von der bezüglichen Befugnis Gebrauch machen, so ist dies in der Benachrichtigung ausdrücklich zu bemerken.[8])

1. Anm. 1 zu § 28. — Anwendung auf Ausländer in Preußen: Entsch. **24** 174, **25** 146; in Baden: BadVerwZ. **08** 169; — anders in Sachsen, welches von der Ermächtigung des § 60 keinen Gebrauch gemacht hat; Sächs. OVG. **6** 354.

2. Die Unterlassung der Vernehmung hat den Verlust des Anspruchs nicht zur Folge. — Vergl. §§ 1, 2, 5, 8 Badische MinVer. v. 6. Dez. 1872, das Verfahren zur Erwirkung des Ersatzes für geleistete Unterstützung, sowie der Übernahme Hilfsbedürftiger betr. (Ges. u. VerBl. S. 378), nebst der Zusatzverordnung v. 27. Jan. 1877 (Ges. u. VerBl. S. 9) und den durch Verfügung des Min. des Innern v. 28. Juli 1896 abgeänderten Formularen zur Vernehmung der Unterstützten; Reußische (ä. L.) Bek. v. 30. Juni 1880, die Vereidigung der nach § 34 des RG. über ihre Verhältnisse vernommenen Hilfsbedürftigen betr. (GS. S. 55).

3. Präklusivfrist: Berücksichtigung von Amts wegen; Entsch. **26** 136, **31** 167.

4. Der Verlust des Anspruchs tritt nur soweit ein, als derselbe sich auf die über sechs Monate zurückliegende Zeit bezieht; Entsch. **2** 104, 105, **3** 114, 115, **18** 111, **28** 166, **30** 154, **31** 167; so auch jetzt des Sächs. Min. des Innern (Fischer, Z. **6** 170) und des Bad. Verwaltungsgerichtshofs (BadVerwZ. **01** 34 ff.).

5. D. h. dem mittels der Klage in Anspruch zu nehmenden; Entsch. **15** 115, **24** 181, **38** 149. Über die Notwendigkeit der Erneuerung der Anmeldung bei einem Wechsel des UW. s. Entsch. **24** 181, 182, **52** 141; Anmeldepflicht des AV. des UW. gegen die Arbeitsgemeinde: **47** 130; Form der Anmeldung: **53** 130.

6. Bei der Kommunalaufsichtsbehörde. In Sachsen ohne Unterschied, ob es sich um Ansprüche gegen Ortsarmenverbände oder gegen den sächsischen oder einen anderen Landarmenverband handelt, stets bei der Kreishauptmannschaft des den Anspruch erhebenden Ortsarmenverbandes (§ 3 V. v. 15. Juni 1876). — Über die Wirksamkeit der Ersatzanmeldung beim Wechsel des UW.: Entsch. **24** 183, **28** 122; Ersatzanmeldung auch bei Zweifel über die Haftbarkeit einer Arbeitsgemeinde: **52** 145; Bezeichnung der unterstützten Personen: **55** 112.

7. D. h. des den Anspruch erhebenden.

8. Vergl. §§ 14, 27 d. G. — Die Unterlassung der ausdrücklichen Bemerkung schließt die Geltendmachung des Anspruchs auf Übernahme nicht aus.

§ 35. Geht auf die erlassene Anzeige innerhalb vierzehn Tagen nach dem Empfange derselben eine zustimmende Antwort des in Anspruch genommenen Armenverbandes nicht ein, so gilt dies einer Ablehnung des Anspruchs gleich.[1])

1. Vergl. über den Einfluß mangelhafter Angaben und Ermittelungen des klagenden Armenverbandes auf den Zinsen- und Kostenanspruch: Entsch. **28** 162.

§ 36. Jeder Armenverband[1]) ist berechtigt, seine Ansprüche gegen einen anderen Armenverband auf dem durch dieses Gesetz bezeichneten Wege selbständig und unmittelbar vor den zur Entscheidung sowie zur Vollstreckung derselben berufenen Behörden[2]) zu verfolgen.

1. Nicht andere Behörden, z. B. nicht sächs. Fürsorgeverband: Entsch. **48** 151; preuß. Ansiedlungskommission: Entsch. **51** 170.

2. §§ 37 ff., 53 ff. d. G. und Anhang E.

§ 37. Streitigkeiten zwischen verschiedenen Armenverbänden über die öffentliche Unterstützung Hilfsbedürftiger[1]) werden, wenn die streitenden Teile einem und demselben Bundesstaat angehören, auf dem durch die Landesgesetze vorgeschriebenen Wege[2]) entschieden.

Gehören die streitenden Armenverbände verschiedenen Bundesstaaten[3]) an, so finden die nachfolgenden Vorschriften der §§ 38 bis 51 dieses Gesetzes Anwendung.

1. §§ 4, 5 FreizügG., § 2 d. G. — Über Ansprüche aus der Abschiebung s. Anm. 2 zu § 28; wegen ungerechtfertigter Bereicherung s. Entsch. **4** 83, **5** 107, **6** 95 und wegen der Anwendung der §§ 812 ff. BGB. Entsch. **35** 89, **37** 98 ff., **38** 1, **40** 94, **41** 117, 182, **51** 69, **52** 129. — Beweislast: Entsch. **31** 54, **34** 129, **37** 98; auf Grund erteilten Auftrages: **13** 227, **20** 167, **22** 49, 88, **25** 96, 117, **29** 72. — Bedeutung von Anerkenntnis, Verzicht: Entsch. **48** 144, **49** 118. — Vergl. auch Anm. 3 zu § 28 und Abs. 1 § 56 d. G.

2. Landessachen: §§ 38 Abs. 2, 52, 56 Abs. 2 d. G. und Anhang E.

3. Interterritoriale Sachen.

§ 38. Lehnt ein Armenverband den gegen ihn erhobenen Anspruch auf Erstattung der Kosten oder auf Übernahme eines Hilfsbedürftigen ab, so wird auf Antrag desjenigen Armenverbandes, welcher die öffentliche Unterstützung vorläufig zu gewähren genötigt ist, über den erhobenen Anspruch im Verwaltungswege durch diejenige Spruchbehörde entschieden, welche dem in Anspruch genommenen Armenverbande vorgesetzt ist.[1])

Die Zuständigkeit, den Instanzenzug sowie das Verfahren regelt innerhalb jedes Bundesstaats, vorbehaltlich der Vorschriften dieses Gesetzes,[2]) die Landesgesetzgebung.[3])[4])

1. Wegen Zulässigkeit der Verfolgung des Anspruchs gegen mehrere Armenverbände in demselben Verfahren (eventuelle Klagehäufung) s. Entsch. **6** 96, **25** 150, **30** 159, **32** 118, **47** 138 und über Klagen auf Erstattung fernerhin entstehender Unterstützungskosten, als Feststellungsklagen, Entsch. **7** 134, **11** 97,

23 76, **31** 176, **45** 134, **46** 156, **47** 142; Rechtskraft: Entsch. **47** 142, **48** 162, **49** 127; Aufrechnung: **48** 153.

2. §§ 37 Abs. 2, 39—51, 53, 56, 58.

3. Anhang E.

4. Über die Prozeßkosten vergl. Entsch. **44** 146, **48** 160, **51** 181; Zurückweisung in die erste Instanz: Entsch. **46** 184, **52** 153, **53** 137, **55** 115, 124; Verfahren in Bayern: **51** 189.

5. Nach §§ 26—31 des vorläufigen Entwurfs eines Gesetzes über das Reichsverwaltungsgericht (aufgestellt im Reichsministerium des Innern) müssen zwei landesrechtliche Instanzen mit besonders vorgesehener Besetzung und Verfahrensvorschriften vorhergehen.

§ 39. Die zur Entscheidung zuständigen Landesbehörden sind befugt, Untersuchungen an Ort und Stelle zu veranlassen, Zeugen und Sachverständige zu laden und eidlich zu vernehmen, überhaupt den angetretenen Beweis in vollem Umfange zu erheben.[1])

1. Über das Anerkenntnis der Erstattungs- und Übernahmepflicht und über Reverse s. Entsch. **11** 124, **12** 120, **18** 160, **27** 80, **28** 99, **41** 92, Sächs. OVG. **12** 48 und über Anerkenntnis des UW. Entsch. **31** 99, **38** 3.

§ 40. Die Entscheidung erfolgt durch schriftlichen, mit Gründen versehenen Beschluß;[1]) sofern dabei für den in Anspruch genommenen Armenverband eine Verpflichtung zur Übernahme eines Hilfsbedürftigen (§ 31) begründet ist, muß dies in dem Beschluß ausdrücklich ausgesprochen werden.

1. Über dessen Zustellung: Entsch. **50** 140 (Ersatzzustellung); Erfordernisse einer erstrichterlichen Entscheidung: **51** 189; Mangel des Tatbestandes und der Gründe: **52** 153.

§ 41. Soweit die Organisation oder örtliche Abgrenzung der einzelnen Armenverbände Gegenstand des Streites ist, bewendet es endgültig bei der Entscheidung der höchsten landesgesetzlichen Instanz.[1]) Im übrigen findet gegen deren Entscheidung nur die Berufung an das Bundesamt für das Heimatwesen statt.[2])[3])[4])

1. Das BA. ist eine reichsgesetzliche Instanz, auch in denjenigen Staaten, deren Landesgesetzgebung von der in § 52 d. G. erteilten Ermächtigung Gebrauch gemacht hat; Entsch. **18** 145. In diesen Staaten ist die Spruchbehörde erster Instanz zugleich höchste landesgesetzliche Instanz, sofern nicht für die in Satz 1 erwähnten Streitigkeiten höhere Instanzen landesgesetzlich eingeführt sind; s. darüber Anhang E. — Zurückweisung in die Landesinstanzen, wenn solcher Streit erst im Verfahren vor dem BA. sich erhebt; Entsch. **23** 170, **36** 132.

2. Der Rechtsweg ist unzulässig, s. unten §§ 38 und 51; die Berufung kann auch wegen des Kostenpunktes allein eingelegt werden; Entsch. **41** 200. Der landesrechtliche Instanzenzug muß erschöpft sein; Entsch. **56** 83.

3. Beschwerdeinstanz ist das Bundesamt nicht, weder hinsichtlich der geschäftlichen Behandlung der Armenstreitsachen und der Prozeßleitung (Entsch. **26** 140) oder Beschwerden von Zeugen (Entsch. **46** 188, **47** 148) noch hinsichtlich der Festsetzung des Werts des Streitgegenstandes (Entsch. **22** 168) oder der in die Exekutionsinstanz gehörenden Kostenfestsetzungsbeschlüsse; s. zu § 53. — Auch liegt ihm nicht die Bestimmung der zuständigen Spruchbehörde ob, wenn sich der Anspruch gegen mehrere AV. richtet, für welche nach § 38 verschiedene Spruchbehörden örtlich zuständig sind; Entsch. **38** 155.

4. Der vorläufige Entwurf eines Ges. über das Reichsverwaltungsgericht, entworfen im Reichsministerium des Innern, Berlin 1921 (bei Heymann), enthält in § 17 folgende Vorschrift:

„§ 41 Satz 2 des Ges. über den UW. in der Fassung vom 12. März 1894 (RGBl. S. 262) — richtiger vom 30. Mai 1908 — erhält folgenden Wortlaut: „Im übrigen findet gegen deren Entscheidung nur die Rechtsbeschwerde (d. h. Revision, nicht Berufung) an das RVG. statt.

Die §§ 42—52 des Gesetzes sind aufgehoben."

Im § 56 Abs. 2 tritt an die Stelle der Berufung an das Bundesamt für das Heimatwesen die Rechtsbeschwerde zum RVG.

§ 78 des Entwurfs bestimmt: „Die Dienstgeschäfte des Bundesamts gehen mit dem Inkrafttreten des Gesetzes auf das RVG. über. Die an diesem Tage bereits eingelegten Berufungen sind in dem Verfahren zu erledigen, das für die Berufungen vorgeschrieben war."

§ 42. Das Bundesamt für das Heimatwesen[1]) ist eine ständige und kollegiale Behörde, welche ihren Sitz in Berlin hat.

Es besteht aus einem Vorsitzenden und mindestens vier Mitgliedern. Der Vorsitzende sowie die letzteren werden auf Vorschlag des Bundesrats vom Bundespräsidium auf Lebenszeit ernannt. Der Vorsitzende sowohl als auch mindestens die Hälfte der Mitglieder muß die Qualifikation zum höheren Richteramt im Staate ihrer Angehörigkeit besitzen.

1. Vergl. zur Geschichte des Bundesamts für das Heimatwesen im 28. und 50. Bande der Entscheidungen und zum 50jährigen Bestehen das Vorwort im 57. Bande.

§ 43. Bezüglich der Rechtsverhältnisse der Mitglieder des Bundesamts gelten bis zum Erlasse besonderer bundesgesetzlicher Vorschriften die Bestimmungen der §§ 23 bis 26 des Gesetzes, betreffend die Errichtung eines obersten Gerichtshofs für Handelssachen, vom 12. Juni 1869 mit der Maßgabe, daß

1. an Stelle des Plenums des Oberhandelsgerichts das Plenum des Bundesamts tritt, und daß im Falle des § 25 a. a. O. die Verrichtungen des Staatsanwalts und des Untersuchungsrichters von je einem Mitgliede des Königlich Preußischen

Kammergerichts zu Berlin, welches der Bundeskanzler ernennt, wahrgenommen werden;

2. bezüglich der Höhe der Pensionen die Vorschriften in Anwendung kommen, welche darüber in demjenigen Bundesstaate gelten, aus dessen Dienste das Mitglied des Bundesamtes berufen ist.[1])

1. S. jetzt §§ 34—60 Ges. v. 31. März 1873, betr. die Rechtsverhältnisse der Reichsbeamten, in der neuen Fassung auf Grund des Art. 3 des Ges. v. 17. Mai 1907 — Bek. des Reichskanzlers v. 18. Mai 1907 (RGBl. 245) und § 158 Abs. 1 a. a. O. — Besoldungsgesetz v. 17. Dez. 1920 (RGBl. 2075), Gruppe XIII; Einzelgehälter Gruppe B, 1.

§ 44. Zur Abfassung einer gültigen Entscheidung des Bundesamts gehört die Anwesenheit von mindestens drei Mitgliedern, von denen mindestens eines die im § 42 vorgeschriebene richterliche Qualifikation haben muß.

Die Zahl der Mitglieder, welche bei der Fassung eines Beschlusses eine entscheidende Stimme führen, muß in allen Fällen eine ungerade sein. Ist die Zahl der bei der Erledigung einer Sache mitwirkenden Mitglieder eine gerade, so führt dasjenige Mitglied, welches zuletzt ernannt ist, und bei gleichem Dienstalter dasjenige, welches der Geburt nach das jüngere ist, nur eine beratende Stimme.

§ 45. Der Geschäftsgang bei dem Bundesamte wird durch ein Regulativ[1]) geordnet, welches das Bundesamt zu entwerfen und dem Bundesrate zur Bestätigung einzureichen hat.

In dem Geschäftsregulative sind insbesondere auch die Befugnisse des Vorsitzenden festzustellen.

1. Regulativ v. 6. Jan. 1873 (RZBl. 4 ff.), abgeändert 14. Aug. 1914 (RZBl. 469).

§ 46. Die Berufung an das Bundesamt ist bei Verlust des Rechtsmittels binnen vierzehn Tagen, von der Behändigung der angefochtenen Entscheidung an gerechnet, bei derjenigen Behörde, gegen deren Entscheidung sie gerichtet ist, schriftlich anzumelden.[1])

Die Angabe der Beschwerden sowie die Rechtfertigung der Berufung kann entweder zugleich mit der Anmeldung der letzteren oder innerhalb vier Wochen nach diesem Termine[2]) derselben Behörde eingereicht werden.

Von sämtlichen Schriftsätzen sowie von den etwaigen Anlagen derselben sind Duplikate beizufügen.

1. Vergl. Rundverf. des preuß. Min. des Innern v. 10. Mai 1895, betr. die Belehrung der Parteien über die Berufungsfrist (MinBl. f. innere Verw. S. 165). Durch Anmeldung beim Bundesamt oder bei einer anderen Behörde wird die Frist nicht gewahrt; Entsch. **22** 169, **56** 88. Die Berufung steht nur den Hauptparteien zu, nicht einem in der Vorinstanz beigeladenen AV.; es sei denn, daß diese durch die Vorentscheidung in seinem eigenen Recht verletzt ist; Entsch. **33** 110, **35** 145, **43** 149, **44** 148, **52** 156. Im letzten Augenblick eingelegte, in den Briefkasten der Behörde geworfene Berufung: Entsch. **44** 151, **45** 139, **55** 119; telegraphische Anmeldung: **48** 170; ohne Namensunterschrift bedeutungslos: **56** 92; Verspätung infolge von Zensur: **56** 70; Straßenkämpfe: **56** 96; Nachweis rechtzeitiger Absendung: **57** 122.

2. Abs. 1; also innerhalb 6 Wochen von der Behändigung der angefochtenen Entscheidung; Entsch. **26** 146.

§ 47. Die eingegangenen Duplikate werden von der zuständigen Behörde der Gegenpartei zur schriftlichen, binnen vier Wochen nach der Behändigung in zwei Exemplaren einzureichenden Gegenerklärung zugefertigt.

§ 48. Nach Ablauf dieser Frist legt die nämliche Behörde die sämtlichen Verhandlungen nebst ihren Akten dem Bundesamte vor.

§ 49. Erachtet das Bundesamt vor Fällung der Entscheidung noch eine Aufklärung über das Sach- und Rechtsverhältnis für nötig, so ist dieselbe unter Vermittelung der zuständigen Landesbehörde vorzunehmen.

§ 50. Die Entscheidung des Bundesamts erfolgt gebührenfrei in öffentlicher Sitzung nach erfolgter Ladung und Anhörung der Parteien.

Das Erkenntnis wird schriftlich, mit Gründen versehen, den Parteien durch Vermittelung derjenigen Behörde (§ 46) zugefertigt, gegen deren Beschluß es ergangen ist.

§ 51. Gegen die Entscheidung des Bundesamts ist ein weiteres Rechtsmittel nicht zulässig.

§ 52. Bis zu anderweitiger, von Bundes wegen erfolgender Regelung der Kompetenz des Bundesamts für das Heimatwesen kann durch die Landesgesetzgebung eines Bundesstaats bestimmt werden, daß die Vorschriften der §§ 38 bis 51, 56 Abs. 2 dieses Gesetzes für die Streitsachen zwischen Armenverbänden des betreffenden Bundesstaats in Wirksamkeit treten sollen.[1][2]

1. D. h. die reichsgesetzlichen Vorschriften für interterritoriale Sachen (§ 37 Abs. 2) gelten auch für Landessachen; § 37 Abs. 1. — Von dieser Ermächtigung haben Gebrauch gemacht 16 Länder: Preußen (einschl. Lauenburg), Hessen, Sachsen-Weimar, Oldenburg, Braunschweig (jedoch nicht für die Fälle des § 56 Abs. 2; Ges., betr. die Verwaltungsrechtspflege, v. 5. März 1895 [Ges. u. VerBl. Nr. 26] § 50), Sachsen-Altenburg, Sachsen-Gotha,

Anhalt, beide Schwarzburg, Waldeck, Reuß, Lippe, Lübeck, Bremen; Schaumburg-Lippe hat die Zuständigkeit des Bundesamts nur nach Maßgabe der §§ 38—51 und nur für den Fall anerkannt, daß der Landarmenverband des Fürstentums Partei ist; — dagegen 8 Länder nicht: Bayern, Sachsen, Württemberg, Baden, beide Mecklenburg, Sachsen-Meiningen, Hamburg. — In den ersteren 16 Ländern findet im Falle des § 41 Satz 2 nach Maßgabe der betr. Landesgesetze nur die Berufung an das BA. statt; Entsch. **18** 145, **27** 176. Durch Ges. v. 30. April 1920, betr. das Land Thüringen (RGBl. 841), sind Sachsen-Weimar-Eisenach, Sachsen-Meiningen, Reuß, Sachsen-Altenburg, Sachsen-Gotha ohne das Gebiet von Koburg, Schwarzburg-Rudolstadt und Schwarzburg-Sondershausen mit Wirkung vom 1. Mai 1920 zu einem Lande Thüringen vereinigt worden. Durch die Vereinigung werden die Staatsangehörigen der 7 Länder Staatsangehörige des Landes Thüringen mit Ausnahme des Gebiets von Koburg im Sinne des § 2 des Ges. v. 30. April 1920, betr. die Vereinigung Koburgs mit Bayern (RGBl. 842). Nach § 63 Abs. 2 der Verfassung des Landes Thüringen v. 11. März 1921 bleiben die Gesetze und Verordnungen der ehemaligen thüringischen Freistaaten solange in Kraft, als nicht die in ihnen geregelte Materie durch Thüringen einheitlich geregelt ist. Das ist bezüglich des Armenrechtes bisher nicht geschehen, so daß die Ausführungsgesetze der einzelnen Länder weiter Geltung haben. Eine thüringische Landesinstanz zur Entscheidung über Streitigkeiten zwischen thüringischen Armenverbänden in letzter Instanz besteht nicht, so daß das Bundesamt zuständig bleibt. Auch infolge der Abtretung Koburgs an Bayern sind besondere armenrechtliche Vorschriften bisher nicht ergangen.

2. Statt dessen bestimmt der Entwurf über das RVG. in § 18: „Auf Antrag eines Landes kann die Reichsregierung mit Zustimmung des Reichsrats dem RVG. die Zuständigkeit zur Entscheidung auf Rechtsbeschwerden im letzten Rechtszug übertragen in Verwaltungsrechtssachen, deren oberstrichterliche Entscheidung den Verwaltungsgerichten der Länder vorbehalten ist."

Nach §§ 26—31 des Entwurfs müßten auch in diesem Falle zwei landesrechtliche Instanzen mit dort vorgesehener Besetzung und Verfahrensvorschriften vorhergehen.

§ 53. In den Streitsachen über die durch dieses Gesetz geregelte öffentliche Unterstützung Hilfsbedürftiger ist die Entscheidung der ersten Instanz, ausgenommen in dem Falle des § 57, sofort vollstreckbar.

Im übrigen findet die Exekution statt:

a) auf Grund und in den Grenzen eines von dem in Anspruch genommenen Armenverband ausgestellten Anerkenntnisses (§ 55);

b) auf Grund der endgültigen Entscheidung.

Die Vollstreckung der Exekution liegt der zur Entscheidung in erster Instanz zuständigen Behörde des verpflichteten[1]) Armenverbandes ob und ist bei derselben unter Beifügung der bezüglichen Urkunden zu beantragen.

1. Nach a oder b verpflichteten. — Das BA. ist nicht Beschwerdeinstanz; Entsch. **18** 138, **19** 164, **22** 168, **23** 177.

§ 54. Wird die bereits vollstreckte Entscheidung der ersten landesgesetzlichen Instanz durch endgültige Entscheidungen höherer Landesinstanzen oder in Gemäßheit der §§ 38 bis 51 dieses Gesetzes wieder aufgehoben, so hat die zur Entscheidung in erster Instanz zuständige Behörde desjenigen Armenverbandes, welcher die Vollstreckung der Exekution erwirkt hatte,[1]) die erforderlichen Anordnungen zu treffen, um die Exekution und deren Folgen wieder rückgängig zu machen.

1. Also nicht die Spruchbehörde, welche nach § 53 die Exekution vollstreckt hat.

§ 55. Den zur vorläufigen Unterstützung (§ 28) und beziehungsweise zur Übernahme (§ 31) eines

Hilfsbedürftigen verpflichteten Armenverbänden ist es unbenommen, die tatsächliche Vollstreckung[1]) der Ausweisung (§ 5 des Gesetzes über die Freizügigkeit vom 1. November 1867) durch eine unter sich zu treffende Einigung über das Verbleiben der auszuweisenden Person oder Familie in ihrem bisherigen Aufenthaltsorte gegen Gewährung eines bestimmten Unterstützungsbetrags von seiten des letztgedachten Armenverbandes dauernd oder zeitweilig auszuschließen.

Die erstinstanzlichen Behörden (§§ 38, 39, 40)[2]) sind verpflichtet, auf Anrufen eines oder des anderen Beteiligten, zwecks tunlicher Herstellung einer solchen Einigung, vermittelnd einzuschreiten.

Ist die Einigung urkundlich in Form eines Anerkenntnisses festgestellt, so findet auf Grund derselben die administrative Exekution statt (§ 53).

1. Der zur Ausweisung berechtigte AV. kann, statt zur Ausweisung zu schreiten, nach §§ 55, 56 verfahren und dies Recht auch gegenüber seiner nach § 32 begründeten Überführungspflicht ausüben; der zur Übernahme verpflichtete AV. kann die Überführung des Hilfsbedürftigen nach §§ 55, 56 abwenden; vergl. auch § 57; Entsch. **44** 157.

2. Die Spruchbehörde, welcher die Entscheidung obliegt; § 53 Abs. 2.

§ 56. Wenn mit der Ausweisung Gefahr für Leben oder Gesundheit des Auszuweisenden oder seiner Angehörigen verbunden sein würde, oder wenn die Ursache der Erwerbs- und Arbeitsunfähigkeit des Auszuweisenden durch eine im Bundeskriegsdienst oder bei Gelegenheit einer Tat persönlicher Selbstaufopferung erlittene Verwundung oder Krankheit herbeigeführt ist, oder endlich, wenn sonst die Wegweisung vom Aufenthaltsorte mit erheblichen Härten oder Nachteilen[1]) für den Auszuweisenden verbunden sein sollte, kann auch bei nicht erreichter Einigung das Verbleiben der auszuweisenden Person oder Familie in dem Aufenthaltsorte, gegen Festsetzung eines von dem verpflichteten Armenverbande zu zahlenden Unterstützungsbetrags, durch die zur Entscheidung in erster Instanz zuständige Behörde des Ortsarmenverbandes des Aufenthaltsorts[2]) angeordnet werden.[3])

Gegen diese Anordnung, welche, wenn die Voraussetzungen fortfallen, unter welchen sie erlassen ist, jederzeit zurückgenommen werden kann, steht innerhalb vierzehn Tagen nach der Zustellung beiden Teilen die Berufung zu. Dieselbe erfolgt, wenn die streitenden Armenverbände einem und demselben Bundesstaat angehören, an die nächsthöchste landesgesetzliche Instanz, sofern die streitenden Teile verschiedenen Bundesstaaten angehören, an das Bundesamt für das Heimatwesen.[4]) Bei der hierauf ergehenden Entscheidung bewendet es endgültig.

Dasselbe findet statt, wenn der Antrag des verpflichteten Armenverbandes auf Erlaß einer solchen Anordnung zurückgewiesen ist.

1. Entsch. **26** 148, 149, **27** 172, 175, **28** 172, **30** 176, **32** 139, **33** 115, **34** 199, **40** 169, **42** 181, **52** 162.

2. Also, abweichend von §§ 38 Abs. 1, 53 d. G., des zur Ausweisung berechtigten AV.

3. Der Antrag kann wie im Falle des § 55 Abs. 2 von jedem der beiden AV. gestellt werden. (In der badischen Rechtsprechung wird in Übereinstimmung mit § 8 der Vollz.-Ver. v. 6. Dez. 1872 [Ges. u. VerBl. S. 378] ein selbständiges Recht des Ausgewiesenen nach § 56 angenommen; BadVerwZ. **06** 1.) — Über die Zulässigkeit einer Verbindung dieses eigentlich erst in die Exekutionsinstanz gehörenden Antrags mit der Klage auf

Anerkennung der Übernahmepflicht unter der Voraussetzung, daß die erstinstanzliche Spruchbehörde für beide AV. zuständig ist, s. Entsch. **5** 126, **7** 141, 147, **10** 140, **15** 130. — Die Anordnung kann nur Regelung für die Zukunft treffen; sie setzt voraus, daß die Übernahmepflicht auf Grund dauernder Hilfsbedürftigkeit durch Urteil oder Anerkenntnis feststeht; Entsch. **23** 180, **24** 187, **29** 145, **31** 196, **41** 207. Verjährung gemäß § 56 festgesetzter Ansprüche: Entsch. **46** 195; Tarifsätze nicht maßgebend: **48** 147.

4. Nach § 17 des vorläufigen Entwurfs eines Ges. über das RVG. tritt an die Stelle der Berufung an das Bundesamt die Rechtsbeschwerde zum RVG.

§ 57. Solange das Verfahren, betreffend den Versuch einer Einigung nach § 55, oder betreffend den Erlaß der im § 56 bezeichneten Anordnung, schwebt, bleibt die Vollstreckbarkeit der Entscheidung erster Instanz ausgesetzt (§ 53).

§ 58. Ist die Ausweisung durch Transport zu bewerkstelligen, so fallen die Transportkosten als ein Teil der zu erstattenden Kosten der Unterstützung des Hilfsbedürftigen dem hierzu verpflichteten Armenverbande zur Last.[1])

Entsteht über die Notwendigkeit des Transports oder die Art der Ausführung desselben Streit, so erfolgt die Entscheidung hierüber endgültig durch die in erster Instanz in der Hauptsache zuständige Behörde des Armenverbandes des Aufenthaltsorts (§ 38 Abs. 2).

1. S. § 32 Abs. 2. — Über den Begriff Transport s. Entsch. **22** 173, 177, **32** 141, 142.

§ 59. Ist ein Armenverband zur Zahlung der ihm endgültig auferlegten Kosten, laut Bescheinigung der ihm vorgesetzten Behörde, ganz oder teilweise außerstande, so hat der Bundesstaat, welchem er angehört, entweder mittelbar oder unmittelbar[1]) für die Erstattung zu sorgen.

1. §§ 36 und 59 Pr. AG. und die entsprechenden Bestimmungen der übrigen Landesgesetze; s. Anhang B und E.

§ 60. Ausländer müssen vorläufig von demjenigen Ortsarmenverband unterstützt werden, in dessen Bezirke sie sich bei dem Eintritte der Hilfsbedürftigkeit befinden. Zur Erstattung der Kosten beziehungsweise zur Übernahme des hilfsbedürftigen Ausländers ist derjenige Bundesstaat verpflichtet, welchem der Ortsarmenverband der vorläufigen Unterstützung angehört, mit der Maßgabe, daß es jedem Bundesstaat überlassen bleibt, im Wege der Landesgesetzgebung diese Verpflichtung auf seine Armenverbände zu übertragen.[1])

1. Anhang D; über den Begriff Ausländer s. Einl. S. 14; Findelkind: Entsch. **47** 128. Vergl. auch Entsch. **25** 155, **26** 152, **32** 147, **42** 190, 198. Ausweisung nicht Sache des AV.: Entsch. **46** 199; Einziehung zum Heeresdienst bewirkt Ruhen des Fristenlaufs: **57** 124.

§ 61. Durch die Bestimmungen dieses Gesetzes werden Rechte und Verbindlichkeiten nur zwischen den zur Gewährung öffentlicher Unterstützung nach Vorschrift dieses Gesetzes verpflichteten Verbänden (Orts-, Landarmenverbände, Bundesstaaten)[1]) begründet.

Daher werden die auf anderen Titeln (Familien- und Dienstverhältnis, Vertrag, Genossenschaft, Stiftung usw.) beruhenden Verpflichtungen, einen Hilfsbedürftigen zu unterstützen, von den Bestimmungen dieses Gesetzes nicht betroffen.

1. Auch die Bundesstaaten sind, sofern sie Träger der endgültigen Armenlast nach §§ 33, 60 sind, als Armenverbände anzusehen; Entsch. **36** 131.

§ 62. Jeder Armenverband, welcher nach Vorschrift dieses Gesetzes einen Hilfsbedürftigen unterstützt hat, ist befugt, Ersatz derjenigen Leistungen, zu deren Gewährung ein Dritter aus anderen als den durch dieses Gesetz begründeten Titeln verpflichtet ist, von dem Verpflichteten in demselben Maße und unter denselben Voraussetzungen zu fordern, als dem Unterstützten auf jene Leistungen ein Recht zusteht.[1])

Der Einwand, daß der unterstützende Armenverband den Ersatz von einem anderen Armenverbande zu fordern berechtigt sei, darf demselben hierbei nicht entgegengestellt werden.

1. Vergl. über die Unterhaltspflicht der Ehegatten und Verwandten §§ 1360 ff., 1578 ff., 1601 ff. BGB.; des unehelichen Vaters §§ 1708 ff. BGB.; des Dienst- oder Arbeitsherrn § 617 BGB., Art. 95 Abs. 2 EG.BGB. sowie ferner die Vorschriften der Reichsversicherungsordnung v. 19. Juli 1911 §§ 1527, 1531; für Krankenkassen: §§ 165 f., 1532, 1533; Berufsgenossenschaften der Unfallversicherung: §§ 537 f., 1534, 1535; Versicherungsanstalten der Invaliden- und Hinterbliebenenversicherung: §§ 1226 f., 1536, 1537. Auch die ersatzberechtigten Armenverbände können die Feststellung der Leistungen aus der Reichsversicherungsordnung betreiben, und zwar im Spruchverfahren vor den Versicherungsämtern; §§ 1538 Abs. 1, 1540, 1636 bis 1721. Der Anspruch auf Ersatz muß spätestens sechs Monate nach Ablauf der Unterstützung bei den vorbemerkten Trägern der Reichsversicherung geltend gemacht werden; § 1539. Entsprechende Vorschriften gelten nach §§ 81 f. des am 1. Januar 1913 in Kraft getretenen Versicherungsgesetzes für Angestellte v. 20. Dez. 1911. Nur werden Streitigkeiten über Ersatzansprüche im Verwaltungs-

streitverfahren oder, wo ein solches fehlt, durch die dem Ersatzberechtigten vorgesetzte Aufsichtsbehörde entschieden.

§ 63. Die Verwaltungs- und Polizeibehörden sind verpflichtet, innerhalb ihres Geschäftskreises den Armenverbänden behufs der Ermittelung der Heimats-, Familien- und Aufenthaltsverhältnisse eines Hilfsbedürftigen auf Verlangen behilflich zu sein.[1])

1. Die Registerbehörden haben Auskunft aus dem Strafregister zu erteilen; Verf. des RJM. v. 9. Sept. 1921 (RZBl. 810).

§ 64. Das Eintreten der in den §§ 10 und 22 an den Ablauf einer bestimmten Frist geknüpften Wirkungen kann durch Vertrag oder Verzicht der beteiligten Behörden oder Personen nicht ausgeschlossen werden.

§ 65. Dieses Gesetz tritt mit dem 1. Juli 1871 in Kraft. Nach diesem Tage finden die bis dahin innerhalb des Bundesgebiets gültigen Vorschriften über die durch das gegenwärtige Gesetz geregelten Rechtsverhältnisse nur insoweit noch Anwendung, als es sich um die Feststellung des Unterstützungswohnsitzes für die Zeit vor dem 1. Juli 1871 handelte.

Insbesondere kommen hierbei folgende Bestimmungen zur Anwendung:

1. Diejenigen Deutschen, welche am 30. Juni 1871 innerhalb des Bundesgebiets ein Heimatsrecht besitzen, haben kraft desselben am 1. Juli 1871 den Unterstützungswohnsitz in demjenigen Ortsarmenverbande, welchem ihr Heimatsort angehört.
2. Diejenigen Deutschen, welche am 30. Juni 1871 innerhalb des Bundesgebiets einen Unterstützungswohnsitz haben, besitzen denselben am 1. Juli 1871 mit den Folgen und Maßgaben dieses Gesetzes, gleichviel, ob die Voraussetzungen des Erwerbes

andere waren als die durch dieses Gesetz vorgeschriebenen.

3. Wo und insoweit bisher ein Heimatsrecht oder Unterstützungswohnsitz durch bloßen Aufenthalt nicht erworben, durch bloße Abwesenheit nicht verloren werden konnte, beginnt der Lauf der durch dieses Gesetz vorgeschriebenen zweijährigen Frist für den Erwerb beziehungsweise Verlust des Unterstützungswohnsitzes mit dem 1. Juli 1871.

4. Wo bisher für den Erwerb beziehungsweise Verlust des Unterstützungswohnsitzes die nämliche oder eine längere als die durch dieses Gesetz vorgeschriebene Frist galt, kommt bei Berechnung der letzteren die vor dem 1. Juli 1871 abgelaufene Zeitdauer in Ansatz.

5. Wo bisher für den Erwerb beziehungsweise Verlust des Unterstützungswohnsitzes eine kürzere als die durch dieses Gesetz vorgeschriebene Frist bestand, gilt, sofern die kürzere Frist vor dem 1. Juli 1871 abgelaufen war, die Wirkung des Ablaufs als eingetreten, auch wenn die Entscheidung hierüber erst nach dem 1. Juli 1871 erfolgt. War die kürzere Frist vor dem 1. Juli 1871 noch nicht abgelaufen, so bedarf es zum Eintritte der durch dieses Gesetz vorgeschriebenen Wirkungen des Ablaufs der durch dieses Gesetz vorgeschriebenen Frist, jedoch unter Anrechnung der vor dem 1. Juli 1871 abgelaufenen Zeitdauer.

6. Das durch dieses Gesetz für die Entscheidung der Streitsachen über die öffentliche Unterstützung Hilfsbedürftiger vorgeschriebene Verfahren kommt nach Maßgabe der Vorschrift des § 37 zur Anwendung bei denjenigen Streitsachen der Armenverbände (Armenkommunen, Armenbezirke, Heimatsbezirke), welche nach dem 30. Juni 1871 anhängig gemacht werden.

Gesetz zur Einführung des Gesetzes über den Unterstützungswohnsitz im Königreiche Bayern vom 30. Juni 1913.

§ 1. Das Gesetz über den Unterstützungswohnsitz vom 30. Mai 1908 (Reichs-Gesetzbl. S. 381) wird im Königreiche Bayern eingeführt; die §§ 37, 56 Abs. 2 Satz 2 können im Verhältnis zum Königreiche Bayern nur mit dessen Zustimmung geändert werden.

§ 2. Für Bayern treten an Stelle der im § 65 des Gesetzes über den Unterstützungswohnsitz getroffenen Zeitbestimmungen des 1. Juli und des 30. Juni 1871 der Tag des Inkrafttretens dieses Gesetzes und der unmittelbar vorhergehende Tag; an Stelle der dort vorgeschriebenen zweijährigen Frist tritt die einjährige.

§ 3. Der Tag, an dem das Gesetz über den Unterstützungswohnsitz im Königreiche Bayern in Kraft tritt, wird durch Kaiserliche Verordnung mit Zustimmung des Bundesrats bestimmt.

Verordnung, betreffend Inkrafttreten des Gesetzes über den Unterstützungswohnsitz vom 30. Mai 1908 im Königreiche Bayern vom 4. April 1915.

Das Gesetz über den Unterstützungswohnsitz vom 8. Mai 1908 (Reichs-Gesetzbl. S. 381) tritt im Königreiche Bayern mit dem 1. Januar 1916 in Kraft.[1][2]

1. In Bayern galt bisher das Ges. über Heimat, Verehelichung und Aufenthalt v. 16. April 1868 (Text v. 30. Juli 1899) und das Ges. über die öffentliche Armen- und Krankenpflege v. 29. April

1869 (Text v. 30. Juli 1899, Nov. v. 10. Mai 1902). Die Gesetzgebung beruhte auf dem Heimatprinzip, der Zugehörigkeit einer Person zu einer bestimmten Gemeinde. Die Heimat wurde, abgesehen von dem abgeleiteten Erwerb der Ehefrauen und Kinder, dem gesetzlichen der Beamten und der Ersitzung durch die heimatlosen Bayern, durch Verleihung erworben. Bei Nichtermittlung Zuweisung einer vorläufigen Heimat. Verlust nur durch Erwerb einer neuen Heimat oder Verlust der bayerischen Staatsangehörigkeit. Wer am 1. Jan. 1916 das Heimatrecht in einer bestimmten bayerischen Gemeinde besitzt, erwirbt mit seinen armenrechtlichen Familienangehörigen an diesem Tage dort den UW.; die übrigen bayerischen Staatsangehörigen, und zwar auch die mit vorläufiger Heimat (Bayr. VGH. v. 16. Okt. 1916, Reger **37** 28), werden landarm. Eintritt der Hilfsbedürftigkeit im Sinne des UW. erst mit dem 1. Jan. 1916 (Reger ebenda).

2. Mit dem 1. Jan. 1916 tritt an Stelle des landesrechtlichen UW., den ein Bayer in einem Lande erworben hatte, der reichsrechtliche, in der bisherigen Heimat begründete; Entsch. **52** 162, **53** 165. Es gelten von da an die Grundsätze über armenrechtliche Familiengemeinschaft: Entsch. **53** 148, 155. Anmeldung des Pflegefalles nach dem 1. Jan. 1916 erforderlich: **55** 130; unerheblich, ob Frau vor dem 1. Jan. 1916 getrennt leben durfte: **55** 136; vor dem 1. Jan. 1916 gewährte Unterstützungen unerheblich: **56** 98.

Anhang.

Landesgesetzliche Bestimmungen.

A.

Umfang der Unterstützungspflicht.

1. Preußen (einschl. Kreis Herzogtum Lauenburg).

a) AusfGes. v. 8. März 1871 (Instr. v. 10. April 1871, M. f. i. V. S. 132), eingeführt durch Verordnung v. 1. Dez. 1908 (GS. 1909 S. 25) am 1. April 1909 in Helgoland.

§ 1. Jedem hilfsbedürftigen Deutschen (§ 69) ist von dem zu seiner Unterstützung verpflichteten Armenverbande Obdach, der unentbehrliche Lebensunterhalt,[1]) die erforderliche Pflege in Krankheitsfällen und im Falle seines Ablebens ein angemessenes Begräbnis zu gewähren.

Die Unterstützung kann geeignetenfalls, solange dieselbe in Anspruch genommen wird, mittelst Unterbringung in einem Armen- oder Krankenhause sowie mittelst Anweisung der den Kräften des Hilfsbedürftigen entsprechenden Arbeiten außerhalb oder innerhalb eines solchen Hauses gewährt werden.[2])

Gebühren für die einem Unterstützungsbedürftigen geleisteten geistlichen Amtshandlungen sind die Armenverbände zu entrichten nicht verpflichtet.

Gleichlautend § 1 AusfGes. f. Lauenburg.

1. Dazu gehören, außer der erforderlichen Nahrung, alle sonstigen zur Existenz eines Menschen unentbehrlichen Gegenstände: Kleidung, Heizung usw. ebenso wie das (nur besonders hervorgehobene) Obdach (Instr.). Die Erziehung der Kinder ist nicht Gegenstand der Armenpflege. Die Unfähigkeit, durch Zahlung des Schulgeldes zu den Schulunterhaltungskosten beizutragen, kann nicht als Mangel der Fähigkeit, den Kindern den notdürftigen Lebensunterhalt zu verschaffen (§ 4 FreizügG.), aufgefaßt werden (vergl. Instr.). Die in dem Ges., betr. die Unterbringung verwahrloster Kinder, v. 15. März 1878 (GS. S. 132) dem Ortsarmenverbande des UW. auferlegte Verpflichtung, zu den im übrigen den größeren Kommunalverbänden auferlegten Kosten einen Beitrag (Einlieferungs-, Ausstattungs-, Rückreisekosten) zu leisten, liegt außerhalb der auf dem UWG. beruhenden armenrechtlichen Unterstützungspflicht. Die Spruchbehörden in Armenstreitsachen sind daher zur Entscheidung über diese Verpflichtung nicht zuständig: Entsch. **18** 126, **25** 79, **32** 32. Dasselbe gilt gegenüber der entsprechenden Verpflichtung des Ortsarmenverbandes des UW. nach § 15 des Ges. über die Fürsorgeerziehung Minderjähriger v. 2. Juli 1900 (GS. S. 264, ergänzt durch Novelle v. 7. Juli 1915) und nach § 11 des Ges., betr. die Beschulung blinder und taubstummer Kinder, v. 7. Aug. 1911 (GS. S. 168): Entsch. **46** 49, **49** 65. — Über das Verhältnis der Fürsorgeerziehung zur Armenpflege s. Entsch. **32** 150, **36** 52 ff., **37** 51, **51** 55, 58 u. Verf. des Min. des Innern v. 22. Febr. 1901 (MBl. f. i. V. S. 73). — Beschl. des Kammergerichts v. 23. Sept. 1901 (JMBl. S. 288).

2. S. auch das Ges. zur Abänderung und Ergänzung des Ausführungsgesetzes zum UWG. unter b.

§ 63. Einen Anspruch auf Unterstützung kann der Arme gegen einen Armenverband niemals im Rechtswege, sondern nur bei der Verwaltungsbehörde geltend machen, in deren Pflicht es liegt, keine Ansprüche zuzulassen, welche über das Notdürftige hinausgehen.[1])

Beschwerden gegen Verfügungen der Vorstände der Ortsarmenverbände darüber, ob, in welcher Höhe und in welcher Weise Armenunterstützungen zu gewähren sind, folgen dem durch die bestehenden Gesetze angeordneten

Instanzenzuge mit der Maßgabe, daß an die Stelle der Bezirksregierung die Deputation für das Heimatwesen tritt, welche endgültig entscheidet.[2])

Gleichlautend § 51 AusfGes. f. Lauenburg.

1. Eine Vorentscheidung der Verwaltungsbehörde ist nicht erforderlich, wenn ein Dritter von einem Armenverband wegen geleisteter Pflege Erstattung fordert. Beschluß der vereinigten Zivilsenate des Reichsgerichts v. 27. April 1898 (RGEntsch. in Zivils. 41 S. 267); vergl. Entsch. **51** 40.

1. § 41 ZustGes. v. 1. Aug. 1883 (s. Vorbemerkung zu Anhang E) bestimmt:

„Beschwerden von Armen gegen Verfügungen von Ortsarmenverbänden, ob usw. (§ 63 Abs. 2), unterliegen:

1. sofern eine Stadt von mehr als 10 000 Einwohnern an dem Armenverbande beteiligt ist, der endgültigen Beschlußfassung des Bezirksausschusses;
2. andernfalls der endgültigen Beschlußfassung des Kreisausschusses.

Desgleichen unterliegen Beschwerden von Armen gegen Verfügungen von Landarmenverbänden über die Art und Höhe der Unterstützung der endgültigen Beschlußfassung des Bezirksausschusses, sofern die Landarmenverbände nur aus einem Kreise bestehen."

Für Berlin § 161 a. a. O.; für Hohenzollern § 5 LVG.

2. Der Armenpolizeibehörde stehen zur Durchführung der von ihr getroffenen Anordnungen die Zwangsbefugnisse nach § 132 des Landesverwaltungsgesetzes zu.

b) Gesetz über die Abänderung und Ergänzung des AusfGes. zum Reichsges. über den Unterstützungswohnsitz vom 23. Juli 1912 (Pr. GS. S. 195) in Kraft getreten am 1. Oktober 1912 (Art. 4).

Art. 1. Hinter § 1 des Gesetzes, betr. die Ausführung des Bundesgesetzes über den Unterstützungswohnsitz, v. 8. März 1871 (GS. S. 130) und § 1 des Gesetzes, betr. die Ausführung des Bundesgesetzes über den Unterstützungswohnsitz für das Herzogtum Lauenburg, v. 24. Juni 1871 (Off. Wochenbl. S. 183) sind nachstehende Vorschriften einzufügen:

§ 1 a. Wer selbst oder in der Person seiner Ehefrau oder seiner noch nicht 16 Jahre alten Kinder aus öffentlichen Armenmitteln unterstützt wird, kann auch gegen seinen Willen auf Antrag des unterstützenden oder des erstattungspflichtigen Armenverbandes durch Beschluß des Kreis- (Stadt-) Ausschusses für die Dauer der Unterstützungsbedürftigkeit in einer öffentlichen Arbeitsanstalt oder in einer staatlich als geeignet anerkannten Privatanstalt untergebracht werden; der Untergebrachte ist verpflichtet, für Rechnung des Armenverbandes die ihm angewiesenen Arbeiten nach dem Maße seiner Kräfte zu verrichten. Als unterstützt gilt der Ehemann oder der unterhaltspflichtige Elternteil oder — bei unehelichen Kindern — die Mutter auch dann, wenn die Unterstützung der Ehefrau oder der Kinder ohne oder gegen den Willen dieser Unterhaltspflichtigen gewährt ist.

Die Unterbringung erfolgt nicht,

1. wenn die Unterstützungsbedürftigkeit nur durch vorübergehende Umstände verursacht ist,
2. wenn der Unterzubringende nicht arbeits- oder erwerbsfähig ist,
3. wenn er entsprechend seiner Arbeits- und Erwerbsfähigkeit zu seinem und seiner Familie Unterhalt beiträgt,
4. wenn die Unterbringung mit erheblichen, den Umständen nach nicht gerechtfertigten Härten oder Nachteilen für das Fortkommen des Unterzubringenden verbunden sein würde.

Anstatt der Unterbringung in eine Arbeitsanstalt kann auch die Einweisung in eine Erziehungsanstalt oder Heilanstalt (insbesondere auch Trinkerheilanstalt) angeordnet werden, in welcher Gelegenheit gegeben ist, den Eingewiesenen mit angemessener Arbeit zu beschäftigen.

§ 1 b. Zuständig für den Erlaß der Beschlüsse gemäß § 1 a ist die für den Aufenthaltsort des Unterstützten oder seiner Angehörigen zuständige Beschlußbehörde. Hat der Unterzubringende keinen festen Wohnsitz oder keinen dauernden Aufenthalt, so kann die Beschlußbehörde die Entscheidung an diejenige des Unterstützungswohnsitzes, oder — bei Landarmen — an die für den Sitz des Landarmenverbandes zuständige Behörde überweisen. Sie ist hierzu auf Antrag des erstattungspflichtigen Armenverbandes verpflichtet. Ist ein Mitglied des Vorstandes des betreibenden Armenverbandes gleichzeitig Mitglied der beschließenden Behörde, so hat es sich bei der Beschlußfassung der Stimme zu enthalten.

§ 1 c. Die Entscheidung des Kreis- (Stadt-) Ausschusses ergeht auf Grund mündlicher Verhandlung. Sie ist mit Gründen zu versehen. Vor der Entscheidung ist der Unterzubringende, gegen den das Verfahren sich richtet, zu hören, soweit dies ohne erhebliche Schwierigkeit geschehen kann. Das Beschlußverfahren kann so lange ausgesetzt werden, bis über die Klage des Unterzubringenden, der seine Unterhaltspflicht bestreitet, im ordentlichen Rechtswege rechtskräftig entschieden ist. Im übrigen finden auf das Verfahren die Vorschriften der §§ 52, 115, 116, 119 bis 126 des Gesetzes über die Allgemeine Landesverwaltung vom 30. Juli 1883 (Gesetzsamml. S. 195 ff.) sinngemäße Anwendung.

Gegen den Beschluß des Kreis- (Stadt-) Ausschusses findet innerhalb zwei Wochen der Antrag auf mündliche Verhandlung im Verwaltungsstreitverfahren statt.

Die Entscheidung des Bezirksausschusses ist endgültig.

Der Antrag auf mündliche Verhandlung hat keine aufschiebende Wirkung. Der Kreis- (Stadt-) Ausschuß kann indessen die Vollstreckung der Anordnung auf Antrag oder von Amts wegen bis zur endgültigen Entscheidung aussetzen. Vor der Aussetzung ist der Armenverband zu hören

Der Unterzubringende ist über die ihm zustehenden Rechtsmittel schriftlich zu belehren.

§ 1 d. Die Vollstreckung des Beschlusses liegt dem antragstellenden Armenverband ob. Der vorläufig unterstützende Armenverband ist berechtigt, sie dem erstattungspflichtigen zu überweisen.

Die Armenverbände sind berechtigt, die einer Arbeitsanstalt überwiesenen Personen in Anstalten außerhalb ihres Bezirks unterzubringen oder ihnen Arbeiten auch ohne Aufnahme in eine geschlossene Arbeitsanstalt anzuweisen.

§ 1 e. Die Entlassung aus der Arbeitsanstalt ist von dem Armenverband zu verfügen, sobald die gesetzlichen Voraussetzungen der Unterbringung weggefallen sind.

Beantragt der Untergebrachte die Aufhebung des Unterbringungsbeschlusses mit der Behauptung, daß dessen Voraussetzungen weggefallen seien, so entscheidet über diesen Antrag der Kreis- (Stadt-) Ausschuß, der den Beschluß erlassen hat; für das Verfahren gelten die Vorschriften des § 1 c.

§ 1 f. Der Armenverband kann den Untergebrachten für eine angemessene Zeit beurlauben; bleibt der Beurlaubte während der Beurlaubung unterstützungsbedürftig (§ 1 a), so kann auf Antrag des Armenverbandes durch Bescheid des Vorsitzenden des Kreis- (Stadt-) Ausschusses, der den Unterbringungsbeschluß erlassen hat, die Wiedereinlieferung des Beurlaubten verfügt werden. In dem Bescheid ist den Beteiligten zu eröffnen, daß sie befugt sind, innerhalb zweier Wochen auf Beschlußfassung durch das Kollegium anzutragen oder das Rechtsmittel der Beschwerde an den Bezirksausschuß einzulegen. Im übrigen finden die Vorschriften des § 117

Abs. 4 und 5 des Landesverwaltungsgesetzes mit der Maßgabe Anwendung, daß Beschwerde und Antrag auf Beschlußfassung durch das Kollegium keine aufschiebende Wirkung haben.

Wird während der Beurlaubung eine Wiedereinlieferung nicht verfügt, so gilt der Beurlaubte als endgültig entlassen.

Wird der Antrag auf Beurlaubung von dem Untergebrachten nach Ablauf von drei Monaten seit der Unterbringung oder der Wiedereinlieferung oder der Ablehnung eines solchen Antrages gestellt, so hat, wenn der Armenverband dem Antrage nicht entsprechen will, der Vorsitzende des Kreis- (Stadt-) Ausschusses, der den Unterbringungsbeschluß erlassen hat, einen Bescheid zu erteilen. Auf das Verfahren finden Satz 2 und 3 des Abs. 1 Anwendung.

Wenn die Unterbringung ein Jahr gedauert hat, muß der Untergebrachte auch ohne Antrag beurlaubt werden. Eine erneute Unterbringung darf alsdann erst nach Ablauf von drei Monaten beschlossen werden.

§ 1 g. Aus dem Arbeitsverdienste des Untergebrachten sind zunächst die Kosten der Unterbringung zu decken. Aus dem Überschuß ist die Unterstützung zu bestreiten, die den Angehörigen des Untergebrachten für die Zeit der Unterbringung gewährt wird. Der dann noch verbleibende Rest ist diesem bei der Entlassung auszuhändigen.

§ 1 h. Für jede Arbeitsanstalt ist eine Hausordnung aufzustellen, welche Vorschriften über die Aufnahme und Behandlung, die Art der Beschäftigung und Entlohnung sowie über die Berechnungsweise der Kosten der Unterbringung (§ 1 g) enthalten muß und der staatlichen Bestätigung bedarf. Dies gilt sinngemäß, wenn dem Untergebrachten ohne Aufnahme in eine geschlossene Arbeitsanstalt Arbeit angewiesen wird.

§ 1 i. Die Polizeiverwaltungen sind verpflichtet, die zur Vorbereitung des Verfahrens und zur Durchführung der Vollstreckung etwa erforderliche Hilfe zu gewähren.

Insbesondere haben sie auf Antrag des unterstützenden Armenverbandes den gemäß § 1 a Unterstützten, der einer Vorladung der Armenbehörde nicht Folge leistet, an Stelle der Armenbehörde zu vernehmen oder dieser vorzuführen.

Die entstehenden Transportkosten fallen in allen Fällen dem unterstützungspflichtigen Armenverband zur Last.

Art. 3. In den Fällen des Art. 1 und 2 finden die Vorschriften des § 59 des Gesetzes über die Allgemeine Landesverwaltung vom 30. Juli 1883 keine Anwendung.

Art. 4. Dieses Gesetz tritt am 1. Oktober 1912 in Kraft.

Der Minister des Innern ist mit seiner Ausführung beauftragt.

2. Bayern.

a) Armengesetz v. 21. Aug. 1914 (Ges.- u. VBl. S. 551, dazu Bek. zum Vollzuge des Armengesetzes v. 4. Aug. 1915, Ges.- u. VBl. S. 613).

Abschnitt I. Armenwesen.

A. Allgemeine Vorschriften.

Art. 1. Die öffentliche Armenpflege hat die Aufgabe:
1. hilfsbedürftige Personen zu unterstützen,
2. dem Eintritte der Hilfsbedürftigkeit entgegenzuwirken.[1])

VA. §§ 3, 4.

1. Die unter 2 aufgeführten Leistungen der Armenpflege vorbeugender Natur gelten nicht als Armenunterstützung und sind nicht ersatzfähig.

Art. 2. Hilfsbedürftig ist, wer sich wegen Mangels eigener Mittel und Kräfte oder infolge eines besonderen Notstandes den Notbedarf nicht verschaffen und ihn auch weder von den Unterhalts- oder Unterstützungspflichtigen noch von der freiwilligen Armenpflege erlangen kann.

Der Notbedarf besteht in dem, was zur Erhaltung des Lebens und der Gesundheit sowie zur Erziehung und Ausbildung unentbehrlich ist.[1])

Wird eine Ehefrau oder werden noch nicht 16 Jahre alte Kinder unterstützt, so gilt der unterhaltspflichtige Ehemann oder der unterhaltspflichtige Elternteil — bei unehelichen Kindern die Mutter — als unterstützt, auch wenn die Unterstützung ohne oder gegen den Willen der Unterhaltspflichtigen gewährt ist.[2])

BA. §§ 5, 6.

1. Vergl. Bayr. Fürsorgeerziehungsgesetz v. 10. Mai 1902 in der Fassung v. 21. Juli 1915 (GVBl. S. 595): Zwangserziehungskosten sind keine Armenpflegekosten. Für den Übergang vergl. Art. 106 ArmGes.

2. Der vom Bundesamt aufgestellte reichsrechtliche Begriff der armenrechtlichen Familiengemeinschaft stimmt damit nicht völlig überein; vergl. Stiefkinder, armenrechtlich selbständige Ehefrau.

Art. 3. Die öffentliche Armenunterstützung (Art. 1 Ziff. 1) beschränkt sich auf den Notbedarf.

Die öffentliche Unterstützung, die jedem hilfsbedürftigen Deutschen im Rahmen des Abs. 1 zu leisten ist, umfaßt die Pflicht:

1. den erforderlichen Lebensunterhalt, insbesondere Obdach, Nahrung, Kleidung, Pflege, zu gewähren,
2. die erforderliche Krankenhilfe zu leisten,
3. für die erforderliche Erziehung und Ausbildung der Kinder zu sorgen.

Soweit nötig, ist die öffentliche Unterstützung durch Unterbringung in einer Anstalt zu gewähren. Im Falle des Abs. 2 Ziff. 3 ist auf das Glaubensbekenntnis des Kindes bei der Auswahl der Familie oder der Anstalt Rücksicht zu nehmen.

Außerdem hat die öffentliche Armenpflege für die einfache Beerdigung mittelloser Verstorbener zu sorgen; zur Bezahlung von Stolgebühren [1]) ist sie nicht verpflichtet.

In Fällen dringender Not ist auch arbeitsfähigen Personen die Hilfe zu gewähren, die aus Gründen der Sicherheit oder Sittlichkeit augenblicklich unentbehrlich ist.

VA. §§ 7, 8.

1. Gebühren für die persönlichen Dienstleistungen der Geistlichen oder niederen Kirchendiener, Ministranten, Kreuz-, Fahnenträger.

Art. 4. Wer öffentliche Armenunterstützung genießt, ist verpflichtet, sich nach Anordnung der Armenverbände zu einer seinen Kräften angemessenen Arbeit innerhalb oder außerhalb einer Beschäftigungsanstalt verwenden zu lassen.

Die Armenverbände sind berechtigt, arbeitsfähigen Personen, die trotz ernstlicher Bemühung keinen Erwerb finden, Arbeit zu ermitteln und anzuweisen.[1])

VA. § 9.

1. Arbeitsverweigerung nach § 361^7 StGB. strafbar, nach § 362 StGB. Überweisung an die Landespolizeibehörde. Arbeitsvermittlung und Entlohnung gilt nicht als Armenunterstützung.

Art. 5. Die Armenverbände sind berechtigt, die Unterstützung (Art. 3 Abs. 2, 3) durch Übereinkommen [1]) an andere Armenverbände, an Gemeinden, Anstalten, Vereine oder dergl., an Ärzte oder sonstige geeignete Einzelpersonen zu übertragen und zu diesem Zwecke Hilfsbedürftige unbeschadet der gesetzlichen Aufenthaltsbeschränkungen auch auswärts unterzubringen. Beim Abschlusse des Übereinkommens darf nicht lediglich der Betrag der Entschädigung den Ausschlag geben; das Ausbieten der Hilfsbedürftigen ist verboten.

VA. § 10.

1. In der Regel bürgerlich-rechtlicher Art.

Art. 6. Es ist verboten, Hilfsbedürftige in der Weise zu verköstigen, daß sie die Kost bei den Einwohnern der Reihe nach einnehmen müssen (Umkost).

Die Aufsichtsbehörde kann für Landgemeinden auf Antrag des Gemeindeausschusses und des Armenrats (Art. 21) in widerruflicher Weise Ausnahmen bewilligen. Die Bewilligung darf sich nicht erstrecken auf werktagsschulpflichtige Kinder, auf Kranke, gebrechliche, trunksüchtige, sicherheits- oder sittlichkeitsgefährliche Personen, ferner auf Personen über 70 Jahre, wenn diese nicht zustimmen.

Im Falle des Abs. 2 obliegt die Verköstigung nach näherer Festsetzung des Gemeindeausschusses und des Armenrats den Einwohnern mit eigenem Haushalt in bestimmter Reihenfolge nach einem billigen Maßstabe.

VA. § 11.

Art. 7. Setzt jemand den allgemeinen oder besonderen Anordnungen des Armenverbandes, insbesondere über die Ermittlung der Hilfsbedürftigkeit, die Verabreichung von Unterstützungen, die Leistung der zugewiesenen Arbeit, die Einhaltung einer bestimmten Lebensweise oder den Aufenthalt in einer Armenanstalt, ungerechtfertigten Ungehorsam entgegen, so kann ihm der Armenverband auf die Dauer des Ungehorsams jede Unterstützung versagen.

Ungerechtfertigter Ungehorsam (Abs. 1) liegt insbesondere dann nicht vor, wenn mit dem Gehorsam Gefahr für Leben oder Gesundheit des Hilfsbedürftigen oder eines Angehörigen oder sonstige unverhältnismäßige Härten oder Nachteile für diese Personen verbunden wären.

Wenn die Eltern oder ihre Stellvertreter die Erziehung von Kindern, für welche die öffentliche Armenpflege Unterstützung gewährt, offenbar vernachlässigen, so kann der Armenverband die Fortsetzung der Unterstützung davon abhängig machen, daß solche Kinder ihm zur Unterbringung und Erziehung überlassen werden.

Den Mitgliedern und den besonders beauftragten Vollzugspersonen des Armenrats, den Armenpflegern, den Beauftragten des Landarmenverbandes sowie den Vertretern der Staatsaufsichtsbehörde darf der Eintritt in die Wohnung der unterstützten Hilfsbedürftigen nicht verwehrt werden.

BA. § 12.

Art. 8. Die Armenverbände können die Entmündigung wegen Verschwendung oder wegen Trunksucht beantragen, wenn zu befürchten ist, daß der zu Entmündigende oder seine Angehörigen der öffentlichen Armenpflege zur Last fallen werden.[1])

1. Vergl. § 680 Abs. 5 ZPO.

Art. 9. Alle öffentlichen Behörden, Stiftungsverwaltungen, Religionsdiener, Ärzte und Einrichtungen der privaten Wohltätigkeit haben innerhalb ihres Wirkungskreises den Armenverbänden auf Verlangen die zur Lösung ihrer Aufgaben erforderlichen Aufschlüsse zu erteilen.

Für öffentliche Behörden besteht diese Pflicht nicht, soweit besondere dienstliche Rücksichten entgegenstehen.

BA. § 13.

F. Armenpolizeilicher Arbeitszwang.

Art. 76. Wer öffentliche Armenunterstützung empfängt und sich weigert, die ihm nach Art. 4 Abs. 1, Art. 5 angewiesene Arbeit zu verrichten, kann auf Antrag des unterstützenden oder erstattungspflichtigen Armenverbandes für die Dauer der Hilfsbedürftigkeit in einer öffentlichen Arbeitsanstalt oder in einer staatlich als geeignet anerkannten privaten Anstalt untergebracht werden.

Das gleiche gilt in den Fällen des Art. 2 Abs. 3 gegenüber dem Unterhaltspflichtigen, wenn er trotz Aufforderung des Armenverbandes seiner Unterhaltspflicht nicht nachkommt.

Der Untergebrachte ist verpflichtet, für Rechnung des Armenverbandes die ihm angewiesenen Arbeiten nach dem Maße seiner Kräfte zu verrichten. Der armenpolizeiliche Arbeitszwang darf nicht in Straf- oder Nachhaftanstalten vollzogen werden.

Die Unterbringung ist unzulässig:

1. wenn die Hilfsbedürftigkeit nur durch vorübergehende Umstände verursacht ist,
2. wenn der Unterstützte (Abs. 1, 2) nicht arbeitsfähig ist,
3. wenn er entsprechend seiner Arbeitsfähigkeit zu seinem und seiner Familie Unterhalt beiträgt,
4. wenn die Unterbringung mit erheblichen, den Umständen nach nicht gerechtfertigten Härten oder Nachteilen für sein Fortkommen verbunden wäre.

Statt der Unterbringung in einer Arbeitsanstalt kann auch die Unterbringung in einer Erziehungsanstalt oder Heilanstalt (insbesondere auch Trinkerheilanstalt) angeordnet werden, in welcher der Untergebrachte mit angemessener Arbeit beschäftigt werden kann.

Zu Art. 76 bis 86 vergl. BA. §§ 56 bis 65.

Art. 77. Die Unterbringung erfolgt auf Grund eines Beschlusses der Distriktsverwaltungsbehörde, in München der Polizeidirektion. Für die örtliche Zuständigkeit entscheidet der Wohnsitz, beim Mangel eines solchen der ständige Aufenthalt des Unterstützten. Besteht auch kein ständiger Aufenthalt, so ist die Distriktsverwaltungsbehörde des Unterstützungswohnsitzes, bei Landarmen die des Sitzes des Landarmenverbandes zuständig.

Ist ein Mitglied des betreibenden Armenrats zugleich

Mitglied der beschließenden Behörde, so darf es bei dem Verfahren nicht mitwirken.

Art. 78. Die Entscheidung der Distriktsverwaltungsbehörde ergeht auf Grund mündlicher Verhandlung. Die Bildung von Senaten der kreisunmittelbaren Stadtmagistrate (Rechtsrh. Gemeindeordnung Art. 102 Abs. 4) ist auch in Städten mit weniger als 10 000 Einwohnern zulässig.

Wenn der Unterstützte im Falle des Art. 2 Abs. 3 seine Unterhaltspflicht bestreitet, so kann das Beschlußverfahren so lange ausgesetzt werden, bis hierüber im bürgerlichen Rechtswege rechtskräftig entschieden ist.

Gegen den Beschluß der Distriktsverwaltungsbehörde steht den Beteiligten Beschwerde an den Verwaltungsgerichtshof zu. Die Beschwerde bewirkt keinen Aufschub. Die Distriktsverwaltungsbehörde und der Verwaltungsgerichtshof können die Vollstreckung auf Antrag oder von Amts wegen bis zur endgültigen Entscheidung aussetzen. Vor der Aussetzung ist der Armenverband zu hören.

Für die Frist zur Einlegung der Beschwerde und für den Einlegungsort gilt Art. 72 Abs. 3.

Die Distriktsverwaltungsbehörde und der Verwaltungsgerichtshof behandeln die Beschwerden nach den Vorschriften für Verwaltungsrechtssachen. Sie können die Vorführung des Unterstützten anordnen. Art. 13 Abs. 1 Ziff. 3 des Gesetzes über den Verwaltungsgerichtshof gilt dabei nicht.

Art. 79. In den Fällen des Art. 2 Abs. 3 sind gerichtliche Entscheidungen über die Unterhaltspflicht dessen, der als unterstützt gilt, für die Verwaltungsbehörde bindend. Dies gilt auch von einstweiligen gerichtlichen Verfügungen.

Abs. 1 gilt entsprechend, wenn die gerichtlichen Entscheidungen erst nach der Einleitung oder dem Abschlusse des Verwaltungsverfahrens ergehen.

Art. 80. Die Vollstreckung des Beschlusses steht dem antragstellenden Armenverbande zu. Der vorläufig unterstützende Armenverband kann die Vollstreckung dem erstattungspflichtigen Armenverband überweisen.

Die Armenverbände sind berechtigt, statt der Einweisung in eine Anstalt die Anweisung von Arbeit außerhalb einer Anstalt zu verfügen.

Art. 81. Die Entlassung aus der Arbeitsanstalt hat der Armenverband zu verfügen, sobald die gesetzlichen Voraussetzungen der Unterbringung weggefallen sind oder wenn die Unterbringung im ganzen ein Jahr gedauert hat.

Beantragt der Untergebrachte die Entlassung und lehnt sie der Armenverband ab, so kann der Untergebrachte die Entscheidung der Distriktsverwaltungsbehörde beantragen, die im ersten Rechtszuge beschlossen hat. Für das Verfahren und die Beschwerde gilt Art. 78.

Art. 82. Der Armenverband kann den Untergebrachten in widerruflicher Weise vorläufig entlassen.

Die vorläufige Entlassung soll erfolgen, wenn sich der Untergebrachte drei Monate lang einwandfrei geführt hat

Der Widerruf ist nur zulässig, wenn seit der vorläufigen Entlassung drei Monate verstrichen sind und die Voraussetzungen der Unterbringung fortbestehen. Nach Ablauf eines Jahres nach der vorläufigen Entlassung ist der Widerruf unzulässig.

Art. 83. Die Art. 81, 82 gelten entsprechend für die Anweisung von Arbeit außerhalb einer Anstalt (Art. 80 Abs. 2).

Art. 84. Aus dem Arbeitsverdienste des Untergebrachten sind zunächst die Kosten der Unterbringung zu decken. Aus dem Überschuß ist die Unterstützung zu bestreiten, die den Angehörigen des Untergebrachten für die Zeit der Unterbringung gewährt wird. Der Rest gebührt dem Untergebrachten; die Aushändigung erfolgt jedoch nicht vor der Entlassung.

Art. 85. Für jede Arbeitsanstalt ist eine Hausordnung aufzustellen. Diese muß Vorschriften über die Aufnahme und Behandlung, die Art der Beschäftigung und Entlohnung sowie die Berechnung der Unterbringungskosten (Art. 84) enthalten. Sie bedarf der Genehmigung der Staatsbehörde, welche die Aufsicht über die Anstalt führt.

Bei Anweisung von Arbeit außerhalb einer Anstalt (Art. 80 Abs. 2) sind die Einzelheiten durch eine Arbeitsordnung zu regeln. Für deren Inhalt gilt der vorstehende Abs. 1 Satz 2; sie bedarf der Genehmigung der Staatsaufsichtsbehörde, die dem Armenverbande zunächst vorgesetzt ist.

Art. 86. Die Polizeibehörden haben zur Vorbereitung des Verfahrens und zur Durchführung der Vollstreckung die erforderliche Hilfe zu gewähren.

Insbesondere haben sie auf Antrag des unterstützenden Armenverbandes den Unterstützten, der einer Vorladung der Armenbehörde nicht Folge leistet, dieser vorzuführen oder an deren Stelle zu vernehmen.

Die hierbei entstehenden Kosten fallen dem endgültig unterstützungspflichtigen Armenverbande zur Last.

G. Strafvorschriften.

Art. 87. Sofern nicht nach anderen Vorschriften eine höhere Strafe verwirkt ist, werden Empfänger öffentlicher Armenunterstützung an Geld bis zu 150 Mark oder mit Haft bestraft, wenn sie

1. durch ungeziemendes Benehmen die Achtung verletzten, die sie den Mitgliedern des Armenrats und der Bezirkspflegeausschüsse, den Armenpflegern und den sonstigen Beamten und Beauftragten der Armenverbände sowie den Vertretern der Aufsichtsbehörde schuldig sind,

2. Gegenstände, die sie von einem Armenverband oder von einer öffentlichen Wohltätigkeitsanstalt empfangen haben, unbefugt veräußern oder mutwillig unbrauchbar machen.

Zu Art. 87, 88 vergl. § 66 VA.

Art. 88. Sofern nicht nach anderen Vorschriften eine höhere Strafe verwirkt ist, wird an Geld bis zu 150 Mark oder mit Haft bestraft, wer sich mutwilligerweise in hilfsbedürftige Lage bringt und dadurch das Eingreifen der öffentlichen Armenpflege veranlaßt.

b) Bekanntmachung zum Vollzuge des Armengesetzes v. 4. Aug. 1915.

§ 55. Über Beschwerden hilfesuchender Personen wegen Verweigerung der erbetenen öffentlichen Armenunterstützung ist im aufsichtlichen Verfahren (Art. 70, 71) [1]) zu entscheiden.

1. S. unter E 2.

3. Sachsen.

a) § 1 V. v. 6. Juni 1871 (s. Anhang B).

b) Armenordnung v. 22. Oktober 1840.

§ 4. Nur derjenige Arme, welcher seinen notdürftigen Unterhalt ganz oder teilweise nicht von anderen, den Rechten nach oder zufolge besonderer Verbindlichkeit dazu verpflichteten Privatpersonen oder Korporationen erlangen kann, auch solche von andern nicht freiwillig empfängt und sich ebensowenig selbst notdürftig ernähren kann, hat auf öffentliche Unterstützung Anspruch.

IV. Abschnitt. Von den Grundsätzen der Armenpflege usw.

§ 23. Nicht jeder Arme hat deshalb, weil er arm ist, Anspruch auf öffentliche Versorgung oder Unterstützung, sondern nur derjenige, welcher sich außerstande befindet, durch eigene Kraft und Tätigkeit die zum Leben erforderlichen unentbehrlichen Bedürfnisse sich selbst zu verschaffen, und nur soweit als dieses der Fall ist.

§ 24. Die öffentliche Armenpflege hat daher bei ihren Anstalten und Vorkehrungen darauf zu sehen und dahin zu trachten,

1. daß der arbeitsfähige Arme, soweit er es vermag, zur Tätigkeit und zu möglichst eigenem Erwerbe der unentbehrlichsten Lebensbedürfnisse genötigt oder mit den dazu erforderlichen Mitteln versehen werde,[1])
2. daß bei eintretendem Bedürfnisse der öffentlichen Unterstützung dem Armen nur das schlechterdings Unentbehrliche gewährt werde.

1. Vergl. zu §§ 24 und 28 Entsch. **25** 93.

§ 25. Um den Entstehungsursachen der Verarmung soviel wie möglich vorzubeugen, ist denjenigen, welche durch häusliche oder persönliche Unfälle in vorübergehenden Notstand versetzt werden, unter solchen Umständen zeitiger Beistand zu leisten.

§ 26, § 27 Abs. 1, § 31 handeln von polizeilichen und strafrechtlichen Maßregeln gegen Verschwender, Trunkenbolde, Arbeitsscheue (vergl. jetzt § 360 StGB.; auch Entsch. **22** 71).

§ 27 Abs. 2. Die Verschaffung lohnender Arbeit für arbeitswillige und -fähige, aber arbeitslose Arme ist Sache der Armenbehörden.

§ 28. Die hauptsächlichste Sorgfalt der Armenbehörden ist darauf zu richten, die noch arbeitsfähigen Armen, soweit möglich, in ihrem gewohnten Erwerbszweige zu erhalten oder ihnen sonst Gelegenheit zu lohnender Beschäftigung zu verschaffen und dadurch den Verfall derselben in die Klasse solcher Armen, welche auf öffentliche Kosten ganz oder teilweise erhalten werden müssen, solange als nur möglich zu verhindern.

§ **29.** Die zu diesem Zwecke zu wählenden Mittel und Maßregeln müssen sich im einzelnen allenthalben nach den örtlichen Verhältnissen richten.

§ **32.** Jede öffentliche Armenunterstützung ist nur als temporäre zu betrachten, die Armenbehörden haben daher den Zustand der mit Unterstützung beteiligten Armen fortwährend im Auge zu behalten und, sobald sich die veranlassende Ursache ganz oder zum Teil erledigt, die Unterstützung entweder ganz wieder einzuziehen oder zu vermindern.

§ **33.** Die verschiedenen Gegenstände der Armenpflege sind:

1. Verabreichung von Almosen (§§ 34, 35).[1] [2])
2. Krankenpflege (§§ 36—48).*)
3. Kindererziehung (§§ 49, 50, 59, s. unten).
4. Verschaffung von Unterkommen (§§ 52—56).
5. Gänzliche Versorgung (§§ 57, 58).

1. Die Allegate der Paragraphen fehlen im Texte der Armenordnung; die Kategorien dienen als Marginalüberschrift der betreffenden Paragraphen.

2. Gesetz über die Wohlfahrtspflege v. 30. Mai 1918 (GVBl. S. 145): „§ 1. Als Wohlfahrtspflege im Sinne dieses Gesetzes

*) Über die Verpflichtung der Hebammen, auch solchen Armen, von denen sie keine Belohnung zu erwarten haben, ihre Dienste zu leisten, und über die Voraussetzungen, unter denen sie aus der Armenkasse Entschädigung erhalten können, vergl. die Hebammenordnung v. 2. April 1818 (§ 5) und v. 16. Nov. 1897 (§ 7) sowie die Verordnung, betr. das Hebammenwesen, von demselben Tage und die im § 4 ausdrücklich aufrechterhaltene Verordnung v. 13. Juni 1832, betr. die Ausmittlung des notdürftigen Unterhalts f. d. Hebammen (§§ 2 und 3), nebst der Verf. d. Min. d. Innern v. 24. Aug. 1872 (Sächs. Wochenblatt 1879 S. 160).

gelten die Säuglings- und Kleinkinderpflege einschließlich des Mutterschutzes, die Wohnungspflege, die Krüppelhilfe und die Bekämpfung der Tuberkulose. § 2. Zum Zwecke der Wohlfahrtspflege wird das Land in Pflegebezirke eingeteilt" usw. Verordnung zur Ausführung des Ges. über die Wohlfahrtspflege v. 4. Febr. 1919 (GVBl. S. 19). Verordnung, betr. den weiteren Ausbau der amtlichen Wohlfahrtspflege, v. 18. März 1921 (Bildung eines Landesamts für Wohlfahrtspflege beim Ministerium des Innern).

§ 49 Abs. 1. Arme Waisen, zu deren Versorgung und Erziehung keine privatrechtlich verpflichtete Angehörige vorhanden sind, oder deren sich sonst niemand freiwillig anzunehmen geneigt ist, sind entweder in den vorhandenen Waisenhäusern oder auf Kosten der Armenkasse in ehrbaren Familien unterzubringen.

§ 50 Abs. 1, betr. die Verpflichtung der Armenverbände zur Entrichtung der Hälfte des Schulgeldes für schulfähige Kinder armer Eltern, ist durch das Gesetz v. 15. April 1886 (GVBl. S. 88) aufgehoben. — Das Volksschulwesen ist durch das Gesetz v. 26. April 1873 (GVBl. S. 350) angeordnet, dessen § 5 Abs. 5 durch § 50 des AusfGes. z. BGB. abgeändert ist und die Zwangserziehung auf Anordnung des Vormundschaftsgerichts behandelt. Nach dem Ges. über die Fürsorgeerziehung v. 1. Febr. 1909 (GVBl. S. 63) erfolgt die Durchführung der gemäß § 1 (insbes. auch auf Grund der §§ 1666, 1838 BGB. und § 55 StGB.) angeordneten Fürsorgeerziehung durch besondere Fürsorgeverbände (§§ 8 ff.), die namentlich die Kosten der Fürsorgeerziehung (einschl. Ausstattung, Zu- und Zurückführung, Entweichung, Tod des Zöglings) zu tragen haben (§ 22) und denen der Minderjährige und dessen nach BGB. unterhaltspflichtige Verwandte erstattungspflichtig sind (§ 23). Soweit von diesen Erstattung nicht zu verlangen ist, kann der Verband vom Staat die Hälfte seines Aufwands, bei Nichtreichsangehörigen seinen vollen Aufwand ersetzt verlangen (§ 24, 25). — Nur wenn die Unterbringung des Minderjährigen auf Grund der §§ 1666, 1838 aus anderen Gründen als zur Verhütung der Verwahrlosung angeordnet ist, bildet die Unterbringung den Gegenstand der Armenpflege, soweit diese Kosten nicht vom Minderjährigen oder von anderer Seite getragen werden. Soweit eine Unterbringung nach diesem Gesetz erfolgt ist, sind v. 1. Okt. 1909 ab Ziff. 3 der Armenordnung und § 5 Abs. 5 des Ges. über das Volksschulwesen in der Fassung des § 50 AusfGes. z. BGB. außer Kraft getreten. Fürsorgeverbände sind keine armenrechtlichen Parteien; Entsch. **48** 151.

Abs. 2 handelt von der Einrichtung von Kinderbewahranstalten.

Über die Erziehung verwahrloster, schwacher und blödsinniger Kinder vergl. Entsch. **24** 111, **25** 84. Wegen taubstummer Kinder vergl. Entsch. **11** 114. Zahlung von Lehrgeld nicht Armenpflege: **44** 29. Sächs. Landes-Heil- und Pflegeanstalten: **45** 110. Landeserziehungsanstalt: **47** 12.

§ 59. Die Heimatsbezirke sich verpflichtet, nach vollendeter Erziehung der . . . Waisen deren bürgerliches Fortkommen dadurch zu begründen, daß sie die zur Aufnahme als Lehrlinge unentbehrlich nötigen Kosten für Bekleidung, Handwerkszeug und dergleichen darreichen.

4. Württemberg. AusfGes. v. 17. April 1873. (Instr. v. 30. Mai 1873. RegBl. S. 207.)

Art. 1 übereinstimmend mit § 1 Pr. AG. Der Eingang zu Abs. 2 lautet:

Wenn jemand für seine Person oder seine nicht arbeitsfähigen Angehörigen (vergl. § 4 des Freizügigkeitsgesetzes v. 1. Nov. 1867) Unterstützung in Anspruch nimmt, so kann solche mittels Unterbringung in einem Armen- oder Krankenhause, geeignetenfalls mittels Anweisung usw.[1])

Vergl. Instr. §§ 1 bis 4, insbes. § 1 Abs. 2 und 3. Bei Kindern erstreckt sich die Verpflichtung der Armenverbände auch auf die Fürsorge für deren Erziehung und für die Gewährung des Volksschulunterrichts, ein Anspruch an die Armenverbände auf Bezahlung von Schulgeld wird jedoch durch letztere Verpflichtung nicht begründet, da arme Kinder nach Art. 21 Abs. 4 des Ges. v. 29. Sept. 1836 von der Bezahlung von Schulgeld durch die Ortsbehörden freizulassen sind. — Mit der Entlassung aus der Schule hört die Verpflichtung zur Unterstützung von Kindern auf, wenn es diesen möglich ist, durch Eintritt in einen Dienst, eine Gewerbelehre oder ein sonstiges Arbeitsverhältnis sich ihren Unterhalt selbst zu verschaffen; es bleibt jedoch eine besondere Obliegenheit der Armenbehörden, durch entsprechende Beratung und Tätigkeit für die Vermittlung eines derartigen Unterkommens zu sorgen.

Die Zwangserziehung Minderjähriger ist durch das Ges. v. 29. Dez. 1899 geordnet, dessen § 19 in Abs. 5 ausdrücklich bestimmt, daß die den Orts- und Landarmenverbänden durch die Zwangserziehung entstehenden Kosten nicht als Armenunterstützungen im Sinne des Art. 1 des AusfGes. v. 17. April 1873 zu betrachten seien.

1. Über Zwang zur Arbeit bestimmt Art. 14 Ges. v. 2. Juli 1889 (RegBl. S. 214):

Abs. 1. Wer für sich selbst oder in der Person seiner Ehefrau oder seiner noch nicht 14 Jahre alten Kinder öffentliche Unterstützung empfängt, kann durch Beschluß der die Unterstützung gewährenden Armenbehörde verpflichtet werden, hierfür nach dem Maße seiner Kräfte diejenigen Arbeiten zu verrichten, welche ihm von der Armenbehörde innerhalb oder außerhalb einer öffentlichen Armenanstalt angewiesen werden.

Abs. 6. Die Verhängung des Arbeitszwanges kann von der Armenbehörde zu jeder Zeit wieder aufgehoben werden, wenn deren fernere Aufrechterhaltung als unzweckmäßig erscheint. Ebenso steht es den Beteiligten frei, deren Aufhebung jederzeit zu beantragen. Abs. 2 bis 5 und 7 handeln von dem Beschlusse und der zulässigen Beschwerde im Falle der Anordnung einer Zwangsarbeit und der Abweisung eines auf die Wiederaufhebung der Arbeitsauflage gerichteten Gesuches. (Vergl. dazu auch § 28 der Vollzugsordnung v. 15. Juli 1889, RBl. S. 233.)

Art. 2. Die öffentliche Unterstützung Hilfsbedürftiger hat nur insoweit einzutreten, als dieselben weder von anderen zu ihrer Alimentation rechtlich Verpflichteten noch durch die freiwillige Armenpflege die nötige Hilfe erhalten.

Die Verweisung an dritte Verpflichtete (Abs. 1) ist nicht zulässig, wenn der Unterstützungsbedürftige sich in einer Lage befindet, welche sofortige Hilfeleistung erfordert. (Vergl. Instr. § 5.)

Art. 4. Dritten Personen, welche, ohne dazu rechtlich verpflichtet zu sein, einem im Sinne des Art. 2 Unterstützungsbedürftigen eine dringend nötige Hilfe leisten, steht ein Anspruch auf Ersatz des durch die Umstände gebotenen Aufwandes aus Mitteln der öffentlichen Armenpflege, und zwar von dem zunächst verpflichteten Armenverband (Reichsges. v. 6. Juni 1870 § 28), zu, jedoch nur, wenn die Ortsarmenbehörde dieses Verbandes von der Hilfeleistung innerhalb 24 Stunden oder, sofern diese Frist nicht eingehalten werden kann, so bald als möglich in Kenntnis gesetzt worden ist. (Instr. § 7.)

Art. 5. Die Bestimmungen des Art. 4 finden auch Anwendung auf Ärzte (Wundärzte, Heilärzte) rücksichtlich des Anspruchs auf den Bezug der regulativmäßigen Gebühren für ärztliche Hilfe in Fällen, wo für die Armenverbände andere Ärzte zur Behandlung der Hilfsbedürftigen der betreffenden Verbände aufgestellt sind.

Sind öffentliche Ärzte für die Behandlung der Armen nicht bestellt, so haben die Ärzte Anspruch auf Bezug der regulativmäßigen Gebühren für ihre Dienstleistungen an den zunächst verpflichteten Armenverband. Der Anspruch muß jedoch binnen drei Monaten, von dem Beginn der Hilfeleistung an gerechnet, erhoben werden.

Unter den gleichen Voraussetzungen haben auch Hebammen Anspruch auf den Bezug der regulativmäßigen Gebühren für die geleistete Kunsthilfe. (Instr. § 8.)

Art. 6. Apotheker haben Anspruch auf die Bezahlung der für Arme auf ärztliche usw. Verordnung abgegebenen Arzneimittel durch den zunächst verpflichteten Armenverband, wenn

1. die Abgabe

   a) auf Verordnung des bestellten Armenarztes,

b) wo ein solcher nicht bestellt ist oder in Notfällen (vergl. Art. 4 und 5) auf Verordnung eines anderen Arztes erfolgt und

2. der Anspruch binnen drei Monaten von der Abgabe an bei dem zunächst verpflichteten Ortsarmenverbande erhoben worden ist.

Art. 7 Abs. 1 übereinstimmend mit § 63 Abs. 1 Pr. AG. Über Beschwerden gegen Verfügungen der Ortsarmenbehörden darüber, ob, in welcher Höhe und in welcher Weise Armenunterstützungen zu gewähren sind, entscheidet das vorgesetzte Oberamt.[1]) Gegen dessen Entscheidung ist eine weitere einmalige Beschwerde zulässig.[2]) Über Beschwerden der vorbezeichneten Art gegen Anordnungen der Landarmenbehörden erkennt die Kreisregierung, gegen deren Verfügung eine weitere einmalige Beschwerde an das Ministerium des Innern stattfindet. (Zu Abs. 1—3 Instr. § 9.)

Streitigkeiten über die Anwendung der Bestimmungen in Art. 3—6 sind im Verwaltungswege zu entscheiden.[3])

1. Vom 1. Dez. 1907 ab der Bezirksrat (Bezirksordnung v. 28. Juli 1906, RegBl. 442 Art. 42 Nr. 7, Art. 105).

2. An die Kreisregierung (Bezirksordnung v. 28. Juli 1906 § 79 Abs. 5) nach näheren Maßgaben des Art. 98 a. a. O.

3. § 10 Nr. 3. Ges. über die Verwaltungsrechtspflege v. 16. Dez. 1876 s. Anhang E.

5. Baden.

a) Gesetz v. 5. Mai 1870, die öffentliche Armenpflege betreffend (Ges.- u. VerBl. S. 287).

§ 2. Die öffentliche Armenpflege unterstützt diejenigen Personen, welche dauernd oder vorübergehend außerstande sind, aus eigenen Mitteln oder durch eigene Kraft sich den notdürftigen Unterhalt selbst zu verschaffen.

§ 3. Unterstützung aus Mitteln der öffentlichen Armenpflege wird nur gewährt, wenn und soweit der Unterstützungsbedürftige den nötigen Unterhalt nicht von zur Leistung desselben rechtlich verpflichteten Dritten oder durch die freiwillige Armenpflege erhält.

§ 4. Die Verweisung an dritte Verpflichtete ist nicht zulässig, wenn der Unterstützungsbedürftige sich in einer Lage befindet, welche alsbaldige Hilfeleistung erfordert.

Vielmehr hat in solchem Falle die Armenbehörde desjenigen Armenverbandes, wo das Bedürfnis hervortritt, die Unterstützung zu leisten, vorbehaltlich des Ersatzanspruchs an die dazu nach öffentlichem oder bürgerlichem Rechte Verpflichteten.

§ 6. Dritten Personen, welche, ohne kraft öffentlichen oder Privatrechts dazu verpflichtet zu sein, einem im Sinne des § 2 Unterstützungsbedürftigen eine dringend nötige Hilfe leisten, steht ein Anspruch auf Ersatz des durch die Umstände gebotenen Aufwands aus Mitteln der öffentlichen Armenpflege nur zu, wenn die Armenbehörde von der Hilfeleistung so bald als möglich in Kenntnis gesetzt wird. Außerdem beginnt der Anspruch auf Ersatz erst mit dem Tage der geschehenen Anzeige.

§ 7. Ärzte [1]) und Apotheker [2]) haben einen Anspruch auf den Bezug der geordneten Gebühren und Taxen [3]) aus Mitteln der öffentlichen Armenpflege auch dann, wenn sie zur Hilfeleistung öffentlich-rechtlich verpflichtet sind.

Wo jedoch die Armenverbände vertragsmäßig bestimmte Ärzte und Apotheker zur Dienstleistung für Arme bestellt haben, steht anderen Ärzten und Apothekern der erwähnte Anspruch nur dann zu, wenn sie in einem dringenden Fall die erforderliche Hilfe geleistet haben. Der Anspruch verjährt in zwei Jahren.

1. und 2. Über die Verpflichtung zur Hilfeleistung
a) der Ärzte vergl. V. v. 30. Juni 1870 (GVBl. S. 596), V. des Min. des Innern v. 11. Dez. 1883 (GVBl. S. 336), Dienstanweisung für Bezirksärzte v. 1. Jan. 1886 (GVBl. S. 3),
b) der Apotheker: V. v. 29. Mai 1880 (GVBl. S. 153).
3. Arzneitaxe: V. der Min. des Innern v. 27. Dez. 1890 (GVBl. S. 187).

§ 8. Wer durch unwahres Vorgeben oder Vorenthaltung der Wahrheit von der öffentlichen Armenpflege Unterstützung erschleicht, wird, sofern die Tat nicht in Betrug oder Fälschung im strafrechtlichen Sinne übergeht, mit Haft bis zu vier Wochen polizeilich bestraft.

§ 18. Der verpflichtete Armenverband hat dem Unterstützungsbedürftigen den unentbehrlichen Unterhalt nach Maßgabe des Bedürfnisses und unter Verwendung der etwa vorhandenen Arbeitskraft zu gewähren, insbesondere Sorge zu tragen für Erziehung, Unterricht [1]) und Erwerbsbefähigung der Kinder, für ärztliche Behandlung und Verpflegung der Kranken und für die Bestreitung des Begräbnisses.

1. Wegen des Unterrichts bestimmt an Stelle des aufgehobenen § 54 des Ges., betr. den Elementarunterricht, v. 6. März 1868 (RegBl. S. 251) der § 55 in der Fassung des Ges. v. 25. Juli 1888 (GVBl. S. 593), daß Unvermögende von der Zahlung des Schulgeldes für diejenigen Volksschulen, zu deren Besuch eine gesetzliche Verpflichtung besteht, ganz oder zum Teil zu befreien sind. Eine solche Befreiung gilt nicht als Armenunterstützung.

Das Gesetz, die staatliche Fürsorge für die Erziehung verwahrloster jugendlicher Personen betreffend, v. 4. Mai 1886 (GVBl. S. 225) ist durch das Gesetz v. 16. Aug. 1900, die Zwangserziehung und die Bevormundung durch Beamte der Armenverwaltung betreffend (a. a. O. S. 938), in einzelnen Bestimmungen abgeändert. Die in diesem Gesetze den Armenverbänden auferlegte Beteiligung an den Kosten dieser Maßregel beruht nicht auf reichsgesetzlicher Grundlage und ist als Armenunterstützung nicht anzusehen.

(Vergl. §§ 11, 34 bis 37 der Vollzugsordnung v. 27. Nov. 1886 [a. a. O. S. 540], Bek. v. 6. Febr. 1906 [a. a. O. S. 13] und Entsch. **22** 19. Die Unterbringung nicht vollsinniger Kinder in Anstalten auf Grund des Bad. Ges. v. 11. Aug. 1902 ist kein Akt der Armenpflege; Entsch. **56** 17.)

§ 18 a—k in der Fassung des Gesetzes v. 8. Juli 1914, betr. Abänderung des Ges. v. 5. Mai 1870, die öffentliche Armenpflege betreffend (Ges.- u. VerBl. S. 241):

§ 18 a. Wer selbst oder in der Person seiner Ehefrau oder seiner noch nicht 16 Jahre alten Kinder aus öffentlichen Armenmitteln unterstützt wird, kann, wenn er die ihm von der Armenbehörde gemäß § 18 angesonnene Arbeit ablehnt oder nicht gewissenhaft vollzieht, auf Antrag des unterstützenden oder des erstattungspflichtigen Armenverbandes durch Beschluß des Bezirksrats dem antragstellenden Armenverbande zur zwangsweisen Arbeitsleistung überwiesen werden. Die Überweisung hat die Wirkung, daß der Überwiesene für die Dauer eines Jahres, jedoch innerhalb dieses Jahres nur für die jeweilige Dauer der Unterstützungsbedürftigkeit, zu Arbeiten für Rechnung des Armenverbandes nach dem Maß seiner Kräfte angehalten werden kann.

Als unterstützt gilt der Ehemann oder der unterhaltspflichtige Elternteil oder — bei unehelichen Kindern — die Mutter auch dann, wenn die Unterstützung der Ehefrau oder der Kinder ohne oder gegen den Willen dieser Unterhaltspflichtigen gewährt ist.

Die Überweisung unterbleibt,

1. wenn die Unterstützungsbedürftigkeit nur durch vorübergehende Umstände verursacht ist,
2. wenn der Unterstützte nicht arbeits- oder erwerbsfähig ist,

3. wenn er entsprechend seiner Arbeits- und Erwerbsfähigkeit zu seinem und seiner Familie Unterhalt beiträgt,
4. wenn die Überweisung mit erheblichen, den Umständen nach nicht gerechtfertigten Härten oder Nachteilen für das Fortkommen des Unterstützten verbunden wäre.

Der Überweisungsbeschluß kann bei Ablauf seiner Geltung auf Antrag des Armenverbandes erneuert werden, wenn die Voraussetzungen seiner Erlassung fortbestehen.

§ 18 b. Zuständig zur Erlassung des Beschlusses ist sowohl der Bezirksrat des Sitzes des unterstützenden oder des erstattungspflichtigen Armenverbandes wie der des Aufenthaltsorts des Unterstützten oder seiner in § 18 a genannten Angehörigen.

Werden im gleichen Fall Anträge bei mehreren Bezirksräten gestellt, so ist der zuerst angerufene für die Entscheidung zuständig. Sind die Anträge gleichzeitig gestellt, so bestimmt auf Ersuchen eines Beteiligten das Ministerium des Innern den zuständigen Bezirksrat.

§ 18 c. Der Bezirksrat entscheidet nach mündlicher Verhandlung. Die Entscheidung ist mit Gründen zu versehen. Im übrigen finden die Vorschriften über das Verfahren in Verwaltungssachen Anwendung.

§ 18 d. Die Entscheidung des Bezirksrats gilt als polizeiliche Verfügung im Sinne des § 4 Abs. 1 Ziff. 1 des Verwaltungsrechtspflegegesetzes. Gegen die Entscheidung des Bezirksrats steht dem Unterstützten neben dem Rekurs binnen einer Notfrist von einem Monat die Klage an den Verwaltungsgerichtshof zu. Über die zulässigen Rechtsmittel sind die Beteiligten schriftlich zu belehren.

Die Klage und der Rekurs haben keine aufschiebende Wirkung.

Der Vorsitzende des Bezirksrats kann indessen die Vollstreckung der Anordnung auf Antrag oder von Amts wegen bis zur Entscheidung über die Klage oder den Rekurs aussetzen. Vor der Aussetzung ist der antragstellende Armenverband zu hören.

Im Fall der Klage oder des Rekurses kann auch der Vorsitzende des Verwaltungsgerichtshofs oder die Stelle, die über den Rekurs zu entscheiden hat, auf Antrag des Unterstützten die Vollstreckung der Überweisungsanordnung in besonderen Fällen aussetzen.

§ 18 e. Die Vollstreckung des Beschlusses steht dem antragstellenden Armenverbande zu. Der vorläufig unterstützende Armenverband ist berechtigt, sie dem erstattungspflichtigen zu überweisen.

Der Armenverband ist berechtigt, die ihm überwiesene Person in einer öffentlichen Arbeitsanstalt oder in einer staatlich als geeignet anerkannten Privatanstalt innerhalb oder außerhalb seines Bezirks unterzubringen oder ihr Arbeit ohne Aufnahme in eine Anstalt anzuweisen.

Die Unterbringung in einem polizeilichen Arbeitshaus im Sinne des § 362 Abs. 3 Reichsstrafgesetzbuches ist unzulässig.

§ 18 f. Der Armenverband hat den Überwiesenen aus der Zwangsarbeit zu entlassen, sobald die Unterstützungsbedürftigkeit weggefallen oder der Unterstützte nicht mehr arbeitsfähig ist.

Beantragt der in Arbeit Untergebrachte die Entlassung aus der Arbeit mit der Behauptung, daß eine der Voraussetzungen des Abs. 1 vorliegt, so steht ihm, wenn der Armenverband dem Antrag nicht stattgibt, das Recht der Beschwerde an den Vorsitzenden des Bezirksrats zu. Gegen den Bescheid des Vorsitzenden, welcher den Beteiligten schriftlich zu eröffnen ist, können diese binnen 14 Tagen auf Beschlußfassung durch den Bezirksrat antragen. Auf die Entscheidung des Bezirksrats findet § 18 d Abs. 1 Anwendung. Die Beschwerde, der Rekurs und die Klage haben keine aufschiebende Wirkung.

Die gleichen Rechtsmittel sind gegeben, wenn die Verpflichtung des Überwiesenen zur Arbeitsleistung wegen Unterbrechung der Unterstützungsbedürftigkeit oder eingetretener Arbeitsunfähigkeit geruht hat und der Überwiesene sodann wegen Wiedereintritts der Unterstützungsbedürftigkeit oder Arbeitsfähigkeit von dem berechtigten Armenverband zur Arbeitsleistung eingezogen wird.

§ 18 g. Der Armenverband kann den in Arbeit Untergebrachten jederzeit in widerruflicher Weise auf eine angemessene Zeit beurlauben. Wird während der Beurlaubung eine Zurückverbringung in die Zwangsarbeit vom Armenverband nicht verfügt, so gilt der Beurlaubte als entlassen.

Nach Ablauf von drei Monaten kann der Untergebrachte die widerrufliche Beurlaubung verlangen, sofern er glaubhaft zu machen vermag, daß er bemüht und in der Lage sein würde, ohne Unterstützung oder mit einer nach dem Maße seiner Arbeitsfähigkeit nicht zu vermeidenden Unterstützung zu bestehen. Wird der Urlaub in diesem Falle versagt, so stehen dem Überwiesenen und dem Armenverband die in § 18 f Abs. 2 Satz 1 und 2 genannten Rechtsmittel zu; das gleiche gilt, wenn die Urlaubserteilung in der Rechtsmittelinstanz angeordnet wurde und der Armenverband hierauf den Urlaub widerruft.

Die dreimonatige Frist für den Antrag auf Beurlaubung läuft von der ersten Unterbringung nach erfolgter Überweisung an, ferner von jeder neuen Unterbringung an nach einer vorausgegangenen Entlassung und nach einem im Fall des letzten Halbsatzes des Abs. 2 erfolgten Widerruf sowie von der endgültigen Ablehnung eines Antrags auf Entlassung (§ 18 f Abs. 2 und 3) und auf Beurlaubung (§ 18 g Abs. 2) an.

§ 18 h. Aus dem Arbeitsverdienst des in Arbeit Untergebrachten sind zunächst die Kosten der Unterbringung zu decken. Aus dem Überschuß ist die Unterstützung zu bestreiten, die den gegenüber dem Untergebrachten Unterhaltsberechtigten für die Zeit der Unterbringung gewährt wird. Der dann noch verbleibende Rest ist dem Untergebrachten bei der Entlassung auszuhändigen.

§ 18 i. Für jede Arbeitsanstalt ist eine Hausordnung (§ 19) aufzustellen, welche Vorschriften über die Aufnahme und Behandlung, die Art der Beschäftigung und Entlohnung sowie über die Berechnungsweise der Kosten der Unterbringung (§ 18 h) enthalten muß und der Staatsgenehmigung bedarf. Dies gilt sinngemäß, wenn dem Überwiesenen ohne Aufnahme in eine geschlossene Arbeitsanstalt Arbeit angewiesen wird.

§ 18 k. Die Polizeibehörden sind verpflichtet, die zur Vorbereitung des Verfahrens und zur Durchführung der Vollstreckung etwa erforderliche Hilfe zu gewähren.

Die entstehenden Transportkosten fallen in allen Fällen dem unterstützungspflichtigen Armenverband zur Last.

§ 19 betrifft die Aufstellung von Hausordnungen und die Disziplin in den öffentlichen Armenanstalten.

§ 20. Die Gemeinden sind verbunden, die für die örtliche Armenpflege notwendigen Einrichtungen zu treffen.

Auch können sie Verträge abschließen, wonach die Armen einer Gemeinde in den Armenanstalten einer anderen Gemeinde untergebracht werden sollen, oder wonach mehrere Gemeinden zur Beschaffung gemeinschaftlicher Einrichtungen für die Armenpflege sich vereinigen.

§ 21. Arme Inländer oder Ausländer, welche außerhalb ihres Wohnsitzes erkranken, sind an dem Orte, wo sie sich in hilfsbedürftigem Zustande befinden, so lange zu verpflegen und ärztlich zu behandeln, bis sie ohne Nachteil für ihre oder anderer Gesundheit weiterkommen oder ihren Erwerb im Ort fortsetzen können.

b) AusfGes. v. 14. März 1872.

§ 4 Abs. 5. Über die Hilfsbedürftigkeit, die Art und das Maß der Unterstützung entscheiden die Verwaltungsbehörden.[1])

1. d. h. dem Armen gegenüber, vergl. § 4 Abs. 2 (Anhang E).

6. Thüringen. Durch Gesetz v. 30. April 1920, betr. das Land Thüringen (RGBl. S. 841), sind die Länder Sachsen-Weimar-Eisenach, Sachsen-Meiningen, Reuß, Sachsen-Altenburg, Sachsen-Gotha ohne das mit Bayern vereinigte Gebiet von Koburg, Schwarzburg-Rudolstadt und Schwarzburg-Sondershausen mit Wirkung v. 1. Mai 1920 zu einem Lande Thüringen vereinigt worden. Die thüringische Gesetzgebung erstreckt sich bisher noch nicht auf das Armenrecht. Nach § 63 Abs. 2 der Verfassung des Landes Thüringen v. 11. März 1921 bleiben daher die armenrechtlichen Gesetze und Verordnungen der ehemaligen thüringischen Freistaaten einstweilen in Kraft.

6a. Sachsen-Weimar. AusfGes. v. 23. Februar 1872.

§ 4 Abs. 1, 2 und 4 übereinstimmend mit § 1 Abs. 1 bis 3 Pr. AG., doch fehlen in Abs. 2 hinter „geeignetenfalls" die Worte: „solange dieselbe in Anspruch genommen wird" und hinter „Arbeiten" die Worte: „außerhalb oder innerhalb eines solchen Hauses".

Abs. 3. Arbeitsfähige unterstützungsuchende Personen sind zur Leistung geeigneter Arbeit nötigenfalls zwangsweise anzuhalten.[1])

1. Das Ges., betr. die Unterbringung verwahrloster Kinder, v. 1. Febr. 1881 und dessen Nachtrag v. 23. März 1892 (vergl. dazu Entsch. 32 148) sind durch § 210 AusfGes. z. BGB. aufgehoben und durch die §§ 200 bis 209 a. a. O. ersetzt.

6b. Sachsen-Meiningen. AusfGes. v. 24. Februar 1872.

Art. 1 übereinstimmend mit § 1 Pr. AG.[1]) — Abs. 2 mit folgendem Zusatz: Die Vorsteher dieser Anstalten üben über deren Insassen die Ordnungsstrafgewalt, wie die Hausordnung mit Genehmigung des Herzogl. Staatsministeriums, Abteilung des Innern, bestimmt.

1. Ges. v. 19. Aug. 1899, betr. die Zwangserziehung (Landesherrl. V. S. 451).

Abs. 4 übereinstimmend mit § 63 Abs. 1 Pr. AG.

Ges. v. 30. Juni 1894, betr. die Gebühren der Hebammen (GS. S. 93),

Art. 2. Die in Art. 1 und Art. 28 des Gesetzes vom 24. Februar 1872 geordnete Unterstützungspflicht der Armenverbände erstreckt sich auch auf die Gewähr der Hebammenhilfe bei Entbindung und Pflege hilfsbedürftiger Wöchnerinnen.

Für die Gebühren und notwendigen Auslagen der Hebammen, welche durch die Hilfeleistungen bei unbemittelten Wöchnerinnen erwachsen sind, hat der Ortsarmenverband (§ 28 des Bundesges. v. 6. Juni 1870) vorbehaltlich des Anspruchs auf Erstattung zu haften. In diesem Falle kommen die niedrigsten Sätze zur Anwendung. Die entgegenstehende Bestimmung des Art. 50 der Hebammenordnung vom 3. April 1838 ist aufgehoben.

6a. Reuß. Die Länder Reuß ä. u. j. L. waren durch Notgesetz v. 21. Dez. 1918 (GS. Reuß j. L. 111) eine Verwaltungsgemeinschaft eingegangen und haben sich dann durch „Gesetz über die Vereinigung der beiden Freistaaten Reuß zu einem Volksstaat Reuß sowie über die vorläufige Verfassung und Verwaltung" v. 4. April 1919 (in Kraft seit 17. April 1919, GS. für beide Freistaaten Reuß S. 27) zu einem Volksstaat Reuß vereinigt.

Verordnung v. 22. Juni 1920 zur anderweitigen Ausführung des Reichsgesetzes über den Unterstützungswohnsitz v. 30. Mai 1908 (GS. S. 88).

§ 1. Jedem dem Geltungsbereich des Reichsgesetzes über den Unterstützungswohnsitz vom 30. Mai 1908 (RGBl. S. 381) angehörenden hilfsbedürftigen Deutschen hat der zu seiner Unterstützung verpflichtete Armenverband Obdach, den unentbehrlichen Lebensunterhalt, die erforderliche Pflege in Krankheitsfällen und im Falle seines Ablebens ein angemessenes Begräbnis zu gewähren.

Die Unterstützungspflicht der Armenverbände erstreckt sich auch auf die Gewähr von Hebammenhilfe bei Entbindungen und Pflege hilfsbedürftiger Personen sowie auf die Sorge für die erforderliche Erziehung und Ausbildung der Kinder.[1])

1. Zwangserziehung Minderjähriger ist für Reuß ä. L. in §§ 125 bis 135 AG. z. BGB., für Reuß j. L. in §§ 100 bis 111 AG. z. BGB. geregelt; vergl. Entsch. **44** 33.

§ 2. Die Unterstützung kann geeignetenfalls, solange sie in Anspruch genommen wird, mittels Unterbringung in einem Armen- oder Krankenhaus sowie mittels Anweisung der den Kräften des Hilfsbedürftigen entsprechenden Arbeiten innerhalb oder außerhalb eines solchen Hauses gewährt werden.

Wer öffentliche Armenunterstützung genießt, ist verpflichtet, sich nach Anordnung der Armenverwaltung zu einer seinen Kräften angemessenen Arbeit innerhalb oder außerhalb seiner Beschäftigungsstelle verwenden zu lassen.

Die Armenverbände sind berechtigt, arbeitsfähigen Personen, die trotz ernstlicher Bemühungen keinen Erwerb finden, Arbeit zu ermitteln und nachzuweisen.

§ 3. Gebühren für die einem Unterstützungsbedürftigen geleisteten geistlichen Amtshandlungen zu entrichten, sind die Armenverbände nicht verpflichtet.

§ 33. Einen Anspruch auf Unterstützung kann der Arme gegen einen Armenverband niemals im Rechtsweg, sondern nur bei der Verwaltungsbehörde geltend machen, deren Pflicht es ist, keine Ansprüche zuzulassen, die über das Notwendige hinausgehen.

Bei Beschwerden gegen Verfügungen der Vorstände der Ortsarmenverbände darüber, ob, in welcher Höhe und in welcher Weise Armenunterstützungen zu gewähren sind, entscheidet in zweiter Instanz die Kammer für das Heimatwesen endgültig.

Die Bezirksverbände sind verpflichtet, mündliche Beschwerden von Angehörigen der Landgemeinden anzunehmen, zu erörtern und, sofern sie nicht gütlich erledigt werden, der Kammer für das Heimatwesen zur Entscheidung vorzulegen.

6d. Sachsen-Altenburg. AusfVer. v. 3. Juni 1871.

§ 1 übereinstimmend mit Abs. 1 und 2 des § 1 Pr. AG.

Vergl. Ges. über das Heimatsrecht und das Armenwesen v. 9. Aug. 1833 §§ 119 ff., insbesondere § 134 („Das Schulgeld ist aus Gemeindemitteln zu bestreiten"), und Ges., betr. einige Verhältnisse des Volksschulwesens, v. 22. Dez. 1875 (GS. S. 185) §§ 1 Abs. 1 u. 3 („Für Arme hat der verpflichtete Armenverband einzutreten") sowie Ges., betr. das Volksschulwesen, v. 12. Febr.

1889 (GS. S. 11) § 26, durch welches der Abs. 3 des Ges. v. 22. Dez. 1875 nicht betroffen wird. Vergl. auch zu § 6 AusfV. v. 3. Juni 1871 in Anhang B. Die Zwangserziehung Minderjähriger ist in den §§ 109 bis 120 des AusfGes. z. BGB. geordnet. Der § 121 hebt das Ges. v. 20. Mai 1879, betr. die Unterbringung verwahrloster Kinder, und den § 13 des Ges. v. 12. Febr. 1889, betr. das Volksschulwesen, auf.

§ 14 übereinstimmend mit § 63 Pr. AG. — Beschwerden (Abs. 2) folgen dem durch die Gesetze geordneten Instanzenzuge.

6e. Sachsen-Gotha. Durch Ges. v. 30. April 1920 (RGBl. S. 842), in Kraft gemäß V. v. 21. Juni 1920 (RGBl. S. 1329) seit 1. Juli 1920, ist das Gebiet von Koburg mit Bayern vereinigt worden. Besondere armenrechtliche Bestimmungen sind dieserhalb nicht ergangen.

AusfGes. v. 31. Mai 1871.

§ 1 übereinstimmend mit § 1 Pr. AG.[1])

1. Das Ges., betr. die Unterbringung jugendlicher Personen zu Erziehungs- und Besserungszwecken, v. 2. Juli 1884 und die Ges., betr. die Zwangserziehung schulpflichtiger Kinder, v. 16. Juli 1886 (Gotha) und v. 25. Juni 1896 (Koburg) sind in Art. 55 des AusfGes. z. BGB. aufgehoben. — Die Zwangserziehung Minderjähriger ist in Art. 49 a. a. O. geordnet. — Vergl. Entsch. **33** 47.

§ 36 übereinstimmend mit § 63 Pr. AG. — Beschwerden folgen dem für die Verwaltungssachen bestehenden Instanzenzuge.

6f. Schwarzburg-Rudolstadt. AusfGes. v. 23. Juni 1871.

§ 1 übereinstimmend mit § 1 Pr. AG.[1])

1. Ges. v. 20. Dez. 1896, betr. die Zwangserziehung (GS. S. 162).

§ 20 übereinstimmend mit § 63 Pr. AG. Die Beschwerde folgt dem gesetzlichen Instanzenzuge; an die Stelle des Ministeriums tritt die Deputation für das Heimatwesen, welche endgültig entscheidet.

6g. Schwarzburg-Sondershausen.

§ 4 AusfGes. v. 25. Januar 1872, Abs. 1 und 2 übereinstimmend mit § 4 AusfGes. von Sachsen-Weimar; Abs. 3 übereinstimmend mit Abs. 3 des § 1 Pr. AG.[1])

1. Zwangserziehungsgesetz v. 29. Juli 1899 (GS. S. 141).

§ 10 Ges. v. 28. Oktober 1872 übereinstimmend mit § 63 Pr. AG. Beschwerden folgen dem allgemeingesetzlich angeordneten Instanzenzuge.

7. Hessen. AusfGes. v. 14. Juli 1871.

Art. 1 übereinstimmend mit § 1 Pr. AG., doch fehlt dessen Abs. 3.[1])

1. Ges., die Zwangserziehung Minderjähriger betr., v. 11. Juni 1887, dessen Vorschriften zum Teil geändert sind durch § 284 AusfGes. z. BGB. — Bek. v. 30. Sept. 1899.

Art. 19 Abs. 1 gleichlautend mit § 63 Abs. 1 Pr. AG.

Abs. 2. Beschwerden gegen Verfügungen der Vorstände der Armenverbände darüber, ob, in welcher Höhe und in welcher Weise Armenunterstützungen zu gewähren sind, werden, insofern sie gegen Verfügungen der Ortsarmenverbände gerichtet sind, von der Bezirksratskommission (Art. 4),[1]) insofern sie Verfügungen der Landarmenverbände zum Gegenstande haben, von dem Administrativ-Justizhof endgültig entschieden.[2])

1. Jetzt endgültig vom Kreisausschuß (Art. 133 I Nr. 8, IV Ges., betr. Verwaltungsrechtspflege, v. 8. Juli 1911).

2. Jetzt endgültig vom Provinzialausschuß (a. a. O. Art. 133 I Nr. 11, V).

8. Hamburg. AusfVer. v. 23. Juni 1871.

§ 3. Hinsichtlich der Art und des Maßes der zu gewährenden Unterstützung gelten bis auf weiteres, unter Beibehaltung der bestehenden Armenverwaltung und der vorgesetzten Behörden, die bisher maßgebenden Bestimmungen und Einrichtungen, und sind namentlich alle Angehörigen derjenigen deutschen Staaten, in welchen das Bundesgesetz über den Unterstützungswohnsitz Geltung hat, in dieser Beziehung gleichmäßig zu behandeln.[1])

1. Der Schulunterricht für arme Kinder ist unentgeltlich (§ 38 Ges. v. 11. Nov. 1870, betr das Unterrichtswesen, GS. S. 117).

Vorschriften über Art und Maß der zu gewährenden Unterstützung enthielt das Ges. über das Armenwesen v. 18. Mai 1892 (GS. Nr. 32). Dieses Gesetz ist durch das am 1. Jan. 1908 in Kraft getretene Gesetz über das Armenwesen v. 11. Sept. 1907 (§ 25) aufgehoben, dessen §§ 1 bis 11, 12 Abs. 2, 14, 18, 23 wiederum durch das Gesetz über das Wohlfahrtsamt v. 12. Mai 1920 aufgehoben worden sind und das außerdem durch Ges. v. 21. Sept. 1914, betr. Änderung einiger Bestimmungen des Ges. über das Armenwesen, abgeändert worden ist. Das letzte Gesetz wird durch das Gesetz über die öffentliche Fürsorge für Minderjährige vom 11. Sept. 1907 in der vom 9. Juni 1921 an geltenden Fassung und das Gesetz über die Zwangserziehung Minderjähriger v. 11. Sept. 1907 in der vom 1. März 1910 an geltenden Fassung ergänzt. Das Gesetz über die Beaufsichtigung des Kostkinderwesens gilt ebenfalls in der Fassung v. 9. Juni 1921.

Der zweite Abschnitt des Gesetzes über das Armenwesen (Ausübung der Armenpflege) bestimmt in:

§ 12. Öffentliche Unterstützung wird nur Hilfsbedürftigen gewährt. Hilfsbedürftig ist, wer seinen notdürftigen Unterhalt weder aus eigenen Mitteln oder Kräften noch aus ihm von anderer Seite zur Verfügung gestellten Mitteln zu bestreiten vermag. — Wird eine Ehefrau oder werden eheliche oder diesen gleichstehende Kinder unterstützt, so gilt das Familienhaupt, auch wenn die Unterstützung ohne oder gegen seinen Willen gewährt ist, in der Person seiner Angehörigen als unterstützt, es sei denn, daß die bei Gewährung der Unterstützung angenommene Hilfsbedürftigkeit nicht vorgelegen hat; im Falle der Unterstützung von Kindern, welche in bezug auf den Erwerb und Verlust des Unterstützungswohnsitzes selbständig sind, findet diese Bestimmung keine Anwendung.

§ 13. Die im Falle der Hilfsbedürftigkeit zu gewährende Unterstützung kann erfolgen:

1. in offener Armenpflege, insbesondere durch Bewilligung von Geld, Nahrungsmitteln, Kleidung, Hausrat, Feuerung, ärztlicher und Geburtshilfe, Krankenpflege, Gewährung von Heilmitteln oder Begräbnis, oder durch Unterbringung bei geeigneten Familien;
2. in geschlossener Armenpflege durch Aufnahme in eine öffentliche oder private Anstalt;
3. durch Überweisung in die öffentliche Waisenpflege.

§§ 15, 16 handeln von der Unterstützung in Anstalten.

§ 17. Minderjährigen, deren Familienstand nicht zu ermitteln ist, oder deren Eltern verstorben oder von Hamburg abwesend sind, oder deren Eltern die Sorge für die Person des Kindes nicht zusteht, muß bis zur Beendigung der Schulpflicht die erforderliche öffentliche Unterstützung in der Form der Überweisung in die öffentliche Waisenpflege gewährt werden.

§ 1 Gesetz über die öffentliche Fürsorge für Minderjährige v. 11. Sept. 1907 in der seit 9. Juni 1921 geltenden Fassung:

Die öffentliche Fürsorge für Minderjährige, deren Verpflegung und Erziehung aus öffentlichen Mitteln zu erfolgen hat, liegt nach Maßgabe der bestehenden gesetzlichen Bestimmungen der Behörde für öffentliche Jugendfürsorge ob.

Insbesondere nach § 4:

1. die Fürsorge für diejenigen Minderjährigen, welche gemäß § 13 Ziffer 3 des Gesetzes über das Armenwesen der öffentlichen Waisenpflege überwiesen sind;
2. die Fürsorge für diejenigen Minderjährigen, deren Zwangserziehung usw. von dem Vormundschaftsgericht angeordnet ist.

Nach dem Gesetze v. 11. Sept. 1907 über die Zwangserziehung Minderjähriger in der seit 1. März 1910 geltenden Fassung erfolgt deren Anordnung durch das Vormundschaftsgericht auf Antrag der Behörde für öffentliche Jugendfürsorge (§§ 1, 3 ff.). Die Ausführung liegt dieser Behörde ob; die Unterbringung zur Zwangserziehung und die Zwangserziehung selbst erfolgt auf öffentliche Kosten, und zwar aus den der Behörde für öffentliche Jugendfürsorge im Budget zur Verfügung zu stellenden Staatsmitteln.

Neben den geltenden gesetzlichen Bestimmungen für den Bezirk des Ortsarmenverbandes Hamburg kommt die seit dem 12. Sept. 1921 geltende Geschäftsordnung des Wohlfahrtsamtes Hamburg in Betracht, in welcher die bezügl. der Art und des Maßes der zu gewährenden Unterstützung zurzeit maßgebenden Bestimmungen und Einrichtungen zusammengestellt sind, insbesondere über offene Pflege (§§ 48—51), Anstaltspflege (§§ 52—54), Waisenpflege (§§ 89—91), Zwangserziehung (§ 92), Kinderwarteschulen und Krippen (§ 94).

§ 21 Abs. 1 des Gesetzes über das Armenwesen (auch gültig für das ganze Staatsgebiet; § 24 Abs. 3 und 4 abgeändert durch Gesetz v. 21. Sept. 1914):

Wer selbst oder in der Person seiner Angehörigen (§ 12 Abs. 1) aus öffentlichen Mitteln unterstützt wird, kann, soweit dies zur Beseitigung oder Verminderung der bestehenden Hilfsbedürftigkeit erforderlich ist, durch Beschluß der Kommission für das Armenarbeitswesen zur Verrichtung einer seinen Kräften angemessenen Arbeit angehalten werden. . . . Zu dem Zwecke kann der Unterstützte auch gegen seinen Willen in einer Armenarbeitsanstalt untergebracht werden.

In Fällen einer nur durch vorübergehende Umstände verursachten Hilfsbedürftigkeit finden diese Vorschriften keine Anwendung.

9. Mecklenburg-Schwerin. AusfVer. v. 20. Februar 1871.

§ 4. Rücksichtlich der Art und des Maßes der im Fall der Hilfsbedürftigkeit zu gewährenden öffentlichen Unterstützung bewendet es bei den bestehenden landesgesetzlichen Bestimmungen mit nachstehenden Modifikationen:

1. Das im § 11 sub lit. c der Patentverordnung vom 21. Juli 1821 den arbeitsfähigen Hilfsbedürftigen zugesprochene Recht auf Anweisung von Arbeit kommt in Wegfall.

2. Arbeitsfähigen Personen braucht im Fall der Obdachlosigkeit nur ein Obdach, nicht aber eine eigene Wohnung oder Zusammenwohnen mit ihrer Familie gewährt zu werden.
3. Arbeitsunfähige, obdachlos gewordene Personen sind möglichst so unterzubringen, daß Eltern und Kinder zusammenbleiben.
4. Jedem Armenverbande ist es gestattet, die einem Hilfsbedürftigen zu gewährende Unterstützung durch Zuweisung von Arbeit resp. durch Unterbringung in einer öffentlichen Armen- oder Arbeitsanstalt zu gewähren, die dem Ortsarmenverbande zu solchem Zwecke zugänglich ist. In diesem Falle ist der Unterstützte dem Reglement solcher Anstalt unterworfen, insbesondere auch zu den durch dasselbe vorgeschriebenen Arbeiten verpflichtet.[1])

1. V. v. 17. Mai 1890, betr. die Bedingungen, unter denen die Ortsarmenverbände Hilfsbedürftige in dem Landarmenhause zu Güstrow unterbringen können (RegBl. S. 93 ff.), nebst Zusatz-V. v. 20. Febr. 1902 (RegBl. S. 35).

§ 4a. (Zusatzver. v. 26. Mai 1900, RegBl. S. 281.) Es gilt als Regel, daß die Unterstützung eines Ortsarmen innerhalb des verpflichteten Ortsarmenverbandes zu erfolgen hat. — Die Unterbringung eines Ortsarmen außerhalb des Bezirkes des verpflichteten Ortsarmenverbandes soll jedoch zulässig sein, wenn die Unterbringung außerhalb des Bezirks ohne erhebliche Härten oder Nachteile für den Ortsarmen geschehen kann.[1])

1. V. v. 9. April 1899, betr. die Zwangserziehung Minderjähriger (RegBl. S. 221).

§ 6. Jetzt Bek. v. 12. Mai 1921, betr. Beschwerden Hilfsbedürftiger über verweigerte Armenunterstützung (Reg.-Bl. f. M.-Schw. Nr. 67): Auf Grund des § 69 der Landgemeindeordnung v. 20. Mai 1920 (RegBl. S. 743) und des § 44 der Amtsordnung v. 20. Mai 1920 (RegBl. S. 727) wird hierdurch angeordnet, daß bis zum Inkrafttreten eines neuen Ausführungsgesetzes zum Reichsgesetz über den Unterstützungswohnsitz Beschwerden Hilfsbedürftiger über verweigerte oder verzögerte Unterstützung sowie über die Art und das Maß derselben (§ 6 AB. v. 20. Febr. 1871 z. RGUW.) in den Städten vom Rate, in den Landgemeinden vom Amtsausschuß und in letzter Instanz vom Ministerium des Innern zu erledigen sind.

10. Braunschweig. AusfGes. v. 5. Juni 1871.

§ 1 übereinstimmend mit § 1 Pr. AG.[1] [2])

1. Vergl. dazu § 195 der Städteordnung v. 18. Juni 1892 und § 137 der Landgemeindeordnung v. 18. Juni 1892 (GV.-Samml. S. 281, 357).

2. Ges., betr. die Zwangserziehung Minderjähriger v. 12. Juni 1899 (GVSamml. S. 461). Abänderungsgesetz v. 4. Aug. 1902 (GVSamml. S. 407).

11. Oldenburg.

a) Rev. Gemeindeordnung für das Herzogtum Oldenburg v. 15. April 1873 (GesBl. S. 551).

Art. 70 § 1. Die Armenkommission ist verpflichtet, über den Stand und die Ursachen der Armut in der Gemeinde sich Kenntnis zu verschaffen und den darin sich aufhaltenden Hilfsbedürftigen nach Maßgabe des Bedürfnisses und unter Verwendung der etwa vorhandenen Arbeitskraft die nötige Unterstützung zu gewähren.

§ 2. Die Unterstützung darf niemals über das Notwendige hinausgehen und kann, solange sie in Anspruch genommen wird, namentlich auch mittels usw. wie in § 1 Abs. 2 Pr. AG.

Vergl. Instruktion für die Armenkommissionen und Armenväter v. 15. Juni 1877. Nicht Kosten für Glockenläuten: Entsch. **47** 39.

Fürstentum Birkenfeld: Ges. über das Armenwesen v. 28. März 1876 Art. 13 Abs. 1. Die jedem hilfsbedürftigen Deutschen zu leistende öffentliche Unterstützung befaßt die Gewährung der notwendigsten Lebensbedürfnisse an Obdach, Feuerung, Bekleidung und Nahrungsmitteln, die Sorge für die Erziehung und Erwerbsbefähigung der Kinder, die erforderliche Pflege und ärztliche Behandlung in Krankheitsfällen und im Falle des Ablebens die Gewährung eines angemessenen Begräbnisses.

Abs. 2 gleichlautend mit Art. 70 § 2 der rev. GemOrd. für Oldenburg. Vergl. auch Instruktion für die Armenkommissionen und Armenväter v. 16. Aug. 1877 (GesBl. S. 403).

Fürstentum Lübeck: rev. GemOrd. v. 30. März 1876. Art. 77 § 1 gleichlautend mit § 1 Abs. 1 Pr. AG.

§ 2 gleichlautend mit Art. 70 § 2 der rev. GemOrd. für Oldenburg.

Art. 71 § 1. Als hilfsbedürftig sind nur diejenigen Personen anzusehen, welche dauernd oder vorübergehend außerstande sind, aus eigenen Mitteln oder durch eigene Kräfte sich das zur Erhaltung des Lebens und der Gesundheit Unentbehrliche selbst zu beschaffen, auch dasselbe nicht durch andere zur Leistung desselben privatrechtlich Verpflichtete erhalten können.

§ 2 übereinstimmend mit § 4 des Badischen Gesetzes über die Armenpflege (s. S. 94).

Gleichlautend Art. 14 Armengesetz für Birkenfeld; Art. 78 §§ 1 und 2 rev. GemOrd. für Lübeck.

Art. 72 § 1. Ein Anspruch auf Unterstützung kann von den Armen gegen die Gemeinde niemals im Rechtswege, sondern nur im Wege der Beschwerde bei der vorgesetzten Verwaltungsbehörde geltend gemacht werden.

Gleichlautend Art. 19 § 1 Armengesetz für Birkenfeld; Art. 79 § 1 rev. GemOrd. für Lübeck.

Art. 74. Dritten Personen, welche, ohne dazu verpflichtet zu sein, einem Hilfsbedürftigen eine dringend nötige Hilfe leisten, steht ein Anspruch auf Ersatz des durch die Umstände gebotenen Aufwandes aus den Mitteln der öffentlichen Armenpflege nur zu, wenn die Armenbehörde von der Hilfeleistung spätestens binnen 48 Stunden in Kenntnis gesetzt wird. Erfolgt die Anzeige nicht in dieser Frist, so beginnt der Anspruch auf Ersatz erst mit dem Tage der geschehenen Anzeige. Der Anspruch kann im Wege Rechtens verfolgt werden.

Gleichlautend Art. 21 Armengeſ. für Birkenfeld Art. 81 rev. GemOrd. für Lübeck.

b) Die nach dem Gesetz, betr. die Einrichtung des Unterrichts- und Erziehungswesens, v. 3. April 1855 (GesBl. S. 617) den Armenbehörden auferlegte Verpflichtung, das Schulgeld für Armenkinder auf die Armenkasse zu übernehmen (Art. 59), ist durch Art. VI des Ges. v. 5. März 1888 (GesBl. S. 103) aufgehoben worden. Für den Besuch der Volksschule wird ein Schulgeld nicht entrichtet, Lehrmittel werden für arme Kinder aus der Schulkasse beschafft.

Das Ges., betr. die Zwangserziehung verwahrloster Kinder usw., v. 12. Febr. 1880 ist durch § 50 Nr. 22 des AusfGes. z. BGB. aufgehoben und durch die §§ 27—34 desselben ersetzt. — Vergl. für Birkenfeld §§ 72—78, für Lübeck §§ 25—31 der betr. AusfGes. z. BGB.

12. Anhalt. AusfGes. Nr. 263 v. 29. Juni 1871.

§ 1 übereinstimmend mit § 1 Pr. AG. — An Stelle des Abs. 2 treten nach Art. 1 des Abänderungsgesetzes v. 27. April 1904 (Nr. **1189**, GS. S. 119) folgende Bestimmungen:

Die Unterstützung kann, geeignetenfalls, solange dieselbe in Anspruch genommen wird, mittels Unterbringung in einer Armen- oder Krankenanstalt gewährt werden. Auch kann derjenige, der für sich selbst oder in der Person seiner Ehefrau oder seiner noch nicht 14 Jahre alten Kinder öffentliche Unterstützung empfängt, verpflichtet werden, hierfür nach dem Maße seiner Kräfte solche Arbeiten zu verrichten, welche ihm von dem Vorstande des Armenverbandes innerhalb oder außerhalb einer öffentlichen Armen- oder Krankenanstalt angewiesen werden. Die Verfügung des Vorstandes des Armenverbandes, durch welche die Verpflichtung zur Arbeit angeordnet wird, ist mit Gründen zu versehen; gegen dieselbe findet binnen einer Woche nach der Zustellung die Beschwerde an den Kreisausschuß und in den vier Hauptstädten an die Regierung, Abteilung des Innern, statt. Die Beschwerde hat, unbeschadet der Befugnis der Aufsichtsbehörde, die Vollziehung der Anordnung bis zur Entscheidung der Beschwerdeinstanz aussetzen zu lassen, keine aufschiebende Wirkung. Der Kreisausschuß bezw. die Regierung, Abteilung des Innern, entscheiden endgültig. Die Anordnung der Arbeitsverpflichtung kann von dem Vorstande des Armenverbandes von Amts wegen oder auf Antrag des zur Arbeit Verpflichteten wieder aufgehoben werden. Im Falle der Ablehnung des Antrages auf Wiederaufhebung ist die Beschwerde nach Maßgabe der obigen Bestimmungen zulässig.

Wo nach den Bestimmungen der Gemeindeordnung zur Verwaltung der öffentlichen Armenpflege eine besondere Deputation vom Gemeinderat gebildet ist, kann durch Statut vorgeschrieben werden, daß diese Deputation vom Vorstande des Armenverbandes vor der Anordnung der Arbeitsverpflichtung zu hören ist. Das Statut bedarf der Bestätigung der Regierung, Abteilung des Innern.

§ 2. Außer der vorstehend gedachten allgemeinen Unterstützungspflicht liegt den betreffenden Armenverbänden noch die weitere Verpflichtung ob, für eine angemessene

Unterbringung geisteskranker, blödsinniger oder an einer unheilbaren beziehentlich ekelerregenden Krankheit leidender (siecher) Personen sowie für die Erziehung verwaister und verwahrloster und für die erforderliche Ausbildung blinder, taubstummer oder blödsinniger Kinder insoweit zu sorgen, als anderweit Verpflichtete nicht vorhanden oder dazu außerstande sind.[1])

1. Vergl. Gesetz Nr. **336**, betr. die Einstellung verwahrloster Kinder in eine Erziehungs- und Besserungsanstalt, v. 29. Dez. 1873 (GS. S. 311), insbes. Art. 1 und 9, sowie Entsch. **24** 113, **48** 47, **49** 103. Das Gesetz ist aufgehoben und ersetzt durch das Gesetz Nr. **1035** v. 21. März 1899, betr. die Zwangserziehung Minderjähriger (GS. S. 37), Gesetz Nr. **669**, betr. die Ausbildung nicht vollsinniger usw. Kinder, v. 1. April 1884 (GS. S. 309), insbes. §§ 1 und 6.

§ **50** übereinstimmend mit § 63 Pr. AG. Beschwerden folgen dem durch die bestehenden Gesetze angeordneten Instanzenzuge.

Vergl. jetzt § 40 der Gemeinde- usw. Ord. v. 26. Mai 1882 (GS. S. 463).

13. Bremen. AusfVer. v. 2. Januar 1871.

§ **2.** Hinsichtlich der Art und des Maßes der zu gewährenden Unterstützung kommen die bisher gültig gewesenen Normen bis auf weiteres und dergestalt zur Anwendung, daß jeder Norddeutsche den bremischen Staatsangehörigen (Staatsgenossen) beziehungsweise Gemeindeangehörigen gleich behandelt wird.[1])

1. In der Stadt Bremen wird armen Kindern in den Freischulen unentgeltlicher Unterricht erteilt; im Landgebiet wird das Schulgeld von der Armenpflege bezahlt (§ 3 V. über das Landschulwesen v. 16. März 1862, GesBl. S. 9), s. auch die Geschäftsordnung für die stadtbremische Armenpflege unter B. Ges., betr. die Zwangserziehung jugendlicher Personen, v. 18. Juli 1899 (GesBl. S. 130), jetzt Ges. über die Für-

sorgeerziehung Minderjähriger v. 21. Dez. 1912 (GS. S. 279); Ges., betr. das Jugendamt, v. 21. Dez. 1912 (GS. S. 273), betr. Generalvormundschaft in der Stadt Bremen und im Landgebiet, v. 21. Dez. 1912 (GS. S. 279).

Gesetz, betr. den armenpolizeilichen Arbeitszwang, vom 21. Januar 1911 (GesBl. S. 31).

§ 1. Wer aus öffentlichen Mitteln Armenunterstützung erhält, kann behufs Beseitigung oder Verminderung der bestehenden Hilfsbedürftigkeit zur Verrichtung einer seinen Kräften entsprechenden Arbeit angehalten werden. Die Anweisung der Arbeit kann auch durch Unterbringung in einer Arbeitsanstalt erfolgen. Über die erforderlichen Anordnungen beschließt der Ausschuß für das Armenarbeitswesen. Die Unterbringung in einer Arbeitsanstalt kann gegen den Willen des Unterstützten nur beschlossen werden, wenn der Unterstützte sich geweigert hat, die ihm von dem Ausschuß angewiesene Arbeit zu verrichten, und wenn von dem Ausschuß festgestellt wird, daß diese Unterbringung zur Erreichung des im ersten Satz bezeichneten Zweckes erforderlich ist. In Fällen einer nur durch vorübergehende Umstände verursachten Hilfsbedürftigkeit finden die vorstehenden Vorschriften keine Anwendung.

§ 2. Wird eine Ehefrau oder werden eheliche oder diesen gleichstehende Kinder unterstützt, so gilt das Familienhaupt, wird ein uneheliches Kind unterstützt, so gilt die Mutter, auch wenn die Unterstützung ohne oder gegen den Willen des Familienhauptes oder der Mutter gewährt ist, in der Person der Angehörigen als unterstützt, es sei denn, daß die bei Gewährung der Unterstützung angenommene Hilfsbedürftigkeit nicht vorgelegen hat. Im Falle der Unterstützung von Kindern, die in bezug auf den Erwerb und Verlust des Unterstützungswohnsitzes selbständig sind, findet diese Bestimmung keine Anwendung.

§§ 3 und 4 handeln von der Bildung des Ausschusses und dem Verfahren.

§ 5. Der Beschluß, durch den die Unterbringung eines Unterstützten in einer Armenarbeitsanstalt angeordnet wird, kann durch Beschwerde an den Senat oder im Wege der Klage bei den ordentlichen Gerichten angefochten werden. Die Klage ist gegen den unterstützenden Armenverband zu richten. Die Ergreifung des einen Rechtsmittels hat den Verlust des andern zur Folge.

Die Beschwerde oder die Klage ist bei Meidung des Verlustes innerhalb einer Frist von zwei Wochen nach Eröffnung oder Zustellung des Beschlusses zu erheben. Die Beschwerde ist bei dem Vorsitzenden des Ausschusses schriftlich oder zu Protokoll einzulegen.

Die Vollstreckung wird durch Erhebung der Beschwerde oder Klage nicht aufgehoben, doch kann nach Erhebung der Beschwerde der Senat oder nach Erhebung der Klage das Gericht auf Antrag oder von Amts wegen den Aufschub oder die Unterbrechung der Vollstreckung anordnen.

§ 6. Die Vollstreckung erfolgt durch den unterstützenden Armenverband. Die Polizeibehörden sind verpflichtet, die zur Durchführung der Vollstreckung erforderliche Hilfe zu gewähren.

§ 7. Die Vollstreckung des Beschlusses ist einzustellen, wenn seine gesetzlichen Voraussetzungen weggefallen sind. Gegen den Willen des in der Arbeitsanstalt Untergebrachten darf die Unterbringung nicht länger als ein Jahr dauern; sie ist auch vor Ablauf dieses Zeitraums aufzuheben, wenn nach dem Ermessen des Ausschusses oder des Armenverbandes die weitere Aufrechterhaltung des Arbeitszwanges nicht mehr erforderlich ist.

Hat die Unterbringung in einer Arbeitsanstalt ein Jahr gedauert, so darf eine erneute Unterbringung erst nach

Ablauf von drei Monaten seit der Entlassung aus der Arbeitsanstalt beschlossen werden.

§ 8. Der erzielte Arbeitsverdienst ist nach Deckung der Unterbringungskosten zum Unterhalte der Angehörigen zu verwenden und, wenn solche nicht vorhanden sind, dem Untergebrachten bei seiner Entlassung auszuhändigen oder zu seinem Besten zu verwenden.

14. Lippe-Detmold. AusfGes. v. 12. September 1877.

§ 1 übereinstimmend mit § 1 Pr. AG.

S. auch Allg. Verf., betr. Unterbringung von Gefangenen in einer Krankenanstalt, v. 30. April 1907 (GS. S. 671).

§ 2. Ferner liegt den betreffenden Armenverbänden noch die Verpflichtung ob, für die Unterbringung der Geisteskranken in die Irren-, Heil- und Pflegeanstalt Brake sowie für die Erziehung verwaister und verwahrloster Kinder insoweit zu sorgen, als anderweit Verpflichtete nicht vorhanden oder dazu außerstande sind.

§ 29 übereinstimmend mit § 63 Pr. AG. Die Beschwerden folgen dem gewöhnlichen Instanzenzuge.

§ 36. Die ohne Beteiligung der Armenverbände ausschließlich aus kirchlichen Armenmitteln, wohltätigen Stiftungen und sonstigen milden Fonds gewährten Unterstützungen sind als öffentliche Unterstützungen im Sinne des Reichsgesetzes nicht anzusehen.

15. Lübeck. AusfGes. v. 14. Dezember 1911 (in Kraft getreten am 1. April 1912).

§ 2. Jedem Hilfsbedürftigen ist von dem zu seiner Unterstützung verpflichteten Armenverbande der unentbehrliche Lebensunterhalt, die erforderliche Pflege in Krankheitsfällen und im Falle seines Ablebens ein angemessenes Begräbnis zu gewähren. Bildungsfähigen und im jugendlichen Alter stehenden Taubstummen, Blinden und Idioten ist außerdem geeignete Ausbildung in dem dazu bestimmten, im lübeckischen Staat vorhandenen Anstalten zu verschaffen. Die Kosten der Unterbringung solcher jugendlichen Personen in Bildungsanstalten sowie die Kosten der Unterstützung unbemittelter Irrer und Epileptiker hat der Landarmenverband zu tragen, soweit der Verpflegte oder seine unterhaltspflichtigen Angehörigen hierzu außerstande sind.[1])

1. Die Zwangserziehung ist in den §§ 130—141 des Ausf.Ges. z. BGB. geordnet.

§ 3. Für die Verwaltung der öffentlichen Armenpflege in der Stadtgemeinde Lübeck ist die Armenordnung vom 9. Dezember 1911 maßgeblich.[1])

Die Bestimmungen der §§ 11, 12, 16, 17 und 18 der Armenordnung finden auch auf die Ortsarmenverbände des Städtchens Travemünde und der Landgemeinden Anwendung. Im Fall des § 16 ist die Armenbehörde, im Fall des § 18 die daselbst genannte Kommission auch zur Verhandlung und Entscheidung in Sachen dieser Ortsarmenverbände zuständig, im Falle des § 17 ist der Antrag an das Polizeiamt vom Ortsarmenverband zu stellen. Im Falle des § 18 bedarf es zur Einleitung des Verfahrens vor der Kommission eines Antrags des Ortsarmenverbandes. Etwaige Kosten des Verfahrens und die Vollstreckung des gefaßten Beschlusses fallen dem antragenden Ortsarmenverbande zur Last.

1. Die für die Stadtgemeinde Lübeck erlassene Armenordnung handelt im § 2 von der Zusammensetzung der Armenbehörde, für welche der Senat Aufsichts- und Beschwerdeinstanz bildet; §§ 3 bis 9 von den zur Ausübung der Armenpflege in den Armenbezirken berufenen Organen der öffentlichen Armenpflege (Bezirksvorsteher, Armenpfleger und Pflegerinnen und

deren Obliegenheiten und Versammlungen); § 10 von den geschlossenen Anstalten der Armenpflege; §§ 11 bis 15 von der Ausübung der Armenpflege (offenen, geschlossenen Armenpflege, Kinderpflege); §§ 16 bis 18 von der Erstattung gewährter Unterstützungen und dem Verfahren gegen säumige Nährpflichtige (s. unten unter F Nr. 15).

16. Mecklenburg-Strelitz.

§ 4 AusfVer. für Strelitz und Ratzeburg übereinstimmend mit § 4 der Ver. f. Mecklenburg-Schwerin. Doch fehlt in der Ratzeburger Verordnung die Nr. 1 des § 4.

§ 4a (ZusVer. v. 14. Juni 1900, OffAnz. S. 283) gleichlautend mit der ZusVer. für Mecklenburg-Schwerin. — Ver. v. 9. April 1899, betr. die Zwangserziehung Minderjähriger (OffAnz. S. 281).

§ 6. Strelitz. — Übereinstimmend mit § 6 Ausf.-Ver. f. Mecklenburg-Schwerin. „Sie (die Beschwerden) sind zunächst bei der Behörde, welche der angeblich die Beschwerde veranlassenden Armenbehörde übergeordnet ist, und, wenn solche nicht vorhanden ist, bei Unserer Landesregierung anzubringen und von letzterer endgültig zu entscheiden. Bei Unserer Landesregierung sind auch die etwa gegen den Inhaber der Ortsobrigkeit usw."

§ 6. Ratzeburg. — Beschwerden Hilfsbedürftiger über verweigerte oder verzögerte Unterstützung sowie über die Art und das Maß derselben sind nur im Verwaltungswege zu erledigen. Sie sind bei Unserer Landvogtei in Schönberg anzubringen, welche zunächst darüber unter Beobachtung der Vorschrift des § 2 Nr. 1 der AusfVer. v. 6. November 1869, die Mitwirkung der Vertretung bei Verwaltung des Armenwesens betreffend, zu entscheiden hat. Hinsichtlich der Güter Dodow und Horst entscheidet das betreffende Patrimonialgericht.[1]) In letzter Instanz entscheidet Unsere Landesregierung. Bei dieser sind auch die gegen den Inhaber der Obrigkeit hinsichtlich der im Fürstentum belegenen Allodialgüter erforderlichen exekutivischen Maßregeln zu beantragen.

1. Obsolet.

17. Waldeck. AusfGes. v. 29. Juni 1871.

§ 1 übereinstimmend mit Abs. 1 und 2 des § 1 Pr. AG.

§ 25 Abs. 1 und 2 übereinstimmend mit § 63 Pr. AG. Die Beschwerden folgen dem gesetzlichen Instanzenzuge.

Abs. 3. Auf die vor die Kreisarmendirektion gehörigen Beschwerden kann in dringenden, keinen Aufschub leidenden Fällen von dem Vorsitzenden unter Zuziehung der etwa am Kreisorte wohnenden und gegenwärtigen Mitglieder vorläufig mit Wirkung der Vollstreckbarkeit verfügt werden; die Beschwerde ist jedoch in der nächsten Sitzung der Kreisarmendirektion zur definitiven Beschlußfassung zu unterbreiten.

18. Schaumburg-Lippe. AusfGes. v. 7. März 1872.

§ 1 übereinstimmend mit § 1 Pr. AG.[1] [2] [3] [4]

1. Ges., betr. die Zwangserziehung Minderjähriger, v. 30. Juni 1899 (Landesverordnungen S. 91 ff.).

2. Ges., betr. die außerordentliche Armenpflege, v. 8. März 1912 (Landesverordnungen S. 219 ff.).

§ 1. Die Städte und Kreise sowie die Schloß- und selbständigen Gutsbezirke (Kommunalverbände im Sinne dieses Gesetzes) sind verpflichtet, für Bewahrung, Kur und Pflege der hilfsbedürftigen Geisteskranken, Idioten, Epileptischen, entmündigten Trunksüchtigen, Taubstummen und Blinden, soweit sie der Anstaltspflege bedürfen, in geeigneten Anstalten Fürsorge zu treffen. Bei blinden und taubstummen Kindern erstreckt sich die Fürsorgepflicht auch auf deren Beschulung nach Maßgabe der §§ 4 ff.

Der Kreis der Leistungen, welche nach § 1 des AusfGes. v. 7. März 1872 zu gewähren sind, wird durch vorstehende Bestimmungen erweitert. Für diese erweiterten Leistungen sind die Kommunalverbände des Abs. 1 Armenverbände im Sinne jenes Gesetzes.

§ 2. Ob Hilfsbedürftigkeit vorliegt, ob eine Anstaltspflege geboten ist und ob die gewählte Anstalt geeignet ist, entscheidet im Bestreitungsfalle auf Anrufen der Beteiligten das Ministerium. Als Beteiligte gelten die Eltern, der gesetzliche Vertreter, die beamteten Ärzte und der Kommunalverband.

§ 3 Verpflichtet zur Unterbringung ist der Kommunalverband, in dessen Bezirk der Hilfsbedürftige seinen Wohnsitz nach Maßgabe der §§ 7—11 BGB. oder in Ermangelung eines Wohnsitzes seinen Aufenthalt hat. Wird der Wohnsitz in den Bezirk eines andern Kommunalverbandes verlegt, so geht damit die Verpflichtung auf diesen über.

3. Ges. v. 17. März 1921, betr. die öffentliche Krüppelfürsorge (LB. S. 453):

§ 1. Die Bestimmungen des Ges., betr. die außerordentliche Armenpflege, v. 8. März 1912 finden auch Anwendung auf Bewahrung, Kur und Pflege der Krüppel. Bei Krüppeln unter 18 Jahren umfaßt diese Fürsorge auch die Erwerbsbefähigung der Krüppel.

§ 2. Die Fürsorge für Krüppel unter 18 Jahren und die Maßnahmen zur Verhütung der Verkrüppelung gehören zu den Aufgaben der Städte und Kreise. Die Landesregierung ist befugt, die Städte und Kreise nötigenfalls zur Erfüllung der Verpflichtung anzuhalten.

§ 5. Begriff der Verkrüppelung, übereinstimmend mit § 9 des Preuß. Krüppelfürsorgegesetzes v. 6. Mai 1920.

4. Ges. über die Ausübung der Armenpflege bei Arbeitsscheuen und säumigen Nährpflichtigen v. 18. März 1913 (LB. S. 446) übereinstimmend mit dem Preuß. Ges. v. 23. Juli 1912 über die Abänderung und Ergänzung des AG. z. UWG. (S. 72).

Der Abschnitt II §§ 4—13 behandelt die Schulpflicht, Einschulung, Unterbringung und Zuführung, Entlassung der blinden und taubstummen Kinder.

§ 14. Die durch die Unterbringung, den Unterhalt, Unterricht und die Erziehung entstehenden Kosten tragen zunächst die Kommunalverbände (§ 3). Die endgültige Tragung der Kosten ergibt sich nach der Vorschrift des Unterstützungswohnsitzes, jedoch treten an Stelle verpflichteter Ortsarmenverbände die Kommunalverbände des § 1.

AusfGes. § 51 übereinstimmend mit § 63 Pr. AG. Die Beschwerden sind bei den Ämtern und Magistraten anzubringen und von diesen zu entscheiden.

§ 52. Gegen diese Entscheidungen steht den Beteiligten der Rekurs an die Deputation für das Heimatwesen zu. Derselbe muß binnen einer ausschließlichen Frist von 10 Tagen vom Tage der bekanntgegebenen Entscheidung an bei der entscheidenden Behörde eingelegt und binnen einer ausschließenden Frist von einem Monate vom Tage der Einlegung an bei der nämlichen Behörde entweder zu Protokoll oder in besonderer schriftlicher Ausführung gerechtfertigt werden.

Es ist auch gestattet, statt weiterer Rechtfertigung lediglich auf die bisherigen Akten Bezug zu nehmen.

Ämter und Magistrate haben gleichzeitig mit der Entscheidung den Beteiligten dem Vorstehenden gemäß Eröffnung zu machen.

Nach stattgehabter Rechtfertigung des Rekurses, resp. wenn gebeten ist, acta prout jacent an die Deputation für das Heimatwesen einzusenden, haben Ämter und Magistrate die Akten an die Deputation mit Bericht einzusenden.

B.

Organe der öffentlichen Unterstützung Hilfsbedürftiger.

1. Preußen (einschl. Kreis Herzogtum Lauenburg). Ausf.-Ges. v. 8. März 1871 (Instr. v. 10. April 1871, MBl. f. i. V. S. 132). Zuständig für Armensachen nach Beschluß der preuß. Staatsregierung v. 7. Nov. 1919 (GS. S. 173) ist das Ministerium für Volkswohlfahrt.

A. Ortsarmenverbände.

a) Gemeinden.

§ 2. Jede Gemeinde bildet für sich einen Ortsarmenverband, sofern sie nicht einem mehrere Gemeinden oder Gutsbezirke umfassenden einheitlichen [1]) Ortsarmenverbande (Gesamtarmenverbande) schon angehört oder nach den folgenden Bestimmungen einzuverleiben ist. Die Verwaltung der öffentlichen Armenpflege steht in den Gemeindebezirken überall den für die Verwaltung der Gemeindeangelegenheiten durch die Gemeindeverfassungsgesetze angeordneten Gemeindebehörden zu.[2]) Die Bestimmungen der Gemeindeverfassungsgesetze über die Verwaltung der Gemeindeangelegenheiten, insbesondere die Bestimmungen über die Zuständigkeit des Gemeindevorstandes und der Gemeindevertretung, sind überall auch für die Verwaltung der öffentlichen Armenpflege maßgebend.[2])

Die in diesem Gesetze der Gemeindevertretung zugewiesenen Verrichtungen werden da, wo eine gewählte Gemeindevertretung nicht besteht, von der Gemeindeversammlung wahrgenommen.

Gleichlautend § 2 AusfGes. f. Lauenburg.

1. Anm. 2 zu § 3 UWG.

2. Vergl. § 3 des Ges. und § 56 Städteord. für die sechs östl. Prov. v. 30. Mai 1853; § 56 Städteord. f. d. Prov. Westfalen v. 19. März 1856; § 53 Städteord. f. d. Rheinprov. v. 15. Mai 1856; Stadtrezesse der neuvorpommerschen Städte, Ges. v. 31. Mai 1853; § 63 GemVerfGes. der Stadt Frankfurt a. M. v. 25. März 1867; § 60 Städteord. f. Schleswig-Holstein v. 14. April 1869; § 71 Hannoversche Städteord. v. 24. Juni 1858; §§ 12, 61 Nr. 8, 64, 83, 84 der Städteord. für die Prov. Hessen-Nassau v. 4. Aug. 1897. — Für die sieben östl. Prov. §§ 74, 88, 89, 102 der LandgemOrd. v. 3. Juli 1891, eingeführt in Schleswig-Holstein durch Ges. v. 4. Juli 1892; §§ 23, 41, 65, 70 LandgemOrd. f. Westfalen v. 19. März 1856; §§ 44, 61, 76, 85, 97, 102 der GemOrd. f. die Rheinprov. v. 23. Juli 1845, Art. 17 Ges. v. 15. Mai 1856; §§ 40, 41, 50 LandgemOrd. f. Hannover v. 28. April 1859; §§ 45, 59, 60 der LandgemOrd. f. Hessen-Nassau v. 4. Aug. 1897; §§ 54, 68, 69 der Hohenzollernschen GemOrd. v. 2. Juli 1900.

§ 3. Auf Grund eines Gemeindebeschlusses [1]) können in allen Gemeinden für die Verwaltung der öffentlichen Armenpflege besondere, dem Gemeindevorstand untergeordnete Deputationen aus Mitgliedern des Gemeindevorstandes und der Gemeindevertretung, geeignetenfalls unter Zuziehung anderer Ortseinwohner,[2]) gebildet werden. Den Vorsitz in solchen Deputationen führt, sofern nicht die Gemeindeverfassungsgesetze über den Vorsitz in Deputationen anderes bestimmen, der Bürgermeister — in den Landgemeinden der Provinz Westfalen der Amtmann — oder ein dazu von ihm abgeordnetes Mitglied des Gemeindevorstandes. Wo kein Bürgermeister (Amtmann) an der Spitze der Gemeindeverwaltung steht, tritt an seine Stelle der Gemeindevorsteher.

Bei den sonstigen näheren Bestimmungen der Gemeindeverfassungsgesetze über die Zusammensetzung und Geschäftsführung besonderer Verwaltungsdeputationen hat es sein Bewenden;[3]) die Wahl der in die letzteren zu entsendenden Mitglieder der Gemeindevertretung und anderen Ortseinwohner steht jedoch fortan überall, soviel den Gegenstand dieses Gesetzes betrifft, der Gemeindevertretung zu.

Ortspfarrer oder deren Stellvertreter, deren Pfarrbezirk über die Grenzen der politischen Gemeinden ihres Wohnorts sich erstreckt, sind hinsichtlich des in der auswärtigen Gemeinde belegenen Kirchspielteiles den dortigen Ortseinwohnern gleichzuachten.

Übereinstimmend § 3 AusfGes. f. Lauenburg.

1. Derselbe bedarf einer Genehmigung der Aufsichtsbehörde nicht (Instr.).

2. Auch der nicht stimmfähigen Bürger, z. B. der Ortspfarrer (Instr.).

3. § 59 Städteord. für die sechs östl. Prov. v. 30. Mai 1853; § 59 Städteord. f. d. Prov. Westfalen v. 19. März 1856; § 54 Städteord. f. d. Rheinprovinz; Stadtrezesse der neuvorpommerschen Städte, Ges. v. 31. Mai 1853; § 66 GemVerfGes. f. Frankfurt a. M.; §§ 66—70 d. Städteord. f. Schleswig-Holstein; § 14 Städteord. f. Hessen-Nassau v. 4. Aug. 1897.

Über die Berechtigung städtischer Deputationen zur Prozeßführung s. Reskr. v. 22. Okt. 1883 (MBl. f. i. V. 1884 S. 9); Entsch. **28** 168.

§ 4. Jedes zur Teilnahme an den Gemeindewahlen berechtigte Gemeindemitglied ist verpflichtet, eine unbesoldete Stelle in der Gemeindearmenverwaltung zu übernehmen und drei Jahre oder die sonst in den Gemeindeverfassungsgesetzen vorgeschriebene längere Zeit hindurch fortzuführen.[1]) Von dieser Verpflichtung befreien nur folgende Gründe: 1. anhaltende Krankheit; 2. Geschäfte, die eine häufige oder lange dauernde Abwesenheit mit sich bringen; 3. ein Alter von 60 oder mehr Jahren; 4. die Verwaltung eines anderen öffentlichen Amtes; 5. sonstige besondere, eine gültige Entschuldigung begründende Verhältnisse, über deren Vorhandensein, sofern die Gemeindeverfassungsgesetze nicht etwas anderes bestimmen, von der Gemeindevertretung zu beschließen ist.[2])

Wer eine unbesoldete Stelle die gesetzlich vorgeschriebene Zeit hindurch wahrgenommen hat, ist während der nächstfolgenden gleich langen Zeit von der Wahrnehmung einer solchen Stelle befreit.

Übereinstimmend § 4 AusfGes. f. Lauenburg.

1. Vergl. § 5.

2. Ärztliche und wundärztliche Praxis bildet für die Gemeindearmenverwaltung keinen Befreiungsgrund (Justr.).

§ 5. Wer ohne gesetzlichen Grund die Übernahme oder fernere Wahrnehmung einer unbesoldeten Stelle in der Gemeindeverwaltung verweigert oder sich dieser Wahrnehmung entzieht, kann auf drei bis sechs Jahre des Rechts zur Teilnahme an den Gemeindewahlen und zur Wahrnehmung unbesoldeter Stellen verlustig erklärt und um ein Achtel bis ein Viertel stärker zu den direkten Gemeindeabgaben herangezogen werden. Die Beschlußfassung hierüber steht, sofern die Gemeindeverfassungsgesetze nicht etwas anderes bestimmen, der Gemeindevertretung[1]) zu; [der Beschluß bedarf der Genehmigung der Aufsichtsbehörde[2])].

Übereinstimmend § 5 AusfGes. f. Lauenburg.

1. Wenn eine Gemeindevertretung nicht besteht, dem Gemeindevorsteher (LandgemOrd. f. d. östl. Prov. v. 3. Juli 1891 § 66) bezw. dem Gemeindevorstand.

2. Genehmigung nicht mehr erforderlich. Gegen den Beschluß: Klage beim Kreisausschuß, in Städten beim Bezirksausschuß (§§ 10 Abs. 3, 11, 21, 27 Abs. 3, 28, 37 des ZustGes., §§ 66 Abs. 3, 67 LandgemOrd. v. 3. Juli 1891).

§ 6. Die Vorsteher von Korporationen und anderen juristischen Personen sind verpflichtet, den Gemeindebehörden auf deren Erfordern Auskunft über den Betrag der Unterstützungen zu erteilen, welche einem Hilfsbedürftigen des Gemeindebezirks aus den unter ihrer Verwaltung stehenden, einem Zwecke der Wohltätigkeit gewidmeten Fonds gewährt werden. Vorsteher, welche diese Auskunft innerhalb einer vierzehntägigen Frist, von Empfang der seitens der Gemeindebehörden ergangenen Aufforderung an gerechnet, zu erteilen unterlassen, werden mit einer Geldstrafe bis zu zehn Talern bestraft.[1])

Gleichlautend § 6 AusfGes. f. Lauenburg.

1. Die Strafe ist keine Exekutivstrafe, vielmehr ist auf dieselbe von dem Gerichte im ordentlichen Strafverfahren zu erkennen.

b) Gutsbezirke.[1])

§ 7. Den Gemeinden werden, soviel den Gegenstand dieses Gesetzes betrifft, die außerhalb des Gemeindeverbandes stehenden Gutsbezirke gleichgeachtet. Die Bestimmungen der Gesetze über die Verwaltung der örtlichen Angelegenheiten in den außerhalb des Gemeindeverbandes stehenden Bezirken [2]) sind in den letzteren überall auch für die Verwaltung der öffentlichen Armenpflege maßgebend.

§ 7 AusfGes. f. Lauenburg erwähnt neben den Gutsbezirken noch die landesherrlichen Domänenvorwerke und bezeichnet als Gutsbezirke im Sinne dieses Gesetzes die adligen Güter im engern Sinne mit Ausschluß der zu denselben gehörigen Dorfschaften.

1. Alle einer Gemeinde nicht einverleibten, zur Anerkennung als selbständige Gutsbezirke (wegen mangelnder Präftationsfähigkeit, R. des Min. d. J. v. 7. Okt. 1871, MBl. f. d. i. V. S. 292) nicht geeigneten Grundstücke sind einer Gemeinde oder einem Gutsbezirke, sofern dies nach den Gesetzen des betr. Landesteils zulässig ist, einzuverleiben (Instr., insbes. Anl. A und B derselben). Über Passivlegitimation des Guts- und Ortsarmenverbandes gleichen Namens vergl. Entsch. **57** 1.

2. §§ 2—4, 122—127 LandgemOrd. f. d. östl. Prov. v. 3. Juli 1891, eingeführt in Schleswig-Holstein durch Ges. v. 4. Juli 1892; §§ 3, 6, 67 LandgemOrd. f. Westfalen v. 19. März 1856; § 4 GemOrd. f. d. Rheinprovinz v. 23. Juli 1845; § 7 des Hannov. LandgemVerfGes. v. 28. April 1859; §§ 2, 94 ff. LandgemOrd. f. Hessen-Nassau v. 4. Aug. 1897; §§ 8, 9 ZustGes. v. 1. Aug. 1883.

§ 8. Die Gutsbesitzer haben in den Gutsbezirken die Kosten der öffentlichen Armenpflege gleich den Gemeinden zu tragen.

Steht der Gutsbezirk nicht ausschließlich im Eigentum des Gutsbesitzers, so ist auf dessen Antrag ein Statut zu erlassen, welches die Aufbringung der Kosten der öffentlichen Armenpflege in dem Gutsbezirke anderweitig regelt und den mit heranzuziehenden Grundbesitzern oder Einwohnern eine entsprechende Beteiligung bei der Verwaltung der Armenpflege einräumt. Das Statut wird, wenn sich die Beteiligten nicht vereinigen, nach Anhörung derselben durch den Kreistag [1]) festgestellt und muß hinsichtlich der Regelung der Beitragspflicht den gesetzlichen Bestimmungen über die Verteilung der Kommunallasten in den ländlichen Gemeinden folgen. Dasselbe unterliegt der Bestätigung der Bezirksregierung.[2])

§ 8 AusfGes. f. Lauenburg fügt dem Abs. 1 hinzu: Auf den Domänenvorwerken fallen dieselben der Landesherrschaft zur Last.

1. Nach § 40 des ZustGes. v. 1. Aug. 1883 erfolgt die Feststellung des Statuts durch den Kreisausschuß, die Bestätigung durch den Bezirksausschuß. Vergl. auch Abs. 3 a. a. O. — Wegen der Beschwerden und Einsprüche, betr. die Verpflichtung zur Teilnahme an den Lasten der Armenpflege in Gutsbezirken, vergl. §§ 44 und 160 des ZustGes. v. 1. Aug. 1883. Für Hohenzollern s. § 5 LVG.

2. Vergl. dazu Kommunalabgabengesetz v. 14. Juli 1893 (GS. S. 152).

c) Gesamtarmenverbände.[1])

§ 9. Die einen einheitlichen Ortsarmenverband (Gesamtarmenverband) gegenwärtig bereits bildenden Verbände von Gemeinden oder Gutsbezirken bleiben als solche bestehen.[2]) Die für die Verwaltung der Angelegenheiten dieser Verbände maßgebenden statutarischen Vorschriften können durch verfassungsmäßigen, von der Bezirksregierung [3]) bestätigten Beschluß des betreffenden Verbandes, in Ermangelung eines solchen Beschlusses aber nur gemäß den Vorschriften des § 10 abgeändert werden.[4])

1. Ein Gesamtarmenverband kann nur aus Gemeinden bezw. aus Gutsbezirken zusammengesetzt sein. Eine Domanialkolonie, welche rechtlich als eine Gemeinde nicht zu betrachten ist, kann nicht mit dem betr. Gutsbezirke bezw. mit einer Gemeinde zu einem Gesamtarmenverband vereinigt werden; die Einwohner einer solchen Kolonie sind vielmehr als Einwohner des Gutsbezirks zu betrachten und können zu den auf den Gutsbezirk fallenden Armenpflegekosten nur gemäß § 8 dieses Gesetzes herangezogen werden. R. d. Min. d. J. v. 9. Okt. 1871 (M. f. i. V. S. 293).

2. Solche Verbände bestehen: a) in Schlesien ausschließlich der Oberlausitz (§ 1 Edikt v. 14. Dez. 1747, Korn, Edikt-Samml. II S. 540; Entsch. d. ObTrib. Bd. 48 S. 432, § 7 Ges. v. 31. Dez. 1842, GS. 1843 S. 8). Ein Zwang zur Bildung von Gesamtarmenverbänden findet auch in Schlesien nicht mehr statt (Instr.); b) in Hannover (§ 85 Hannov. Landgem.-VerfGes.); c) in Neuvorpommern und Rügen (Kirchspielsarmenverbände, die jetzt unter Abänderung der Statuten zu Gemeindeverbänden im Sinne der §§ 122 ff. der Landgemeindeordnung geworden sind). In solchen Verbänden leben die bestehenden Gesamtarmenverbände fort (§ 131 a. a. O.; Entsch. 32 89). Vergl. im übrigen über die Verbindung nachbarlicher Gemeinden und selbständiger Gutsbezirke behufs gemeinsamer Wahrnehmung kommunaler Angelegenheiten §§ 122 ff. a. a. O. (für die östlichen Provinzen und Schleswig-Holstein Ges. v. 4. Juli 1892), §§ 100 ff. der LandgemOrd. für Hessen-Nassau v. 4. Aug. 1897.

3. Nach § 40 ZustGes. v. 1. Aug. 1883 von dem Bezirksausschuß.

4. Dabei sind die Normativvorschriften des § 10 Abs. 2 bis 4 zugrunde zu legen (Instr.).

§ 10. Soweit die Verfassung der bestehenden Gesamtarmenverbände nicht durch statutarische Vorschriften geregelt ist, bleibt den beteiligten Gemeinden und Gutsbezirken die Vereinbarung solcher statutarischen Vorschriften, vorbehaltlich der Bestätigung der letzteren durch die Bezirksregierung,[1]) überlassen; in Ermangelung einer derartigen Vereinbarung wird die Verfassung des Gesamtarmenverbandes durch ein nach Anhörung der Beteiligten von dem Kreistage[1]) nach Maßgabe der nachfolgenden Bestimmungen zu beschließendes, von der Bezirksregierung[1]) zu bestätigendes Statut geregelt.[2])

Es wird für den Gesamtarmenverband eine besondere, aus Abgeordneten der Gemeinden und Gutsbezirke bestehende Vertretung gebildet. Die Zahl der von den Gemeinden und Gutsbezirken zu entsendenden Abgeordneten sowie geeignetenfalles die Zahl der dem Abgeordneten eines Gutsbezirkes einzuräumenden Stimmen wird nach dem Verhältnis der von den Gemeinden und Gutsbezirken zu leistenden Beiträge zu den Kosten der gemeinsamen Armenpflege bestimmt, mit der Maßgabe, daß jede Gemeinde und jeder Gutsbezirk wenigstens einen Abgeordneten zu entsenden hat. Die Abgeordneten der Gemeinden, zu denen jedoch in allen Fällen der Vorsteher der betreffenden Gemeinde gehören muß, werden von der Gemeindevertretung auf drei bis sechs Jahre gewählt. Die Vertretung des Gesamtarmenverbandes wählt einen Vorsitzenden und einen stellvertretenden Vorsitzenden, in der Regel aus ihrer Mitte. Dem Vorsitzenden kann eine Dienstunkostenentschädigung gewährt werden. Die Wahlen erfolgen nach den entsprechenden Vorschriften der Gemeindeverfassungsgesetze. In Beziehung auf die Verwaltung der gemeinsamen Armenpflege stehen, nach Maßgabe der Gemeindeverfassungsgesetze, der Vertretung des Gesamtarmenverbandes die Rechte der Gemeindevertretung (Gemeindeversammlung), dem Vorsitzenden derselben aber die Rechte des Gemeindevorstehers (Gemeindevorstandes) zu. Die Verteilung der Kosten der gemeinsamen Armenpflege auf die einzelnen Gemeinde- oder Gutsbezirke erfolgt nach Maßgabe der in ihnen aufkommenden [Klassen- und] Einkommensteuer, der halben Gewerbesteuer sowie der halben Grund- und Gebäudesteuer. Das Einkommen, welches aus außerhalb belegenem Grundbesitz oder betriebenem Gewerbe fließt, ist außer Berechnung zu lassen.[3])

Das Einkommen, welches die außerhalb des Bezirkes des Gesamtarmenverbandes wohnenden Personen mit Einschluß der juristischen Personen, der Aktiengesellschaften und Kommanditgesellschaften auf Aktien aus dem innerhalb dieses Bezirkes belegenen Grundbesitz oder betriebenen Gewerben beziehen, wird hinsichtlich der Klassen- und Einkommensteuer besonders veranlagt.

Den einzelnen Gemeinden bleibt die Aufbringung des auf sie verteilten Kostenbeitrages nach den Vorschriften der Gemeindeverfassungsgesetze überlassen.

Übereinstimmend § 10 des AusfGes. f. Lauenburg. Statt dem Kreistage ist die Beschlußfassung über das Statut (Abs. 1) der Ritter- und Landschaft übertragen; jetzt der Kreisversammlung (s. zu § 8).

1. An Stelle des Kreistages tritt nach § 40 ZustGes. v. 1. Aug. 1883 der Kreisausschuß, an Stelle der Bezirksregierung der Bezirksausschuß. — Vergl. auch Abs. 3 a. a. O. — Für Hohenzollern s. § 5 LVG.

2. An die Stelle dieser Bestimmung treten für die östlichen Provinzen, Schleswig-Holstein und Hessen-Nassau die Vorschriften der §§ 131 ff., 138 der LandgemOrd. v. 3. Juli 1890, §§ 100 ff. der LandgemOrd. v. 4. Aug. 1897.

3. Wegen der Beschwerden und Einsprüche, betr. die Verpflichtung zur Teilnahme an den Lasten der Armenpflege in Gesamtarmenverbänden, vergl. §§ 44 und 160 ZustGes. v. 1. Aug. 1883 und §§ 136, 9, 38 der LandgemOrd. v. 3. Juli 1891.

§ 11. Die einen einheitlichen Ortsarmenverband gegenwärtig noch nicht bildenden, aus mehreren Gemeinden oder Gutsbezirken zusammengesetzten Kommunalverbände (Bürgermeistereien, Ämter, Samtgemeinden) können unter Zustimmung des Kreistages in den Formen, welche für die Beschlußfassung über die gemeinschaftlichen Angelegenheiten dieser Verbände vorgeschrieben sind, als Gesamtarmenverbände eingerichtet werden. Die Bestimmungen der Gesetze über die Verwaltung der gemeinschaftlichen Angelegenheiten der gedachten Kommunalverbände sind alsdann auch für die Verwaltung der gemeinsamen Armenpflege maßgebend.[1])

Übereinstimmend § 11 AusfGes. f. Lauenburg. An Stelle des Kreistages tritt jetzt die Kreisversammlung, s. zu § 8.

1. Der § 11 bezieht sich auf die westfälischen Ämter und rheinischen Bürgermeistereien (Instr.). — Vergl. §§ 4, 5, 69 bis 77 LandgemOrd. f. Westfalen v. 19. März 1856; § 8 der GemOrd. f. die Rheinprovinz v. 23. Juli 1845; Art. 15 Ges. v. 15. März 1856, betr. die Gemeindeverfassung in der Rheinprovinz. Für die östlichen Provinzen, Schleswig-Holstein, Hessen-Nassau gelten die Vorschriften über die Verbindung nachbarlicher Gemeinden usw. zu § 9 Anm. 2.

§ 12. Gemeinden oder Gutsbezirke, welche einem der in den §§ 9 und 11 gedachten Verbände nicht angehören, können mittels gegenseitiger Vereinbarung als Gesamtarmenverbände eingerichtet oder einem bestehenden Gesamtarmenverbande einverleibt werden. Die Art der Beschlußfassung über die gemeinschaftlichen Angelegenheiten, die Vertretung des Gesamtarmenverbandes nach außen, die Formen der Verwaltung und die Aufbringungsweise der Kosten der gemeinsamen Armenpflege sind in diesem

Falle durch ein von der Bezirksregierung [1]) zu bestätigendes Statut zu regeln.

Übereinstimmend § 12 AusfGes. f. Lauenburg.

1. Nach § 40 ZustGes. v. 1. Aug. 1883 von dem Bezirksausschuß. Vergl. auch Abs. 3 a. a. O. und §§ 128 ff. Landgem.-Ord. v. 3. Juli 1891; über die Bildung von Verbänden zur Wahrnehmung einzelner kommunaler Angelegenheiten s. zu § 9 Anm. 2.

§ 13. Die Bestimmungen der §§ 3 bis 5, betreffend die Bildung besonderer Deputationen und die Verpflichtung zur Annahme unbesoldeter Stellen, sowie die Bestimmungen des § 6 kommen auch bezüglich der Gesamtarmenverbände und deren Vertretung zur Anwendung.

Gleichlautend § 13 AusfGes. f. Lauenburg.

§ 14. Die Wiederauflösung eines Gesamtarmenverbandes kann nur in den Formen, welche für die Beschlußfassung über die gemeinschaftlichen Angelegenheiten vorgeschrieben sind, und nur mit Genehmigung der Bezirksregierung [1]) vorgenommen werden.

Gleichlautend § 14 AusfGes. f. Lauenburg.

1. Nach § 40 ZustGes. v. 1. Aug. 1883 durch den Bezirksausschuß, im Geltungsbereiche der Landgemeindeordnung v. 3. Juli 1891 kommt § 128 Abs. 4 in Betracht, auch für bereits bestehende GAV. § 131 a. a. O. — Die Wiederauflösung ist nicht zu fördern und ohne genügenden Grund nicht zu genehmigen (Instr.).

§ 15. Jede Einrichtung und jede Wiederauflösung eines Gesamtarmenverbandes ist durch das Amtsblatt zur öffentlichen Kenntnis zu bringen.

Übereinstimmend § 15 AusfGes. f. Lauenburg.

d) Umwandelung und räumliche Begrenzung der dem Reichsgesetze vom 6. Juni 1870 nicht entsprechenden Ortsarmenverbände.

e) Aufzuhebende örtliche Armenbehörden.

Die §§ 16 bis 24 enthalten Übergangsbestimmungen, die nach Maßgabe der Instr. des Min. des Innern v. 2. März 1871 (Anl. C der Instr.) erledigt worden sind.

f) Aufsichtsrecht der Staatsregierung.

§ 25. Der Staatsregierung steht nach Maßgabe der Gemeindeverfassungsgesetze [1]) die Ansicht über die Verwaltung der Ortsarmenverbände zu. Sie hat insbesondere auch in den Fällen der §§ 19 ff. darüber zu wachen, daß das Armenvermögen seinen bestimmungsmäßigen Zwecken nicht entfremdet werde.

Übereinstimmend § 18 AusfGes. f. Lauenburg.

1. §§ 7, 24 ZustGes. v. 1. Aug. 1883. § 139 LandgemOrd. f. die östl. Provinzen v. 3. Juli 1891.

B. Landarmenverbände.

§ 26. Die bestehenden Landarmenverbände werden in ihren gegenwärtigen Grenzen bis auf weiteres beibehalten, jedoch wird der Kreis Meisenheim dem Landarmenverbande des Regierungsbezirks Koblenz und die Enklave Kaulsdorf dem Landarmenverbande der vormals sächsischen Kreise der Regierungsbezirke Merseburg und Erfurt und des Kreises Erfurt zugelegt. Einen besonderen Landarmenverband bilden außerdem 1. die Provinz Schleswig-Holstein, 2. die Provinz Hannover, 3. der kommunalständische Verband des Regierungsbezirks Kassel, 4. der kommunalständische Verband des Regierungsbezirks Wiesbaden mit Ausschluß des Stadtkreises Frankfurt a. M., 5. der Stadtkreis Frankfurt a. M., 6. der Regierungsbezirk Sigmaringen, 7. die Insel Helgoland.[1])

Für das Jadegebiet werden die Funktionen des Landarmenverbandes bis auf weiteres vom Staate übernommen.[2])

§§ 19, 20 AusfGes. f. Lauenburg:

§ 19. Das Herzogtum Lauenburg bildet einen Landarmenverband.

1. Die gegenwärtig bestehenden Landarmenverbände sind:

1. Ostpreußischer Landarmenverband (Regl. v. 26. Sept. 1864, GS. S. 621). Derselbe hat die Verwaltung der Landarmen- und Korrektionsanstalt Tapiau sowie die Aufbringung der Kosten des Korrigendenwesens zu seiner Aufgabe. Außerdem liegt ihm die Unterhaltung und Verwaltung der Provinzialirrenanstalt zu Allenberg und der Provinzialtaubstummenanstalt zu Angerburg ob. Siehe auch unten § 31 Pr. AG. Im übrigen bildet jeder Kreis (Land- oder Stadtkreis) für sich einen besonderen Landarmenverband, welcher nach außen hin vom Landrat bezw. dem Bürgermeister als Vorsitzenden des Stadtausschusses vertreten wird (§§ 76, 130, 137 der KO., § 55 bezw. §§ 4, 37 LVG.). Wegen Königsberg s. unten Nr. 16.

2. Westpreußischer Landarmenverband (Regl. v. 11. Sept. 1867, GS. S. 1709); besteht trotz Abtretung des größten Teils der Provinz an Polen als selbständige juristische Person fort. Der Landeshauptmann der Provinz Westpreußen, deren Provinzialverwaltung zurzeit (September 1921) noch ihren Sitz in Danzig hat, ist zur Vertretung des LAV. Westpreußen befugt.

3. Landarmenverband der Provinz Brandenburg mit Ausnahme von Berlin (unten Nr. 16) (V. v. 25. Febr. und 20. April 1878, GS. S. 94 und 143).

4. Landarmenverband der Provinz Pommern (V. v. 15. März 1877, GS. S. 95).

5. Landarmenverband der Provinz Sachsen (V. v. 2. Okt. 1871, GS. S. 473, und v. 10. Juni 1876, GS. S. 243).

6. Landarmenverband der Provinz Schlesien mit Ausnahme der Stadt Breslau (unten Nr. 16) (V. v. 16. Febr. 1878, GS. S. 91; Ges. v. 14. Okt. 1919, betr. die Errichtung einer Provinz Oberschlesien, GS. S. 169).

7. Landarmenverband der Provinz Posen (V. v. 29. Juli 1871, GS. S. 329; Ges. v. 13. Dez. 1919, betr. den Provinzialausschuß der Restprovinz Posen, GS. 1920 S. 2). Sitz: **Meseritz.**

8. Landarmenverband der Provinz Westfalen (V. v. 15. Sept. 1871, GS. S. 461).

9. Landarmenverband der Rheinprovinz (V. v. 2. Okt. 1871, GS. S. 477; Regul. v. 27. Sept. 1871, GS. S. 469, und Erl. v. 12. April 1873, GS. S. 251).

10. Landarmenverband der Provinz Hannover (V. v. 1. Aug. 1871, GS. S. 325, und Regul. v. 1. Nov. 1868, GS. S. 979).

11. Landarmenverband der Provinz Schleswig-Holstein (V. v. 1. Sept. 1871, GS. S. 371, und Regul. v. 14. Aug. 1871, GS. S. 372).

12. Landarmenverband des Reg.-Bez. Kassel (V. v. 29. Juli 1871, GS. S. 323, und Regul. v. 11. Nov. 1868, GS. S. 999).

13. Landarmenverband des Reg.-Bez. Wiesbaden (V. v. 4. Sept. 1871, GS. S. 378; V. v. 26. Sept. 1867, GS. S. 1659; Regul. v. 17. Juli 1871, GS. S. 299). Mit diesem ist der frühere Landarmenverband des Stadtkreises Frankfurt a. M. vereinigt (V. v. 10. März 1886, GS. S. 45).

Zu Nr. 1—13: Die Vertretung der Landarmenverbände steht der Landesdirektion zu, die zu 1—11 ihren Sitz in den Provinzialhauptstädten (für die Provinz Sachsen in Merseburg, für die Rheinprovinz in Düsseldorf, für Westpreußen noch in Danzig, für Posen in Meseritz), zu 12 und 13 in den Bezirkshauptstädten haben.

14. Landarmenverband des Reg.-Bez. Sigmaringen (LAV. des Kommunalverbandes der Hohenzollernschen Lande in Sigmaringen). Die Verwaltung steht dem Kommunallandtag nach Maßgabe der V. v. 16. Sept. 1874 (GS. S. 311) zu (vergl. Hohenzollernsche Amts- und Landesord. v. 2. April 1873, GS. S. 145).

15. Landarmenverband des Kreises Herzogtum Lauenburg. — Die Verwaltung steht an Stelle der Ritter- und Landschaft nach Art. I und II der V. v. 24. Aug. 1892 (GS. S. 343) / 19. März 1883 (GS. S. 35) der Kreisversammlung (jetzt dem Kreisausschusse, § 145 KO. f. Schleswig-Holstein v. 26. Mai 1888) zu.

16. Die Städte Berlin, Königsberg, Breslau bilden Landarmenverbände für sich, deren Vertretung sich nach § 28 Abs. 1 bestimmt. Nach § 34 des Ges. über die Bildung einer neuen Stadtgemeinde Berlin v. 27. April 1920 (GS. S. 123), in Kraft seit 1. Okt. 1920, erweitert sich der Bezirk des LAV. des Stadtkreises Berlin entsprechend der Begrenzung des neuen

Stadtkreises Berlin. Der Bezirk des LAV. der Provinz Brandenburg wird auf den Umfang dieser Provinz beschränkt.

17. Der Landarmenverband der Insel Helgoland (gebildet am 1. April 1909 auf Grund des Ges. v. 31. März 1909, GS. S. 27).

2. Der Landarmenverband des Jadegebiets besteht nicht mehr. Das Jadegebiet ist durch § 1 Ges. v. 23. März 1873 (GS. S. 107) in die Provinz Hannover, insbesondere in den provinzialständischen Verband derselben, einverleibt (vergl. auch §§ 1, 16, 6 des Dotationsges. v. 8. Juli 1875, GS. S. 1497).

§ 27. Die Grenzen der Landarmenverbände können unter Zustimmung der Beteiligten und, wo für den Bezirk eines Landarmenverbandes eine besondere Vertretung nicht besteht, unter Zustimmung der Provinzialvertretung durch Königliche Verordnung geändert werden. Ohne diese Zustimmung ist eine solche Änderung nur im Wege der Gesetzgebung zulässig.

§ 28. Die Verwaltung der Angelegenheiten derjenigen Landarmenverbände, welche nur aus einer Gemeinde bestehen, erfolgt nach den für die Verwaltung der Angelegenheiten der Gemeinden maßgebenden Vorschriften.

In allen anderen Fällen wird die Verwaltung der Angelegenheiten der Landarmenverbände durch Königliche Verordnung, soweit es bisher noch nicht geschehen ist, den betreffenden kreis- beziehungsweise provinzial- und Kommunalständischen Verbänden und deren Organen nach Maßgabe der für diese Verbände und deren Organe gültigen Verfassungsgesetze übertragen. Bis zum Erlaß der betreffenden Königlichen Verordnung bewendet es überall bei den zurzeit bestehenden Verwaltungsvorschriften, vorbehaltlich der Bestimmungen des § 71.

§ 29. Die zur Erfüllung der Verpflichtungen der Landarmenverbände aufzubringenden Kosten werden auf die betreffenden Kreise nach dem Maßstabe der in ihnen aufkommenden direkten Staatssteuern (§ 70) verteilt, sofern nicht die Vertretung eines Landarmenverbandes mit Genehmigung der Minister des Innern und der Finanzen eine andere Aufbringungsweise beschließt. Den Vertretungen der Kreise bleibt die Beschlußfassung über die Aufbringungsweise des auf die letzteren verteilten Kostenbetrages überlassen.

In der Provinz Hannover werden die vorgedachten Kosten auf die Amtsverbände beziehungsweise auf die nicht zu einem Armenverband gehörigen Städte verteilt.

Im Regierungsbezirk Sigmaringen erfolgt die Verteilung auf die Oberamtsbezirke. Die Aufbringungsweise der auf die letzteren verteilten Kostenbeträge wird bis zur Einführung von Kreis- und Provinzialvertretungen durch eine Versammlung der Ortsvorsteher (Bürgermeister, Stadtschultheiß, Vogt) des Oberamtsbezirks unter dem Vorsitze des Oberamtsmanns bestimmt.[1])

§ 29 AusfGes. f. Lauenburg.

1. Wegen der Beschwerden und Einsprüche, betr. die Heranziehung oder Veranlagung zu den Lasten der Landarmenverbände, vergl. § 44 ZustGes. v. 1. Aug. 1883.

§ **30** bezieht sich auf den Zeitpunkt des Inkrafttretens des § 29 (1. Januar 1873).

Pflichten und Rechte der Landarmenverbände.

§ 31 Pr. AG. ist nach Art. I des Gesetzes, betr. Abänderung der §§ 31, 65, 68 des Gesetzes zur Ausführung des Bundesgesetzes über den Unterstützungswohnsitz v. 8. März 1871 (GS. S. 130), v. 11. Juli 1891 (GS. S. 300) durch folgende §§ 31, 31 a—e ersetzt. Das Gesetz ist mit dem 1. April 1893 in Kraft getreten (Art. IV). — Vergl. dazu § 32 a UWG. Abs. 1 des § 31 gilt in der Fassung des am 1. Okt. 1920 in Kraft getretenen Gesetzes, betr. die öffentliche Krüppelfürsorge, v. 6. Mai 1920 (GS. S. 280, dazu Ausführungsanweisung v. 26. Juli 1920, Volkswohlfahrt, Amtsblatt des Preuß. Min. f. Volkswohlfahrt, S. 179 f.).

§ 31. Die Landarmenverbände — in der Provinz Ostpreußen der Landarmenverband der Provinz — sind verpflichtet, für Bewahrung, Kur und Pflege der hilfsbedürftigen Geisteskranken, Idioten, Epileptischen, Taubstummen, Blinden und Krüppel, soweit sie der Anstaltspflege [1]) bedürfen, in geeigneten Anstalten Fürsorge zu treffen. Bei Krüppeln unter achtzehn Jahren umfaßt diese Fürsorge auch die Erwerbsbefähigung der Krüppel.[2])

Verpflichtet zur Aufnahme und Bewahrung, zur Gewährung der Kur und Pflege ist zunächst derjenige Landarmenverband, welchem der vorläufig unterstützungspflichtige Ortsarmenverband angehört.[3])

Dieser Landarmenverband kann die Übernahme des Hilfsbedürftigen sowie den Ersatz der aufgewendeten Verpflegungs- und Überführungskosten von demjenigen Landarmenverbande verlangen, dem der endgültig unterstützungspflichtige Ortsarmenverband angehört.[4])

1. Anstaltspflegebedürftigkeit Blinder und Taubstummer: Entsch. **27** 58, **28** 145, **30** 136; Kosten der Unterbringung blinder und taubstummer Kinder nach dem Ges. v. 7. Aug. 1911, betr. die Beschulung blinder und taubstummer Kinder sind keine Armenpflegekosten: Entsch. **46** 49, **49** 65, **50** 44; — Geisteskranker: Konkurrenz des öffentlichen und privaten Interesses: Entsch. **36** 70, 73, **37** 71; MinErl. v. 15. Juni 1901 (MBl. f. i. V. S. 197), v. 16. Dez. 1901 (MBl. f. i. V. 1902 S. 18) und Entsch. **36** 68, 71, **37** 72, **49** 133. Liegt lediglich öffentliches Interesse vor, kein Armenpflegefall: Entsch. **38** 81—93. Keine Fürsorge für gemeingefährliche Geisteskranke, die sich in der Freiheit selbst durchbringen können: Entsch. **56** 70.

2. § 2 des Krüppelfürsorgegesetzes: Die Fürsorge für Krüppel unter 18 Jahren, die nicht der Anstaltspflege bedürfen, und die Maßnahmen zur Verhütung der Verkrüppelung gehören zu den Aufgaben der Land- und Stadtkreise. Die Aufsichtsbehörde ist befugt, diese Kreise nötigenfalls zur Erfüllung der Verpflichtung

anzuhalten. § 9: Eine Verkrüppelung im Sinne dieses Gesetzes liegt vor, wenn eine Person (Krüppel) infolge eines angeborenen oder erworbenen Knochen-, Gelenk-, Muskel- oder Nervenleidens oder Fehlens eines wichtigen Gliedes oder von Teilen eines solchen in dem Gebrauch ihres Rumpfes oder ihrer Gliedmaßen nicht nur vorübergehend derart behindert ist, daß ihre Erwerbsfähigkeit auf dem allgemeinen Arbeitsmarkte voraussichtlich wesentlich beeinträchtigt wird.

3. Diesem OAV. gegenüber, der dadurch von der vorläufigen Fürsorgepflicht befreit werden soll. — Vergl. Entsch. **27** 131, 140, **28** 141, 142, 155, **46** 177. Die Überführungskosten hat der OAV. zu tragen (Entsch. **27** 146, **45** 46), ebenso die Kosten des ärztlichen Aufnahmeattestes; Entsch. **31** 152. — Rechtsbeziehungen zu dem vorläufig unterstützenden OAV., der selbst die Unterstützung vor der Aufnahme des Kranken in eine Anstalt geleistet (Entsch. **28** 134) oder dem Landarmenverbande (ohne gesetzliche Verpflichtung) erstattet hat: Entsch. **27** 137, **32** 121.

4. Er kann sich aber auch unmittelbar an den OAV. des UW. halten (§ 31 a) bezw. für 26 Wochen an den OAV. des Dienstorts (§ 29 UWG.). — Die Überführung aus der Anstalt des fremden an die des eigenen Landarmenverbandes hat der OAV. des UW. zu betreiben: Entsch. **28** 149. Wechsel der Anstalt in demselben Bezirk: Entsch. **46** 182, **48** 138. — Der erstattende LAV. tritt auch hinsichtlich der Höhe der erstatteten Kosten in die Rechte des unterstützenden LAV. ein: Entsch. **28** 146. Vermögensanfall des Hilfsbedürftigen kommt ihm zu: Entsch. **46** 164.

§ 31a. Die allgemeinen Verwaltungskosten [1]) der Anstalten und die Kosten der von der Anstalt selbst bewirkten Beerdigung trägt der Landarmenverband.[2]) Der Landarmenverband [2]) ist berechtigt, sofern es sich nicht um einen landarmen Hilfsbedürftigen handelt,[3]) vorbehaltlich anderweitiger Vereinbarung Ersatz der sonstigen Kosten von dem endgültig unterstützungspflichtigen Ortsarmenverband [4]) zu verlangen. Die Erstattung erfolgt durch Vermittelung des Kreises, welchem dieser Ortsarmenverband angehört; der Kreis ist verpflichtet, dem Ortsarmenverbande mindestens zwei Drittel der von letzterem aufzubringenden Kosten als Beihilfe zu gewähren.

Unberührt bleiben alle auf besonderen gesetzlichen Bestimmungen oder Titeln beruhenden Verpflichtungen.

1. Entsch. **6** 66 ff.

2. Darunter ist jeder der beiden in § 31 gedachten Landarmenverbände zu verstehen (Zirk. des Min. des Innern v. 15. Sept. 1891, MBl. f. i. V. S. 166).

3. Die Landarmenverbände der ostpreußischen Kreise (§ 26 Anm. 1, 1) sind hiernach nicht erstattungspflichtig; Entsch. **27** 126.

4. Nur der OAV. des UW., nicht auch der Kreis kann von dem LAV. in Anspruch genommen werden; Entsch. **27** 146.

§ 31 b. Die Bestimmungen über die Aufnahme und Entlassung der Anstaltspflegebedürftigen sowie über die Höhe der zu erstattenden Kosten werden in Reglements [1]) getroffen, welche der Genehmigung der zuständigen Minister unterliegen.

1. Die Reglements gelten nicht für Landarme: Entsch. **44** 130; für Landarme: **49** 136. Ermäßigte Pflegesätze: Entsch. **47** 114 bis 119; gelten auch für andere Leiden, an denen Pfleglinge erkranken: **56** 79.

§ 31 c. Streitigkeiten zwischen den Ortsarmenverbänden und den zur Beihilfe verpflichteten Kreisen unterliegen der Entscheidung im Verwaltungsstreitverfahren. Zuständig in erster Instanz ist der Bezirksausschuß, in zweiter das Oberverwaltungsgericht.

Im übrigen behält es bei den Bestimmungen des Reichsgesetzes über den Unterstützungswohnsitz vom 6. Juni 1870 sein Bewenden.[1])

1. Vergl. dazu auch § 32 a UWG.

§ 31 d. Land- und Stadtkreise sowie Ortsarmenverbände, welche für einen der von den Landarmenverbänden unmittelbar zu übernehmenden Zweige der Armenpflege bisher schon in ausreichender Weise gesorgt haben,[1]) können, solange dies der Fall ist, nicht gegen ihren Willen verpflichtet werden, an der betreffenden Einrichtung des Landarmenverbandes teilzunehmen oder zu den Kosten derselben beizutragen.

Land- und Stadtkreise können mit Genehmigung des Oberpräsidenten auch in Zukunft die Fürsorge für hilfsbedürftige Geisteskranke, Idioten, Epileptische, Taubstumme und Blinde in eigenen Anstalten übernehmen.

Die infolge der Ausführung der vorstehenden Vorschriften erforderliche Regelung der Verhältnisse ist, unbeschadet aller Privatrechte Dritter, durch den Oberpräsidenten zu bewirken.

Streitigkeiten, welche hierbei entstehen, unterliegen der Entscheidung des Oberverwaltungsgerichts.

In den Fällen der Absätze 1 und 2 tragen die Landkreise die allgemeinen Verwaltungskosten allein und dürfen die Ortsarmenverbände höchstens bis zu einem Drittel der sonstigen Kosten heranziehen (§ 31 a).

1. Die Entscheidung darüber, ob dies der Fall, steht der Staatsaufsichtsbehörde zu.

§ 31 e. Die Landarmenverbände, Kreise und die aus mehreren Gemeinden und Gutsbezirken zusammengesetzten Kommunalverbände sind auch ferner befugt, die Fürsorge für Sieche unmittelbar zu übernehmen.

Die gleiche Befugnis verbleibt den Kreisen und den im Absatz 1 bezeichneten Kommunalverbänden hinsichtlich der hilfsbedürftigen Kranken.

§ 22 AusfGes. f. Lauenburg.

§ 32. Die in einigen Landesteilen bereits bestehenden Verbände von Gemeinden und Gutsbezirken zur Bestreitung der Kosten einzelner besonderer Zweige der öffentlichen Armenpflege (außerordentliche Armenlast)[1]) bleiben als solche aufrechterhalten; bezüglich der Verwaltung der Angelegenheiten derselben kommen die §§ 9, 10, 13 bis 15 gleichmäßig zur Anwendung.

Ohne Zustimmung der Beteiligten findet die Bildung solcher Verbände nicht ferner statt.

Übereinstimmend § 23 AusfGes. f. Lauenburg. Hinter „aufrechterhalten" ist hinzugefügt (Nebenanlagen):[1])

1. Solche Verbände bestehen:

a) in der Provinz Hannover auf Grund des § 83 des Hannoverschen Landgemeindeverfassungsgesetzes und des § 9 der Ministerialinstruktion v. 28. April 1859 (Hann. GS. S. 408, 410);

b) in den ehemals bayerischen Landesteilen auf Grund des Art. 6 der V. v. 17. Nov. 1816 (Bayer. GesBl. S. 780).

§ 33. Die in einigen Landesteilen bestehenden Verpflichtungen des Staates zur Bestreitung einzelner besonderer Zweige der öffentlichen Armenpflege werden insoweit aufgehoben, als diese Verpflichtungen nicht auf besonderen Rechtstiteln beruhen.[1])

Desgleichen werden aufgehoben die Bestimmungen des Ausschreibens des vormaligen Kurhessischen Staatsministeriums vom 15. Oktober 1822 (Kurhessische GS. S. 45) sowie die Bestimmungen in § 1 Nr. 5 des Gesetzes, betreffend die Erweiterung der Verwendungszwecke der Einnahmen aus dem vormals kurhessischen Staatsschatze, vom 25. März 1869 (GS. S. 525).

1. Danach ist die Verpflichtung des Staates zur Bestreitung der Armenpflegekosten

a) bezüglich der Waisenkinder sowie bezüglich der Unterstützung nicht präftationsfähiger Gemeinden in dem größeren Teile des Regierungsbezirks Wiesbaden, mit der im § 74 unter 5 c ausgesprochenen Maßgabe,

b) bezüglich der unehelichen Kinder in einem Teile des Landdrosteibezirks Stade

vom 1. Juli 1873 ab in Wegfall gekommen (Instr.).

§ 34. Die Landarmenverbände sind befugt, die ihrer Fürsorge gesetzlich anheimfallenden Personen demjenigen

Ortsarmenverbande gegen Entschädigung zu überweisen, welcher nach § 28 des Reichsgesetzes vom 6. Juni 1870 zur vorläufigen Unterstützung derselben verpflichtet ist.[1])

Die Landarmenverbände sind verpflichtet, in ihren Armenhäusern, soweit es der Raum gestattet, gegen Entschädigung die der Fürsorge der Ortsarmenverbände gesetzlich anheimfallenden Personen auf Antrag dieser Verbände aufzunehmen.

Übereinstimmend § 24 AusfGes. f. Lauenburg, in welchem indes Abs. 2 fehlt.

1. Über Anmeldung in diesem Falle vergl. Entsch. **52** 141. Für den Erstattungsanspruch des OAV. gilt auch hier der Tarif; Entsch. **56** 61.

§ 35. Die für den Betrag der Erstattungsforderungen der Armenverbände maßgebenden Tarife werden von dem Minister des Innern nach Anhörung der Provinzialvertretung, beziehungsweise der Kommunallandtage, aufgestellt. Bei den gegenwärtig in Geltung stehenden Tarifen bewendet es, bis sie in vorgedachter Weise abgeändert worden sind.[1])

Übereinstimmend § 25 AusfGes. f. Lauenburg.

1. Vergl. Anhang C.

§ 36. Die Landarmenverbände sind verpflichtet, denjenigen ihrem Bezirke angehörigen Ortsarmenverbänden eine Beihilfe zu gewähren, welche den ihnen obliegenden Verpflichtungen[1]) zu genügen unvermögend sind. Ob und welche Beihilfe zu leisten ist, entscheidet nach Anhörung des Kreistages endgültig die Deputation für das Heimatwesen (§ 40), zu deren Sprengel der betreffende Ortsarmenverband gehört.[2]) Die Beihilfe kann in Geld oder mittels Bereitstellung von Pflegeanstalten oder in sonst geeigneter Weise gewährt werden.

Die in einigen Teilen des Regierungsbezirks Kassel bestehenden Verbände zur Unterstützung solcher Gemeinden, welche die Lasten der öffentlichen Armenpflege für sich allein nicht aufzubringen imstande sind, werden insoweit aufgehoben, als diese Verbände nicht gleichzeitig zur Verfolgung anderer Zwecke eingerichtet sind, beziehungsweise insoweit auf sie nicht gleichzeitig der § 32 Anwendung findet.[2]) Auf das Vermögen dieser Verbände, soweit dasselbe lediglich zur Unterstützung der vorgedachten Gemeinden bestimmt ist, kommen die Vorschriften der §§ 17 und 18 zur Anwendung.

Mit Abs. 1 stimmt § 26 AusfGes. f. Lauenburg überein.

1. Sei es nach § 28, sei es nach § 30 UWG. (vergl. auch § 59 UWG.).

2. Beschwerden von Ortsarmenverbänden gegen Verfügungen der Landarmenverbände darüber, ob, in welcher Höhe und in welcher Weise Beihilfen zu gewähren sind, unterliegen nach § 42 ZustGes. v. 1. Aug. 1883 der endgültigen Beschlußfassung des Provinzialrats.

3. Dergleichen Verbände bestanden in den Kreisen Fulda, Hünfeld, Schlüchtern und den ehemals bayerischen Gebietsteilen (Instr.).

§ 38. Die Landarmenverbände sind verpflichtet, die in ihrem Bezirke festgenommenen, auf Grund der Bestimmungen des § 361 Nr. 3 bis 8 des Strafgesetzbuches für den Norddeutschen Bund vom 31. Mai 1870[1]) verurteilten und nach verbüßter Strafe der Landespolizeibehörde überwiesenen[2]) Personen, auf dahingehenden Beschluß dieser Behörde, in ein Arbeitshaus unterzubringen. Die Kosten des Transportes der vorgedachten Personen aus dem Gerichtsgefängnis in das Arbeitshaus sowie der ihnen etwa behufs dieses Transportes zu gewährenden unentbehrlichen Bekleidung fallen dem Staate zur Last, wogegen die Landarmenverbände die Kosten der Verpflegung in der Anstalt, der bei der Entlassung aus dieser, wenn nötig, zu gewährenden Bekleidung und entstehendenfalls der Beerdigung insoweit zu tragen haben, als diese Kosten durch den aufkommenden Arbeitsverdienst nicht gedeckt werden.[3])

Übereinstimmend § 28 AusfGes. f. Lauenburg.

1. Jetzt StGB. für das Deutsche Reich v. $\frac{\text{15. Mai 1871}}{\text{26. Febr. 1876}}$

§ 361. Mit Haft wird bestraft:

3. wer als Landstreicher umherzieht;
4. wer bettelt oder Kinder zum Betteln anleitet oder ausschickt oder Personen, welche seiner Gewalt und Aufsicht untergeben sind und zu seiner Hausgenossenschaft gehören, vom Betteln abzuhalten unterläßt;
5. wer sich dem Spiel, Trunk*) oder Müßiggang dergestalt hingibt, daß er in einen Zustand gerät, in welchem zu seinem Unterhalte oder zum Unterhalte derjenigen, zu deren Ernährung er verpflichtet ist, durch Vermittelung der Behörde fremde Hilfe in Anspruch genommen werden muß;
6. eine Weibsperson, welche wegen gewerbsmäßiger Unzucht einer polizeilichen Aufsicht unterstellt ist, wenn sie den in dieser Hinsicht zur Sicherung der Gesundheit, der öffentlichen Ordnung und des öffentlichen Anstandes erlassenen polizeilichen Vorschriften zuwiderhandelt, oder welche, ohne einer solchen Aufsicht unterstellt zu sein, gewerbsmäßig Unzucht treibt;
7. wer, wenn er aus öffentlichen Armenmitteln eine Unterstützung empfängt, sich aus Arbeitsscheu weigert, die ihm von der Behörde angewiesene, seinen Kräften angemessene Arbeit zu verrichten;
8. wer nach Verlust seines bisherigen Unterkommens binnen der ihm von der zuständigen Behörde bestimmten Frist sich kein

*) Entmündigung wegen Verschwendung und wegen Trunksucht § 6 BGB. — § 680 Abs. 5 ZPO. Antragsberechtigt ist bei Verschwendung und Trunksucht auch der Armenverband, dem die Fürsorge für den zu Entmündigenden im Falle seiner Hilfsbedürftigkeit obliegen würde, § 3 Pr. AG. z. ZPO. — AllgVerf. v. 16. Nov. 1899 (MBl. f. i. V. S. 227).

anderweitiges Unterkommen verschafft hat und auch nicht nachweisen kann, daß er solches der von ihm angewandten Bemühungen ungeachtet nicht vermocht habe.*)

2. § 362 StGB.

3. Allg. Verf. des Min. des Innern v. 21. April und v. 22. Okt. 1885 (MBl. f. i. V. S. 184 und 237).

§ 39. Die Landarmenverbände sind fortan, soweit es bisher noch der Fall ist, nicht mehr verpflichtet, die Kosten der Vollstreckung gerichtlich erkannter Freiheitsstrafen bezüglich der im § 38 gedachten Personen zu tragen.

§ 70. Soweit die Verteilung der von den einzelnen Verbänden, Kreisen und Gemeinden infolge dieses Gesetzes aufzubringenden Kosten nach Maßgabe der direkten Staatssteuern erfolgt, kommen folgende Bestimmungen zur Anwendung: [1. In den mahl- und schlachtsteuerpflichtigen Städten tritt die Mahl- und Schlachtsteuer, nach Abzug des für die Städte erhobenen Steuerdrittels, an die Stelle der Klassensteuer.][1]) 2. Die in § 4 lit. a und b des Grundsteuergesetzes vom 21. Mai 1861 (GS. S. 253) und

---

*) Durch Art. 2 Ges. v. 12. März 1894 ist dem § 361 folgende Nr. 10 hinzugefügt:

10. wer, obschon er in der Lage ist, diejenigen, zu deren Ernährung er verpflichtet ist, zu unterhalten, sich der Unterhaltspflicht trotz der Aufforderung der zuständigen Behörde derart entzieht, daß durch Vermittelung der Behörde fremde Hilfe in Anspruch genommen werden muß.

Vergl. auch § 98 des Badischen Polizeistrafgesetzbuchs in der Fassung nach dem Ges. v. 7. Mai 1890, dessen Abs. 2 durch die neue reichsgesetzliche Vorschrift ersetzt wird. — § 361 Nr. 10 kann gegen den außerehelichen Vater nicht angewendet werden (Urt. des Kammergerichts v. 29. Nov. 1904, GemVerwBl. 1905 S. 347, nud v. 17. Jan. 1908, PrVerwBl. **29** S. 413). — Zuständige Behörden sind die Polizeibehörden und die Armenverwaltungen (Urt. des Kammergerichts v. 14. Jan. 1908, PrVerwBl. **29** S. 553).

beziehungsweise in § 3 des Grundsteuergesetzes vom 11. Februar 1870 (GS. S. 85) [2]) bezeichneten Grundstücke werden nach Maßgabe derjenigen Grundsteuerbeträge herangezogen, welche von ihnen zu entrichten sein würden, wenn ihnen ein Anspruch auf Grundsteuerbefreiung oder Bevorzugung nicht zustände. Die Berechnung dieser Grundsteuerbeträge erfolgt durch Anwendung des allgemeinen Grundsteuer-Prozentsatzes auf die in Ausführung der vorerwähnten beiden Gesetze für die gedachten Grundstücke festgestellten oder festzustellenden Reinerträge. In den Provinzen Schleswig-Holstein, Hannover und Hessen-Nassau sowie in dem Kreise Meisenheim geschieht diese Berechnung solange, als die neu zu regelnde Grundsteuer noch nicht erhoben wird, nach den gesetzlich feststehenden oder hergebrachten Besteuerungsgrundsätzen. 3. Die nach § 3 unter 1 des Gesetzes, betreffend die Einführung einer allgemeinen Gebäudesteuer, vom 21. Mai 1861 (GS. S. 317 ff.) [2]) von der Gebäudesteuer befreiten Gebäude, mit Ausnahme derjenigen, welche sich im Besitze der Mitglieder des Königlichen Hauses oder des Hohenzollernschen Fürstenhauses sowie des Hannoverschen Königshauses oder des Kurhessischen oder des Herzoglich Nassauischen Fürstenhauses befinden, werden nach Maßgabe ihres, den Grundsätzen des angeführten Gesetzes entsprechend, besonders einzuschätzenden Nutzungswertes und der danach zu berechnenden Gebäudesteuerbeträge herangezogen. 4. Die Steuer für den Gewerbebetrieb im Umherziehen bleibt außer Berücksichtigung.

1. Mahl- und Schlachtsteuern sind als Staatssteuern aufgehoben (Ges. v. 25. Mai 1873, GS. S. 222).

2. Grund- und Gebäudesteuer sind der Staatskasse gegenüber außer Hebung gesetzt und der kommunalen Besteuerung freigegeben, für deren Zwecke sie vom Staate weiter veranlagt werden (Ges. v. 14. Juli 1893, GS. S. 119).

2. Bayern. Armengesetz vom 21. August 1914.

Art. 14. Natürlichen oder juristischen Personen, die ohne Rechtspflicht und ohne Auftrag eines Armenverbandes einem Hilfsbedürftigen Hilfe leisten, steht ein Anspruch auf Ersatz des gebotenen Aufwandes nur dann zu, wenn der zunächst verpflichtete Armenverband (Gesetz über den Unterstützungswohnsitz, § 28) durch sie binnen drei Tagen nach Beginn der Hilfeleistung von dieser Kenntnis erhielt und wenn die Hilfe so dringend war, daß die vorherige Anzeige bei diesem Armenverbande nicht möglich war. Erfolgt die Anzeige nicht innerhalb der bestimmten Frist, so ist nur die Hilfe ersatzfähig, die nach Eingang der Anzeige beim Armenverbande geleistet wurde.

Für Ärzte und Apotheker gilt Abs. 1 nicht, soweit sie nach Art. 5 mit den Armenverbänden andere Vereinbarungen getroffen haben. Hat der Arzt die Anzeige erstattet, so erstreckt sich die Ersatzpflicht des Armenverbandes auch auf die Heilmittel, die der Apotheker auf ärztliche Verordnung abgegeben hat, sowie auf die Dienste, die niederärztliche Berufspersonen auf ärztliche Anordnung geleistet haben. Für Dienstleistungen, zu denen die Hebammen nach ihrer Dienstanweisung verpflichtet sind, beträgt die Anzeigefrist sechs Wochen.[1])

BA. § 17.

1. Art. 14 gewährt einen öffentlich-rechtlichen Anspruch (Art. 75 Abs. 2 ArmGes.) gegen den vorläufig verpflichteten Armenverband. Verjährungsfrist: 3 Jahre; vergl. Art. 125 Bayr. Ausf. Ges. z. BGB. Ärzte haben die niedrigsten Sätze zu liquidieren (§ 12 Abs. 2 VO. v. $\frac{\text{17. Nov. 1902}}{\text{4. Aug. 1910}}$, § 2 Abs. 2 VO. v. 17. Okt. 1901).

Art. 15. Die Armenverbände genießen in allen ihren Angelegenheiten Gebührenfreiheit.

In bürgerlichen Rechtsstreitigkeiten steht den Armenverbänden in dem Verfahren vor den bayerischen Gerichten Gebührenfreiheit zu.

Notare können von den Armenverbänden und dem öffentlichen Armenvermögen (Armenfonds) keine Gebühren beanspruchen für

Beurkundung von Schuldbekenntnissen, Hypothekbestellungen oder Bürgschaften bei unverzinslichen Darlehen aus dem Armenvermögen oder aus Wohltätigkeitsstiftungen oder bei Ersatzansprüchen der Armenverbände gegenüber den unterstützten Armen oder deren Unterhaltspflichtigen, von Unterhaltsverträgen, von Vollmachten oder anderen einseitigen Erklärungen,

Ausstellung von Zeugnissen,

Vornahme von Beglaubigungen.

Die Abs. 1 bis 3 gelten in den Fällen der Art. 66, 68 auch für die Distriktsgemeinden.

Die Erklärungen nach Art. 12 sind gebührenfrei.

VA. § 18.

B. Ortsarmenverbände.

Art. 16. Jede Gemeinde bildet einen Ortsarmenverband.

Der Ortsarmenverband übt die öffentliche Armenpflege auf Kosten der Gemeinde aus.

Zu Art. 16—20 vergl. §§ 19, 20 VA. Über die einzelnen Arten der Gemeinden vergl. Pöll, UWG. und Bayr. AusfGes. S. 460 ff.

Art. 17. Als Ortsarmenverband gilt auch jeder ausmärkische Bezirk (rechtsrheinische Gemeindeordnung Art. 3).[1])

1. Danach bilden größere Waldungen, Freigebirge und Seen, die bei der Gemeindebildung im Jahre 1818 einer Gemeindemarkung nicht zugeteilt sind, eine eigene, nicht zum Gemeindeverband gehörende Markung.

Art. 18. Mehrere Gemeinden eines Regierungsbezirkes können sich durch übereinstimmende Beschlüsse der Gemeindeverwaltungen zu einem gemeinsamen Ortsarmenverbande (Gesamtarmenverband) vereinigen. In Gemeinden mit städtischer Verfassung ist die Zustimmung der Gemeindebevollmächtigten, in rechtsrheinischen Landgemeinden die Zustimmung der Gemeindeversammlung erforderlich.

In gleicher Weise erfolgt die Änderung oder Auflösung des Gesamtarmenverbandes.

Gründung, Änderung und Auflösung eines Gesamtarmenverbandes bedürfen der Genehmigung der Regierung, Kammer des Innern.

Art. 19. Bei dringendem öffentlichen Bedürfnisse kann die Regierung, Kammer des Innern, Gemeinden ihres Regierungsbezirkes auch ohne deren Zustimmung zu einem Gesamtarmenverbande vereinigen.

Die Vereinigung ist nur zulässig, wenn die Gemeinden zueinander in wirtschaftlicher Beziehung stehen, mindestens eine der Gemeinden durch Leistungen der öffentlichen Armenpflege unverhältnismäßig belastet ist und nach dem Umlagengesetz Art. 12 keine genügende Abhilfe getroffen werden kann.

Bei Gründung, Änderung oder Auflösung des Gesamtarmenverbandes sind die beteiligten Gemeindeverwaltungen, in Gemeinden mit städtischer Verfassung auch die Gemeindebevollmächtigten, in rechtsrheinischen Landgemeinden auch die Gemeindeversammlung, ferner die verstärkten Distriktsräte und bei kreisunmittelbaren Städten die Vollversammlung des Landrats zu hören.

Art. 20. Die Gesamtarmenverbände (Art. 18, 19) sind öffentliche Körperschaften mit dem Rechte der Selbstverwaltung nach Maßgabe der Gesetze.

Die Vorschriften für die Ortsarmenverbände, die aus einer einzigen Gemeinde bestehen, gelten für die Gesamtarmenverbände entsprechend, soweit das Gesetz nichts anderes bestimmt.

Art. 21. In jeder Gemeinde, die einen eigenen Ortsarmenverband bildet, besteht ein Armenrat.

Zu Art. 21—26 vergl. §§ 21—24 VA.

Art. 22.[1]) In Gemeinden mit städtischer Verfassung besteht der Armenrat

aus den Bürgermeistern,

aus den vom Magistrat und den Gemeindebevollmächtigten abgeordneten Mitgliedern dieser Körperschaften,

aus den Pfarrern der Pfarreien, deren Sprengel die Gemeinde oder einen Teil davon umfassen,

aus dem Rabbiner, wenn ein solcher in der Gemeinde seinen Sitz hat, andernfalls aus einem abgeordneten Mitgliede der israelitischen Kultusverwaltung (in der Pfalz des Synagogenausschusses), wenn eine solche in der Gemeinde besteht,

aus einer Anzahl gewählter Mitglieder,

aus dem Bezirksarzte, wenn ein solcher in der Gemeinde seinen Sitz hat, bei mehreren dem von der vorgesetzten Dienstbehörde bestimmten.

Für andere Gemeinden gilt Abs. 1 entsprechend. In diesen gehören dem Armenrate neben dem Bürgermeister auch der Beigeordnete, in Gemeinden mit pfälzischer Gemeindeverfassung die Adjunkten an. An Stelle der Abgeordneten des Magistrats und der Gemeindebevollmächtigten treten die von der Gemeindeverwaltung abgeordneten Mitglieder dieser Körperschaft.

Sind mehr als drei Pfarreien desselben Bekenntnisses beteiligt, so sind in Gemeinden mit Bezirkspflegeausschüssen (Art. 27 Abs. 2) Mitglieder des Armenrats die drei Pfarrer, deren Pfarreien zusammen die meisten Angehörigen dieses Bekenntnisses in der Gemeinde umfassen. An Stelle dieser Pfarrer können auf Grund Vereinbarung der Pfarrer der beteiligten Pfarreien andere Pfarrer des gleichen Bekenntnisses treten. Die Pfarrer, die hiernach dem Armenrate nicht angehören, sind zu beratender Teilnahme berechtigt.

Unter den gewählten Mitgliedern sollen sich in Gemeinden mit mehr als 10 000 Einwohnern Frauen und Vertreter der in der Gemeinde bestehenden Einrichtungen der privaten Wohltätigkeit befinden. Die Zahl der Vertreter der Wohltätigkeitseinrichtungen und die der Frauen darf zusammen die Hälfte der gewählten Mitglieder nicht überschreiten.

Im übrigen bestimmt die Zahl der abzuordnenden Magistratsräte, Gemeindebevollmächtigten und Gemeindeverwaltungsmitglieder sowie der besonders zu wählenden Mitglieder in Gemeinden mit städtischer Verfassung der Magistrat mit Zustimmung der Gemeindebevollmächtigten, in den übrigen Gemeinden die Gemeindeverwaltung.

1. Mit Rücksicht auf das Ges. über die Selbstverwaltung v. 22. Mai 1919, ausgelegt durch MinBek. v. 27. Juni 1919 (MABl. S. 128).

Art. 23. Die Stellvertreter im Pfarramte, ferner die mit den vollen pfarrlichen Rechten ausgestatteten Seelsorgegeistlichen stehen den Pfarrern gleich. In Gemeinden, die ganz oder teilweise zu einem Seelsorgebezirke gehören, für den ein eigener Geistlicher bestellt ist, kann die Staatsaufsichtsbehörde diesen auf Antrag des Pfarrers an dessen Stelle in widerruflicher Weise als selbständiges Mitglied des Armenrats bestimmen. Er steht dann im Armenrate dem Pfarrer gleich; seine Geschäftsführung unterliegt jedoch der Aufsicht des Pfarrers.

Sind in einer protestantischen Pfarrei mehrere Pfarrer angestellt, so ist der erste (in der Pfalz der mit der höheren Amtswürde, bei gleicher Amtswürde der mit dem höheren Dienstalter) zunächst zum Mitgliede des Armenrats berufen. Solange er von seinem Rechte keinen Gebrauch macht, ist der zweite Pfarrer berufen; sind mehr als zwei Pfarrer vorhanden, so bestimmen die beteiligten Pfarrer aus ihrer Mitte das Mitglied des Armenrats.

Art. 24.[1]) Vorstand des Armenrats ist in den Gemeinden mit städtischer Verfassung und in den Gemeinden mit pfälzischer Gemeindeverfassung der Bürgermeister, von mehreren der erste; in anderen Gemeinden der Pfarrer, von mehreren stimmberechtigten Pfarrern der Pfarrer des überwiegenden Bekenntnisses, dessen Pfarrei die meisten Angehörigen dieses Bekenntnisses in der Gemeinde umfaßt. An Stelle dieses Pfarrers kann auf Grund Vereinbarung der stimmberechtigten Pfarrer des überwiegenden Bekenntnisses ein anderer Pfarrer aus ihrer Mitte treten.

Die Stellvertreter des Vorstandes wählt der Armenrat aus seiner Mitte.

1. Mit Rücksicht auf das Ges. über die Selbstverwaltung v. 22. Mai 1919, ausgelegt durch MinBek. v. 27. Juni 1919 (MABl S. 128).

Art. 25.[1]) Der Armenrat wird nach Beendigung der regelmäßigen Gemeindewahl durch die neugewählte Gemeindevertretung (Stadtrat, Gemeinderat) gebildet.

Alle Mitglieder des Armenrats, die durch Wahl berufen werden, sind neu zu wählen. Die Wahl wird in den Städten durch den Stadtrat, in allen übrigen Gemeinden durch den Gemeinderat vorgenommen.

Für diese Mitglieder (Abs. 2) können nach Beendigung der Wahl Ersatzleute gewählt werden. Die Gemeindevertretung (Stadtrat, Gemeinderat) bestimmt ihre Zahl und die Reihenfolge ihrer Einberufung.

Die Wahlen erfolgen nach den Grundsätzen der Verhältniswahl.

Die Wahlzeit dauert fünf Jahre.

1. Art. 25 gilt in der Fassung der MinBek. v. 12. Juni 1919 (MABl. S. 116), dazu über die Wahl: MinBek. v. 20. Juni 1919 (Staatsanzeiger Nr. 154).

Art. 26. Wählbar sind alle volljährigen Einwohner beiderlei Geschlechts, die mit Steuer veranlagt sind. Für Frauen gilt das Erfordernis der Steuerveranlagung auch dann als erfüllt, wenn der Ehemann oder ein Elternteil mit Steuer veranlagt ist.

Von der Wählbarkeit sind ausgeschlossen:

1. Personen, die entmündigt sind oder nach dem Bürgerlichen Gesetzbuche (§ 1906) unter vorläufiger Vormundschaft stehen,
2. Personen, über deren Vermögen das Konkursverfahren eröffnet ist, und ihre Ehegatten, solange dieses Verfahren dauert,
3. die Militärpersonen des Friedensstandes.

Der Vorstand des Armenrats verpflichtet die Gewählten auf Handgelübde und weist sie in ihre Stellen ein. Bis dahin haben die Austretenden ihr Amt fortzusetzen.

Das Ergebnis der Bildung des Armenrats ist der Aufsichtsbehörde anzuzeigen. Das gleiche gilt von Änderungen im Mitgliederstande.

Art. 27. Der Armenrat ist berechtigt, aus den nach Art. 26 wählbaren Einwohnern geeignete Personen in widerruflicher Weise als Armenpfleger aufzustellen. Dabei kann er die Gemeinde in Armenbezirke einteilen. In Gemeinden mit mehr als 10 000 Einwohnern ist er hierzu verpflichtet.

In Gemeinden mit mehr als 10 000 Einwohnern kann der Armenrat für jeden Armenbezirk einen Bezirkspflegeausschuß bilden. Der Bezirkspflegeausschuß besteht aus einem Mitgliede des Armenrats als Vorsitzenden und mehreren Mitgliedern, die aus den Armenpflegern des Armenbezirkes entnommen werden; unter ihnen sollen sich auch Frauen befinden. Die Pfarrer (Art. 22 Abs. 1, 23) der Pfarreien des Armenbezirkes oder die von ihnen abgeordneten Geistlichen, dann der Armenarzt des Armenbezirkes sind Mitglieder des Bezirkspflegeausschusses, auch wenn sie nicht im Armenbezirke wohnen. Gemeinden mit mehr als 30 000 Einwohnern müssen Bezirkspflegeausschüsse bilden.

Die Armenpfleger und die Bezirkspflegeausschüsse haben unter Leitung des Armenrats bei der Ausübung der Armenpflege mitzuwirken.

Das Nähere über die Armenpflege und die Bezirkspflegeausschüsse regelt der Armenrat durch eine Satzung.

VA. §§ 25—27.

Art. 28. Die Mitglieder des Armenrats und der Bezirkspflegeausschüsse sowie die Armenpfleger versehen ihre Stellen unentgeltlich.

Vor der Ernennung von Gemeindebeamten oder sonstigen Angestellten für die Armenpflege und ihre Anstalten hat die Gemeindeverwaltung den Armenrat einzuvernehmen. Der Armenrat kann auch Ernennungen dieser Art beantragen. Insbesondere hat die Gemeinde dem Vorstande des Armenrats nach Bedarf eine geeignete Hilfskraft zur Besorgung des Schreibwerks zur Verfügung zu stellen. Die Beamten und die sonstigen Angestellten sind aus Mitteln der öffentlichen Armenpflege zu bezahlen.

Die Gemeindeverwaltung kann auch den Mitgliedern des Armenrats, die mit der Verwaltung der Armenkasse, mit der Leitung besonderer Anstalten oder mit anderen besonderen Dienstleistungen betraut sind, auf Antrag des Armenrats eine Entlohnung aus der Armenkasse bewilligen. In Gemeinden mit städtischer Verfassung ist hierfür die Zustimmung der Gemeindebevollmächtigten erforderlich.

Art. 29. Die Mitglieder des Armenrats und der Bezirkspflegeausschüsse, die infolge ihres Amtes berufen sind, können das Amt nicht ablehnen.

Die gewählten Mitglieder und die Armenpfleger können die Wahl nur aus den Gründen ablehnen, aus denen die Wahl zu Gemeindestellen nach den Gemeindeordnungen abgelehnt werden kann. Frauen können die Wahl ablehnen und sind zum Austritte jederzeit berechtigt. Ehefrauen bedürfen zum Eintritte sowie zum Verbleiben im Armenrat und im Bezirkspflegeausschusse der Zustimmung des Mannes.

Für den Austritt gelten im übrigen die Vorschriften der Gemeindeordnungen entsprechend.

Zu Art. 28—30 vergl. § 28 VA.

Art. 30. Bezüglich der Disziplin über die Mitglieder des Armenrats mit Ausnahme des Bezirksarztes und die Mitglieder der Bezirkspflegeausschüsse gelten die Vorschriften der Gemeindeordnungen entsprechend.

Verletzt ein Mitglied des Armenrats oder des Bezirkspflegeausschusses vorsätzlich oder fahrlässig seine Amtspflicht, so haftet es dem Ortsarmenverbande für den Schaden, der ihm daraus entsteht.

Art. 31. Der Armenrat vertritt den Ortsarmenverband in allen Angelegenheiten der öffentlichen Armenpflege.[1])

Der Armenrat ist insbesondere verpflichtet:

1. über den Stand und die Ursachen der Armut in der Gemeinde sich Kenntnis zu verschaffen,
2. in den Einzelfällen die Zulässigkeit der Unterstützung zu ermitteln.

Zu Art. 31—40 vergl. §§ 29—34 VA.

1. Vergl. Entsch. **51** 189.

Art. 32. Der Armenrat beschließt über Gewährung, Dauer, Art und Umfang der Unterstützung und regelt ihre Verabreichung. In dringenden Fällen kann vorbehaltlich des Art. 38 Abs. 5 der Vorstand und außerhalb seines Dienstsitzes der auswärtige Stellvertreter entscheiden. Von der Entscheidung hat er dem Armenrate Kenntnis zu geben.

Der Armenrat leitet oder beaufsichtigt die gemeindlichen Armenhäuser und die sonstigen aus Mitteln des Ortsarmenverbandes unterhaltenen Anstalten. Er kann für diese Anstalten Haus- und Dienstordnungen mit Genehmigung der Staatsaufsichtsbehörde erlassen. Die Handhabung der Anstaltszucht steht den hierfür aufgestellten Personen zu.

Art. 33. Wo Bezirkspflegeausschüsse gebildet sind (Art. 27 Abs. 2), kann der Armenrat die Erfüllung der in Art. 31 Abs. 2 Ziff. 2, 32 Abs. 1 bezeichneten Obliegenheiten durch die Satzung (Art. 27 Abs. 4), soweit veranlaßt, den Bezirkspflegeausschüsse und ihren Vorsitzenden übertragen.

Dabei gilt folgendes:

1. Gegen die Entscheidung des Bezirkspflegeausschusses ist Beschwerde an den Armenrat zulässig.
2. Der Vorsitzende kann die Ausführung der Beschlüsse des Ausschusses durch Einspruch vorläufig verhindern und die Entscheidung des Armenrats anrufen.

3. Dieser ist berechtigt, Beschlüsse der Bezirkspflegeausschüsse aufzuheben oder abzuändern und Fälle zu neuerlicher Beschlußfassung zurückzuweisen.

Art. 34. Die Ortsarmenverbände sind verpflichtet, die für die örtliche Armenpflege notwendigen Einrichtungen zu treffen und für deren Erhaltung zu sorgen.

Mehrere benachbarte Ortsarmenverbände können die gemeinsame Herstellung, Erhaltung und Verwaltung dieser Einrichtungen vereinbaren.

Bei Unternehmungen, deren Kosten nicht aus laufenden Einnahmen der Armenkasse gedeckt werden können oder die eine dauernde Belastung der Gemeinde zur Folge haben, dann bei Regelung von Abgaben für Armenzwecke steht dem Armenrate nur die Begutachtung zu. Die Beschlußfassung obliegt den nach den Gemeindeordnungen zuständigen Stellen; der Armenrat ist jedoch berechtigt, die Staatsaufsicht anzurufen.

Art. 35. Die Mittel zur Bestreitung des Bedarfes der Ortsarmenverbände bestehen:

1. aus den Nutzungen des für Armenzwecke ausgeschiedenen Gemeindevermögens (Armenvermögen),
2. aus den stiftungsgemäß hierfür verfügbaren Nutzungen von Wohltätigkeitsstiftungen,
3. aus den Einnahmen, die der Armenpflege gesetzlich zugewiesen sind,
4. aus den Abgaben, die zugunsten der Armenpflege in der Gemeinde bereits bestehen oder ihr von der Gemeinde zugewiesen werden,
5. aus den regelmäßigen oder außerordentlichen Zuschüssen aus gemeindlichen oder anderen öffentlichen Mitteln,
6. aus sonstigen außerordentlichen Einnahmen.

Reichen diese Einnahmen nicht aus, so ist der Mehrbedarf des Ortsarmenverbandes nach den Vorschriften der Gemeindeordnungen über die Bestreitung der Gemeindebedürfnisse zu decken.

Art. 36. Die Einnahmen des Ortsarmenverbandes (Art. 35) fließen in eine besondere Kasse (Armenkasse). Diese untersteht eigener Verwaltung. Aus ihr sind die Ausgaben für Armenzwecke zu bestreiten.

Nachhaltige Überschüsse, soweit sie nicht als Rücklagen bereitgehalten werden, sowie sonstige Zuflüsse, die nicht zur Bestreitung laufender Ausgaben bestimmt sind, müssen dem Armenvermögen (Art. 35 Abs. 1 Ziff. 1) einverleibt werden.

Art. 37. Die Armenkasse wird durch die vom Armenrat aus seiner Mitte bestellten Mitglieder oder durch die nach Art. 28 Abs. 2 ernannten Beamten oder Angestellten verwaltet.

Die Kassenverwalter haften zunächst für richtige Erhebung der Einnahmen, Einhaltung der Voranschläge und vorschriftsmäßige Verrechnung der Ausgaben; sie haben eine angemessene Sicherheit zu leisten, wenn der Armenrat nichts anderes beschließt.

Der Armenrat ist berechtigt, von den Rechnungen der von der Gemeindeverwaltung verwalteten Armenvermögensbestände und Wohltätigkeitsanstalten Einsicht zu nehmen, die Anstalten nach Anzeige bei der Gemeindeverwaltung durch Mitglieder besichtigen zu lassen, die Abstellung von Mißständen zu beantragen und bei Verweigerung der Abhilfe Beschwerde zur Staatsaufsichtsbehörde zu führen.

Art. 38. Das Rechnungsjahr der Armenpflege ist das Kalenderjahr.

Der Armenrat hat regelmäßig in den letzten drei Monaten vor Beginn des Jahres einen Voranschlag zu entwerfen.

Der Voranschlag ist der Gemeindeverwaltung, in Gemeinden mit städtischer Verfassung auch den Gemeindebevollmächtigten zur Äußerung mitzuteilen und hierauf vierzehn Tage lang öffentlich aufzulegen.

Die Würdigung der Erinnerungen sowie die Feststellung des Voranschlags erfolgt noch vor Beginn des Jahres durch den Armenrat.

Alle nicht veranschlagten oder nicht ständig eingewiesenen Ausgaben setzen einen besonderen Beschluß des Armenrats voraus. Der Vorstand des Armenrats ist jedoch ermächtigt, in dringenden Fällen und unter dem Vorbehalte nachträglicher Genehmigung des Armenrats das Erforderliche zu verfügen. Der Armenrat kann hierzu auch andere Mitglieder, die Armenpfleger, die Bezirkspflegeausschüsse und die Leiter von Armenanstalten ermächtigen.

Sind zur Bestreitung von Ausgaben außerordentliche Zuschüsse der Gemeinde oder neue oder erhöhte Gemeindeumlagen erforderlich, so darf die Überschreitung der ordentlichen Deckungsmittel erst dann geschehen, wenn die nötigen Mittel nach Maßgabe der Gemeindeordnungen bewilligt oder angewiesen sind.

Art. 39. Die Rechnungen sind spätestens bis zum 1. Mai des nächsten Jahres zu stellen und vierzehn Tage lang öffentlich aufzulegen.

Nach Ablauf der Auflagefrist sind die Rechnungen nebst den etwa eingekommenen Erinnerungen an die Gemeindeverwaltung abzugeben.

Die Prüfung und Bescheidung der Rechnungen sowie das Beschwerderecht richten sich nach den Vorschriften der Gemeindeordnungen über die Gemeinderechnungen.

Art. 40. Der Armenrat faßt seine Beschlüsse in den festgesetzten regelmäßigen oder in besonders anberaumten

Sitzungen. Die Vorschriften der Gemeindeordnungen über die Sitzungen der Gemeindeverwaltungen gelten entsprechend. Pfarrer, die stimmberechtigte Mitglieder des Armenrats sind und außerhalb des Gemeindebezirkes wohnen, müssen zu den Sitzungen geladen werden, wenn sie dies allgemein oder für einen besonderen Fall schriftlich beantragt haben. Bei Berechnung der Beschlußfähigkeit (Abs. 2) sind sie nur zu berücksichtigen, wenn sie an der Sitzung teilnehmen.

Zur Gültigkeit eines Beschlusses ist erforderlich, daß mehr als die Hälfte der Mitglieder an der Beratung und Abstimmung teilgenommen hat und daß dem Beschlusse mehr als die Hälfte der Abstimmenden zugestimmt hat; bei Stimmengleichheit entscheidet der Vorstand.

Die Leitung der Sitzungen und des ganzen Geschäftsgangs gebührt dem Vorstand oder seinem Stellvertreter. Wohnt der Vorstand außerhalb des Gemeindebezirkes, so kann die Staatsaufsichtsbehörde auf seinen Antrag den Stellvertreter in widerruflicher Weise mit der ständigen Leitung der Sitzungen sowie mit der Führung der sonstigen Vorstandsgeschäfte betrauen. Nimmt der Vorstand an einer Sitzung teil, so kann er den Vorsitz selbst übernehmen. Die Verfügung der Staatsaufsichtsbehörde tritt mit Ablauf der Wahlzeit außer Kraft.

Zur Regelung des formellen Geschäftsgangs kann sich der Armenrat eine Geschäftsordnung geben; für die Führung und Untersuchung der Kassen sowie für die Behandlung des Rechnungswesens gelten die Vorschriften der Gemeindeordnungen entsprechend.

Für die Bezirkspflegeausschüsse gelten die Abs. 1—4 entsprechend, soweit die Satzung (Art. 27 Abs. 4) nichts anderes bestimmt.

Die Erstattung von Übersichtsanzeigen über die Geschäftsführung wird durch Ministerialvorschrift geregelt.

Art. 41. In den ausmärkischen Bezirken (Art. 17) haben die Eigentümer die öffentliche Armenpflege auf ihre Kosten auszuüben.

Gehört ein ausmärkischer Bezirk mehreren Eigentümern, so können sich diese über die Erfüllung ihrer Pflichten und über die Aufbringung der Kosten vereinbaren. Kommt eine Vereinbarung nicht zustande, so trifft die Aufsichtsbehörde die erforderlichen Anordnungen nach billigem Ermessen.

VA. § 35.

Art. 42. Für jeden Gesamtarmenverband (Art. 18) soll, bevor er ins Leben tritt, eine Satzung errichtet werden. Die Errichtung erfolgt durch übereinstimmenden Beschluß der Vertretungen der Verbandsgemeinden. In Gemeinden mit städtischer Verfassung ist Zustimmung der Gemeindebevollmächtigten, in rechtsrheinischen Landgemeinden auch der Gemeindeversammlung notwendig. Die Satzung und ihre Änderung bedürfen der Genehmigung der nach Art. 18 zuständigen Regierung, Kammer des Innern.

Kommt die Satzung auf diesem Wege nicht zustande, so errichtet sie die Regierung, Kammer des Innern.

Im Falle des Art. 19 errichtet die Regierung, Kammer des Innern, die Satzung nach Anhörung der Verwaltungen der Verbandsgemeinden, in Gemeinden mit städtischer Verfassung auch der Gemeindebevollmächtigten, in rechtsrheinischen Landgemeinden auch der Gemeindeversammlung.

Zu Art. 42—46 vergl. VA. § 36.

Art. 43. Die Satzung muß den Bezirk des Gesamtarmenverbandes angeben und bestimmen über

1. Namen und Zweck des Verbandes,
2. Verwaltung des Verbandes,
3. Sitz der Verwaltung,
4. Aufbringung und Verteilung der Kosten,
5. Leistung von Vorschüssen an die Gesamtarmenkasse,
6. Aufstellung und Behandlung des Voranschlags und der Jahresrechnung,
7. Änderung der Satzung.

Art. 44. Der Armenrat des Gesamtarmenverbandes (Gesamtarmenrat) vertritt den Gesamtarmenverband in allen Angelegenheiten der öffentlichen Armenpflege.

Die Zahl der Personen, welche die Verbandsgemeinden in den Gesamtarmenrat abordnen und wählen (Art. 22 Abs. 1, 2, 25 Abs. 2) bestimmt die Satzung. Die Zahlen müssen dem Verhältnisse der Einwohnerzahl angemessen sein.

Vorstand des Gesamtarmenrats ist der Bürgermeister oder der Pfarrer der Verbandsgemeinde mit der größten Einwohnerzahl, der nach Art. 24 zur Vorstandschaft im Armenrat berufen wäre.

Zeit und Art der Erneuerung des Gesamtarmenrats bemessen sich nach der Gemeindeverfassung der Verbandsgemeinde mit der größten Einwohnerzahl.

Art. 45. Den Mitgliedern des Gesamtarmenrats, die nicht am Sitze der Verwaltung wohnen, kann die Satzung die Erstattung ihrer baren Auslagen gewähren.

Art. 46. Der Bedarf des Gesamtarmenverbandes ist von den Verbandsgemeinden nach dem Verhältnisse der Steueransatzsummen (Umlagengesetz Art. 24, 25) aufzubringen.

Zur Deckung des Aufwandes haben die Verbandsgemeinden zunächst ihre besonderen Einnahmen für Armenzwecke (Art. 35 Abs. 1 Ziff. 1—4, 6) zu verwenden.

Die Satzung kann anders bestimmen.

C. Landarmenverbände.

Art. 47. Jede Kreisgemeinde bildet einen Landarmenverband mit dem Rechte der Selbstverwaltung nach Maßgabe der Gesetze.

Zu Art. 47, 48 vergl. § 37 VA. und MinBek. v. 6. März 1916 (GVBl. S. 41) zum Vollzuge des ArmGes.

Art. 48. Durch Königliche Entschließung kann ein Ortsarmenverband zu einem eigenen Landarmenverband erklärt werden. Die Erklärung erfordert die Zustimmung des beteiligten Landarmenverbandes und der Gemeinde, bei einem Gesamtarmenverbande der Gemeinden des neuen Landarmenverbandes.

Über die Zustimmung beschließen im Landarmenverbande der Landrat, in den Gemeinden die Gemeindeverwaltungen, bei städtischer Verfassung die Magistrate und die Gemeindebevollmächtigten. In rechtsrheinischen Landgemeinden ist auch die Zustimmung der Gemeindeversammlung erforderlich.

Die Königliche Entschließung regelt auch die Einzelheiten.

Die Abs. 1—3 gelten auch für die Wiederauflösung des neuen Landarmenverbandes.

Art. 49. In jedem Landarmenverband (Art. 47) besteht ein Landarmenrat.

Für die Verwaltung des Landarmenverbandes, der nach Art. 48 gebildet ist, gelten die Vorschriften über die Verwaltung der Ortsarmenverbände.

Zu Art. 49—55 vergl. §§ 38—44 VA.

Art. 50. Der Landarmenrat besteht aus dem Vorstand und sechs weiteren Mitgliedern.

Den Vorstand und seinen Stellvertreter entnimmt das Staatsministerium des Innern den höheren Beamten der inneren Verwaltung.

Die weiteren Mitglieder und sechs Ersatzmänner wählt der Landrat für die Zeit seiner Amtsdauer aus seiner Mitte. Bei der Wahl entscheidet die einfache Stimmenmehrheit, bei Stimmengleichheit das Los. Das gleiche gilt für die Reihenfolge der Gewählten und der Ersatzmänner. Personen, die miteinander als Brüder, als Vater und Sohn, Oheim und Neffe verwandt oder als Schwäger, als Stiefvater und Stiefsohn, Schwiegervater und Schwiegersohn verschwägert sind, dürfen nicht zugleich Mitglieder des Landarmenrats sein.

Die Wahl kann abgelehnt und die Stelle kann niedergelegt werden:

1. wegen körperlicher oder geistiger Unfähigkeit,
2. wegen Vollendung des 60. Lebensjahres,
3. wenn der Gewählte die Stelle 6 Jahre lang verwaltet hat.

Über die Zulässigkeit der Ablehnung entscheidet der Landrat, über die des Austritts der Landarmenrat.

Die gewählten Mitglieder des Landarmenrats führen ihr Amt, bis ihre Nachfolger gewählt sind.

Art. 51. Die gewählten Mitglieder des Landarmenrats versehen ihre Stellen unentgeltlich, erhalten jedoch Entschädigung für Reisekosten und Zeitverlust aus Mitteln des Landarmenverbandes; das Nähere bestimmt die Satzung (Art. 53).

Art. 52. Der Landarmenrat führt die Verwaltung des Landarmenverbandes. Er vertritt den Landarmenverband in allen Angelegenheiten der Landarmenpflege. Ihm kommt insbesondere zu:

1. die Anerkennung oder Ablehnung der Pflicht zur Leistung öffentlicher Armenunterstützung und die Beschlußfassung über Art und Maß der Fürsorge,

2. die Errichtung von Anstalten des Landarmenverbandes nach den Landratsbeschlüssen und die Verwaltung dieser Anstalten,
3. die Ernennung und Entlassung der nicht zu den Beamten gehörigen Angestellten des Landarmenverbandes und seiner Anstalten,
4. die Beschlußfassung über Leistungen nach Art. 58 Abs. 3,59,
5. die Herstellung und der Vollzug der Voranschläge,
6. die Rechnungsstellung.

Art. 53. Zur Gültigkeit eines Beschlusses des Landarmenrats ist erforderlich, daß mehr als die Hälfte der Mitgieder mit Einschluß des Vorstandes an der Beratung und Abstimmung teilgenommen und daß dem Beschlusse mehr als die Hälfte der Abstimmenden zugestimmt hat; bei Stimmengleichheit entscheidet der Vorsitzende.

Den Geschäftsgang des Landarmenrats und die Art seiner Beschlußfassung bestimmt im übrigen die Satzung; sie wird vom Landarmenrat errichtet und bedarf der Genehmigung des Staatsministeriums des Innern. Das gleiche gilt für Änderungen.

Die Satzung kann einen Teil der Aufgaben des Landarmenrats dem Vorstand übertragen.

Art. 54. Der Vorstand vertritt den Landarmenrat nach außen. Er leitet dessen Geschäfte und erledigt alle Angelegenheiten, die ihm durch die Satzung übertragen sind.

In dringenden Fällen hat der Vorstand auch über Angelegenheiten, die dem Landarmenrate vorbehalten sind, das Erforderliche zu verfügen. Hiervon gibt er dem Landarmenrate bei seinem nächsten Zusammentritte Kenntnis.

Art. 55. Für die Zuständigkeit des Landrats und für die Bescheidung seiner Beschlüsse gilt das Landratsgesetz Art. 15 Buchst. a, b, d, f, g, i, 18, 28 entsprechend.

Art. 56. Die Landarmenverbände sind berechtigt, die Personen, die ihrer Fürsorge anheimfallen, gegen Entschädigung denjenigen Ortsarmenverbänden ihres Bezirkes zu überweisen, die nach dem Gesetz über den Unterstützungswohnsitz § 28 zu ihrer vorläufigen Unterstützung verpflichtet sind. Die Überweisung von Personen, die der Anstaltspflege bedürfen, kann nur erfolgen, soweit Zweck und Raumverhältnisse der dem Ortsarmenverbande zur Verfügung stehenden öffentlichen Anstalten dies zulassen. Dem Ortsarmenverband ist in allen Fällen der gesetzlich notwendige Aufwand durch den Landarmenverband voll zu ersetzen.

Soweit es Zweck und Raumverhältnisse der Anstalten eines Landarmenverbandes zulassen, ist dieser auf Antrag eines Ortsarmenverbandes seines Bezirkes verpflichtet, in den Anstalten gegen Entschädigung Personen aufzunehmen, die der Fürsorge eines Ortsarmenverbandes anheimfallen.

Zu Art. 56—64 vergl. §§ 45—50 BA.

Art. 57. Mehrere Landarmenverbände können die gemeinsame Herstellung, Unterhaltung und Verwaltung von Einrichtungen für die öffentliche Armenpflege vereinbaren. Das Staatsministerium des Innern bestimmt, in welcher Weise die Einrichtungen zu beaufsichtigen sind.

Art. 58. Aufgabe der Landarmenverbände ist allgemein die Fürsorge

1. für hilfsbedürftige Geisteskranke, Geistesschwache, Blöde, Epileptische, Blinde, Taubstumme, Krüppelhafte und unheilbare, abschreckend oder ansteckend kranke Sieche, soweit solche Personen der Anstaltspflege bedürfen,
2. für die Erziehung und Ausbildung hilfsbedürftiger blöder, blinder, taubstummer und krüppelhafter Kinder, soweit sie bildungsfähig sind und der Unterbringung in Anstalten bedürfen.

Verpflichtet ist zunächst der Landarmenverband, zu dessen Bezirk der vorläufig unterstützungspflichtige Ortsarmenverband gehört. Er kann die Übernahme des Hilfsbedürftigen und den Ersatz der aufgewendeten Kosten von dem Landarmenverbande beanspruchen, zu dessen Bezirk der endgültig unterstützungspflichtige Ortsarmenverband gehört.

Die Landarmenverbände können mit Genehmigung des Staatsministeriums des Innern noch andere Aufgaben der Ortsarmenverbände (Art. 3 Abs. 2, 3) übernehmen.

Der endgültig verpflichtete Ortsarmenverband hat in den Fällen des Abs. 1 ein Fünftel und in den Fällen des Abs. 3 mindestens ein Viertel des reinen Unterstützungsaufwandes dem Landarmenverbande zu ersetzen.

Ein preußischer Armenverband, der einen bayerischen Geisteskranken verpflegt hat, kann sich nur an den AV. des UW., nicht an den bayerischen LAV. halten; Entsch. **56** 109.

Art. 59. Neben der Fürsorge nach Art. 58 obliegt den Landarmenverbänden auf Verlangen die Gewährung von Beihilfen an Ortsarmenverbände ihres Bezirkes, wenn im Bezirke des Ortsarmenverbandes oder in dessen größerem Teile die Höhe der Gemeinde- und Ortsumlagen den Durchschnitt des Landarmenverbandes erheblich übersteigt, ein erheblicher Teil dieser Umlagen zu Armenzwecken verwendet wird und infolgedessen unverhältnismäßige Belastung vorliegt.

Die Beihilfe kann in Geld oder in anderer Weise geleistet werden.

Die Landarmenräte sind ermächtigt, für die Geltendmachung des Verlangens Fristen zu bestimmen und die Einreichung bestimmter Nachweise vorzuschreiben.

Gegen den Beschluß des Landarmenrats, der den Beihilfenanspruch ganz oder teilweise ablehnt, ist Beschwerde an die Staatsaufsichtsbehörden zulässig.

Art. 60. Die Erstattung von Kosten an einen Ortsarmenverband, der zur Bezahlung der ihm endgültig auferlegten Kosten laut Bescheinigung der vorgesetzten Behörde ganz oder teilweise außerstande ist (Gesetz über den Unterstützungswohnsitz § 59), obliegt dem Landarmenverbande, zu dessen Bezirk jener Verband gehört.

Gegen den Beschluß des Landarmenrats, der den Erstattungsanspruch ganz oder teilweise ablehnt, ist Beschwerde an die Staatsaufsichtsbehörden zulässig.

Art. 61, 62, Ausländerfürsorge, s. unter D.

Art. 63. Der Aufwand für die Landarmenpflege ist eine Kreislast.

Er ist, soweit nötig, durch Erhebung von Kreisumlagen zu decken.

Art. 64. Die Landarmenverbände erhalten Staatszuschüsse.

Der Gesamtbetrag der Staatszuschüsse wird für jede Finanzperiode durch das Budget festgestellt.

Die Verteilung erfolgt alljährlich nach dem Verhältnisse der Hundertsätze der Kreisumlagen für den gesetzlich vorgeschriebenen Armenaufwand durch das Staatsministerium des Innern.

§ 51 BA.

D. Sonstige Verpflichtete.

Art. 65. Aufgabe der Distriktsgemeinden ist

1. die Unterhaltung der bestehenden distriktsgemeindlichen Krankenhäuser, Armenhäuser, Beschäftigungsanstalten, Erziehungsanstalten für verwahrloste Kinder und sonstigen Wohltätigkeitsanstalten,
2. die Unterhaltung der bestehenden Distriktssparkassen, Distriktshilfskassen und ähnlicher Distriktsanstalten,

3. die Errichtung neuer Distriktskrankenhäuser, soweit nicht für die erforderliche Krankenhauspflege (Art. 3 Abs. 2 Ziff. 2) auf andere Weise gesorgt ist oder gesorgt werden kann,
4. für mittellose Personen, die arbeitsuchend umherziehen, durch Arbeitsvermittlung oder durch vorübergehende Gewährung von Obdach und Beköstigung gegen Arbeitsleistung Fürsorge zu treffen.

Im Falle der Ziff. 4 werden den Distriktsgemeinden vier Fünftel der Kosten dieser Fürsorge aus Kreismitteln ersetzt. Der Staat ersetzt den Kreisgemeinden die Hälfte ihres Aufwandes.

Zu Art. 65—69 vergl. §§ 52—54 VA.

Art. 66. Das distriktsgemeindliche Vermögen für Armenzwecke (Distriktsarmenvermögen) ist zu erhalten und, wenn möglich, zu vermehren. Seine Erträgnisse können zu Zwecken der Vorbeugung (Art. 1 Ziff. 2) verwendet werden.

Art. 67. Die Aufgaben der Distriktsgemeinden nach Art. 65 Ziff. 1 bis 3 und die Verpflichtung nach Art. 66 sind gesetzliche Distriktslasten (Distriktsratsgesetz Art. 27, 29 Abs. 2).

Der Aufwand hierfür ist, soweit nötig, durch Erhebung von Distriktsumlagen zu decken.

Art. 68. Die Behandlung der Angelegenheiten in Art. 65 bis 67 gehört zum Wirkungskreise des Distriktsrats und des Distriktsratsausschusses.

An der Beratung und Beschlußfassung haben als stimmberechtigte Mitglieder die Bezirksärzte und zwei Pfarrer des Distrikts teilzunehmen. Die Pfarrer wählt der neugebildete Distriktsratsausschuß zu Beginn einer jeden Wahlzeit auf deren Dauer. Bei der Wahl entscheidet einfache Stimmenmehrheit, bei Stimmengleichheit, soweit nötig, das Los. Bei Bedarf können Ersatzmänner zugezogen werden.

Art. 69. Art. 65 Abs. 1 Ziff. 4 und Abs. 2 gelten auch für die kreisunmittelbaren Städte.

3. Sachsen.

§ 1 V. v. 6. Juni 1871: Die Heimatsbezirke des Königreichs Sachsen sind Ortsarmenverbände im Sinne des Bundesgesetzes.

Es bewendet bei den landesgesetzlichen Bestimmungen über deren Bildung und Organisation,[1]) über die Armenversorgungsbehörde und deren Geschäfte,[2]) über die Grundzüge der Armenpflege[3]) und die Mittel zur Armenversorgung.[4])

1. §§ 2 und 3 des Heimatsgesetzes v. 26. Nov. 1834 (Samml. der Ges. und Ver. S. 449); §§ 1 und 2 der Armenordnung für das Königreich Sachsen v. 22. Okt. 1840 (GVBl. S. 257).

2. §§ 71—93 der Armenordnung; §§ 98, 116, 121 ff. der revid. Städteordnung v. 24. April 1873 (GVBl. S. 295); § 12 e der Städteordnung für kleinere und mittlere Städte v. 24. April 1873 (GVBl. S. 321); §§ 29, 74 e (Landgemeinden), §§ 82—86 (Gutsbezirke), §§ 89 ff. der revid. Landgemeindeordnung v. 24. April 1873 (GVBl. S. 328). — Über die Assoziation mehrerer Heimatsbezirke zur Verminderung der Armut und Bettelei vergl. § 30 der Armenordnung und über die Mitwirkung der Bezirksverbände bei Einrichtungen zum Zwecke der Armenversorgung und der öffentlichen Krankenpflege vergl. §§ 20 Nr. 1, 21 des Ges., betr. die Bildung von Bezirksverbänden, v. 21. April 1873 (GVBl. S. 284). Das Gesetz über Gemeindeverbände v. 18. Juni 1910 (GVBl. S. 144) gestattet die Vereinigung politischer Gemeinden und selbständiger Gutsbezirke zur Erfüllung von Aufgaben, die auf dem Gebiete der Gemeindetätigkeit liegen, zu Gemeindeverbänden als Körperschaften des öffentlichen Rechts (§§ 1—5), ebenso die Verbindung von Bezirksverbänden, Fürsorgeverbänden und Gemeindeverbänden zu Verbänden, die der Erfüllung der mit ihrem Wirkungskreise zusammenhängenden Aufgaben dienen (§ 20),

sowie den Zusammenschluß sächsischer Gemeinden, Gutsbezirke und Verbände mit solchen anderer Bundesstaaten (§ 22).

3. §§ 23—60 Armenordnung, s. auch Anhang A.

4. § 5 des Heimatgesetzes, §§ 9, 22 der Armenordnung.

§ 1 V. v. 15. Juni 1876: Der Bezirk der Festung Königstein bildet einen besonderen Ortsarmenverband, welcher von dem jedesmaligen Kommandanten der Festung verwaltet wird.

§ 2 V. v. 6. Juni 1871: Bis auf weiteres übernimmt für das Gebiet des Königreichs Sachsen der Staat die Obliegenheiten des Landarmenverbandes.

Derselbe bedient sich jedoch behufs der öffentlichen Unterstützung solcher Hilfsbedürftiger, für deren Versorgung kein Ortsarmenverband endgültig aufzukommen verpflichtet ist (Landarmen), einstweilen der Ortsarmenverbände (Heimatsbezirke) als seiner Organe.[1])

1. Über die den OAV. zu erstattenden Aufwendungen s. Rechtsgrundsätze des Sächs. OVG. I 38, II 22.

§ 3 V. v. 6. Juni 1871: Die Leistung der Unterstützung an Landarme durch die Ortsarmenverbände und die Erstattung des dadurch verursachten Aufwandes richtet sich im allgemeinen nach den in den §§ 28 bis 30 des Bundesgesetzes aufgestellten Grundsätzen.

§ 4 V. v. 6. Juni 1871: Die Erstattung des durch die Unterstützung von Landarmen entstandenen Aufwands setzt voraus, daß im einzelnen Unterstützungsfalle von dem betreffenden Ortsarmenverbande die Vorschrift in § 34 Abs. 1 und 2 des Bundesgesetzes beobachtet worden ist.

Die in § 34 des Bundesgesetzes vorgeschriebene Anmeldung des Erstattungsanspruchs ist, wenn es sich um den Aufwand für die Unterstützung von Landarmen handelt, von den Ortsarmenverbänden bei der vorgesetzten Kreishauptmannschaft[1]) zu bewerkstelligen.

Der Anmeldung sind die Akten oder Schriftstücke beizufügen, welche die Verhandlungen über die stattgefundenen Erhebungen bezüglich der Heimat-, Familien- und Aufenthaltsverhältnisse des Hilfsbedürftigen und über die bewilligten Unterstützungen enthalten.

1. An Stelle der Kreisdirektionen sind nach dem § 22 des Ges., die Organisation der Behörden für die innere Verwaltung betreffend, v. 21. April 1873 (GVBl. S. 275) die Kreishauptmannschaften getreten (seit 10. Juli 1900: Dresden, Leipzig, Bautzen, Zwickau, Chemnitz; GVBl. 1900 S. 481).

§ 5 V. v. 6. Juni 1871: Nach Prüfung der mit der Anmeldung eingereichten Unterlagen werden dieselben dem betreffenden Ortsarmenverband mit einer Eröffnung dahin zurückgegeben, ob seiner Annahme, daß es sich um die Unterstützung eines Landarmen handle, beigetreten wird.

Bejahendenfalls ist nach Beendigung der Unterstützung und außerdem jedenfalls nach dem Jahresschlusse eine Berechnung des gehabten Aufwands unter Beachtung der Vorschrift im § 30 Abs. 2 des Bundesgesetzes aufzustellen und mit der obrigkeitlichen Bescheinigung, daß die in Rechnung gestellten Sätze den über das Maß der öffentlichen Armenunterstützung am Orte geltenden Grundsätzen entsprechen, sowie unter Beifügung der zugehörigen Belege und Akten an die vorgesetzte Kreishauptmannschaft einzusenden, welche dieselben weiter an das Ministerium des Innern befördert.

Nachdem die Rechnung geprüft und richtig befunden worden ist, erfolgt die Erstattung des Betrages aus der Staatskasse an den betreffenden Ortsarmenverband.

§ 2 V. v. 15. Juni 1876: Vom 1. Juli 1876 ab haben die Kreishauptmannschaften jede für ihren Bezirk selbständig über Anerkennung Hilfsbedürftiger als Landarmer oder unterstützungsberechtigter Ausländer sowie über

Anerkennung oder Ablehnung von Ersatzansprüchen der Armenverbände zu beschließen. Gegen ihre betreffenden Entschließungen finden Rekurse an das Ministerium des Innern im reinen Verwaltungswege nicht statt, vielmehr können bezügliche Ansprüche an die Staatskasse nur im Wege des Administrativprozesses geltend gemacht werden.[2])

Die Berechtigung, sich behufs der öffentlichen Unterstützung Landarmer oder hilfsbedürftiger Ausländer der Ortsarmenverbände als ihrer Organe zu bedienen, steht den Kreishauptmannschaften besonders auch dann zu, wenn der Landarmenverband nach § 31 des Bundesgesetzes zur Übernahme eines Hilfsbedürftigen verpflichtet ist.

1. S. § 7 AusfVer. v. 6. Juni 1871 Abs. 2 und 3 (Anhang E). Den Staatsfiskus vertritt in Prozessen das Finanzministerium.
2. Jetzt Verwaltungsstreitverfahren s. Anhang E.

4. Württemberg.

a) AusfGes. v. 17. April 1873.

(Instr. v. 30. Mai 1873, RGBl. S. 207.)

b) Gesetz, betr. die Abänderung des Ausführungsgesetzes vom 2. Juli 1889.

(Vollzugsverordnung v. 17. Juli 1889, RGBl. S. 224.)

Art. 8 Abs. 1. Jede Gemeinde bildet für sich einen Ortsarmenverband.

Abs. 2 aufgehoben durch Art. 17 des Ges. v. 2. Juli 1889. — Die Übertragung der Verpflichtungen der mit dem 1. April 1890 als Ortsarmenverbände aufgehobenen Teilgemeinden und die Übernahme der den Armenverbänden (Teilgemeinden) gehörigen Einrichtungen und Stiftungen für Zwecke der öffentlichen Armenpflege ist durch Art. 16 des Ges. v. 2. Juli 1889 geordnet. Vergl. dazu Erlaß v. 15. Juli 1889 (Amtsbl. S. 175) und v. 8. März 1890 (Amtsbl. S. 65).

Abs. 3. Die Vereinigung mehrerer Teilgemeinden einer zusammengesetzten Gemeinde und die Vereinigung mehrerer

Gemeinden eines Oberamtsbezirks zu einem Gesamtortsarmenverbande ist statthaft und erfolgt durch Übereinkunft der bürgerlichen Kollegien beziehungsweise der Vertreter der Teilgemeinden (Gesetz über die Verhältnisse der zusammengesetzten Gemeinden vom 17. September 1853 Art. 8 Abs. 5 und 6).

Vergl. Art. 12 des Ges. v. 2. Juli 1889: In zusammengesetzten Gemeinden kommen die Funktionen des Ortsarmenverbandes fernerhin (d. h. v. 1. April 1891) ausschließlich der Gesamtgemeinde fernerhin d. h. v. 1. April 1891) ausschließlich der Gesamtgemeinde zu.

Abs. 4 ist durch Art. 17 des Ges. v. 2. Juli 1889 aufgehoben.

Art. 9. Die Verwaltung der öffentlichen Armenpflege steht in den einen eigenen Ortsarmenverband bildenden Gemeinden (und Teilgemeinden) [1]) den durch die Gemeindeverfassungs- und -verwaltungsgesetze für die Besorgung der Gemeindeangelegenheiten bestellten Organen [2]) mit der Maßgabe zu, daß bei den bezüglichen Verhandlungen und Beschlußfassungen des Gemeinderats der erste Ortsgeistliche oder sein Stellvertreter stimmberechtigtes Mitglied des Kollegiums ist. In Gemeinden, wo Ortsgeistliche verschiedener religiöser Bekenntnisse angestellt sind, ist von jeder Konfession der erste Ortsgeistliche oder sein Stellvertreter zur Mitwirkung berufen.[3])

Bestehen innerhalb einer und derselben Gemeinde mehrere Parochien, so hat der erste Ortsgeistliche einer jeden Parochie, deren Pfarrsitz innerhalb der Gemeinde ist, oder sein Stellvertreter mitzuwirken.[4])

Hat in einer einen eigenen Ortsarmenverband bildenden Gemeinde (oder Teilgemeinde) [1]) keiner der für dieselbe bestellten Geistlichen seinen Pfarrsitz, so ist zu den auf die Armenpflege sich beziehenden Verhandlungen und Beschlüssen des Gemeinderats derjenige Geistliche mit Stimmrecht beizuziehen, dessen Pfarrsprengel die Gesamtheit oder die Mehrzahl der Einwohner des Armenbezirks angehört.

Die Leitung der Sitzungen der Ortsarmenbehörde steht dem Ortsvorsteher [5]) und dem ersten Ortsgeistlichen oder seinem Stellvertreter gemeinschaftlich zu; dem Geistlichen gebührt die erste ordentliche, dem Ortsvorsteher im Falle der Stimmengleichheit die entscheidende Stimme. Im übrigen kommt die Führung der Geschäfte dem Ortsvorsteher zu.

Wenn Geistliche verschiedener Konfessionen in der Ortsarmenbehörde mitwirken, so kommt der hiervor bezeichnete Anteil am Vorsitz dem Geistlichen der in der Gemeinde überwiegenden Konfession zu. Andernfalls ist ein geeigneter Wechsel festzustellen. Unter Geistlichen derselben Konfession entscheidet die dienstliche Stellung beziehungsweise das Dienstalter.

Die näheren Vorschriften für die Verwaltung der aus mehreren Gemeinden (oder Teilgemeinden) [1]) zusammengesetzten Ortsarmenverbände werden durch ein von den Vertretern der Gemeinden und Teilgemeinden zu vereinbarendes Statut festgestellt, das der Genehmigung der Gemeindeaufsichtsbehörde unterliegt. (Instr. §§ 11 bis 14.)

1. Die eingeklammerten Worte in Abs. 1, 3, 6 sind ohne Bedeutung, nachdem die Teilgemeinden (Art. 8 Abs. 2) als Ortsarmenverbände aufgehoben sind.

2. Gemeindeordnung v. 28. Juli 1906 (RGBl. S. 323), Art. 9, Art. 30 ff. für kleinere Städte und Landgemeinden, Art. 71 ff. für größere Städte (gültig v. 1. Dez. 1907).

3. A. a. O. Art. 10 Abs. 2: An den Verhandlungen und Beschlußfassungen des Gemeinderats nehmen die ersten Ortsgeistlichen jedes Bekenntnisses nach Maßgabe des Art. 9 des Ges. v. 17. April 1873 zur Ausführung des Reichsgesetzes über den UW. teil.

4. Vom 1. Dez. 1907 ab: Gemeindeordnung Art. 74 Abs. 4: Bestehen innerhalb des Bezirks einer Gemeinde mehrere Parochien desselben Bekenntnisses, so sind von den ersten Ortsgeistlichen dieses Bekenntnisses nicht mehr als drei zur Mitwirkung an den Verhandlungen und Beschlußfassungen des Gemeinderats über die Verwaltung der öffentlichen Armenpflege mit Stimmrecht berufen und die übrigen zu beratender Teilnahme befugt, für die Berufung der Geistlichen mit Stimmrecht ist die dienstliche Stellung, nur bei gleicher dienstlicher Stellung das Dienstalter maßgebend.

5. Gemeindeordnung Art. 55 ff., 63 ff. — Der Ortsvorsteher führt in den Städten den Titel Stadtschultheiß, in Landgemeinden den Titel Schultheiß.

Art. 10. Auf Grund eines Beschlusses der bürgerlichen Kollegien können in allen Gemeinden besondere dem Gemeinderat untergeordnete Deputationen aus Mitgliedern der bürgerlichen Kollegien, geeignetenfalls unter Zuziehung anderer Ortseinwohner, für die Verwaltung der gesamten öffentlichen Armenpflege und ebenso Kommissionen für die Verwaltung einzelner Zweige oder Anstalten der Armenpflege gebildet, auch für einzelne Bezirke der Gemeinde besondere Armenpfleger bestellt werden.

Die näheren Bestimmungen über den Geschäftskreis und die Geschäftsführung der Armendeputationen und Kommissionen werden durch Beschlüsse der Gemeindekollegien festgesetzt, welche der Bestätigung des Ministeriums des Innern bedürfen.

Der erste Ortsgeistliche eines jeden religiösen Bekenntnisses oder sein Stellvertreter ist mit der in Art. 9 vorgesehenen Stellung stimmberechtigtes Mitglied der Armendeputation. (Instr. § 15.) [1])

1. Gemeindeordnung v. 28. Juli 1906 Art. 31 Abs. 3: In Geltung bleibt der Art. 10 des Ges. v. 17. April 1873, mit der Maßgabe, daß der Vollzug des Beschlusses über die Errichtung einer Armendeputation gemäß Art. 8 Abs. 3, der auch hier Anwendung findet, vom Bezirksrat untersagt werden kann. — Nach Art. 2 Abs. 3 ist der betr. Beschluß dem Bezirksrat (in großen und mittleren Städten von 10—20 000 Einwohnern der Kreisregierung)

vorzulegen, die den Vollzug zu untersagen hat, wenn er mit dem Gesetz in Widerspruch steht oder die Rechte Dritter verletzt oder das öffentliche Wohl schädigt. — Zu Art. 10 Abs. 3 vergl. Anm. 4 zu Art. 9.

Art. 11. Stiftungen einer Gemeinde, welche ausschließlich dem Zweck der öffentlichen Armenunterstützung im Sinne des gegenwärtigen Gesetzes gewidmet sind, gehen, soweit nicht vom Stifter eine besondere Verwaltungsbehörde bestimmt worden ist (Verwaltungsedikt vom 1. März 1822 § 120), in welchem Falle es bei dieser Bestimmung sein Bewenden hat, in die Verwaltung der Ortsarmenverbände über. Soweit das Vermögen dieser Stiftungen bisher zu bestimmten Zwecken zu verwenden war, ist es auch fernerhin in gleicher Weise zu verwenden.

An den Vorschriften über die Art der Verwaltung des Vermögens dieser Stiftungen tritt eine Änderung nicht ein.

Die Verwaltung anderer öffentlicher Stiftungen als der in Abs. 1 bezeichneten verbleibt den durch die Gesetzgebung hierfür bestimmten Behörden. Die Verwaltungen dieser Stiftungen sind jedoch verpflichtet, aus dem Ertrage des Vermögens derselben alljährlich der Gemeindearmenverwaltung die für die öffentliche Armenunterstützung stiftungsgemäß zu verwendenden Mittel (Verwaltungsedikt vom 1. März 1822 § 135 Abs. 1 und § 136) zum Zwecke der Verwendung für die den Gemeinden obliegende Armenfürsorge zur Verfügung zu stellen, sofern sie nicht vorziehen, mit der Gemeinde sich durch Überlassung eines bestimmten Anteils an dem Stiftungsvermögen ein für allemal auseinanderzusetzen.

Auch sind diese Stiftungen, soweit solche im Besitze von Vermögensobjekten oder von Einrichtungen sind, welche bisher ausschließlich oder teilweise für die öffentliche Armenunterstützung gedient haben, wie Kranken-, Armen-, Siechenhäuser, Spitäler usw., verbunden, solche künftig der Gemeindearmenverwaltung zur Benutzung für die Zwecke der Armenpflege insoweit, als dies bisher der Fall war, zu überlassen, sofern nicht über die Abtretung derselben an die Gemeindearmenverwaltung eine Übereinkunft zustande kommt. (Instr. §§ 16, 17.)

Art. 12. Zu den der öffentlichen Armenunterstützung gewidmeten Stiftungen (Art. 11) sind nicht zu zählen diejenigen Bestandteile des örtlichen Stiftungsvermögens, welche den örtlichen Kirchenfonds als solchen für Unterstützungszwecke zugewendet worden sind, und deren Verwaltung die Stiftungsräte bisher nur in ihrer Eigenschaft als Verwalter des örtlichen Kirchenvermögens geführt haben.

Art. 13. In Streitsachen, welche durch die Vorschriften der Art. 11 und 12 veranlaßt werden, entscheiden, wenn die stiftungsmäßige Bestimmung einer Stiftung oder eines Vermögensteils einer solchen in Frage steht, die Verwaltungsjustizbehörden, in den übrigen Fällen die Verwaltungsbehörden, und zwar in letzter Instanz das Ministerium des Innern.

In derartigen Fällen ist die oberste Kirchenbehörde befugt, in Vertretung der Kirchengemeinde eine Sache als streitig an die zuständige Behörde zu bringen beziehungsweise Beschwerden gegen Entscheidungen der Verwaltungsjustizbehörden oder der Verwaltungsbehörden zu erheben.

Art. 14. Die Vorsteher der Korporationen und anderer juristischer Personen sind verpflichtet, den Organen der Ortsarmenverbände auf deren Erfordern Auskunft über den Betrag der Unterstützungen zu erteilen, welche einem Hilfsbedürftigen aus den unter ihrer Verwaltung stehenden, einem Zwecke der Wohltätigkeit gewidmeten Fonds gewährt worden sind. (Instr. § 18.)

Art. 15—18 sind aufgehoben durch Art. 17 des Gesetzes v. 2. Juli 1889. — An ihre Stelle tritt der Abschnitt I dieses Gesetzes.

I. Landarmenverbände.

Art. 1. In jedem der vier Kreise des Landes werden die zu dem Kreise gehörigen Oberamtsbezirke (mit Einschluß des Stadtdirektionsbezirkes Stuttgart) zu einem Landarmenverband vereinigt.

Art. 2. Zur Verwaltung des Landarmenwesens wird in jedem Landarmenverband eine Landarmenbehörde bestellt.

Der Vorsitzende der Landarmenbehörde und sein Stellvertreter werden vom Ministerium des Innern in widerruflicher Weise ernannt. Die weiteren Mitglieder werden von den Amtsversammlungen der dem Landarmenverband angehörigen Oberamtsbezirke, im Stadtdirektionsbezirk Stuttgart von der Ortsarmenbehörde der Stadt Stuttgart, je auf die Dauer von sechs Jahren, gewählt. Die Zahl dieser Mitglieder bemißt sich nach der Summe, welche der Umlage des Landarmenverbandes auf die ihm angehörigen Oberamtsbezirke als Grundlage dient (Art. 59 vergl mit Art. 55 des Ges. v. 8. Aug. 1903, betr. die Besteuerungsrechte der Gemeinden und Amtskörperschaften, RegBl. S. 397), in der Weise, daß in Bezirken mit einer der Umlage zugrunde zu legenden Summe bis zu 150 000 Mark jährlich ein einziges Mitglied, in solchen mit höherer Summe aber je für volle 150 000 Mark sowie für überschießende Beträge von mehr als 80 000 Mark ein Mitglied zu wählen ist. Dabei darf jedoch kein Bezirk mehr als zwei Fünfteile der Gesamtmitgliederzahl bestellen. (Fassung des Abs. 2 nach Art. I des Abänderungsges. v. 18. Aug. 1907, RegBl. S. 379.) (Für die Wahlperiode v. 1. April 1920 bis 31. März 1926 tritt in der Zahl der gemäß Art. 2 Abs. 2 Satz 2 Ges. v. $\frac{\text{2. Juli 1889}}{\text{18. Aug. 1907}}$ von den Amtsversammlungen der dem Landarmenverbande angehörigen Oberamtsbezirke, im Stadtdirektionsbezirk Stuttgart von der Stadt Stuttgart, zu wählenden Mitglieder der Landarmenbehörde gemäß Ges. v. 8. Okt. 1919 (RegBl. S. 337) eine Änderung gegenüber der laufenden Wahlperiode nicht ein.)

Wählbar sind alle Personen, welchen die gemeindbürgerlichen Wahl- und Wählbarkeitsrechte in einer Gemeinde des Bezirks zustehen (Art. 12 und 14 des Gesetzes über die Gemeindeangehörigkeit v. 16. Juni 1885; RegBl. S. 257).

Bezüglich der Verpflichtung zur Annahme der Wahl und der Befreiung von dieser Verpflichtung sowie bezüglich des Austritts der gewählten Mitglieder aus der Landarmenbehörde finden die Bestimmungen in Art. 15—18 und 19 des Gesetzes über die Gemeindeangehörigkeit entsprechende Anwendung.

Scheidet ein Mitglied vor dem Ablauf der Wahlperiode aus, so ist für den Rest der letzteren eine Neuwahl vorzunehmen.

Art. 3. Der Landarmenbehörde liegt die Leitung des gesamten Landarmenwesens und die Beschlußfassung über alle dasselbe betreffenden Maßnahmen ob, soweit hierzu nicht gemäß Art. 4 der Ausschuß oder der Vorsitzende für sich allein berufen ist.

Insbesondere hat die Landarmenbehörde

1. den Jahresetat über die Einnahmen und Ausgaben des Landarmenverbandes und die Höhe der Landarmenbeiträge (Art. 9) festzustellen,
2. die Jahresrechnung abzunehmen und über die Entlastung des Rechners Beschluß zu fassen,
3. über die Errichtung von Landarmenanstalten und über wesentliche Veränderungen derselben zu beschließen,
4. die Beamten für die Verwaltung des Landarmenwesens und der Landarmenanstalten mit Ausnahme der niederen Bediensteten anzustellen und zu entlassen.

Zu Beschlüssen der Landarmenbehörde, welche auf die Errichtung von Landarmenanstalten oder die wesentliche Veränderung solcher Anstalten gerichtet sind (Abs. 2 Ziff. 3), sowie zu Beschlüssen, durch welche freiwillige Leistungen nach Art. 21 Abs. 1 des Ges. v. 17. April 1873 (RegBl. S. 109) auf den Landarmenverband übernommen oder mehrere Landarmenverbände zur Gründung und Unterhaltung gemeinschaftlicher Anstalten für Zwecke der Armenpflege vereinigt werden sollen (Art. 21 Abs. 2 des angeführten Gesetzes), bedarf es bei solchen Landarmenverbänden, deren Mitgliederzahl eine Beschränkung auf Grund des Art. 2 Abs. 2 letzter Satz erfahren hat, einer Mehrheit von zwei Dritteilen der abgegebenen Stimmen. Die Wiederaufhebung solcher Beschlüsse erfordert die Stimmengleichheit. (Abs. 3 ist ein Zusatz nach Art. II des Abänderungsges. v. 18. Aug. 1907, Reg.-Bl. S. 379.)

Art. 4. Zur Besorgung der laufenden Geschäfte wird ein Ausschuß bestellt, welcher aus dem Vorsitzenden der Landarmenbehörde bezw. dessen Stellvertreter und vier weiteren nebst ebenso vielen Stellvertretern von der Landarmenbehörde aus ihrer Mitte zu wählenden Mitgliedern besteht. Von diesen vier ordentlichen und vier stellvertretenden Mitgliedern sind bei solchen Landarmenbehörden, deren Mitgliederzahl eine Beschränkung auf Grund des Art. 2 Abs. 2 letzter Satz erfahren hat, in besonderem Wahlgang je zwei aus der Zahl derjenigen Mitglieder der Landarmenbehörde zu wählen, welche den in der Mitgliederzahl beschränkten Bezirk vertreten. Die betreffenden stellvertretenden Mitglieder des Ausschusses haben nur bei Verhinderung der dem bezeichneten Bezirk angehörenden ordentlichen Mitglieder einzutreten. (Einschaltung nach Art. III des Abänderungsges. v. 18. Aug. 1907, RegBl. S. 379.) Dem Ausschuß liegt insbesondere ob:

1. die Anweisung der Einnahmen und Ausgaben auf Grund des Etats und der Beschlüsse der Landarmenbehörde,
2. die Entscheidung darüber, ob der Fall einer vom Landarmenverband zu übernehmenden Fürsorge für einen Hilfsbedürftigen vorliege und in welcher Art diese zu bewirken sei,
3. die Vertretung des Landarmenverbandes in Streitsachen,
4. die Leitung der Landarmenanstalten und die Beaufsichtigung ihres Dienstpersonals,
5. die Anstellung und Entlassung der niederen Bediensteten des Landarmenverbandes und der Landarmenanstalten,
6. die Entwerfung des Jahresetats, die Prüfung der Jahresrechnung und die Berichterstattung über deren Ergebnis an die Landarmenbehörde,
7. die Erledigung aller sonstigen Geschäfte, welche durch besonderen Beschluß der Landarmenbehörde dem Ausschuß zugewiesen sind.

In dringenden Fällen hat der Vorsitzende allein an Stelle des Ausschusses die erforderliche Verfügung zu treffen, von deren Inhalt jedoch in der nächsten Sitzung dem Ausschuß Kenntnis zu geben und die künftigen Maßnahmen dessen Beschlußfassung zu unterstellen.

Art. 5. Die Mitglieder der Landarmenbehörde und des Ausschusses erhalten für ihre Bemühungen Tagegelder, Diäten und Reisekostenentschädigung aus der Kasse des Landarmenverbandes nach den für die Mitglieder der Amtsversammlungen geltenden allgemeinen Vorschriften.

Die Belohnung des Vorsitzenden und seines Stellvertreters sowie die denselben bei auswärtigen Dienstverrichtungen zukommende Entschädigung werden von der Staatskasse bestritten.

Art. 6. Die Landarmenverbände sind befugt, sich zur Bewirkung der von ihnen zu leistenden Zahlungen der unentgeltlichen Vermittlung der Amtspflegen zu bedienen.

Art. 7. Die vom Staat oder der Amtskörperschaft für einen Oberamtsbezirk angestellten Ärzte sind verpflichtet, innerhalb ihres Geschäftskreises die Landarmenbehörde des betreffenden Kreises und deren Ausschuß zu beraten.

Art. 8. Soweit in vorstehendem nichts anderes bestimmt ist, finden auf die Verwaltung der Landarmenverbände und deren Beaufsichtigung durch die Staatsbehörden die für die Amtskörperschaften geltenden Vorschriften sinngemäße Anwendung.

Die näheren Bestimmungen hierüber sowie über die Wahl der Mitglieder der Landarmenbehörde und des Ausschusses (Art. 2 und Art. 4 Abs. 1) und über die Geschäftsführung dieser Verwaltungsorgane werden im Verordnungswege getroffen. (Vergl. VollzV. v. 15. Juli 1889 §§ 1—23, RegBl. S. 224.)

Art. 9. Der Aufwand der Landarmenverbände, soweit er nicht aus eigenen Einnahmen gedeckt werden kann oder gemäß Art. 10 aus der Staatskasse ersetzt wird, wird nach dem Verhältnis der Staatssteuer aus Grundeigentum, Gefällen, Gebäuden und Gewerben mit Einschluß des fingierten Staatssteuerbetreffs der nur amts- und gemeindesteuerpflichtigen Objekte auf die dem Landarmenverband angehörigen Oberamtsbezirke ausgeteilt und von diesen unter dem Amtsschaden zur Umlage gebracht. (Vergl. § 24 VollzV. v. 15. Juli 1889.)

Art. 10. In den Fällen des Art. 27 Abs. 2 des Ges. v. 17. April 1873 (RegBl. S. 109) wird der dem betreffenden Landarmenverband erwachsene Unterstützungsaufwand im vollen Betrag aus der Staatskasse ersetzt.

Außerdem wird den Landarmenverbänden zur Bestreitung ihres auf gesetzlicher Verpflichtung beruhenden ordentlichen Jahresaufwands, soweit derselbe nicht durch ihre eigenen Einnahmen gedeckt werden kann, ein Beitrag aus der Staatskasse gewährt, dessen Höhe jeweils durch das Finanzgesetz bestimmt wird. Der Verteilung des Beitrags aus der Staatskasse an die einzelnen Landarmenverbände ist das Verhältnis des ihnen im jeweiligen Rechnungsjahr erwachsenen Aufwands zugrunde zu legen, jedoch unter Vorbehalt ausnahmsweiser Berücksichtigung etwaiger bei einem einzelnen Landarmenverband vorliegender besonderer Verhältnisse.

Über die den Landarmenverbänden auf Grund vorstehender Bestimmungen (Abs. 1 und 2) zu gewährenden Leistungen entscheidet endgültig das Ministerium des Innern. (Vergl. §§ 25, 26 VollzV. v. 15. Juli 1889.)

Art. 11. Die Kosten der Verpflegung der auf Grund des § 362 Abs. 2 des Reichsstrafgesetzbuchs in einem Arbeitshause untergebrachten Personen werden insoweit auf die Staatskasse übernommen, als sie nicht durch den Ertrag der statutengemäßen Arbeitsverrichtungen jener Personen oder aus ihrem Vermögen oder von ernährungspflichtigen Verwandten ersetzt werden können. (Vergl. § 27 VollzV. v. 15. Juli 1889.)

Art. 19. Der Staatsregierung steht nach Maßgabe der Gesetze über die Verfassung und Verwaltung der Gemeinden und Amtskörperschaften die Aufsicht über die Verwaltung der Orts- und Landarmenverbände zu.[1])

1. Vergl. dazu Art. 8 des Ges. v. 2. Juli 1889, § 19 VollzV. v. 15. Juli 1889.

Art. 20. Die Ortsarmenverbände sind verpflichtet, die für die örtliche Armenpflege notwendigen Einrichtungen zu treffen.

Sie dürfen Verträge abschließen, wonach die Armen eines Ortsarmenverbandes in den Armenanstalten eines anderen Ortsarmenverbandes untergebracht werden sollen, oder wonach mehrere Ortsarmenverbände zu Beschaffung gemeinschaftlicher Einrichtungen für die Armenpflege sich vereinigen.

Auf Antrag des Ortsarmenverbandes kann der Ortsvorsteher mit Zustimmung des Gemeinderats Vorschriften über die Verpflichtung zur Anzeige des Austritts von Dienstboten, Lehrlingen, Gewerbegehilfen oder Arbeitern erlassen, auf deren Übertretung die Strafbestimmung des Art. 15 des Gesetzes vom 27. Dezember 1871, betreffend Änderungen des Polizeistrafrechts, Anwendung findet. (Instr. § 22.)

Art. 21. Die Landarmenverbände sind befugt, die Kosten der öffentlichen Armenpflege, welche die Fürsorge für Geisteskranke, für Geistesschwache oder an Epilepsie oder ähnlichen Krankheiten leidende Personen sowie für Taubstumme oder Blinde verursacht, unmittelbar zu übernehmen. Die Verpflichtung der Ortsarmenverbände zur vorläufigen Unterstützung (§ 28 des Reichsgesetzes über den Unterstützungswohnsitz vom 6. Juni 1870) der in ihrem Bezirk der Hilfsbedürftigkeit anheimfallenden Personen jener Kategorien wird hierdurch nicht berührt.

Vereinigungen mehrerer Landarmenverbände zu Gründung und Unterhaltung gemeinschaftlicher Anstalten für Zwecke der ihnen obliegenden Armenpflege sind gestattet. Die Einrichtung und Verwaltung solcher Anstalten wird durch Statuten geregelt, welche von den beteiligten Landarmenverbänden zu vereinbaren sind und der Genehmigung des Ministeriums des Innern unterliegen. Das letztere hat auch Bestimmung darüber zu treffen, in welcher Weise die Verwaltung dieser gemeinschaftlichen Anstalten und die Amtsführung ihrer Organe zu beaufsichtigen ist.[1]) (Instr. § 23.)

1. Vergl. zu Art. 21: Ges. v. 2. Juli 1889, Art. 13. Soweit die Kosten, welche den Ortsarmenverbänden durch die Fürsorge für Geisteskranke, für Geistesschwache oder an Epilepsie oder ähnlichen Krankheiten leidende Personen, für verwahrloste Kinder (Art. 12 des Landespolizeistrafgesetzes v. 27. Dez. 1871, RegBl. S. 391) sowie für Taubstumme oder Blinde erwachsen, nicht von den Landarmenverbänden unmittelbar bestritten werden (Art. 21 des Ges. v. 17. April 1873), können sie durch Beschluß der Amtsversammlung zur Amtsvergleichung übernommen werden. Siehe auch Erlaß v. 15. Juli 1889 Nr. 3 (Amtsbl. S. 174), Art. 24 Abs. 3 Württemb. Fürsorgeerziehungsges. v. 29. Dez. 1899 (RegBl. S. 1284), Statut der Staatsirrenanstalten v. 20. März 1899. Staatszuschuß nicht Armenpflege: Entsch. **47** 107.

Art. 22. Die Landarmenverbände sind befugt, die ihrer Fürsorge gesetzlich anheimfallenden Personen demjenigen Ortsarmenverband gegen Entschädigung zu überweisen, welcher nach § 28 des Reichsgesetzes vom 6. Juni 1870 zur vorläufigen Unterstützung derselben verpflichtet ist.

Im Falle des Bestehens von Landarmenanstalten (Art. 15) sind diejenigen dem Landarmenverband angehörigen Ortsarmenverbände, welche selbst keine geeignete Einrichtung für den von der Anstalt zu verfolgenden Zweck besitzen, verpflichtet, auf Verlangen der Landarmenverwaltung dieselben gegen Bezahlung der statutenmäßigen Beiträge zu benutzen.

Die Landarmenverbände sind dagegen verbunden, in den Landarmenanstalten, soweit es der Raum gestattet, gegen Entschädigung die der Fürsorge der Ortsarmenverbände gesetzlich anheimfallenden, zur Aufnahme in jene Anstalten sich eignenden Personen auf Antrag dieser Verbände aufzunehmen.

Im Fall der Weigerung entscheidet die vorgesetzte Kreisregierung, in zweiter Instanz endgültig das Ministerium des Innern. (Instr. § 24.)

Art. 23. Die Organe der öffentlichen Armenpflege sind ermächtigt, mit Genehmigung des Ministeriums des Innern für die öffentlichen (Orts- oder Land-) Armenanstalten Hausordnungen zu erlassen, durch welche den Vorgesetzten eine Disziplinarstrafgewalt bis zu zwei Tagen Haft übertragen werden kann. Gegen derartige Erkenntnisse findet ein einmaliger Rekurs nach Maßgabe des Gesetzes vom 26. Juni 1821, betreffend den Rekurs in außergerichtlichen Strafsachen, statt. Der Vollzug der erkannten Strafen erfolgt in der Anstalt selbst oder auf Requisition des Vorstandes im Ortsgefängnisse.

Nach Maßgabe der genehmigten Hausordnung über jene Organe oder die mit der unmittelbaren Leitung einer Anstalt Beauftragten üben die darin aufgenommenen Personen die Hausdisziplin.

Wiederholte Übertretung der Hausordnung wird mit Haft bis zu acht Tagen bestraft. Die Untersuchung und das Erkenntnis kommt den Ortspolizeibehörden innerhalb ihrer gesetzlichen Strafbefugnisse, in schwereren Fällen den Oberämtern zu. Diese Behörden haben die in § 362 Abs. 1 des Reichsstrafgesetzbuchs enthaltenen Befugnisse. (Instr. § 25.)

Art. 24. Die für den Betrag der Erstattungsforderungen der Armenverbände maßgebenden Tarife (Reichsges. v. 6. Juni 1870, § 30 Abs. 3) werden von dem Ministerium des Innern aufgestellt (s. unten C).

Art. 25. Die Landarmenverbände sind verpflichtet, denjenigen ihrem Bezirk angehörigen Ortsarmenverbänden eine Beihilfe zu gewähren, welche durch Erfüllung der ihnen obliegenden Verpflichtungen überbürdet werden, sowie die Zahlung und Erstattung der ihnen auferlegten Kosten, welche sie ganz oder teilweise zu tragen außerstande sind, zu übernehmen (§ 59 des Reichsges. über den Unterstützungswohnsitz v. 6. Juni 1870).

Die Beihilfe kann in Geld oder mittels Bereitstellung von Pflegeanstalten oder in sonst geeigneter Weise geschehen.

Ob und welche Beihilfe zu leisten ist, entscheidet im Streitfalle die dem betreffenden Landarmenverband vorgesetzte Kreisregierung, in zweiter Instanz endgültig das Ministerium des Innern. (Instr. § 26.)

Art. 26. Insolange ein Ortsarmenverband eine Beihilfe von dem Landarmenverband erhält (Art. 25), sind die für die Armenpflege bestehenden Organe des ersteren verpflichtet, die öffentliche Armenpflege nach den Weisungen des Oberamts einzurichten.

Den betreffenden Landarmenbehörden ist gestattet, von der Verwaltung des Armenwesens in solchen Ortsarmenverbänden jederzeit durch Abgeordnete Einsicht nehmen zu lassen und wegen der dabei gefundenen Mängel die geeigneten Verfügungen durch das Oberamt zu veranlassen. (Instr. § 27.)

Art. 28. Der Ersatz der Kosten, welche durch die Unterbringung der auf Grund der Bestimmungen des § 361 Ziff. 3—8 des Reichsstrafgesetzbuchs verurteilten und nach verbüßter Strafe der Landespolizeibehörde überwiesenen Personen (RStGB. § 362) in einem Arbeitshaus (Art. 11 Abs. 3 des Ges. v. 27. Dez. 1871, betr. Änderungen des Polizeistrafrechts bei Einführung des Strafgesetzbuchs für das Deutsche Reich), desgleichen derjenigen Kosten, welche durch die Unterbringung jugendlicher Verbrecher in einer Erziehungs- oder Besserungsanstalt entstehen, liegt demjenigen Landarmenverband ob, zu welchem der Ort gehört, in dem der Betreffende seinen Unterstützungswohnsitz hat.

In Ermangelung eines solchen oder wenn sich der Unterstützungswohnsitz nicht ermitteln läßt, hat derjenige Landarmenverband einzutreten, in dessen Bezirk der in dem Arbeitshaus beziehungsweise in der Erziehungs- oder Besserungsanstalt Untergebrachte festgenommen worden ist. (Instr. § 29.) [1]

1. Vergl. Art. 11 des Ges. v. 2. Juli 1889; § 27 VollzV. v. 15. Juli 1889 (oben S. 186).

Art. 29. Insoweit die Einnahmen aus Armenfonds, Armenstiftungen, Armengefällen und aus den auf Grund von Ortsstatuten errichteten besonderen Unterstützungskassen für die Krankenpflege zur Deckung der Kosten für die öffentliche Armenpflege nicht ausreichen, sind die von den Ortsarmenverbänden aufgewendeten Kosten von den Gemeinden, die von den Landarmenverbänden aufgewendeten Kosten von den Oberamtsbezirken zu bestreiten. (Instr. § 30.)

Art. 30. Die Aufbringung der von den Gemeinden zu bestreitenden Kosten erfolgt bis zu anderweiter Regelung der Besteuerungsrechte der Gemeinden nach Maßgabe der Vorschriften des Verwaltungsedikts vom 1. März 1822 und des Gesetzes vom 18. Juni 1849.

Der Aufwand der Landarmenverbände wird, soweit derselbe nicht aus eigenen Einnahmen gedeckt werden kann, nach den Grundsätzen für die Umlage des Amtsschadens mit diesem auf die einzelnen zu denselben gehörigen Gemeinden ausgeteilt. (Instr. §§ 31, 32.)

Zu Art. 29 und 30 vergl. Art. 9 und 10 des Ges. v. 2. Juli 1889; §§ 24—29 VollzV. v. 15. Juli 1889 (oben S. 185).

Das Gesetz v. 2. Juli 1889 ist, soweit nicht für einzelne Bestimmungen ein früherer Geltungstermin vorgeschrieben ist, mit dem 1. April 1890 in Wirksamkeit getreten. — Übergangsbestimmungen enthält Art. 16. Vergl. dazu Erlaß v. 8. März 1890 (Amtsbl. S. 65).

5. Baden.

a) AusfGes. v. 14. März 1872.

§ 1. Jede politische Gemeinde bildet einen Ortsarmenverband, jeder Kreis einen Landarmenverband.

Abgesonderte Hofgüter werden den Gemeinden gleichgerechnet.

b) Gesetz v. 5. Mai 1870, die öffentliche Armenpflege betreffend (Ges.- u. VerBl. S. 387).

§ 1. Die öffentliche Armenpflege ist ein Teil der inneren Verwaltung und wird in Unterordnung unter die Staatsverwaltung von den Gemeinden und Kreisen besorgt.

§ 16 Abs. 3. Der Kreisverband ist befugt, die Verpflegung eines Hilfsbedürftigen gegen Ersatz des Aufwands mit Rücksicht darauf, wo zuletzt die Verpflichtung zu seiner

Unterstützung bestand, oder wo er sich aufhält, einer Gemeinde des Kreises zu übertragen. Ein Unterstützungswohnsitz in der Gemeinde entsteht daraus nicht, solange nicht die Gemeinde von dem Kreis die Anzeige erhalten hat, daß die Unterstützung eingestellt sei.[1])

Die vom Kreis gereichte Unterstützung berechtigt die Gemeinde nicht zur Ausweisung.

1. Vergl. §§ 12, 14 UWG.

§ 26. Die örtliche Armenpflege verwaltet der Armenrat. Derselbe besteht aus dem Gemeinderat unter Zuzug eines Ortspfarrers jeder Konfession, des Armenarztes oder in Ermangelung eines solchen des Staatsarztes, wo ein solcher seinen Wohnsitz hat, endlich des Polizeibeamten, wo die Lokalpolizei einer Staatsstelle übertragen ist.

Auch die nichtbürgerlichen steuerpflichtigen Einwohner werden in dem Armenrat durch Abgeordnete aus ihrer Mitte vertreten, deren Zahl, welche jedoch drei nicht übersteigen soll, von der Staatsbehörde mit Rücksicht auf die Zahl der nichtbürgerlichen steuerpflichtigen Einwohner und die Größe ihrer Steuerkapitalien nach Vernehmung der Gemeindebehörde bestimmt wird und welche durch geheime Abstimmung gewählt werden.

Nicht wählbar in den Armenrat als Vertreter der nichtbürgerlichen Einwohner sind diejenigen:

1. welche zu einer peinlichen Strafe oder
2. innerhalb der letzten fünf Jahre zu einer Arbeitshausstrafe von wenigstens sechs Monaten oder durch richterliches Erkenntnis zur Dienstentlassung oder wegen Diebstahls, Unterschlagung, Betrugs oder Fälschung zu irgendeiner anderen Strafe verurteilt wurden;
3. über deren Vermögen die Gant eröffnet worden ist, sofern sie nicht nachweisen, daß sie ihre Gläubiger befriedigt haben;

4. die mit anderen Mitgliedern in auf- und absteigender Linie oder im zweiten oder dritten Grad der Seitenlinie verwandt oder verschwägert sind.

Die Gewählten sind zur Annahme der Wahl, welche auf sechs Jahre geschieht, nicht verpflichtet; wegen dienstwidriger Handlungen kann ihre Entlassung durch den Bezirksrat ausgesprochen werden.

Vergl. V. des Min. des Innern, die Wahlen in den Armenrat betr., v. 17. Juni 1870 (GVBl. S. 563). In den Städten wird die öffentliche Armenpflege von einer dem Stadtrate untergeordneten Armenkommission verwaltet (§§ 19, 19a und 19b, 26—28 Städteordnung v. 20. Juni 1884, GVBl. S. 245); auch in Gemeinden mit mindestens 2000 Einwohnern können besondere bleibende Kommissionen zur Unterstützung des Gemeinderats gebildet werden (§ 28 der Gemeindeordnung).

§ 27. Der Armenrat kann für die verschiedenen Zweige oder Anstalten der Armenpflege aus seiner Mitte oder aus der Zahl der selbständigen Einwohner eine oder mehrere Kommissionen bilden und für einzelne Bezirke der Gemeinde besondere Armenpfleger bestellen.

§ 28. Der Armenrat ist befugt, von der Verwendung solcher Stiftungen für Armenzwecke, über welche von anderen Behörden verfügt wird, Kenntnis zu nehmen, und ist verpflichtet, durch Zusammenwirken mit den Organen der Stiftungsverwaltung und der freiwilligen Armenpflege eine möglichst einheitliche Leitung des gesamten örtlichen Armenwesens und die tunlichste Verminderung des öffentlichen Armenaufwands herbeizuführen.

§ 29. Die Kreisarmenpflege wird von den gesetzlichen Organen der Kreise verwaltet und bleibt, soweit nicht das gegenwärtige Gesetz ihnen die Verpflichtung zu bestimmten Leistungen auferlegt, ihrer freien Beschlußfassung überlassen.

Vergl. §§ 25, 26, 41 Nr. 3 und 4, 43, 48—50 des Ges. v. 5. Okt. 1863, die Organisation der inneren Verwaltung betr. (RGBl. S. 399).

§ 30. Der für die örtliche Armenpflege erforderliche öffentliche Aufwand wird in dem Gemeindevoranschlag der Zustimmung der Gemeinde unterbreitet (§ 56 a der Gemeindeordnung) und in der Gemeinderechnung verrechnet. Er wird (vorbehaltlich der Bestimmung des § 31) gleich den übrigen Gemeindeausgaben bestritten.

§§ 31—33 sind aufgehoben. Es bestehen keine besonderen Bestimmungen für die Aufbringung des örtlichen Armenaufwandes.

Vergl. die Gesetze v. 1. und 2. Mai 1886, betr. die Abänderung der Städte- bezw. Gemeindeordnung und die Aufbringung des Gemeindeaufwandes (GVBl. S. 193, 199) und bezüglich der Kreisarmenpflege Ges. v. 2. März 1880 (GVBl. S. 36) und Ges. v. 1. März 1884 (GVBl. S. 66).

§ 34. Der § 34 ist durch das Gesetz v. 24. März 1888, betr. die Ausführung der Unfall- und Krankenversicherung (Ges.- u. VerBl. S. 189), aufgehoben und durch die reichs- bezw. landesgesetzlichen Vorschriften über die Kranken- und Unfallversicherung ersetzt.

6. Thüringen.

a. Sachsen-Weimar-Eisenach. AusfGes. v. 23. Februar 1872.

§ 1. Die Ortsarmenverbände werden durch die Ortsgemeindebezirke und durch die nach Art. 4 Ziff. 1 und 2 der revidierten Gemeindeordnung vom 18. Januar 1854 begründeten Grundstücksbezirke, von denen der des Kronguts und der der Kameralforsten jeder einen besonderen Armenverband darstellt, gebildet.

Eine Abänderung der Gemeinde- und Grundstücksbezirke hat ohne weiteres auch die entsprechende Veränderung der betreffenden Ortsarmenverbände zur Folge. Eine Abänderung der Ortsarmenverbände kann mit gleichzeitiger Abänderung der betreffenden Gemeinde- und bezüglich Grundstücksbezirke unter den für Abänderung der Gemeindebezirke bestehenden gesetzlichen Voraussetzungen stattfinden. Doch ist es zulässig, daß sich mehrere Ortsarmenverbände desselben Verwaltungsbezirks im Wege der Vereinbarung zu einem Gesamtarmenverbande mit Unserer Genehmigung vereinigen, vor deren Erteilung indes der betreffende Bezirksausschuß gehört werden wird.

§ 2. Die Funktionen des Landarmenverbandes werden von dem Großherzogtum unmittelbar übernommen und durch eine vom Staatsministerium, Departement des Innern, zu ernennende Kommission ausgeübt.[1])

1. Vergl. Instruktion für die Landarmenkommission v. 9. Dez. 1874.

§ 3. Die auf Gemeindebezirken beruhenden Ortsarmenverbände werden von den betreffenden Gemeindebehörden nach Maßgabe der Gemeindeordnung verwaltet.

Durch Gemeinderatsbeschluß können in allen Ortsarmenverbänden für die Verwaltung der öffentlichen Armenpflege dem Gemeindevorstande untergeordnete Deputationen aus Mitgliedern der Gemeindevertretung und geeignetenfalls unter Zuziehung anderer Ortseinwohner gebildet werden. Die dazu bestimmten Mitglieder aus dem Gemeinderate wählt dieser, die übrigen Mitglieder der Gemeindevorstand. Eine Zwangspflicht der Ortseinwohner zur Übernahme eines unbesoldeten Amts in der Gemeindearmenvertretung kann durch Ortsstatut eingeführt werden.

Die Verwaltung des Armenwesens eines Gesamtarmenverbandes ist durch eine Deputation zu führen, über deren Zusammensetzung in der Vereinbarung hinsichtlich der Bildung des Gesamtarmenverbandes Bestimmungen zu treffen sind.

Der von Grundstücken des Kronguts gebildete Ortsarmenverband wird durch das Hofmarschallamt, welches seine Vertreter für die einzelnen Bestandteile des Kronguts bestellen kann, verwaltet. Der aus dem Kameralforstbezirke gebildete Ortsarmenverband wird durch die Forstinspektionen nach Maßgabe der beteiligten Forstinspektionsbezirke verwaltet.

§ 5. Die Unterstützung wird in den auf Gemeindebezirken beruhenden Ortsarmenverbänden aus den Gemeindekassen bezüglich aus den in der Gemeinde etwa bestehenden Armenkassen geleistet.

Der Vereinbarung bei Bildung eines Gesamtarmenverbandes bleibt überlassen, festzusetzen, in welchem Verhältnis die Kosten des Armenwesens dieses Verbandes auf die zu einem Armenverbande sich vereinigenden Gemeinden zu verteilen sind.

§ 6. In den auf Grundstücksbezirken beruhenden Ortsarmenverbänden ist die Unterstützung Hilfsbedürftiger aus der Staatskasse und bezüglich aus der Hofkasse (§ 3) zu gewähren.

Diejenigen Hilfsbedürftigen, welche von dem aus Kameralforsten gebildeten Ortsarmenverbande unterstützt werden müssen, sind auf Antrag der Vertreter dieses Bezirks (§ 3) nach Bestimmung des Staatsministeriums, Departement des Innern, einem anderen auf Gemeindebezirken beruhenden Orts- oder Gesamtarmenverbande gegen Gewährung voller Entschädigung zu überweisen.

Provisorisch sind bis zur Einholung der Bestimmung des Staatsministeriums, Departement des Innern, die Vertreter des aus den Kameralforsten gebildeten Ortsarmenverbandes zu einer solchen Überweisung berechtigt.

§ 7. Eine Unterstützung der Orts- oder Gesamtarmenverbände erfolgt durch Gewährung einer angemessenen Beihilfe aus der Staatskasse in Fällen der Überlastung durch die Armenversorgung nach Unserer Bewilligung und Bestimmung, wenn von dem betreffenden Bezirksausschusse die Überlastung des Armenverbandes anerkannt worden ist.

Daneben bleiben die Bestimmungen wegen Übernahme des ganzen bezüglich teilweisen Verpflegungsaufwandes hilfsbedürftiger Geisteskranker und anderer hilfsbedürftiger Kranker in einer Landesheilanstalt oder Pflegeanstalt auf die Staatskasse in Kraft.[1])

1. § 51 Ges. über die Heimatverhältnisse v. 23. Febr. 1850 Nachtragsges. v. 11. Jan. 1854 (RGBl. S. 328) und v. 10. Dez. 1886 (RGBl. S. 328).

§ 8. Von dem Landarmenverbande ist der innerhalb der gesetzlichen Grenzen erwachsene gesamte Unterstützungsaufwand Hilfsbedürftiger in den Fällen der §§ 30 b, 33, 60 des Bundesgesetzes zu bestreiten. Unserem Staatsministerium, Departement des Innern, steht jedoch auf Antrag der in § 2 gedachten Kommission in diesen Fällen das Recht zu, einzelnen Ortsarmenverbänden, für welche gesetzlich die Übernahmepflicht nicht bereits besteht, hilfsbedürftige Personen unter Vorbehalt der Erstattung des gesetzlichen Unterstützungsaufwandes durch die Landarmenkasse zuzuweisen. Die Feststellung des fraglichen Aufwandes erfolgt endgültig für beide Teile durch den der beteiligten Gemeinde vorgesetzten Bezirksdirektor.

6 b. Sachsen-Meiningen. AusfGes. v. 24. Februar 1872.

Art. 2. Jede Gemeinde und jeder Gemarkungsverband bildet für sich einen Ortsarmenverband.

Art. 3. Es ist zulässig, daß sich mehrere Gemeindebezirke oder Gemarkungsverbände im Wege der Vereinbarung zu einem Gesamtarmenverbande unter Festsetzung der Verfassung desselben vereinigen.

Zur Errichtung und zur Auflösung eines Gesamtarmenverbandes bedarf es der Genehmigung des Herzoglichen Staatsministeriums, Abteilung des Innern, vor welcher der Kreisausschuß zu hören ist.

Jede Errichtung und jede Wiederauflösung eines Gesamtarmenverbandes ist durch das Regierungsblatt zur öffentlichen Kenntnis zu bringen.

Art. 4. Die für die allgemeine öffentliche Armenpflege bestimmten Ortsarmenkassen sind Eigentum der betreffenden Gemeinden.

Vermögensbestände, welche denselben durch Privatverfügung zugefallen sind, müssen bestimmungsmäßig verwendet werden.

Das Vermögen kirchlicher oder religiöser Anstalten und Genossenschaften, für sich bestehender Stiftungen und sonstiger juristischer Personen, auch wenn es für Armenzwecke bestimmt ist, wird von der Bestimmung im ersten Absatz nicht berührt.

Art. 5. Die Vorsteher von Korporationen und anderen juristischen Personen sind verpflichtet, den Gemeindebehörden auf deren Erfordern Auskunft über den Betrag der Unterstützungen zu erteilen, welche einem Hilfsbedürftigen des Gemeindebezirks aus den unter ihrer Verwaltung stehenden, einem Zweck der Wohltätigkeit gewidmeten Fonds gewährt werden.

Art. 6. Jeder Kreis und bis auf weiteres die Kreisabteilung Kamburg bildet einen besonderen Landarmenverband.

Art. 7. Die nach § 33 des Bundesgesetzes vom 6. Juni 1870 dem Staate obliegende Verpflichtung ist von demjenigen Landarmenverbande zu übernehmen, innerhalb dessen der Hilfsbedürftige seinen letzten Unterstützungswohnsitz hat. Läßt sich dies nicht ermitteln, so ist derjenige Landarmenverband zu deren Übernahme verpflichtet, in dessen Bezirk die Hilfsbedürftigkeit hervorgetreten ist.

Art. 8. Die Landarmenverbände sind befugt, die ihrer Fürsorge gesetzlich anheimfallenden Personen demjenigen Ortsarmenverbande gegen Entschädigung zu überweisen, welcher nach § 28 des Bundesgesetzes vom 6. Juni 1870 zu deren vorläufiger Unterstützung verpflichtet ist.

Art. 9 (in der Fassung des Ges. v. 14. Dez. 1889, GS. S. 295). Die Kreise haben gegenüber den Ortsarmenverbänden, welche zu ihnen gehören, die Verpflichtung, die Kosten der öffentlichen Armenpflege, welche die Unterbringung Geisteskranker, Idioten, Epileptiker, Taubstummer und Blinder in Heil-, Pflege- und Unterrichtsanstalten verursacht, unbeschadet der Verpflichtung der Ortsarmenverbände zur vorläufigen Unterstützung der in ihrem Bezirke der Hilfsbedürftigkeit anheimfallenden Personen unmittelbar zu übernehmen.

Art. 10. Die Kreise (Art. 6) können die Kosten der öffentlichen Armenpflege, welche die Fürsorge für Kranke und Sieche erfordert, unmittelbar übernehmen.

Art. 11. Die Landarmenverbände müssen in ihren Kranken- und Armenhäusern, soweit die Umstände es gestatten, auf Antrag der Ortsarmenverbände die deren Fürsorge gesetzlich anheimfallenden Personen gegen Entschädigung (Art. 13) aufnehmen.

Art. 12. Die Landarmenverbände sind verpflichtet, nach Entscheidung des Herzoglichen Staatsministeriums, Abteilung des Innern, denjenigen Ortsarmenverbänden ihres Bezirks eine Beihilfe zu gewähren, welche den ihnen obliegenden Verpflichtungen zu genügen unvermögend sind.

Art. 13. Das gesamte Armenwesen steht unter der Aufsicht des Herzoglichen Staatsministeriums, Abteilung des Innern. Dasselbe stellt die Tarife für die Erstattung der Kosten der Armenunterstützung nach Anhörung der betreffenden Kreisausschüsse fest.

6c. Reuß.

1. Gesetz vom 31. Mai 1920 über die Ausführung des Reichsgesetzes über den Unterstützungswohnsitz vom 30. Mai 1908 (GS. f. d. Volksstaat Reuß S. 79).

§ 1. Die Aufgaben des Landarmenverbandes gehen einheitlich für ganz Reuß auf den Staat über. Das Landesversorgungsheim Zeulenroda ist auf den Staat zu übernehmen.

Die Landesregierung, Abteilung für das Innere, verwaltet die Angelegenheiten des Landarmenverbandes. Sie kann einen ihrer Beamten damit beauftragen und als Leiter des Landarmenverbandes bestellen. Der betreffende Beamte ist berechtigt, den Landarmenverband in allen Streitsachen zu vertreten.

§ 2. Der Staatsrat des Volksstaates Reuß ist ermächtigt, einheitlich für diesen Ausführungsbestimmungen zu dem

Reichsgesetz über den Unterstützungswohnsitz vom 30. Mai 1908 (RGBl. S. 381) zu erlassen.

§ 3. Dieses Gesetz tritt mit Wirkung vom 1. April 1920 in Kraft.

2. Verordnung vom 22. Juni 1920 zur anderweiten Ausführung des Reichsgesetzes über den Unterstützungswohnsitz vom 30. Mai 1908 (GS. f. d. Volksstaat Reuß S. 88).

II. Organe der öffentlichen Unterstützung Hilfsbedürftiger.

A. Ortsarmenverbände.

a) Gemeinden.

§ 4. Jede Gemeinde bildet für sich einen Ortsarmenverband, sofern sie nicht einem mehrere Gemeinden oder Armenbezirke umfassenden einheitlichen Ortsarmenverband (Gesamtarmenverband) schon angehört oder nach den folgenden Bestimmungen einzuverleiben ist.

Die Verwaltung der öffentlichen Armenpflege steht in den Gemeinden überall den für die Verwaltung der Gemeindeangelegenheiten nach der Gemeindeordnung vom 11. Juni 1919 (GS. f. d. Volksstaat Reuß, Bd. 1 S. 99) zuständigen Gemeindebehörden zu. Die Bestimmungen der Gemeindeordnung über die Verwaltung der Gemeindeangelegenheiten, insbesondere die Bestimmungen über die Zuständigkeit des Gemeindevorstandes und der Gemeindevertretung, sind überall auch für die Verwaltung der öffentlichen Armenpflege maßgebend.

§ 5. Auf Grund eines Beschlusses der Gemeindevertretung können in allen Gemeinden für die Verwaltung der öffentlichen Armenpflege besondere dem Gemeindevorstand untergeordnete Kommissionen aus Mitgliedern des Gemeindevorstandes und der Gemeindevertretung, geeignetenfalls unter Zuziehung anderer Ortseinwohner, gebildet werden. Den Vorsitz in solchen Kommissionen führt der Bürgermeister oder ein von ihm abgeordnetes Mitglied des Gemeindevorstandes. Die Wahl der übrigen Mitglieder steht der Gemeindevertretung zu.

§ 6. Jedes zu einem Gemeindeamt wählbare Gemeindemitglied ist verpflichtet, eine unbesoldete Stelle in der Gemeindearmenverwaltung zu übernehmen und drei Jahre fortzuführen. Von dieser Verpflichtung befreien die nicht schon dem Gemeindevorstand oder dem Gemeinderat angehörigen Ortseinwohner nur folgende Gründe: 1. anhaltende Krankheit, 2. Geschäfte, die eine häufige oder lange dauernde Abwesenheit mit sich bringen, 3. ein Alter von 60 oder mehr Jahren, 4. sonstige besondere, eine gültige Entschuldigung begründende Verhältnisse, über deren Vorhandensein von der Gemeindevertretung zu beschließen ist.

Wer eine unbesoldete Stelle die gesetzlich vorgeschriebene Zeit hindurch wahrgenommen hat, ist während der nächstfolgenden gleichlangen Zeit von der Wahrnehmung einer solchen Stelle befreit.

§ 7. Wer ohne gesetzlichen Grund die Übernahme oder fernere Wahrnehmung einer unbesoldeten Stelle in der Gemeindearmenverwaltung verweigert oder sich dieser Wahrnehmung entzieht, kann vom Gemeindevorstand für 3 Jahre, spätestens bis zum Ende seiner Amtszeit, in eine jährliche Geldstrafe bis zu 300 Mark genommen werden, falls die Gemeindevertretung zustimmt.

§ 8. Die Vorsteher von öffentlichen Körperschaften und anderen juristischen Personen sind verpflichtet, den Gemeindebehörden sowie anderen Verwaltungen eines Orts- oder Gesamtarmenverbandes und dem Leiter des

Landarmenverbandes auf Erfordern Auskunft über den Betrag der Unterstützungen zu erteilen, die einem Hilfsbedürftigen aus dem unter ihrer Verwaltung stehenden der Wohltätigkeit gewidmeten Vermögen gewährt werden.

b) Besondere Armenbezirke.

§ 9. Grundbesitzungen, die noch keinem Gemeindebezirk angehören (vergl. § 2 Abs. 2 der Gemeindeordnung), werden durch die Kammer für das Heimatwesen (§ 17) für den Gegenstand des gegenwärtigen Gesetzes als eigene Bezirke eingerichtet oder auf Antrag der Eigentümer angrenzenden Ortsarmenverbänden zugeschlagen. Soweit dies geschehen ist, bewendet es hierbei bis zur Einbezirkung dieser ausgenommenen Gebiete.

In eigenen Bezirken haben die Grundeigentümer die Kosten der öffentlichen Armenpflege gleich den Gemeinden zu tragen.

c) Gesamtarmenverbände.

§ 10. Die einen einheitlichen Ortsarmenverband (Gesamtarmenverband) jetzt schon bildenden Verbände von Gemeinden bleiben als solche bestehen.

§ 11. Gemeinden oder Armenbezirke, die einem der in § 10 genannten Verbände nicht angehören, können mittels gegenseitiger Vereinbarung als Gesamtarmenverbände eingerichtet oder einem bestehenden Gesamtarmenverband einverleibt werden. Die Art der Beschlußfassung über die gemeinschaftlichen Angelegenheiten, die Vertretung des Gesamtarmenverbandes nach außen, die Formen der Verwaltung und die Aufbringungsweise der Kosten der gemeinsamen Armenpflege sind in diesem Fall durch eine von der Kammer für das Heimatwesen zu bestätigende Satzung zu regeln, für welche nachstehende Bestimmungen maßgebend sind:

Es wird für den Gesamtarmenverband eine besondere aus Abgeordneten der Gemeinden und Armenbezirke bestehende Vertretung gebildet. Die Zahl der von den Gemeinden und Armenbezirken zu entsendenden Abgeordneten sowie geeignetenfalls die Zahl der dem Abgeordneten eines Armenbezirks einzuräumenden Stimmen wird nach dem Verhältnis der von den Gemeinden und Armenbezirken zu leistenden Beiträge zu den Kosten der gemeinsamen Armenpflege bestimmt mit der Maßgabe, daß jede Gemeinde und jeder Armenbezirk wenigstens einen Abgeordneten zu entsenden hat. Die Abgeordneten der Gemeinden, zu denen jedoch in allen Fällen der Bürgermeister gehören muß, werden von der Gemeindevertretung auf drei bis sechs Jahre gewählt. Die Vertretung des Gesamtarmenverbandes wählt einen Vorsitzenden und einen stellvertretenden Vorsitzenden, in der Regel aus ihrer Mitte. Dem Vorsitzenden kann eine Dienstunkostenentschädigung gewährt werden. In Beziehung auf die Verwaltung der gemeinsamen Armenpflege stehen der Vertretung des Gesamtarmenverbandes die Rechte des Gemeinderats, dem Vorsitzenden die Rechte des Gemeindevorstandes zu. Die Verteilung der Kosten der gemeinsamen Armenpflege auf die einzelnen Gemeinde- und Armenbezirke erfolgt nach Maßgabe der in ihnen aufkommenden direkten Staatssteuern.

Den einzelnen Gemeinden bleibt die Aufbringung des auf sie verteilten Kostenbeitrags nach den Vorschriften über Aufbringung der Gemeindelasten überlassen.

§ 12. Die Bestimmungen der §§ 5 bis 8 kommen auch bezüglich der Gesamtarmenverbände und ihrer Vertretung zur Anwendung.

§ 13. Ein Gesamtarmenverband kann sich nur in den Formen, die für die Beschlußfassung über die gemeinschaftlichen Angelegenheiten vorgeschrieben sind, und nur mit Genehmigung der Kammer für das Heimatwesen wieder auflösen.

§ 14. Jede Einrichtung und Wiederauflösung eines Gesamtarmenverbandes ist im Amts- und Verordnungsblatt zu veröffentlichen.

d) Aufsicht der Landesregierung.

§ 15. Der Landesregierung steht nach Maßgabe der Gemeindeordnung die Aufsicht über die Verwaltung der Ortsarmenverbände zu. Sie hat insbesondere auch darüber zu wachen, daß das Armenvermögen seinen bestimmungsmäßigen Zwecken nicht entfremdet wird.

B. Landarmenverband.

Seine Rechte und Pflichten.

§ 16. Der Landarmenverband (Staat) ist befugt, die seiner Fürsorge gesetzlich anheimfallenden Personen demjenigen Ortsarmenverband gegen Entschädigung zu überweisen, der nach den §§ 28, 60 des Reichsgesetzes vom 30. Mai 1908 (RGBl. S. 381) zu ihrer vorläufigen Unterstützung verpflichtet ist.

Die für den Betrag der Erstattungsforderung der Armenverbände maßgebenden Tarife werden von der Landesregierung, Abteilung für das Innere, nach Gehör der Bezirksräte aufgestellt.

Der Landarmenverband ist verpflichtet, denjenigen seinem Bezirk angehörigen Ortsarmenverbänden eine Beihilfe zu gewähren, welche den ihnen obliegenden Verpflichtungen zu genügen außerstande sind. Ob und welche Beihilfe zu leisten ist, entscheidet nach Anhörung des Bezirksrats endgültig die Landesregierung, Abteilung für das Innere. Die Beihilfe kann in Geld oder mittels Bereitstellung von Pflegeanstalten oder in sonst geeigneter Weise gewährt werden.

6d. Sachsen-Altenburg. AusfVer. v. 3. Juni 1871.

§ 2. Jede Stadt- resp. Landgemeinde bildet für sich einen Ortsarmenverband, insoweit nicht, insbesondere nach § 6 des Gesetzes, die Abänderung und Ergänzung einiger Bestimmungen des Gesetzes über das Heimatsrecht und Armenwesen vom 9. August 1833 betreffend, vom 10. Februar 1857 sich mehrere Gemeinden zu einem Armenverband vereinigt haben, wobei es bewendet. Vereinigung mehrerer Gemeinden zu einem Armenverbande nach Maßgabe der soeben angezogenen gesetzlichen Bestimmungen bleiben auch fernerhin gestattet.

Abs. 3 übereinstimmend mit § 15 Pr. AG.

§ 3. Grundstücke, Grundstückskomplexe, welche zurzeit einem bestimmten Gemeindebezirke nicht angehören, bilden für sich einen Ortsarmenverband (§ 4 des Bundesgesetzes).

Besitzer solcher Grundstücke haben die Kosten der öffentlichen Armenpflege gleich den Gemeinden zu tragen.

§ 4. In betreff der Beschaffung der für die Armenpflege erforderlichen Mittel sind für die Stadt- und Dorfgemeinden die bereits bestehenden landesgesetzlichen und ortsstatutarischen resp. vertragsmäßigen Bestimmungen maßgebend.

§ 5. Die Obliegenheiten des Landarmenverbandes übernimmt . . . der Staat. Derselbe ist befugt usw. wie § 34 Pr. AG. Die Ausübung der Funktionen des Landarmenverbandes erfolgt durch das Herzogliche Ministerium, Abteilung des Innern.

Dasselbe ist berechtigt, die Besorgung der desfallsigen Geschäfte einer Kommission zu übertragen (NachtrV. v. 12. Aug. 1876, GS. S. 227).

§ 6, welcher von der den Ortsarmenverbänden zu gewährenden Beihilfe aus dem sog. allgemeinen Hilfsfonds handelte, ist durch das Gesetz, betr. den außerordentlichen Armenaufwand der Gemeinden, v. 10. April 1897 und die Novelle zu demselben v. 8. Januar 1906 ersetzt, nach welchem diese für den außerordentlichen Armenaufwand (d. h. für die Unterbringung von hilfsbedürftigen Körperkranken und Siechen, Geisteskranken, Idioten, Epileptischen, Taubstummen, Blinden, Krüppeln in inländischen und ausländischen, öffentlichen und privaten Heil- und Pflegeanstalten zum Zweck der Pflege oder Ausbildung, einschließlich der Kosten der Ausstattung und Einlieferung, Unterhaltung und Beerdigung) einen Staatszuschuß nach Maßgabe der §§ 2 ff. jenes Gesetzes erhalten.[1] [2])

1. Der § 13 des Volksschulges. v. 12. Febr. 1889 und die auf denselben bezügliche Bestimmung in § 1 Abs. 2 h des Ges. v. 10. April 1897 ist durch § 121 des AG. zum BGB. aufgehoben.

2. Bei Unterbringung in inländische öffentliche Anstalten sind die hierfür gesetzlichen Vorschriften zu beachten, für die Unterbringung in anderen Anstalten ist ministerielle Genehmigung nachzusuchen (Art. 2 der Novelle v. 8. Jan. 1906).

§ 7 übereinstimmend mit § 38 Pr. AG. mit dem Zusatze am Schlusse: „vorbehaltlich jedoch der Wiedereinziehung solcher Kosten aus dem etwaigen Vermögen solcher Personen“.

6e. Sachsen-Gotha. AusfGes. v. 31. Mai 1871.

§ 2. Jeder Gemeindebezirk im Herzogtum Koburg und jeder Heimatsbezirk im Herzogtum Gotha bildet für sich einen Ortsarmenverband, sofern nicht mehrere solche Bezirke zu einem Gesamtarmenverband vereinigt werden.

Grundstücke, welche keinem Gemeindebezirke angehören, sind dem Ortsarmenverbande einer Gemeinde durch das Staatsministerium zuzuweisen.

§ 3 Abs. 1 übereinstimmend mit Satz 2 und 3 des § 2 Pr. AG.

Abs. 2 übereinstimmend mit § 3 Abs. 1 Pr. AG.

Die Wahl der Mitglieder der Deputation (Kommission) mit Ausnahme des Bürgermeisters (Schultheiß) steht der Gemeindevertretung zu.

Abs. 3 übereinstimmend mit § 3 Abs. 3 Pr. AG.

§ 4 übereinstimmend mit § 4 Pr. AG.: Wer eine unbesoldete Stelle vier Jahre hindurch bekleidet hat, kann die fernere Übernahme einer solchen Stelle während der nächstfolgenden vier Jahre ablehnen.

§ 5 übereinstimmend mit § 5 Pr. AG., nur mit dem Unterschiede, daß der Verlust des Rechts zur Teilnahme an den Gemeindewahlen auf 4—8 Jahre festgesetzt ist, während die Bestimmung über die stärkere Heranziehung zu den Gemeindeabgaben fehlt.

§ 6. Die Kosten des Ortsarmenverbandes werden aus der Gemeindekasse bestritten. Solange nach Vorschrift der Gemeindegesetze (Koburger GemGes. Art. 6, Gothaer GemGes. §§ 54 und 56) den Besitzern gewisser Grundstücke lediglich die Pflicht der Fürsorge für die Verpflegung erkrankter und der Beerdigung verstorbener Fremder obliegt, tritt an die Stelle dieser Pflicht der Ersatz des für diese Leistungen von dem nunmehr dazu verpflichteten Ortsarmenverbande bestrittenen notwendigen Aufwandes.

§ 7 übereinstimmend mit § 6 Pr. AG.

§ 8. Es ist zulässig, daß sich mehrere Gemeindebezirke im Herzogtum Koburg oder Heimatbezirke im Herzogtum Gotha im Wege der Vereinbarung zu einem Gesamtarmenverbande mit Genehmigung der vorgesetzten Behörde vereinigen.

§ 9 übereinstimmend mit § 13 Pr. AG.

§ 10 übereinstimmend mit § 15 Pr. AG.

§ 11. Den Staatsbehörden steht nach Maßgabe der Gemeindeverfassungsgesetze die Aufsicht über die Verwaltung der Ortsarmenverbände und der Gesamtarmenverbände zu.

§ 12. Jedes der beiden Herzogtümer (Koburg und Gotha) bildet für sich einen Landarmenverband, dessen Funktion der Staat übernimmt, auch die Ausgaben werden von der Staatskasse des betreffenden Herzogtums getragen.

Dem Staatsministerium bleibt vorbehalten, für die Verwaltung der Angelegenheiten des einen oder des anderen Landarmenverbandes eine besondere Kommission zu bestellen.

§ 13 übereinstimmend mit § 34 Abs. 1 Pr. AG.

§ 14. Denjenigen Ortsarmenverbänden, welche den ihnen obliegenden Verpflichtungen zu genügen unvermögend sind, wird die erforderliche Beihilfe aus der Staatskasse des betreffenden Herzogtums in Geld oder mittels Bereitstellung von Pflegeanstalten oder sonst in geeigneter Weise gewährt.

Für das Herzogtum Gotha verordnet das Gesetz, betr. die Tragung der Kosten für die in geschlossenen Anstalten untergebrachten Personen, vom 20. März 1906 (GS. S. 21):

Zu den Kosten, die den Gemeinden durch Bewahrung, Verpflegung und geeignetenfalls Erziehung und Ausbildung von Geisteskranken, Idioten, Epileptischen, Krüppeln, Taubstummen und Blinden in hierfür bestimmten Heil- und Pflegeanstalten, durch die Einbringung in solche und durch die von den Anstalten selbst bewirkte Beerdigung erwachsen, hat die Staatskasse einen Beitrag von zwei Dritteilen zu gewähren, wenn das Staatsministerium oder die von diesem bezeichnete andere Verwaltungsstelle die Aufnahme in die Anstalt genehmigt hat.

Für das Herzogtum Koburg ist ein entsprechendes Gesetz v. 27. März 1911 (GS. S. 89) erlassen: Der von der Staatskasse zu gewährende Betrag ist auf mindestens ein Drittel normiert und die Vorschrift auf den Fall erstreckt, daß bei einer auf Privatkosten in der betreffenden Anstalt untergebrachten Person ihr Belassen auf Kosten des zuständigen Ortsarmenverbandes genehmigt ist.

6f. Schwarzburg-Rudolstadt.

a) Ges. v. 23. Juni 1871.

§ 2. Die Organisation der öffentlichen Unterstützung Hilfsbedürftiger wird durch die Gemeindeverfassungsgesetze bestimmt. Die Verwaltung usw. wie in Satz 2 und 3 des § 2 Pr. AG.

Abs. 2. Wer ohne gesetzlichen Grund die Übernahme oder fernere Wahrnehmung einer unbesoldeten Stelle in der Gemeindeverwaltung verweigert oder sich dieser Wahrnehmung entzieht, kann neben den durch die Gemeindeverfassungsgesetze bestimmten Strafen zu den Gemeindeabgaben um $^1/_4$—$^1/_8$ stärker herangezogen werden.

b) V. v. 23. Juni 1871, betr. die Organe der öffentlichen Unterstützung Hilfsbedürftiger.

§ 1. Jede Gemeinde bildet für sich einen Ortsarmenverband, sofern sie nicht einem mehrere Ortsarmenverbände umfassenden einheitlichen Armenverbande einverleibt wird (§§ 2 und 3 des Bundesgesetzes, Art. 16 der revidierten Gemeindeordnung). [1])

1. Vom 23. April 1858 (GS. S. 35).

§ 2. Den Gemeinden werden, soviel den Gegenstand der Gesetze über den Unterstützungswohnsitz betrifft, die außerhalb des Gemeindeverbandes stehenden Gutsbezirke gleichgeachtet (Art. 5 der revidierten Gemeindeordnung).

Waldungen von größerem Umfange und Grundbesitzungen, welche nach der rev. Gemeindeordnung außerhalb der Gemeinde- und Gutsbezirke stehen, werden für den Gegenstand der Gesetze über den Unterstützungswohnsitz als selbständige Bezirke mit allen Rechten und Lasten der Gutsbezirke eingerichtet.

§ 3. Durch freiwillige Übereinkunft und mit Genehmigung des Ministeriums können sich mehrere Ortsarmenverbände (§§ 1 und 2) zu Gesamtarmenverbänden vereinigen.

Die Verfassung der Gesamtarmenverbände wird durch statutarische Vorschriften geregelt, deren Vereinbarung den beteiligten Ortsarmenverbänden, vorbehaltlich der Bestätigung der Statuten durch das Ministerium, überlassen bleibt.

§ 4. Das ganze Fürstentum bildet einen Landarmenverband, dessen Funktionen der Staat übernimmt.

6g. Schwarzburg-Sondershausen. AusfGes. v. 25. Januar 1872.

§ 1. Jeder Gemeindebezirk einschließlich der geographisch zu ihm gehörigen Fürstlichen Domänen und Rittergüter bildet einen Ortsarmenverband.

Neben den Gemeindebezirken bilden

a) die zur unmittelbaren Benutzung des Fürsten dienenden Grundbesitzungen (Schlösser usw.),

b) die Fürstlichen Forsten,

c) solche Fürstlichen Domänen, welche außerhalb des geographischen Verbandes eines Gemeindebezirks gelegen sind,

besondere Ortsarmenverbände dergestalt, daß von den unter b erwähnten Forsten die in einem landrätlichen Verwaltungsbezirk belegenen Bestandteile je einen einheitlichen besonderen Armenverband ausmachen und eine gleiche Einteilung auch bezüglich der unter a vorerwähnten Besitzungen stattfindet.

Mehrere Ortsarmenverbände ein und desselben Verwaltungsbezirks können im Wege der Vereinbarung und mit Hinzutritt der landesherrlichen Genehmigung zu einem Gesamtarmenverbande vereinigt werden.

Vergl. Art. 3—5 der neuen GemOrd. v. 15. Jan. 1876 (GS. S. 43).

§ 2. Die Funktionen des Landarmenverbandes werden von dem Fürstentume unmittelbar übernommen und durch das Fürstliche Ministerium, Abteilung des Innern, ausgeübt.

§ 3. Die auf Gemeindebezirken beruhenden Ortsarmenverbände werden von den betreffenden Gemeindebehörden, nach Befinden unter Mitwirkung dazu ernannter besonderer Kommissionen, nach Maßgabe der einschlägigen Bestimmungen der Städte- und der Landgemeindeordnung [1]) verwaltet. Die Unterstützungen werden aus der Gemeindekasse bezüglich aus der etwa in der Gemeinde bestehenden Armenkasse geleistet. Die mit den Ortsarmenverbänden vereinigten Fürstlichen Domänen tragen zu den bezüglichen Lasten nach Maßgabe der für die Heranziehung der Flurgenossen zu den Gemeindelasten nach der Städte- resp. Landgemeindeordnung [1]) geltenden Bestimmungen dergestalt bei, daß nur der innerhalb des betreffenden Ortsverbandes belegene Grundbesitz als steuerbares Vermögensobjekt in Betracht zu ziehen ist. In gleicher Weise werden die Beiträge der mit den Ortsarmenverbänden vereinigten Rittergüter festgesetzt. Die Bewohner der vorbezeichneten Fürstlichen Domänen und Rittergüter, sofern sie nicht infolge ihrer Eigenschaft als Gemeindeangehörige einer weitergehenden Kommunalsteuerpflicht unterworfen sind, tragen zu den bezüglichen Lasten im Verhältnis ihrer in der betreffenden Gemeinde zu entrichtenden direkten Staatssteuern bei.

1. An Stelle der Städte- und Landgemeindeordnung ist die neue GemOrd. v. 15. Jan. 1876 getreten. Vergl. Art. 5, 10, 67—81, 106—116.

§ 4. In einem Gesamtarmenverbande (§ 1 al. ult.) wird das Armenwesen durch eine Deputation verwaltet. Über deren Zusammensetzung, wie über das Verhältnis, nach welchem die sich vereinigenden Bezirke zu den Kosten der Armenpflege beizutragen haben, sind in der Vereinbarung über Bildung des Gesamtarmenverbandes Bestimmungen zu treffen.

Die von den Besitzungen, welche zur unmittelbaren Benutzung des Fürsten dienen, gebildeten Ortsarmenverbände werden durch das Fürstliche Hoffmarschallamt resp. durch Vermittlung der von demselben nach Befinden hierzu bestellten Vertreter unter Bestreitung der Kosten der Armenpflege aus der Hofkasse verwaltet.

Die aus Fürstlichen Kammerforsten gebildeten Ortsarmenverbände werden von den Fürstlichen Forstämtern nach Befinden unter Vermittelung der Revierbeamten verwaltet.

Die im Falle des § 1 sub c aus den Fürstlichen Domänen gebildeten Ortsarmenverbände werden von dem Fürstlichen Ministerium, Finanzabteilung, welches in diesen

Beziehungen kontraktlich durch die betreffenden Domänenpächter vertreten sein kann, verwaltet.

Die Kosten der Armenpflege in den Fürstlichen Domänen und Forsten fallen, solange die Verwaltung und Nutzung des Kammerguts dem Staate überlassen ist, in erster Linie und vorbehaltlich kontraktlicher Bestimmungen der Staatskasse zur Last.

§ 5. Diejenigen Hilfsbedürftigen, deren Unterstützung der Dominialforstverwaltung zur Last fällt, sind in der Regel einem der nächsten, auf Gemeindebezirken beruhenden Orts- oder Gesamtarmenverbände gegen Gewährung voller Entschädigung, welche nötigenfalls der betreffende Landrat festzustellen hat, durch den betreffenden Forstbeamten zu überweisen. Die Verwaltung des bezüglichen Armenverbandes darf sich einer solchen Zuweisung nicht entziehen; sie ist nötigenfalls durch den Landrat zur Übernahme des Hilfsbedürftigen behufs Vermittelung seiner Unterstützung resp. Verpflegung anzuhalten.

§ 6. Eine Unterstützung der Orts- oder Gesamtarmenverbände erfolgt durch Gewährung einer angemessenen Beihilfe aus der Staatskasse in Fällen der Überlastung durch die Armenversorgung nach dem Ermessen des Ministeriums, wenn von dem betreffenden Bezirksausschusse die Überlastung des Armenverbandes anerkannt worden ist.

Daneben bleibt die bestehende Einrichtung, wonach die Kosten der Unterbringung und des Unterhalts mittelloser Geisteskranken in bestimmten Irrenanstalten von dem betreffenden Bezirke aufgebracht werden, in Kraft.

§ 7. Von dem Landarmenverbande ist der innerhalb der gesetzlichen Grenzen erwachsene gesamte Unterstützungsaufwand Hilfsbedürftiger in den Fällen der §§ 30 (unter b),

33 und 60 des Bundesgesetzes zu bestreiten. Dem Fürstlichen Ministerium, Abteilung des Innern, steht jedoch in diesen Fällen die Befugnis zu, einzelnen Ortsarmenverbänden, für welche gesetzlich die Übernahmepflicht nicht bereits besteht, hilfsbedürftige Personen behufs Vermittlung ihrer Unterstützung resp. Verpflegung unter Vorbehalt der Erstattung des gesetzmäßigen Unterstützungsaufwandes aus der Landarmenkasse zuzuweisen. Die Feststellung des fraglichen Aufwandes erfolgt endgültig für beide Teile durch den den beteiligten Gemeinden vorgesetzten Landrat.

7. **Hessen.** AusfGes. v. 14. Juli 1871.

Art. 2. Jede Gemeinde bildet für den Umfang ihrer Gemarkung oder ihrer Gemarkungen, wenn mehrere Orte mit besonderen Gemarkungen zusammen eine Gemeinde bilden, einen Ortsarmenverband. Haben zwei Gemeinden eine gemeinschaftliche Gemarkung, so hat jede derselben für einen bestimmten Teil derselben die Verpflichtungen als Ortsarmenverband zu übernehmen. Können sich die Gemeinden über die zu diesem Behufe erforderliche Teilung der Gemarkung nicht verständigen, so entscheidet hierüber der Administrativjustizhof [1]) endgültig.

Die Ortsarmenverbände der Gemeinden werden durch den betreffenden Ortsvorstand vertreten, welchem die Verwaltung der öffentlichen Armenpflege als Gemeindeangelegenheit obliegt.

Auf Grund eines Gemeinderatsbeschlusses können in allen Gemeinden für die Verwaltung der öffentlichen Armenpflege besondere, ihm untergeordnete Deputationen aus Mitgliedern des Ortsvorstandes, geeignetenfalls unter Zuziehung anderer Ortseinwohner, gebildet werden. Den Vorsitz in solchen Deputationen führt der Bürgermeister beziehungsweise der Beigeordnete oder ein dazu von ihnen abgeordnetes Mitglied der Deputation.

Abs. 4 gleichlautend mit § 3 Abs. 3 Pr. AG.

1. S. zu Art. 15 Anhang E Anm. 2.

Art. 3. Diejenigen Gemarkungen, welche keiner Gemeinde angehören, bilden jede für sich einen Ortsarmenverband. Sie können jedoch unter Zustimmung der Beteiligten mit einem anderen Ortsarmenverband zu einem Ortsarmenverband vereinigt werden.

Die Kosten der öffentlichen Armenpflege in den nicht mit einer Gemeinde verbundenen Gemarkungen haben deren Eigentümer zu tragen. Sind mehrere Eigentümer vorhanden und besteht für die Gemarkung noch keine für die gemeinschaftlichen Angelegenheiten angeordnete Vertretung, so ist nach deren Anhörung von dem Kreisamte [1]) ein Statut zu erlassen, welches die Vertretung der Gemarkung als Ortsarmenverband und die Aufbringung der Kosten der öffentlichen Armenpflege nach Maßgabe der für die Gemeindeverwaltung bestehenden Vorschriften regelt und der Genehmigung des Ministeriums des Innern unterliegt.

1. Die Zustimmung des Kreisausschusses ist erforderlich. Art. 48 III 2 des Ges., betr. die innere Verwaltung usw., v. 8. Juli 1911.

Art. 4. Sämtliche zu einem Kreise gehörenden Ortsarmenverbände bilden zusammen einen Landarmenverband. Die Verwaltung der Angelegenheiten des Landarmenverbandes wird dem Bezirksrat [1]) übertragen. Derselbe hat aus seiner Mitte eine Kommission von drei Mitgliedern [1]) zu wählen, welche ihn in allen Angelegenheiten des Landarmenverbandes vertritt und ihm bei seinem nächsten Zusammentritt über ihre Geschäftsführung zur geeigneten Beschlußnahme Vorlage macht.

Die zur Erfüllung der Verpflichtungen des Landarmenverbandes aufzubringenden Kosten sind von der betreffenden Kreiskasse zu tragen.[2])

1. An die Stelle des Bezirksrats ist der Kreistag, an die Stelle der Kommission der Kreisausschuß getreten. Art. 31 Nr. 12, 48 I 4 des Ges., betr. die innere Verwaltung usw., v. 8. Juli 1911.

2. Mit dem 1. April 1894 ist das Ges., betr. die Kosten der Landarmenpflege, v. 24. Mai 1893 (RegBl. S. 49) in Kraft getreten, welches in Art. 1—4 verordnet:

Art. 1. Behufs der Bestreitung der Kosten der Landarmenpflege werden den Kreisen aus Mitteln des Staats Pauschsummen, welche in halbjährigen Beträgen zu zahlen sind, zur Verfügung gestellt.

Art. 2. Diese Pauschsummen bestehen in der Hälfte der Beträge, welche von den einzelnen Kreisen in Erfüllung der ihnen als Landarmenverbänden gesetzlich obliegenden Verpflichtungen im Durchschnitt der der jeweiligen Festsetzung vorausgegangenen drei Rechnungsjahre verausgabt worden sind.

Art. 3. Die Höhe der in Art. 2 dieses Gesetzes erwähnten Pauschsummen wird nach Anhörung des Kreistages auf Grund der in den Kreiskasserechnungen verausgabten Beträge von Unserem Ministerium des Innern und der Justiz auf die Dauer von drei Jahren festgesetzt und in den Hauptvoranschlag der Staatseinnahmen und -ausgaben eingestellt.

Art. 4. Die Bestimmungen des Art. 4 des Ges. v. 14. Juli 1871, die Ausführung des Reichsgesetzes über den Unterstützungswohnsitz betreffend, werden, insoweit sie sich mit den Vorschriften dieses Gesetzes nicht im Einklang befinden, vom Tage des Inkrafttretens des letzteren aufgehoben.

Art. 5. Die Landarmenverbände sind befugt, die Kosten der öffentlichen Armenpflege, welche die Fürsorge für Geisteskranke, Idioten, Sieche und Blinde verursacht, unmittelbar zu übernehmen. Die Verpflichtung der Ortsarmenverbände zur vorläufigen Unterstützung (§ 28 des Reichsgesetzes) der in ihrem Bezirke der Hilfsbedürftigkeit anheimfallenden Personen wird hierdurch nicht berührt.

Art. 6 übereinstimmend mit § 34 Satz 1 Pr. AG.

Art. 7. Befindet sich ein Ortsarmenverband außerstande, den ihm obliegenden Verpflichtungen zu genügen, so hat ihm auf Ansinnen der Regierungsbehörde der Landarmenverband eine entsprechende Beihilfe zu gewähren.

Ob und welche Beihilfe zu leisten ist, entscheidet endgültig der Administrativjustizhof. Die Beihilfe kann in Geld oder mittels Bereitstellung von Pflegeanstalten oder in sonst geeigneter Weise gewährt werden.[1])

1. Nach Art. 133 Nr. 9 des Ges. v. 8. Juli 1911, betr. die Verwaltungsrechtspflege, ist über Ansprüche des OAV. auf Beihilfe durch den LAV. in Gemäßheit des Art. 7 im Verwaltungsstreitverfahren zu entscheiden. I. Inst. Kreisausschuß, II. Inst. Provinzialausschuß. — Keine Revision: § 133 V a. a. O.

8. Hamburg. AusfGes. v. 23. Juni 1871.

§ 1. Als Ortsarmenverbände des Hamburgischen Staats (§§ 3 und 4 des Reichsgesetzes) gelten bis auf weiteres, unter Vorbehalt einer künftig vorzunehmenden anderweitigen Abgrenzung oder Zusammenlegung:

[1. die Stadt Hamburg mit dem zum Bezirke der allgemeinen Armenanstalt gehörigen Teile des Marschlandegebiets (dem großen Grasbook),

2. die Vorstadt St. Pauli mit dem zum Bezirke der St. Pauli-Armenanstalt gehörigen Teile des Geestlandegebiets (der Vogtei Rotherbaum),][1])

3. das Gebiet der Marschlande mit Ausnahme des sub 1 zum städtischen Armenverbande gezogenen Teils,

[4. das Gebiet der Geestlande mit Ausnahme des sub 2 zum vorstädtischen Armenverbande gezogenen Teils,][2])

5. das Amt Bergedorf,

6. das Amt Ritzebüttel.

In den letztgenannten vier Ortsarmenverbänden des Landgebiets haben die landherrlichen Behörden die Armenpflege durch die bestehenden Armenverwaltungen ausüben zu lassen.

Es scheiden aus diesen Ortsarmenverbänden nach Einführung der Landgemeindeordnung sukzessive die einzelnen oder die mehreren zu einer Armenverwaltung vereinigten Gemeinden als Ortsarmenverbände aus.

1. Nach § 1 Ges. über das Armenwesen v. 11. Sept. 1907 umfaßt der OAV. Hamburg: das Stadtgebiet und die Elbinseln Waltershof, Mühlenwärder und Droedenau; seit dem 1. April 1913 die Gemeinden Alsterdorf, Ohlsdorf, Fuhlsdorf, Langenhorn, Groß und Klein Borstel; seit 27. Sept. 1919 die Gemeinde Finkenwärder. Die Verwaltung des Armenwesens in diesem OAV. heißt nach dem Ges. v. 12. Mai 1920 Wohlfahrtsamt, dessen Direktor den OAV. Hamburg vertritt. §§ 6—12 ordnen die Organisation des Wohlfahrtsamtes, Ausschüsse, Fürsorgestellen mit Bezirken, Vorsteher, Pfleger, Pflegerinnen, Beirat, Bezirksversammlung. Nähere Bestimmungen enthält die seit dem 12. Sept. 1921 geltende Geschäftsordnung des Wohlfahrtsamtes Hamburg.

2. Aufgehoben durch § 1 des Ges. v. 12. April 1878, betr. das Armenwesen in den Vororten (GS. Nr. 14). Die nicht zum Geltungsbereich der Landgemeindeordnung gehörigen Gebietsteile der Landherrenschaft der Marschlande bilden den Ortsarmenverband der Marschlande; aus den dort benannten Vororten Hamburgs sind zwei Ortsarmenverbände (I und II) der Landherrenschaft der Geestlande gebildet. Letztere beiden Ortsarmenverbände sind mit dem Inkrafttreten des in Anm. 1 gedachten Gesetzes (1. April 1893) in dem alle Vororte umfassenden OAV. Hamburg aufgegangen.

§ 2. Das Hamburgische Staatsgebiet bildet einen Landarmenverband, dessen Obliegenheiten der Staat übernimmt (§ 5 des Bundesgesetzes). Es läßt derselbe die nach dem Reichsgesetze dem Landarmenverbande (§ 30 des Bundesgesetzes) und dem Staate (§§ 33 und 60 des Reichsgesetzes) zufallende Armenpflege durch die im § 1 eingesetzten Ortsarmenverbände, welche sich ihrer Organe zu bedienen haben, ausüben.

Die Kosten dieser Armenpflege sowie die von dem Landarmenverbande den Ortsarmenverbänden zu gewährenden Beihilfen (§ 8 des Reichsgesetzes) werden aus der Staatskasse bestritten.

9. Mecklenburg-Schwerin.

a) Bekanntmachung v. 16. März 1921, betr. Ortsarmenverbände (RegBl. f. M.-Sch. Nr. 47).

Auf Grund des § 69 der Landgemeindeordnung v. 20. Mai 1920 (RegBl. S. 743) wird hierdurch angeordnet, daß vom 1. April 1921 ab bis zum Inkrafttreten eines neuen Ausführungsgesetzes zum Reichsgesetz über den Unterstützungswohnsitz jede Landgemeinde einen Ortsarmenverband bildet. Rücksichtlich der am 1. April 1921 gemeindlich nicht verfaßten ländlichen Ortschaften bleibt es bei den bisher geltenden Bestimmungen.

b) AusfVerf. v. 20. Februar 1871.

§ 2. Die bisher nach der Patentverordnung vom 21. Juli 1821 bestehenden Heimatsbezirke sollen in Zukunft als Ortsarmenverbände im Sinne des Bundesgesetzes über den Unterstützungswohnsitz vom 6. Juni 1870 gelten, jedoch mit der Maßgabe, daß diejenigen Dominialortschaften, welche auf Grundlage Unserer revidierten Gemeindeordnung vom 29. Juni 1869 eine selbständige Gemeindeverwaltung erhalten haben oder noch erhalten werden,[1]) in den Angelegenheiten des Armenwesens nicht mehr von den Ämtern, sondern von den eingesetzten Gemeindevorständen vertreten werden, und daß mehrere solche Ortschaften, welche zu einer Gemeinde vereinigt worden sind oder in Zukunft vereinigt werden sollten, nur einen Ortsarmenverband bilden.

1. In der rev. Gemeindeordnung für die Domanialortschaften v. 29. Juni 1869 (RegBl. S. 471) ist in § 6 als Gegenstand der Gemeindeverwaltung das Armenwesen in seinem ganzen Umfange nach Anweisung der Domanial-Armenordnung von demselben Tage (RegBl. S. 425) bezeichnet. Letztere ist durch die ZusV. v. 26. Febr. 1896 (RegBl. S. 34) ergänzt worden. Vergl. V. v. 29. Mai 1908 zur Abänderung der erw. V. v. 29. Juni 1866, betr. das Armenwesen in den Großh. Domänen, unter Aufhebung der V. v. 5. Aug. 1879 und Art. 1 der ZusV. v. 26. Febr. 1896.

§ 3. 1. Das Gebiet des Großherzogtums Mecklenburg-Schwerin bildet einen Landarmenverband, der für seinen Bereich alle diejenigen Lasten zu tragen hat, welche durch das Bundesgesetz über den Unterstützungswohnsitz vom 6. Juni 1870 den Landarmenverbänden resp. den einzelnen Bundesstaaten (vergl. die §§ 33, 59, 60) zugewiesen sind.

Außer den nach dem Bundesgesetze über den Unterstützungswohnsitz dem Landarmenverbande zufallenden Hilfsbedürftigen fallen dem Landarmenverbande auch diejenigen Ausländer zur Last, welche auf Verlangen auswärtiger Staatsbehörden vom Auslande übernommen werden müssen.

Die Angelegenheiten des Landarmenverbandes werden durch die dirigierende Kommission des Landarbeitshauses zu Güstrow verwaltet, welcher die Vertretung des Landarmenverbandes in allen Beziehungen obliegt.

Die Behörden der Ortsarmenverbände sind verpflichtet, den Requisitionen der dirigierenden Kommission in Angelegenheit des Landarmenwesens hinsichtlich der vorzunehmenden Ermittelungen Folge zu leisten. Die Kosten des Landarmenwesens werden aus der Kasse des Landarbeitshauses bestritten.

2. Ortsbehörden, welche die Übernahme von Landarmen seitens des Landarmenverbandes beanspruchen zu können glauben, haben sich mit den entsprechenden An-

trägen an die dirigierende Kommission zu wenden, dabei das Vorhandensein der nach dem Bundesgesetze über den Unterstützungswohnsitz vorgeschriebenen Voraussetzungen nachzuweisen, auch dem Antrage die aktenmäßigen Ermittelungen über die Heimats-, Familien- und Aufenthaltsverhältnisse sowie über die Bedürftigkeit und die Arbeits- und Erwerbsfähigkeit des Individui anzuschließen.

3. Es steht zum Ermessen der dirigierenden Kommission, ob die der Fürsorge des Landarmenverbandes anheimfallenden Armen in das Arbeitshaus zur Verpflegung zu übernehmen oder auf Kosten des Instituts demjenigen Ortsarmenverbande zu überweisen sind, in dessen Bezirk sich dieselben zur Zeit des Eintritts ihrer Hilfsbedürftigkeit befinden.

Gegen die betreffenden Anordnungen der dirigierenden Kommission steht dem Ortsarmenverbande der Rekurs an das Ministerium des Innern frei.

Die Ortsarmenverbände, welchen es innerhalb ihres Bezirks an geeigneter Gelegenheit zur Unterbringung eines Landarmen nachweislich fehlt, haben sich auf Erfordern der Kommission zu bemühen, den Landarmen an einem anderen Orte unterzubringen und zu solcher Unterbringung die Genehmigung der dirigierenden Kommission einzuholen. Ist dem Ortsarmenverbande die Unterbringung an einem anderen Orte nicht möglich, oder findet die in Vorschlag gebrachte Unterbringung die Genehmigung der dirigierenden Kommission nicht, so hat letztere für eine anderweitige Unterbringung selbst Sorge zu tragen.

4. Sollte es der dirigierenden Kommission zweckmäßig scheinen, den Landarmen an einem fremden Orte unterzubringen, so steht es ihr frei, sei es mit einer Ortsbehörde oder mit Privatpersonen dieserhalb Vereinbarungen zu treffen, in welchem Falle die Ortsbehörde von dem nach § 5 des Freizügigkeitsgesetzes vom 1. November 1867 ihr

gegenüber dem unterzubringenden Landarmen etwa zustehenden Zurückweisungsrechte keinen Gebrauch machen darf, — außer wenn derselbe ein übelberufenes Subjekt ist, dessen Aufenthalt an dem Orte zu besonderen Unzuträglichkeiten Veranlassung geben kann.

Wird in letzterem Falle, ungeachtet der aus dem angeführten Grunde von der Ortsbehörde gegen die Unterbringung des Landarmen erhobenen Einwendungen, dennoch wegen der Unterbringung desselben an dem betreffenden Orte Verfügung getroffen, so steht dagegen der Ortsbehörde der Rekurs an das Großherzogliche Ministerium des Innern zu, bei dessen endgültiger Entscheidung es bewendet.

Ganz dieselbe Bestimmung tritt auch dann ein, wenn der Unterzubringende ein vom Auslande zu übernehmender Hilfsbedürftiger ist, welcher keinen Unterstützungswohnsitz hat.

5. Findet sich die dirigierende Kommission veranlaßt, die Unterbringung eines Landarmen in einer anderen Anstalt, z. B. Landarbeitsanstalt, Irrenanstalt, Erziehungs- und Besserungsanstalt, Blindenanstalt usw., zu bewirken, so haben die Ortsbehörden den Transport auf Kosten des Landarbeitshauses und nach Anweisung der Kommission zu beschaffen.

6. Es steht den Ortsarmenverbänden frei, sich mit der dirigierenden Kommission über die Ernennung von Vertrauenspersonen ins Einvernehmen zu setzen, welche die Unterbringung und Verpflegung der Landarmen sowie die Berechnung und Überwachung der Verwendung vermitteln.

Die in den Kommunen fungierenden Ortsarmenpfleger sind zur unentgeltlichen Übernahme dieser Geschäfte verpflichtet.

§ 5. 1. S. Anhang A.

2. Jeder Ortsarmenverband ist berechtigt, zu Beiträgen für die Armenverwaltung auch die Dienstboten, Gesellen

und andere Arbeits- resp. Gewerbsgehilfen heranzuziehen, falls diese nicht nachzuweisen imstande sind, daß sie einer Kranken- und Unterstützungskasse angehören, welche dem Ortsarmenverbande für die Fälle der Unterstützungsbedürftigkeit haftet.

3. In denjenigen ritterschaftlichen Ortschaften und städtischen Kämmerei- und Ökonomiegütern, für welche ein Ortsstatut nicht besteht und nicht etwa noch mit Genehmigung der Regierung errichtet wird, können von den Beitragspflichtigen zur Armenkasse im Laufe eines Jahres Beiträge bis zur Hälfte des Jahresbetrages des neuen Kontributionsediktes vom 30. Juli 1870 eingefordert werden. Ein höherer Beitrag als ein halber Jahresbetrag kann nur erhoben werden, wenn das Bedürfnis dazu nachgewiesen und die Genehmigung der Regierung dazu erwirkt wird.

Die Bestimmungen des § 18 der Patentverordnung vom 21. Juli 1821 werden aufgehoben.

10. Braunschweig. AusfGes. v. 5. Juni 1871.

§ 2. Ortsarmenverbände. Jede Gemeinde des Herzogtums (Ortsgemeinde oder Gutsgemeinde) samt den dazu gehörigen Gemeindebezirken sowie jede selbständige Gemarkung bildet — vorbehaltlich der Bestimmung über Gesamtarmenverbände § 4 — einen für sich bestehenden Ortsarmenverband (§ 3 des BundGes. v. 6. Juni 1870).

Rücksichtlich derjenigen Grundstücke, welche zurzeit weder einem Gemeindebezirke beigelegt noch zu einer selbständigen Gemarkung vereinigt sind, wird bis zum 1. Juli d. Js. im Verordnungswege [1]) bestimmt werden, ob und in welcher Weise daraus selbständige Armenverbände oder Bestandteile anderer Armenverbände gebildet werden sollen.

1. Vergl. die vier V. v. 28. Juni 1871 für die Kreise Braunschweig, Gandersheim, Wolfenbüttel und Holzminden.

§ 3. Verwaltung und Beaufsichtigung der Armenpflege. Die Verwaltung und Beaufsichtigung der öffentlichen Armenpflege geschieht nach den darüber in den Gemeindeverfassungsgesetzen usw. enthaltenen Vorschriften,[1]) ebenso behält es bei den bestehenden Bestimmungen über die Art der Unterstützung sowie über die Aufbringung der Armenlasten sein Bewenden.

Sollte es erforderlich werden, über das Maß der Unterstützung, insbesondere über ein Minimalmaß, Anordnungen zu treffen, so erfolgen solche im Verwaltungswege nach Anhörung der Kreisversammlung.

In denjenigen Ortsarmenverbänden, welche nur aus Gemarkungen oder nur aus nicht zu einem Gemeindebezirk gehörigen Grundstücken bestehen, übernimmt der Landarmenverband zugleich die Verpflichtung des Ortsarmenverbandes.

1. Vergl. dazu §§ 193—200 der Städteordnung v. 18. Juni 1892 (GVSamml. S. 281) und §§ 135—142 der Landgemeindeordnung v. 18. Juni 1892 (GVSamml. S. 357).

§ 4. Gesamtarmenverbände. Die einen einheitlichen Ortsarmenverband (Gesamtarmenverband) bereits bildenden Verbände von Gemeinden (Ortsgemeinden, Gutsgemeinden) bleiben als solche bestehen und bewendet es bei den über deren Organisation getroffenen gesetzlichen Bestimmungen.

In Zukunft kann die Vereinigung mehrerer Ortsarmenverbände zu einem Gesamtarmenverbande auf statutarischem Wege nach Maßgabe der bezüglichen Vorschriften der Gemeindeverfassungsgesetze und der Kreisordnung erfolgen.

In einem solchen Falle sind die Art der Beschlußfassung über die gemeinschaftlichen Angelegenheiten, die Vertretung des Gesamtarmenverbandes nach außen, die Formen der

Verwaltung und die Aufbringungsweise der Kosten der gemeinsamen Armenpflege durch das Statut zu regeln.

§ 5. Landarmenverband. Die Funktionen des Landarmenverbandes übernimmt der Staat und läßt solche in den verschiedenen Kreisen durch die Herzoglichen Kreisdirektionen besorgen, aus deren Bürokassen auch die entstehenden Kosten bestritten werden.

§ 15 Abs. 2. Ist der Landarmenverband einer der streitenden Teile, so wird derselbe durch das Herzogliche Finanzkollegium vertreten. [1])

1. Jetzt durch die betr. Kreisdirektion (§ 50 Ges. v. 5. März 1895, s. Anhang E).

§ 6. Überweisung von Landarmen an Ortsarmenverbände.

Die Herzoglichen Kreisdirektionen sind befugt, die der Fürsorge des Landarmenverbandes gesetzlich anheimfallenden Personen demjenigen Ortsarmenverbande, welcher nach § 28 des Bundesgesetzes vom 6. Juni 1870 zur vorläufigen Unterstützung derselben verpflichtet ist, oder, falls eine solche Verpflichtung in einem gegebenen Falle nicht vorhanden sein oder zu unverhältnismäßigen Härten führen sollte, irgendeinem geeigneten Ortsarmenverbande ihres Kreises gegen Erstattung der diesem daraus erwachsenden Kosten zu überweisen.

§ 7. Unterbringung der Hilfsbedürftigen im Arbeitshause usw.

Die Aufnahme der vom Landarmenverbande zu unterstützenden Personen in das Arbeitshaus (Gesetz vom 22. Dezember 1870, Nr. 119), in die Erziehungsanstalt Wilhelmstift zu Bevern sowie in die Heil- und Pflegeanstalt zu Königslutter geschieht kostenfrei, ebenso die auf Grund des § 362 Abs. 2 des Bundes-Strafgesetzbuchs erfolgende Aufnahme solcher Personen in das Arbeitshaus, welche zwar nicht dem

Landarmenverbande zur Last fallen, aber im hiesigen Lande keinen Unterstützungswohnsitz haben.

§ 9. Denjenigen Ortsarmenverbänden, welche den ihnen obliegenden Verpflichtungen zu genügen unvermögend sind — worüber zunächst, auf Begutachtung durch den Kreisausschuß, die betreffende Kreisversammlung und in letzter Instanz Unser Herzogl. Staatsministerium entscheidet —, ist die erforderliche Beihilfe aus der Kreiskommunalkasse zu leisten.

Den Kreisversammlungen steht die Befugnis zu, die Kosten einzelner besonderer Zweige der öffentlichen Armenpflege unmittelbar auf die Kreiskommunalkasse zu übernehmen.[1])

1. Vergl. §§ 2, 4, 39, 71 der Kreisordnung v. 5. Juni 1871 (GS. S. 165) und § 2 des Ges., betr. die Dotationssumme für die Kreiskommunalverbände, v. 6. Juni 1871 (GS. S. 203).

§ 10. Religionsgesellschaften, milde Stiftungen usw. Abs. 1 übereinstimmend mit § 24, Abs. 2 mit § 6 Pr. AG.

11. Oldenburg. Rev. Gemeindeordnung für das Herzogtum Oldenburg v. 15. April 1873.

IV. Von der Armenpflege.

Art. 68. Die Verwaltung der den Stadt- und Landgemeinden als Ortsarmenverbänden obliegenden öffentlichen Armenpflege regelt sich nach dem Bundesgesetz vom 6. Juni 1870 über den Unterstützungswohnsitz und den nachstehenden Bestimmungen und wird durch eine besondere kollegialisch eingerichtete Kommission — Armenkommission — geführt, die gebildet wird:

a) aus dem Vorsteher (Bürgermeister), der als Vorsitzender unter Anwendung der für den Gemeinderat geltenden Geschäftsordnung die Geschäfte leitet, den Schriftwechsel führt und die Anweisungen innerhalb des Voranschlags nach den Beschlüssen der Armenkommission erteilt.

In den Städten sollen außer dem Vorsteher (Bürgermeister) nach näherer Bestimmung des Statuts noch ein oder mehrere Mitglieder des Magistrats der Armenkommission beitreten;

b) aus mindestens 2 von der Gemeindevertretung gewählten Mitgliedern derselben,

c) aus den Bezirksarmenpflegern — Armenvätern —, die von der Gemeindevertretung für die von ihr zu bestimmenden Armenbezirke oder Zweige der Armenpflege auf den Vorschlag der Armenkommission auf 4 Jahre gewählt und vom Gemeindevorstand an Eides Statt verpflichtet (Zusatz nach Nr. 5 Ges. v. 28. April 1911 GBl. S. 950) werden.

Endlich haben Sitz und Stimme in der Armenkommission

d) die für den Gemeindebezirk angestellten Pfarrer beziehungsweise deren Stellvertreter.

Die Armenkommission ist berechtigt, sich mit Zustimmung der Gemeindevertretung durch andere dazu bereitwillige Gemeindebürger zu verstärken.

Die Unterbringung von Taubstummen, Idioten und Blinden in Anstalten zum Zwecke ihrer Ausbildung und Erziehung und von Krüppeln zum Zwecke ihrer orthopädisch-chirurgischen Behandlung sowie ihrer Ausbildung und Erziehung (Zusatz nach Nr. 5 Ges. v. 28. April 1911, GBl. S. 950) gehört nicht zu den Aufgaben der Armenpflege (Zusatz nach Art. 3 Ges. v. 12. Mai 1906 GBl. S. 757).

Art. 69. Die Armenkommission hat die Zuständigkeit des Vorstandes; sie beschließt über Gewährung, Versorgung, Umfang, Dauer und Art der Unterstützung. Im übrigen bleiben die Bestimmungen dieser Gemeindeordnung über die Verwaltung der Gemeindeangelegenheiten, insbesondere die Bestimmungen über die Zuständigkeit der Gemeindevertretung, auch für die Verwaltung der öffentlichen Armenpflege maßgebend.

Art. 75. Die Unterstützung der der Fürsorge der inländischen Amtsverbände als Landarmenverbände gesetzlich anheimfallenden Personen bleibt gegen Entschädigung, aber ohne daß die Übernahme verlangt werden kann, derjenigen Gemeinde (Ortsarmenverband) überlassen, welche nach § 28 des Bundesgesetzes vom 6. Juni 1870 zur vorläufigen Unterstützung derselben verpflichtet ist.

Art. 78. § 1. Die Gemeinden sind verbunden, die für die örtliche Armenpflege notwendigen Einrichtungen zu treffen. Sie können sich mit anderen Gemeinden zur gemeinschaftlichen Herstellung solcher Einrichtungen vereinigen und auch dahin Verträge abschließen, daß die Armen einer Gemeinde in den Armenanstalten einer anderen untergebracht werden.

§ 2. Werden dergleichen Einrichtungen, namentlich Armen- und Krankenhäuser, von den Amtsverbänden errichtet, so sind die Gemeinden des Amtsbezirks ebenso berechtigt als verpflichtet, dieselben gegen Entschädigung für die ihrer Fürsorge überlassenen, zur Aufnahme sich eignenden Armen zu benutzen.

Art. 79. Für öffentliche Armenanstalten können im Wege des Statuts Hausordnungen erlassen werden, durch welche den Vorstehern eine Disziplinargewalt bis zu 2 Tagen Einsperrung übertragen wird.

Wiederholte Übertretung der Hausordnung wird mit Haft bis zu 8 Tagen gerichtlich bestraft.

Art. 80. [1]) **§ 1.** Die Gemeinden sind berechtigt, für die im § 617 Abs. 1 des Bürgerlichen Gesetzbuchs näher bezeichneten, innerhalb ihres Bezirkes in einem dauernden Dienstverhältnisse stehenden Personen oder für einzelne Klassen derselben im Wege des Statuts Krankenkassen einzurichten und dazu von denselben oder von den Dienstberechtigten oder von beiden regelmäßige, im Verwaltungswege beizutreibende Beiträge zu erheben, soweit die Dienstverpflichteten nicht nachweislich der Gemeindekrankenversicherung oder einer Ortskrankenkasse oder einer eingeschriebenen Hilfskasse beigetreten und ihnen daraus mindestens diejenigen Leistungen zu gewähren sind, auf welche sie gemäß § 617 Abs. 1 a. a. O. gegenüber den Dienstberechtigten Anspruch haben würden.

Abs. 2 und 3 enthalten Vorschriften über gemeinsame Krankenkassen mehrerer Gemeinden und über die Heranziehung der Dienstberechtigten.

§ 2 räumt die Berechtigung zur Errichtung von Krankenkassen für sämtliche oder mehrere Gemeinden des Bezirks den Amtsverbänden unter gewissen Voraussetzungen ein.

1. Die neue Fassung des Art. 80 beruht auf § 43 des AusfGes. z. BGB.

Art. 82. **§ 1.** Der zur Bestreitung der Ausgaben für die öffentliche Armenpflege erforderliche Bedarf wird zunächst durch die Einkünfte des vorhandenen Armenvermögens gedeckt. Dasselbe darf seinem Zweck nicht entfremdet werden. Soweit diese Einkünfte dazu nicht ausreichen, wird der Bedarf nach Artikel 47 aufgebracht, im Gemeindevoranschlage festgestellt und in einer Anlage der Gemeinderechnung verrechnet.

§ 2. Gemeinden, welche, haushälterischer Armenpflege ungeachtet, durch die Verpflegung ihrer Armen überlastet sind, haben Anspruch auf Beihilfe seitens des Amtsverbandes.

Wird der Anspruch einer Gemeinde auf Beihilfe des Amtsverbandes von diesem als begründet nicht anerkannt, so steht auf erhobene Beschwerde die Entscheidung darüber, ob und inwieweit dieselbe zu gewähren ist, dem Staatsministerium, Departement des Innern, zu.

Art. 83. Jährlich, nachdem die Gemeinderechnung schlüssig erledigt ist, hat die Armenkommission in öffentlicher Sitzung, deren Zeitpunkt zeitig vorher in ortsüblicher Weise bekanntzumachen ist, in Gegenwart der Gemeindevertretung den Zustand des Armenwesens möglichst umständlich darzulegen und dabei zur geeigneten Mitwirkung und zu Vorschlägen aufzufordern (Fassung nach Nr. 5 Ges. v. 28. April 1911, GBl. S. 950).

Eine Abschrift dieser Darlegung und des über die Sitzung aufgenommenen Protokolls ist der vorgesetzten Verwaltungsbehörde einzusenden.

V. Von den Amtsverbänden.

Art. 84. § 1. Die Amtsverbände bilden nach näherer Vorschrift dieses Gesetzes kommunale Verbände zur Selbstverwaltung ihrer Angelegenheiten mit den Rechten juristischer Personen.

§ 2 Abs. 1. Die bestehenden Amtsverbände bleiben in ihrer gegenwärtigen Begrenzung bestehen. [1])

§ 3. Die Amtsverbände werden durch einen Amtsrat vertreten und durch einen Amtsvorstand verwaltet.

1. Art. 200 der GemOrd. v. 1. Juli 1855 in der Fassung des Ges. v. 27. Juli 1870 bestimmte: Die Gemeinden eines Amtes, in den Ämtern Varel und Jever mit Einschluß der gleichnamigen Stadtgemeinden, bilden als Amtsverband einen Kommunalverband mit dem Rechte der juristischen Persönlichkeit und der eigenen Verwaltung seiner Angelegenheiten.

Die Gemeinden Stadtgemeinde Oldenburg und Gemeinde Dedesdorf werden als solche den Amtsverbänden gleichgestellt.

Art. 85. Angelegenheiten der Amtsverbände sind insbesondere:

1. — — —
5. die Besorgung des Landarmenwesens nach Maßgabe des Bundesgesetzes vom 6. Juni 1870 über den Unterstützungswohnsitz mit Ausnahme der im Art. 75 unter Vorbehalt des Ersatzanspruchs wegen der aufgewandten Kosten den Gemeinden (Armenkommissionen) übertragenen unmittelbaren Fürsorge der Landarmen;
6. die Fürsorge für die Unterbringung von Idioten und Blinden in Anstalten zum Zwecke ihrer Ausbildung und Erziehung und von Krüppeln zum Zwecke ihrer orthopädisch-chirurgischen Behandlung sowie ihrer Ausbildung und Erziehung (Zus. nach Nr. 6 Ges. v. 28. April 1911, GBl. S. 951) und die Erstattung der Aufwendungen der Armenverbände für Taubstumme, Idioten, Blinde und Geisteskranke (Fassung nach Art. 3 Ges. v. 12. Mai 1906 GBl. S. 757).,

Art. 86—87 handeln von der Zusammensetzung, der Geschäftsordnung und dem Wirkungskreise des Amtsrats;

Art. 88 von der Aufbringung der Kosten für den Amtsverband;

Art. 89—91 von der Zusammensetzung, der Geschäftsordnung und dem Wirkungskreise des Amtsvorstandes.

Art. 92. In den Amtsverbänden Stadtgemeinde Oldenburg und Gemeinde Dedesdorf werden die Geschäfte des Amtsrats und Amtsvorstandes von den Gemeindebehörden nach den für die Verwaltung der Gemeindeangelegenheiten geltenden Vorschriften wahrgenommen.

Für das **Fürstentum Birkenfeld** bestimmen die Art 2 ff. des Ges. v. 28. März 1876:

Art. 2. Die Verwaltung der öffentlichen Armenpflege der Ortsarmenverbände steht den in der Gemeindeordnung für die Verwaltung der Gemeinde- bezw. Bürgermeistereiangelegenheiten angeordneten Gemeinde- bezw. Bürgermeistereiorganen zu, mit der Abweichung, daß an die Stelle des Gemeinde- bezw.

Bürgermeistereivorstandes eine besondere kollegialisch eingerichtete Kommission (Armenkommission) tritt.

Die Bestimmungen der Gemeindeordnung über die Verwaltung der Gemeinde- bezw. Bürgermeistereiangelegenheiten, insbesondere die Bestimmungen über die Zuständigkeit des Gemeinde- bezw. Bürgermeistereivorstandes und der Gemeinde- bezw. Bürgermeistereivertretung, sowie über die Verpflichtung der Gemeindebürger zur Übernahme unbesoldeter Ämter in der Gemeindeverwaltung sind überall, soweit nicht in diesem Gesetze etwas anderes ausdrücklich bestimmt ist, auch für die Verwaltung der öffentlichen Armenpflege maßgebend.

An den Verhandlungen und Beschlüssen des Bürgermeistereirates als Vertretung eines Gesamtarmenverbandes nehmen die Abgeordneten der zum Gesamtarmenverbande nicht gehörigen Stadtgemeinden nicht teil.

Art. 3. Die Armenkommission besteht:

1. in den Stadtgemeinden:
   a) aus dem Schöffen als Vorsitzenden;
   b) aus den zum Bürgermeisterrat gehörenden Mitgliedern des Gemeinderates;
   c) aus den Ortsgeistlichen;
2. in den Gesamtarmenverbänden:
   a) aus dem Bürgermeister als Vorsitzenden;
   b) aus den Mitgliedern des Bürgermeisterrates, soweit sie einer Gemeinde des Gesamtarmenverbandes angehören;
   c) aus den sämtlichen mit der Verwaltung einer in dem Bezirke des Gesamtarmenverbandes belegenen Pfarrei beauftragten Geistlichen und dem Landrabbiner, falls er in dem Bezirke seinen Wohnsitz hat.

Art. 4. Die Armenkommission hat im allgemeinen in Armenangelegenheiten die gleiche Stellung und Zuständigkeit wie der Gemeinde- bezw. Bürgermeistereivorstand in Gemeindeangelegenheiten; sie beschließt insbesondere über Gewährung, Versagung, Umfang, Dauer und Art der Unterstützung und vertritt den Armenverband nach außen, namentlich auch in Streitigkeiten.

Die Armenkommission faßt ihre Beschlüsse kollegialisch in den festgesetzten regelmäßigen oder in besonders anberaumten Sitzungen, auf welche die Vorschriften der Gemeindeordnung über die Sitzungen des Gemeinderats analoge Anwendung finden.

Zur Gültigkeit eines Beschlusses ist erforderlich, daß mehr als die Hälfte der Mitglieder anwesend sind und daß dem Beschlusse die absolute Stimmenmehrheit der Anwesenden zugefallen ist; bei Stimmengleichheit entscheidet die Stimme des Vorsitzenden.

In dringenden Fällen kann auf den Antrag eines Armenpflegers (Art. 5) der Vorsitzende in Übereinstimmung mit einem Mitgliede der Armenkommission aus der betreffenden Gemeinde Unterstützungen bis zur nächsten ordentlichen Sitzung bewilligen; er ist jedoch verpflichtet, der Armenkommission in dieser Sitzung von der gewährten Unterstützung Kenntnis zu geben und dies im Protokoll zu bemerken.

Über die in jeder Sitzung der Armenkommission gefaßten Beschlüsse ist unter Anführung der Namen der dabei anwesenden Mitglieder von dem Vorsitzenden oder einem dazu bereitwilligen Mitgliede oder einem anderen damit Beauftragten ein Protokoll aufzunehmen, welches nach geschehener Verlesung und Genehmigung vom Vorsitzenden und zwei Mitgliedern der Armenkommission unterzeichnet wird.

In den Städten haben die Schöffen den Bürgermeister von den regelmäßigen Sitzungstagen und den besonders anberaumten Sitzungen zeitig in Kenntnis zu setzen. Der Bürgermeister ist berechtigt, an denselben teilzunehmen, und übernimmt dann den Vorsitz. Ein Stimmrecht hat derselbe dabei nicht.

Art. 5. Die unmittelbare Ausübung der öffentlichen Armenpflege ist Bezirksarmenpflegern übertragen, die von der Armenkommission für die vom Gemeinde- bezw. Bürgermeistereirat mit Rücksicht auf die Zahl der vorhandenen Armen zu bestimmenden Bezirke auf vier Jahre gewählt und vom Bürgermeister mittels Gelöbnisses an Eides Statt verpflichtet werden. Für jede Gemeinde ist mindestens ein Bezirksarmenpfleger zu wählen.

Die Bezirksarmenpfleger sind der Armenkommission untergeordnet und können von derselben zu jeder Zeit entlassen werden.

Die Wahl und Entlassung der Bezirksarmenpfleger ist im Amtsblatt bekanntzumachen.

Der Dienst der Bezirksarmenpfleger ist ein unentgeltlich zu verwaltendes Ehrenamt. Bare Auslagen, nicht aber Zehrungskosten, bei Wahrnehmung des Dienstes innerhalb des Bürgermeistereibezirks werden den Bezirksarmenpflegern erstattet

Art. 6. Die Kosten der öffentlichen Armenpflege der Ortsarmenverbände werden aus den Gemeinde- bezw. Bürgermeistereikassen bestritten.

In den Gesamtarmenverbänden, welche nicht alle Gemeinden der Bürgermeisterei befassen, erfolgt die Verteilung der Kosten der gemeinsamen Armenpflege auf die einzelnen Gemeinden nach dem Verhältnis der Gesamtsteuer derselben.

Art. 7. Den Staatsbehörden steht nach Maßgabe der Gemeindeordnung die Aufsicht über die Verwaltung der Ortsarmenverbände zu.

Art. 8. Die sämtlichen Gemeinden des Fürstentums bilden einen Landarmenverband, welcher Korporationsrechte hat.

Die Vertretung und Verwaltung des Landarmenverbandes liegt der Regierung ob.

Art. 9. Der Landarmenverband ist verpflichtet, die gesetzliche Unterstützung allen denjenigen nach dem Bundesgesetze aus Armenmitteln zu unterstützenden Deutschen und Ausländern zu gewähren, zu deren Unterstützung kein Ortsarmenverband rechtlich verbunden ist (§§ 30, 33 und 60 des Bundesges. v. 6. Juni 1870).

Dem Landarmenverbande liegt ferner ob die Erstattung:

a) der Reisekosten und Honorare der Ärzte und Wundärzte bei Behandlung armer Kranken, soweit diese überhaupt vergütet werden;
b) der Kosten der gesamten Fürsorge für hilfsbedürftige Geisteskranke und Idioten sowie der zum Schutz der öffentlichen Sicherheit gegen dieselben getroffenen polizeilichen Maßregeln (diese Fassung beruht auf dem Ges. v. 22. Jan. 1894, GesBl. 1894 S. 51);
c) der Kosten des Unterrichts und der Ausbildung hilfsbedürftiger, taubstummer und blinder Kinder;
d) der außerordentlichen Unterstützungen bei Epidemien, großer Teuerung und anderen besonderen Unglücksfällen;
e) der Detentions- und Unterhaltungskosten für die in eine Zwangsarbeitsanstalt verwiesenen Armen, sowie endlich
f) die Gewährung von Zuschüssen an einzelne Ortsarmenverbände, welche durch die Ausgaben der Armenpflege so sehr beschwert sind, daß letztere 30 Prozent der Gesamtsteuer sämtlicher zum Armendistrikt gehörenden Gemeinden übersteigen.

Art. 10. Der Landarmenverband ist befugt, die seiner Fürsorge gesetzlich anheimfallenden Personen demjenigen Ortsarmenverbande gegen Ersatz der Ausgaben für die geleisteten Unterstützungen zu überweisen, welcher nach § 28 des Bundesgesetzes vom 6. Juni 1870 zur vorläufigen Unterstützung derselben verpflichtet ist.

Art. 11. Dem Landarmenverbande werden zur Bestreitung seiner Ausgaben überwiesen:

a) unter Aufhebung des Art. 4 der Verordnung v. 17. Dez. 1870, betreffend Übergangsbestimmungen zum Strafgesetzbuch für den Norddeutschen Bund, alle Polizei- und andere den Gemeindekassen gesetzlich zugewiesenen Geldstrafen und Erträge aus Einziehungen und die nach Art. 58 der Gesindeordnung v. 13. Juni 1861 der Ersparungskasse überwiesenen Geldstrafen und Handgelder;
b) der Ertrag der für Jagdkarten sowie für Tanz und andere öffentliche Lustbarkeiten zu entrichtenden Abgaben;
c) ein Zuschuß der Landeskasse, welcher durch das Finanzgesetz für die jedesmalige Finanzperiode festgesetzt wird;
d) die sonstigen bisher dem Generalarmenfonds zugewiesenen Einnahmen.

Wenn diese Einnahmen zur Bestreitung der Ausgaben nicht hinreichen, so ist das Fehlende von sämtlichen Gemeinden des Fürstentums nach Verhältnis der Gesamtsteuer aufzubringen und nach der desfallsigen Bestimmung der Regierung auf die Gemeindekassen anzuweisen.

Art. 12. Die abgelegten und dezidierten jährlichen Rechnungen über die Ausgaben des Landarmenverbandes werden dem Provinzialrat vorgelegt.

Das Resultat derselben wird mit einer Übersicht der Ausgaben der Ortsarmenverbände öffentlich bekanntgemacht.

Art. 22—24 übereinstimmend mit Art. 78—80 der Oldenburger rev. GemOrd. (oben S. 229). Statt „Gemeinde" heißt es überall „Ortsarmenverbände", statt „Amtsverbände" „Landarmenverband".

Für das **Fürstentum Lübeck** verordnen Art. 69 ff. der rev. GemOrd. v. 30. März 1876:

Art. 69. § 1. Jede Gemeinde bildet für sich einen Ortsarmenverband.

Art. 70 § 1 übereinstimmend mit Art. 68 der Oldenburger rev. GemOrd. (oben S. 227). — Doch lauten die lit.:

b) aus mindestens zwei von der Gemeindevertretung gewählten Mitgliedern derselben, von denen im Gesamtarmenverbande Ahrensböck auf jede Gemeinde die Hälfte entfällt;

d) die für den Gemeindebezirk oder einen Teil desselben angestellten und dem Fürstentum angehörenden Pfarrer beziehungsweise deren Stellvertreter. Wo mehrere Pfarrer angestellt sind, bestimmt die Regierung denjenigen, welcher Sitz und Stimme in der Armenkommission haben soll.

Art. 70 § 2 übereinstimmend mit Art. 69 der Oldenburger rev. GemOrd. (oben S. 228).

Art. 71. Die sämtlichen Gemeinden des Fürstentums bilden einen Landarmenverband, welcher die Rechte einer Korporation hat.

Die Vertretung und Verwaltung des Landarmenverbandes liegt der Regierung ob.

Art. 72. Der Landarmenverband ist verpflichtet, die gesetzliche Unterstützung aller derjenigen aus Armenmitteln zu unterstützenden Deutschen und Ausländer zu gewähren, zu deren Unterstützung kein Ortsarmenverband rechtlich verbunden ist (§§ 30, 33 und 60 des Bundesges. v. 6. Juni 1870).

Art. 73. Der Landarmenverband ist befugt, die seiner Fürsorge gesetzlich anheimfallenden Personen demjenigen Ortsarmenverbande gegen Ersatz der Ausgaben für die geleisteten Unterstützungen zu überweisen, welcher nach § 28 des Bundesgesetzes v. 6. Juni 1870 zur vorläufigen Unterstützung derselben verpflichtet ist.

Art. 74. § 1. Aus den dem Landarmenverbande überwiesenen Mitteln (Art. 75) sollen ferner bestritten werden:

a) die Kosten bezw. eine Beihilfe zu den Kosten des Unterhalts, der Erziehung und Heilung von öffentlicher Unterstützung bedürftigen Blinden, Taubstummen und Geisteskranken, sofern dieselben einer dafür bestehenden Privat- oder öffentlichen Anstalt zu überweisen sind, einschließlich der Kosten des Transports;
b) die Kosten bezw. eine Beihilfe zu den Kosten der Verpflegung und Bewachung von bedürftigen gemeingefährlichen Geisteskranken, auch wenn dieselbe nicht in einer Anstalt stattfindet;
c) Unterstützungen in einzelnen Gemeinden bei Epidemien, Seuchen und sonstigen außerordentlichen Unglücksfällen, sofern daraus für die Armenpflege eine besondere Belastung entsteht;
d) Zuschüsse zur Förderung der Zwecke von Privat- und öffentlichen Vereinen zur Unterstützung Hilfsbedürftiger;

e) Zuschüsse an Gemeinden, welche haushälterischer Armenpflege ungeachtet überlastet sind.

§ 2. Über die Art und das Maß der nach § 1 zu gewährenden Unterstützungen entscheidet die Regierung.

Art. 75. § 1. Dem Landarmenverbande werden zur Bestreitung seiner Ausgaben überwiesen:

a) das Vermögen des bisherigen Landarmenfonds, welches durch Zuschuß aus den gesammelten und besonders verrechneten Kassenüberschüssen auf 230 000 Mark (Stammkapital) erhöht wird;

b) der jährliche gesetzliche Zuschuß von 6000 Mark aus der Landeskasse (Ges. v. 2. Aug. 1870).

§ 2. Wenn diese Einnahmen zur Bestreitung der Ausgaben nicht ausreichen, werden von der Regierung nach Bedarf außerordentliche Beiträge über sämtliche Gemeinden ausgeschrieben. Die Verteilung geschieht nach dem Verhältnisse der in der Gemeinde aufzubringenden direkten Staatssteuern und die Umlegung innerhalb derselben nach dem allgemeinen Beitragsfuße für Gemeindelasten.

§ 3. Eine Ausschreibung außerordentlicher Beiträge, falls sie lediglich durch an Vereine oder überlastete Gemeinden zu bewilligende Zuschüsse veranlaßt wird, erfolgt nach vorgängiger gutachtlicher Äußerung des Provinzialrats.

Art. 76. Die abgelegten und dezidierten jährlichen Rechnungen über die Ausgaben des Landarmenverbandes werden dem Provinzialrate vorgelegt.

12. Anhalt. AusfGes. Nr. 263 v. 29. Juni 1871.

§ 4 übereinstimmend mit Satz 1 des § 2 Pr. AG.

§ 5. Die Verwaltung der öffentlichen Armenpflege steht den Gemeindebehörden zu. Die Bestimmungen der Gemeindeordnung [1]) über die Verwaltung der Gemeindeangelegenheiten, insbesondere die Bestimmungen über die Zuständigkeit des Gemeindevorstandes und des Gemeinderats beziehungsweise der Gemeindeversammlung, sowie über die Verpflichtung der Bürger und Gemeindeberechtigten zur Übernahme unbesoldeter Gemeindeämter, über die Bildung von Kommissionen und ständigen Deputationen zur dauernden Verwaltung einzelner Zweige der Gemeindeverwaltung und über das staatliche Aufsichtsrecht finden überall auch für die Verwaltung der öffentlichen Armenpflege mit der Maßgabe Anwendung, daß zu Mitgliedern der für die Verwaltung der öffentlichen Armenpflege gebildeten Kommissionen und Deputationen auch Gemeindeangehörige bestellt werden dürfen, welche nicht zu den Gemeindeberechtigten gehören. (Fassung nach dem Ges. v. 24. März 1910, GS. S. 473.)

Abs. 2 übereinstimmend mit § 19 Pr. AG.

1. Vergl. Gemeinde- usw. Ordnung v. 26. Mai 1882 (GS. Nr. 619 S. 643), Verwaltung der Gemeindeangelegenheiten usw. §§ 56 ff., 83 (Städte), §§ 120—122, 125, 131 ff. (Dorfgemeinden); Verpflichtung zur Übernahme von Ämtern §§ 47, 114; staatliches Aufsichtsrecht §§ 33 ff.

§ **6** übereinstimmend mit § 24 Pr. AG.

§ **7** übereinstimmend mit § 6 Pr. AG.

§ **8.** Den Gemeinden werden, soviel den Gegenstand dieses Gesetzes betrifft, die in Gemäßheit der §§ 11 bis 14 der Gemeindeordnungen [1]) außerhalb des Gemeindeverbandes stehenden selbständigen Bezirke gleichgeachtet; sie haben die Kosten der öffentlichen Armenpflege gleich den Gemeinden zu tragen.

Stehen einzelne Teile eines selbständigen Bezirkes im Eigentum Dritter, so ist auf Antrag eines der Beteiligten die Aufbringung der Kosten der öffentlichen Armenpflege und deren Verwaltung statutarisch zu regeln.

Das Statut wird, falls die Beteiligten sich nicht zu einigen vermögen, durch den Kreisausschuß (jedoch vorbehaltlich des Rekurses an die Regierung, Abteilung des Innern, beziehentlich an das Staatsministerium) [2]) festgestellt und muß hinsichtlich der Regelung der Beitragspflicht den nachstehend für die Gesamtarmenverbände getroffenen Bestimmungen folgen.

1. Jetzt § 9 der Gemeinde- usw. Ordnung v. 26. Mai 1882.

2. Beschwerden gegen die Festsetzung des Kreisausschusses sind im Wege der Klage beim Landesverwaltungsgericht anzubringen, welches darüber endgültig zu entscheiden hat (§ 2 des Ges. Nr. 778, betr. die sachliche Zuständigkeit der Verwaltungsgerichte, v. 27. März 1888, GS. S. 65).

§ 9 Abs. 1 übereinstimmend mit dem Satz 1 des § 9 Pr. AG.

Abs. 2. Es bleibt den beteiligten Gemeinden und selbständigen Bezirken die Vereinbarung von statutarischen Vorschriften, vorbehaltlich der Bestätigung der letzteren durch die Regierung, Abteilung des Innern, überlassen; in Ermangelung einer derartigen Vereinbarung wird die Verfassung des Gesamtarmenverbandes durch ein nach Anhörung der Beteiligten von dem Kreisausschusse nach Maßgabe der nachfolgenden Bestimmungen zu beschließendes und von der Regierung, Abteilung des Innern, zu bestätigendes Statut geregelt.

Abs. 3 und 4 übereinstimmend mit Abs. 2 und 3 des § 10 Pr. AG.

Die Wahl der Abgeordneten erfolgt stets auf sechs Jahre.

Die Wahlen des Vorsitzenden sowie alle sonstigen Beschlußfassungen erfolgen nach absoluter Stimmenmehrheit, jedoch wird die Mehrheit der abgegebenen Stimmen nicht nach Köpfen, sondern nach der Anzahl der den einzelnen Mitgliedern zustehenden Stimmen berechnet. Bei eintretender Stimmengleichheit entscheidet das Los. Die Abgehenden sind wieder wählbar.

Die Verteilung der Kosten der gemeinsamen Armenpflege auf die einzelnen Gemeinde- und selbständigen Bezirke erfolgt, sofern nicht statutarisch etwas anderes festgesetzt ist, nach dem Staatsergänzungssteuerfuße. Zu diesem Behufe sind die Herzoglichen Privatgüter und die Landesdomänen usw., insoweit dies noch nicht geschehen sein sollte, nachträglich zur Staatsergänzungssteuer zu veranlagen.

Abs. 5 übereinstimmend mit Abs. 4 Pr. AG.

Vergl. auch §§ 25, 26 GemOrd. v. 26. Mai 1882 und §§ 1 und 2 des Ges. v. 7. April 1877 (GS. S. 383).

§ 10 Abs. 1 übereinstimmend mit § 12 Abs. 1 Pr. AG. Die Genehmigung des Statuts steht dem Kreisausschusse zu.

Abs. 2. Aus Rücksicht der Billigkeit kann der Kreisausschuß auf Antrag des einen oder anderen Teils die Vereinigung der innerhalb einer Ortschaft belegenen Domänen- und Rittergüter mit der betreffenden Gemeinde zu einem Gesamtarmenverbande auf endgültige Weise beschließen. Dabei sind zugleich die erforderlichen statutarischen Festsetzungen über die Formen der Verwaltung und über die Verteilung der Kosten der gemeinsamen Armenpflege usw. durch den Kreisausschuß (jedoch vorbehaltlich des Rekurses an die Regierung, Abteilung des Innern, beziehentlich an das Staatsministerium) [1]) zu treffen.

1. Beschwerden werden nach Anm. 2 zu § 8 erledigt.

§§ 11—13 übereinstimmend mit §§ 13—15 Pr. AG.

§ 14. Aus dem gesamten Herzogtum Anhalt wird ein L a n d a r m e n v e r b a n d gebildet, dem die Rechte einer juristischen Person zustehen. Die Verwaltung und Vertretung desselben liegt der Landarmendirektion mit den aus den §§ 15 ff. ersichtlichen Maßnahmen ob.

§ 15 betrifft die Zusammensetzung und Geschäftsordnung der Landarmendirektion. — Die Zusammensetzung ist durch Art. 2 des Abänderungsgesetzes vom 27. April 1904 (Nr. 1189) anderweit geregelt. Die Landarmendirektion wird gebildet aus drei Mitgliedern der Regierung, Abteilung des Innern, und aus zehn weiteren Mitgliedern, von denen je zwei aus jedem Kreise vom Kreistage gewählt werden (s. § 26).

§§ 16—20 handeln von der Bildung der Landarmenfondsdotation aus dem Landesvermögen und der Verwaltung. Soweit die Erträge der Dotation nicht ausreichen, sind die erforderlichen Mittel durch Kreissteuern aufzubringen. Die Verteilung des Erfordernisses auf die einzelnen Kreise erfolgt nach Verhältnis der für dieselben festgestellten Kreissteuereinheit (Kreisord. §§ 12, 13).

§ 21. Der Landarmenverband ist verpflichtet, die gesetzliche Unterstützung (§§ 1 und 2) allen denjenigen nach den Bundesgesetzen aus öffentlichen Mitteln zu unterstützenden Deutschen (§ 3) und Ausländern zu gewähren, zu deren Unterstützung kein Ortsarmenverband rechtlich verbunden ist (vergl. §§ 5, 33 und 60 des Bundesgesetzes).

§ 22. Dem Landarmenverband liegt ferner ob, denjenigen Ortsarmenverbänden, welche ohne Gefährdung des Nahrungsstandes ihrer Angehörigen beziehentlich ohne eine außerordentliche Überlastung nicht imstande sind, den gesetzlichen Anforderungen der öffentlichen Armenpflege zu genügen, eine entsprechende Beihilfe zu gewähren.

Die Normen, nach welchen die Landarmendirektion sich bei ihren Unterstützungsbewilligungen zu richten hat, und die etatsmäßigen Mittel, über welche dieselbe verfügen darf, werden von der Staatsregierung mit dem Landtage vereinbart.

§ 23. Auf Kosten des Landarmenverbandes sollen ferner beziehentlich insoweit, als nicht hierüber zwischen der Staatsregierung und den einzelnen Kreisen unter Zustimmung des Landtags besondere Abkommen getroffen werden, erhalten werden:

1. eine Irren-, Heil- und Pflegeanstalt zur Aufnahme sowohl der heilungsfähigen als der unheilbaren Irren,

2. ein Siechenhaus zur Aufnahme von Blödsinnigen, Idioten und solchen Personen, welche an Epilepsie oder an anderen unheilbaren und ekelerregenden oder ansteckenden beziehentlich völlig hilfsbedürftig machenden Krankheiten leiden,
3. eine Taubstummenerziehungsanstalt,
4. eine Blindenerziehungsanstalt,
5. eine Idiotenerziehungsanstalt,
endlich
6. Erziehungsanstalten für verwahrloste Kinder.

§ 24. Inwieweit zur Befriedigung der oben zu 3 bis 6 aufgeführten Obliegenheiten des Landarmenverbandes mit inländischen oder benachbarten ausländischen derartigen Anstalten ein Abkommen zu treffen ist, wird künftig von der Staatsregierung mit Zustimmung des Landtages bestimmt. Es bewendet vorläufig bei den dieserhalb zum Teil schon bestehenden Abkommen.

§ 25. Die Verpflegungssätze, gegen welche die inländischen Ortsarmenverbände in die § 23 aufgeführten Anstalten Ortsarme unterbringen dürfen, werden von der Staatsregierung mit dem Landtage vereinbart, ebenso die allgemeinen Voraussetzungen, unter welchen ein Nachlaß an diesen Verpflegungsgeldern stattfinden darf.

§ 26 ist durch Art. 3 des Abänderungsgesetzes v. 27. April 1904 (Nr. 1189, GS. S. 119) aufgehoben und durch nachstehende Bestimmungen ersetzt:

Die Verwaltung des Landarmenwesens wird von den der Regierung angehörigen Mitgliedern der Landarmendirektion geführt.

Folgende Gegenstände werden jedoch der Zuständigkeit sämtlicher Mitglieder (des Plenums) vorbehalten:
1. Die Aufstellung des Etatsentwurfs für die Landarmenverwaltung (§ 20) und die Beschlußfassung über die für die einzelnen Anstalten (§ 23) erforderlichen Bauten;

2. die Prüfung der Jahresrechnung und die Erteilung der Entlastung;
3. die Beschlußfassung über die die Verwaltung des Landarmenfonds (§§ 19, 20) und des sonstigen dem Landarmenverbande gehörigen Grund- und Kapitalvermögens betreffenden Angelegenheiten;
4. die Aufnahme von Anleihen und die Beschlußfassung über sonstige Finanzmaßnahmen des Landarmenverbandes;
5. die Errichtung von Beamtenstellen und die Festsetzung der Höhe der Besoldungen;
6. die Beteiligung von gewählten Mitgliedern (§ 15) an den Revisionen der Anstalten des Landarmenverbandes;
7. die Entscheidung darüber, ob und in welchem Maße Ortsarmenverbänden Beihilfen im Sinne des § 22 zu gewähren sind;
8. die endgültige Festsetzung von Nachlässen an Verpflegungsgeldern gemäß § 25;
9. die Beratung und Beschlußfassung über alle diejenigen Angelegenheiten, welche dem Plenum von den der Regierung angehörigen Mitgliedern der Landarmendirektion vorgelegt werden.

§ 27. Die Errichtung von Kreiskrankenhäusern unterliegt der Beschlußfassung der Kreisvertretungen; die Verwaltung derselben ist sodann Kreiskommunalsache.

Die noch im Besitz des Staates befindlichen Krankenheilanstalten werden mit Gebäulichkeiten und Inventarien den betreffenden Kreisen durch besondere Vereinbarungen überwiesen.

Den Kreisen liegt die Verpflichtung ob, die heilbedürftigen Landarmen in ihren Kreiskrankenhäusern für dieselben Sätze zu verpflegen, welche für die Verpflegung der Ortsarmenkranken normiert sind.

Den Kreisen liegt ferner die Verpflichtung ob, in ihren Kreiskrankenhäusern gemeingefährliche Irrsinnige oder an gemeingefährlichen ansteckenden Krankheiten leidende Personen, welche aus sicherheits- oder gesundheitspolizeilichen Rücksichten von der Polizeibehörde ihnen überwiesen werden, weil sie nicht in Privatpflege verbleiben beziehentlich nicht sofort in eine Irrenheilanstalt eingeliefert werden können, einstweilen gegen Kostenerstattung aufzunehmen.

§ 28. Die Bedingungen, unter welchen die Ortsarmenverbände ihre hilfsbedürftigen Kranken in Heilanstalten (§ 27) unterbringen dürfen, sind durch Kreisstatut beziehentlich durch besondere, unter Vermittelung der Kommunalaufsichtsbehörden abzuschließende Vereinbarungen zu regeln.

§ 29. Die Kreisvertretungen können die Anlegung von gemeinsamen Kreisarmenhäusern beschließen, in welchen die Ortsarmenverbände gegen bestimmte, durch Kreisstatut festzusetzende Verpflegungssätze diejenigen Ortsarmen unterbringen können, welchen sie die gesetzliche Armenunterstützung durch Überweisung einer ihren Kräften entsprechenden Arbeit gewähren wollen.

Die Anlegung, Einrichtung und Verwaltung derartiger Kreisarmenhäuser ist sodann Kreiskommunalsache.

Die Hausordnungen in denselben unterliegen der Bestätigung der Regierung, Abteilung des Innern.

Dem Landarmenverbande steht die Benutzung solcher Kreisarmenhäuser zur Unterbringung arbeitsfähiger Landarmer ebenfalls zu.

Für die Landarmen gelten, falls nicht besondere Vereinbarungen getroffen sind, dieselben Verpflegungssätze wie für die Ortsarmen.

§ 30. Der Landarmenverband ist befugt, sich der Ortsarmenverbände als seiner Organe behufs der öffentlichen Unterstützung Hilfsbedürftiger zu bedienen und die seiner

Fürsorge gesetzlich anheimfallenden Personen einem Ortsarmenverbande gegen Entschädigung zu überweisen.

Die Landarmendirektion normiert die Sätze, nach welchen in diesem Falle oder sonst in Fällen, wo eine Erstattung von Verpflegungskosten gegen einen andern Armenverband gesetzlich beansprucht werden kann, die einzelnen Aufwände zu vergüten sind (vergl. §§ 8, 28 und 30 des Bundesges.).

Diese Normalsätze sind durch den Staatsanzeiger zu veröffentlichen (s. Anhang C).

13. Bremen. AusfGes. v. 2. Januar 1871.

§ 1. Als Ortsarmenverbände des Bremischen Staates gelten bis auf weiteres: die Städte Bremen, Bremerhaven und Vegesack sowie die bürgerlichen Gemeinden beziehungsweise die Samtgemeinden des Landgebiets.

Die im § 5 des Bundesgesetzes vorgeschriebene, keinem Ortsverbande obliegende öffentliche Unterstützung Hilfsbedürftiger übernimmt als Landarmenverband der Bremische Staat, welcher sich zur Ausübung dieser Armenpflege der Ortsarmenverbände als seiner Organe bedient und denselben die dadurch entstehenden Kosten ersetzt.[1])

1. Ein folgender Schlußsatz ist durch das Ges. v. 2. Nov. 1879 (GBl. S. 354) aufgehoben. Gesetz wegen Änderung des Ges. v. 8. Okt. 1918 (Brem. GBl. S. 215), betr. die Armenverwaltung in der Stadt Bremen, v. 15. Juni 1920 (Brem. GBl. 1920 S. 311):

§ 1. Die Verwaltung des Armenwesens der Stadt Bremen führt die Bezeichnung „Fürsorgeamt Bremen". Dieses bildet die Behörde des Ortsarmenverbandes der Stadt Bremen und vertritt zugleich den bremischen Landarmenverband gerichtlich und außergerichtlich.

§ 2. Organe des Fürsorgeamts sind der vom Senate aus seiner Mitte ernannte Vorsitzer, der Fürsorgerat, die Prüfungsämter, die Pfleger und die Pflegerinnen. Außerdem sind Fürsorger als Beamte des Fürsorgeamts pflegerisch tätig.

Dem Fürsorgeamt wird ein rechtsgelehrter Beamter zugeordnet, der dem Vorsitzer unterstellt ist. Der rechtsgelehrte Beamte sowie die übrigen ruhegehaltsberechtigten Beamten des Fürsorgeamts werden vom Senat auf Vorschlag des Fürsorgerats angestellt.

Die Geschäftsordnung für das Armenamt Bremen enthält Bestimmungen über den Begriff der Hilfsbedürftigkeit, die Art der Unterstützung, Anstaltspflege usw.

14. Lippe-Detmold. AusfGes. v. 12. September 1877.

§ 3. Jede Stadt und jedes Amt, das Amt Lipperode jedoch mit Einschluß des Stiftes Cappel,[1]) bildet einen Ortsarmenverband.

1. Vergl. Ges. v. 5. Jan. 1888 (GS. S. 10) und Amtsgemeindeordnung v. 29. Juli 1907 (GS. S. 713).

§ 4. Das Fürstentum Lippe bildet einen Landarmenverband, dessen Verwaltung und Vertretung Unserer Regierung zusteht.

§ 5. Die zur Erfüllung der Verpflichtung des Landarmenverbandes aufzubringenden Kosten werden auf die Ortsarmenverbände nach Maßgabe der in den betreffenden Bezirken aufkommenden allgemeinen direkten Staatssteuern verteilt.

§ 6 übereinstimmend mit § 34 Abs. 1 Pr. AG.

§ 7. Die für den Ertrag der Erstattungsforderungen der Armenverbände maßgebenden Tarife werden von Unserem Kabinettsministerium festgestellt (s. Anhang C).

§ 8 übereinstimmend mit § 36 Abs. 1 Pr. AG. Die Entscheidung steht dem Kabinettsministerium zu.

15. Lübeck. AusfGes. v. 14. Dezember 1911.

§ 1. Als Ortsarmenverbände (§§ 3 und 4 des Reichsgesetzes) gelten im Lübeckischen Freistaate: die Stadtgemeinde Lübeck, das Städtchen Travemünde sowie die einzelnen Landgemeinden. Die Verwaltung der öffentlichen

Armenpflege in den einzelnen Ortsarmenverbänden wird wahrgenommen für die Stadtgemeinde Lübeck von der Armenbehörde, für das Städtchen Travemünde von dem Armenkollegium, für die Landgemeinden von den Gemeindevorständen.

Die Obliegenheiten des Landarmenverbandes (§ 5 des Reichsgesetzes) für den Umfang des Lübeckischen Freistaats übernimmt der Staat in der Weise, daß die Armenbehörde zu Lübeck die vorgeschriebene öffentliche Unterstützung, welche endgültig zu tragen kein Ortsarmenverband verpflichtet ist, aus Staatsmitteln zu leisten hat. Die Armenbehörde darf sich zur Ausübung dieser Armenpflege auch der Ortsarmenverbände als ihrer Organe bedienen, hat den letzteren aber die dadurch entstehenden Kosten zu ersetzen.[1])

Die Bekanntmachung vom 5. Februar 1883, die Fürsorge für unbemittelte, bildungsfähige und in jugendlichem Alter stehende Taubstumme, Blinde und Idioten betr., ist aufgehoben und durch § 2 AusfGes. vom 14. Dezember 1911 ersetzt (s. unter A 15).

1. Lübecker Polizeibehörde ein Organ der Armenpflege: Entsch. **49** 68.

16. Mecklenburg-Strelitz. AusfVer. v. 20. Februar 1871 für das Herzogtum Strelitz. — AusfVer. v. 27. April 1871 für das Fürstentum Ratzeburg.

Strelitz. **§ 2** (in der Fassung der Verordnung v. 10. Febr. 1891, Off. Anz. S. 27). Die nach der Patentverordnung vom 27. Juli 1821 gebildeten Heimatsbezirke,[1]) einschließlich der in Gemäßheit der Verordnung vom 2. August 1864 im Domanio gebildeten Heimatsbezirke [2]) und der Bezirke der in Gemäßheit der Verordnung vom 3. Juni 1890 im Kabinettsamt gebildeten Gemeinden,[3]) sollen in

Zukunft als Ortsarmenverbände im Sinne des Bundesgesetzes über den Unterstützungswohnsitz vom 6. Juni 1870 gelten. Mehrere Ortschaften, welche zu einer Gemeinde vereinigt worden sind oder vereinigt werden sollten, bilden nur einen Ortsarmenverband.

1. d. h. Ämter, Städte, Güter (Boccius' Repertorium der Verordnungen S. 3 ff.).

2. d. h. einzelne Ortschaften oder zu einer Gemeinde verbundene Ortschaften, wobei indes einige Zweige der Armenpflege (Krankenpflege [offene wie geschlossene], gemeingefährliche Geisteskranke, Taubstumme, Aufnahme Obdachloser in das Landarbeitshaus, Erstattung von Verpflegungs- und Beerdigungskosten auswärts erkrankter Ortsangehöriger) den Amtsarmenkassen zur Last bleiben (§§ 1 a—g der V. v. 2. Aug. 1864, Off. Anz. 1864 Nr. 11 S. 50). — Sind bei einem Streite über die Ortsangehörigkeit einer Person andere als Domanialbehörden beteiligt, so werden die Verhandlungen durch die betr. Ämter geführt; es bewendet überhaupt für die Behandlung solcher Angelegenheiten bei den bestehenden gesetzlichen Bestimmungen. Die Ortsarmenbehörden sind weder aktiv noch passiv zur Austragung eines solchen Streites befugt (§ 2 a. a. O. — anders in Mecklenburg-Schwerin, s. oben S. 220).

3. Die V. v. 2. Aug. 1864 wird sinnentsprechend auf diese Gemeinden erstreckt (V. v. 3. Juni 1890, Off. Anz. 1890 Nr. 25 S. 129).

Ratzeburg. § 2. Die in Unserem Fürstentum Ratzeburg bestehenden Armendistrikte und die Allodialgüter Dodow und Horst sollen in Zukunft als Ortsarmenverbände im Sinne des Bundesgesetzes über den Unterstützungswohnsitz vom 6. Juni 1870 gelten.

Strelitz. § 3. Übereinstimmend mit § 3 der Schweriner AusfVer. (S. 221). Der Stargardsche Kreis bildet einen Landarmenverband; an Stelle der dirigierenden Kommission des Landarbeitshauses zu Güstrow tritt die Zentralsteuerdirektion zu Neubrandenburg bezw. deren Zentralsteuerkasse, an Stelle des Ministeriums des Innern die Landesregierung.

Der erste Satz von Nr. 3 lautet:

3. Die Zentralsteuerdirektion hat die der Fürsorge des Landarmenverbandes anheimfallenden Armen auf Kosten der Zentralsteuerkasse entweder demjenigen Ortsarmenverbande zu überweisen, in dessen Bezirk sich dieselben zur Zeit des Eintritts ihrer Hilfsbedürftigkeit befinden, oder dieselben an einem anderen Orte unterzubringen.

Ratzeburg. § 3. Nr. 1—6 ebenso wie für Strelitz. Das ganze Fürstentum bildet einen Landarmenverband. An Stelle der Zentralsteuerdirektion tritt für das Fürstentum Ratzeburg überall der ständige Ausschuß der Vertretung desselben. Die Kosten des Landarmenwesens werden aus dem Landesfonds bestritten.

7. Unsere Landvogtei wird durch Vermittlung bei den Ortsarmenverbänden und, wenn nötig, durch die zur Folgeleistung anhaltenden Verfügungen dem ständigen Ausschusse zur Vollführung seiner Geschäfte in den geeigneten Fällen auf desfallsigen Antrag behilflich werden.

Strelitz. § 5 übereinstimmend mit § 5 der Schweriner AusfVer. (S. 223).

Nr. 2 hat folgenden Zusatz:

Die Enquotierung erfolgt da, wo schon eine Norm für die Enquotierung zu Armenkassenbeiträgen besteht, nach dieser; wo solche nicht besteht, bedarf die einzuführende Norm der Genehmigung der Landesregierung.

Bei Nr. 3 fehlt der Schlußabsatz.

Durch Verordnung v. 19. Juni 1914 (M.-Str. Offiz. Anzeiger für Gesetzgebung und Staatsverwaltung 1914 S. 340) zur Abänderung der Ausführ.Verordnung z. UWG. v. 20. Februar 1871 treten im ersten Satz des § 5 Nr. 3 der AV. an die Stelle der Worte: „bis zur Hälfte des Jahresbetrags des neuen Kontributionsedikts vom 30. Juli 1870" die Worte: „bis zur Hälfte des Einheitssatzes der Einkommensteuer nach Maßgabe des § 16 des Einkommensteuergesetzes vom 6. Mai 1913 (Off. Anz. 1913 Nr. 38)", im zweiten Satz an die Stelle von „ein halber Jahresbeitrag" die Worte: „die Hälfte des Einheitssatzes der Einkommensteuer".

Ratzeburg. § 5 Nr. 2 gleichlautend mit Strelitz; Nr. 3 fehlt.

17. Waldeck. AusfGes. v. 29. Juni 1871.

§ 2. Jede Gemeinde bildet für sich einen Ortsarmenverband.

§ 3. Der Kreis der Twiste, des Eisenbergs, der Eden und der Kreis Pyrmont bilden je einen Landarmenverband.

§ 4. Die Ortsarmenverbände werden durch die Ortsarmendirektionen, die Landarmenverbände durch die Kreisarmendirektionen (§ 24 der Armenordnung v. 11. Mai 1863) vertreten.

§ 5. Die zur Erfüllung dieser Verpflichtungen der Landarmenverbände erforderlichen Geldmittel werden nach Maßgabe der Kreisordnung vom 16. August 1855 (§ 10) von den einzelnen Kreisen aufgebracht.

§ 6 gleichlautend mit § 34 Pr. AG.

§ 7. Die für den Betrag der Erstattungsforderungen der Armenverbände maßgebenden Tarife werden von dem Landesdirektor nach Anhörung der Kreisvorstände aufgestellt (s. Anh. C).

§ 8 übereinstimmend mit Abs. 1 § 36 Pr. AG.

Ob und welche Beihilfe zu leisten ist, entscheidet nach Anhörung des Kreisvorstandes endgültig der Landes-direktor.

18. Schaumburg-Lippe. AusfGes. v. 7. März 1872.

§ 3. Jede Gemeinde bildet für sich einen Ortsarmenverband, insofern sie nicht in Gemäßheit des § 12 der Landgemeindeordnung vom 7. April 1870 mit einer oder mehreren anderen Gemeinden zu einem einheitlichen Ortsarmenverband (Gesamtarmenverband) vereinigt werden wird.

Den Gemeinden werden, soviel der Gegenstand dieses Gesetzes betrifft, Unsere nach § 5 der Städteordnung [1]) und nach § 6 der Landgemeindeordnung außerhalb des Gemeindeverbandes stehenden Fürstlichen Besitzungen gleich geachtet. Innerhalb des Bereichs dieser Besitzungen werden die Kosten der öffentlichen Armenpflege, wie von der Gemeinde, von Uns getragen.

1. Die bisherige Städteordnung ist durch eine neue Städteordnung v. 13. Juni 1906 (Landesverordnungen S. 377 ff.) ersetzt, die am 1. April 1907 in Kraft tritt, welche den Stadtbezirk nicht verändert (§ 5).

§ 4. Die Repräsentation dieser ausgeschlossenen Fürstlichen Besitzungen in Beziehung der öffentlichen Armenpflege steht Unserer Rentkammer zu.

§ 5 übereinstimmend mit dem zweiten Satze des Abs. 1 § 2 Pr. AG.

§ 6 Abs. 1 übereinstimmend mit Abs. 1 des § 3 Pr. AG.

Den Vorsitz in den Deputationen führt der Bürgermeister bezw. der Gemeindevorsteher.

Abs. 2 gleichlautend mit Abs. 3 a. a. O.

§§ 7—9 übereinstimmend mit §§ 4—6 Pr. AG.

§ 10. Den zu einem Gesamtarmenverband (§ 3) vereinigten Gemeinden bleibt die Vereinbarung statutarischer Vorschriften für die Verwaltung der Angelegenheiten dieses Verbandes, insbesondere über die Art der Beschlußfassung, über die gemeinschaftlichen Angelegenheiten, die Vertretung nach außen, die Formen der Verwaltung und die Aufbringungsweise der Kosten der gemeinsamen Armenpflege vorbehaltlich der Bestätigung durch Unsere Regierung überlassen; in Ermangelung einer derartigen Vereinbarung wird die Verfassung des Gesamtarmenverbandes durch ein nach Anhörung der Beteiligten von der Amtsversammlung nach Maßgabe der nachfolgenden Bestimmungen zu bestätigendes Statut geregelt.

Abs. 2—4 stimmen mit den Abs. 2—4 des § 10 Pr. AG. überein; nur heißt es bezügl. der Verteilung der Kosten, daß sie nach Maßgabe der aufkommenden Grund- und Einkommensteuer erfolgt.

§§ 11—13 übereinstimmend mit §§ 13—15 Pr. AG. Die Bekanntmachung (§ 13) erfolgt durch die Landesanzeiger.

§ 14. Die durch das Publikandum vom 11. April 1845 gebildeten Armenbezirke werden hierdurch aufgehoben.

§ 15. Das Vermögen der § 14 aufgehobenen Armenbezirke geht mit allen Rechten und Pflichten zur bestimmungsmäßigen Verwendung usw. wie in § 17 Abs. 1 Pr. AG. mit dem Zusatze: „vorausgesetzt, daß nach der von Unserer Regierung zu treffenden Entscheidung eine Verteilung auf die einzelnen Gemeinden mit den bestimmungsmäßigen Zwecken des gedachten Vermögens für vereinbar zu erachten ist".

Abs. 2 gleichlautend mit Abs. 2 des § 17 Pr. AG.

§ 16. Die zur Ausführung der Vorschriften des § 15 erforderliche Regulierung der Vermögensverhältnisse erfolgt durch die Ämter. Gegen deren Beschlüsse bleibt den Beteiligten der Rechtsweg vorbehalten.

§ 17. Ist eine Vermögensteilung nicht für zulässig zu erachten, so ist das gemeinschaftlich verbleibende Vermögen in Ermangelung maßgebender Stiftungstitel durch eine Deputation zu verwalten, welche von den Gemeinderäten und Gemeindevorstehern der beteiligten Gemeinden unter Leitung des Amtes in der Regel aus ihrer Mitte derart gewählt wird, daß jede Gemeinde wenigstens einen Abgeordneten zu entsenden hat. Diese wählen aus ihrer Mitte einen Vorsitzenden und einen stellvertretenden Vorsitzenden. Die Art der Beschlußfassung über die gemeinschaftlichen Angelegenheiten, die Vertretung nach außen, die Formen der Verwaltung und etwaige Aufbringungsweise der Kosten sind in diesem Falle durch ein von Unserer Regierung zu bestätigendes Statut zu regeln.

§ 18. Die Teilnahmerechte der einzelnen Gemeinden an dem in § 17 gedachten Vermögen bestimmen sich in Ermangelung besonderer Rechtstitel oder einer anderweitigen Vereinbarung der Beteiligten nach der entsprechenden Einwohnerzahl. Streitigkeiten über das Maß der Teilnahmerechte werden von den Ämtern vorbehaltlich des Rechtsweges entschieden. Die Entscheidung Unserer Regierung ist vorläufig vollstreckbar.

§ 19. Den Religionsgesellschaften, Stiftungen und sonstigen juristischen Personen verbleibt in allen Fällen die Verwaltung des ihnen zugehörigen Armenvermögens.

§ 20. Unserer Regierung steht nach Maßgabe der Landgemeindeordnung und der Städteordnung[1]) die Aufsicht über die Verwaltung der Ortsarmenverbände zu. Sie hat insbesondere darüber zu wachen, daß in den Fällen der §§ 15 und 11 das Armenvermögen seinen bestimmungsmäßigen Zwecken nicht entfremdet werde.

1. Vergl. §§ 97 ff. der neuen Städteordnung v. 13. Juni 1906.

§ 21. Die Funktionen des Landarmenverbandes übernimmt bis auf weiteres der Staat und werden dieselben von der Regierung ausgeübt.

§ 22 übereinstimmend mit § 34 Abs. 1 Pr. AG.

§ 23 übereinstimmend mit § 36 Abs. 1 Pr. AG.

Die Entscheidung erfolgt durch die Regierung.

C.

Tarife für die Erstattung von Armenpflegekosten.

(§ 30 UWG.)

(Sind nur in einzelnen Ländern aufgestellt und infolge der wachsenden Teuerung vielfachen Änderungen ausgesetzt.)

---

1. Preußen. Tarif der von den preußischen Armenverbänden zu erstattenden Armenpflegekosten vom 30. November 1910, abgeändert durch Erlaß des Ministers des Innern vom 28. Oktober 1919, in Kraft seit 30. November 1911, und des Ministers für Volkswohlfahrt vom 9. April 1921, in Kraft seit 1. April 1921 (s. Pr. VerwBl. 1921 S. 481).

1. Der Tarifsatz, mit dem die für die Verpflegung eines erkrankten oder arbeitsunfähigen Hilfsbedürftigen entstandenen Kosten einem preußischen Armenverbande von einem anderen preußischen Armenverbande zu erstatten sind, beträgt für jeden Tag der Verpflegung

a) für Personen im Alter von 14 und mehr Jahren 90 Pfennige,

b) für Personen, die das Alter von 14 Jahren noch nicht erreicht haben, 60 Pfennige.

Nicht hierunter begriffen und besonders zu berechnen sind die unter 2 erwähnten Kosten sowie die Kosten für gelieferte Kleidungsstücke.[1])

Abänderung. Vom 30. November 1919 bis 31. März 1921 ist ein Teuerungszuschlag von 100 % zu zahlen, vom

1. April 1921 an erhöhen sich die Sätze in Ortsklasse A um 700 %, B um 600 %, C bis E um 500 %. Die Ortsklasse richtet sich nach der Einreihung der erstattungsberechtigten Gemeinden in die Ortsklassen der Besoldungsgesetze (jetzt vom 12. Mai 1921, RGBl. 513).

2. Der Tarifsatz der für notwendig gewordene ärztliche oder wundärztliche Behandlung und Verpflegung der zu 1 gedachten Personen einem preußischen Armenverbande von einem anderen preußischen Armenverbande zu erstattenden Kosten mit Einschluß der Kosten der den Hilfsbedürftigen gereichten Arzneien, Heilmittel usw. beträgt für den Tag gleichmäßig 20 Pfennige.

Abänderung. Vom 30. November 1919 bis 31. März 1921 Teuerungszuschlag von 100 %. Vom 1. April 1921 an wird der ursprüngliche Tarifsatz auf 2 Mark gleichmäßig für alle Gemeinden erhöht.

An Stelle des Tarifsatzes ist eine besondere Berechnung und Anforderung erheblicher außerordentlicher Mehraufwendungen [2]) in Fällen von Verwundungen oder schweren oder ansteckenden Krankheiten [3]) zulässig, jedoch dürfen für besondere ärztliche Verrichtungen, z. B. für Operationen, Kosten höchstens bis zu den in der Gebührenordnung für approbierte Ärzte und Zahnärzte (zurzeit vom 15. Mai 1896 [MinBl. f. d. i. Verw. S. 105] unter Nr. II) festgesetzten oder später festzusetzenden Mindestsätzen berechnet werden. Unabhängig hiervon können die Kosten für notwendig gewordene künstliche Gliedmaßen, teuere Bandagen und Apparate zum Selbstkostenpreise in Rechnung gestellt werden.[4])

3. Der Tag, an dem die Verpflegung begonnen hat, wird mit dem Tage, an dem sie beendet worden ist, zusammen als ein Tag berechnet.

4. Die Tarifsätze gelten als Pauschsätze für die innerhalb eines Kranken- oder Armenhauses untergebrachten Personen.

Für die in offener Armenpflege untergebrachten Kinder unter 14 Jahren sind die tatsächlich entstandenen notwendigen Kosten auch über die Tarifsätze hinaus zu erstatten. (Fassung v. 9. April 1921.)

5. Der Tarifsatz, mit dem die für die Beerdigung eines Hilfsbedürftigen entstandenen Kosten einem preußischen Armenverbande von einem anderen preußischen Armenverbande zu erstatten sind, beträgt

a) für Personen im Alter von 14 und mehr Jahren 25 Mark,

b) für Personen, die das Alter von 14 Jahren noch nicht erreicht haben, 15 Mark.

Abänderung wie zu Ziffer 1 des Tarifs.

6. Für die in offener Armenpflege untergebrachten Personen über 14 Jahren und in denjenigen Fällen, wo nicht volle Verpflegung oder Gesamtbeerdigungskosten, sondern nur ein Zuschuß zur Verpflegung, zur ärztlichen Behandlung oder zu den Beerdigungskosten gewährt wird, überhaupt in allen Fällen, in denen Aufwendungen nicht nach den Bestimmungen der Ziff. 1, 2 und 5 erfolgen, namentlich bei Aufwendungen für nicht völlig erwerbsunfähige Personen, sind nur die tatsächlich entstandenen notwendigen Auslagen zu erstatten. Die Beträge der Ziff. 1, 2 und 5 gelten hierbei als Höchstsätze. (Fassung v. 9. April 1921.)

1. Für Gewährung von Obdach ist nicht besonders zu liquidieren, auch nicht für Wäschereinigungskosten; Entsch. **46** 120. Isolierungskosten: **48** 119. Desinfektion: **51** 141. Nachtwachen: **51** 147.

2. Erheblichkeit: Entsch. **45** 123, **47** 101—105; Salvarsan: **48** 93, 113, 115.

3. Begriff: Entsch. **46** 139.

4. und zwar neben dem Tarifsatz: Entsch. **46** 143—152.

2. Bayern. Armengesetz v. 21. August 1914.

Art. 13. Die Regierungen, Kammern des Innern, setzen nach Anhörung der Distriktsverwaltungsbehörden die Sätze (Tarife) fest, die nach dem Gesetz über den Unterstützungswohnsitz § 30 Abs. III, IV für die Erstattungsansprüche der Armenverbände maßgebend sind. Die Sätze sind nach Distriktsverwaltungsbezirken auf Grund der tatsächlichen Aufwendungen im Sinne der vorbezeichneten Gesetzesbestimmungen festzusetzen.[1])

1. § 16 der VollzAnw. zum AG.: Die Aufstellung von Tarifen hat sich vorerst auf die Fälle der Verpflegung und ärztlichen Behandlung in gemeindlichen und distriktsgemeindlichen Krankenhäusern zu beschränken. Dabei ist folgendes zu beachten:

1. Die Festsetzung hat für jeden Distriktsverwaltungsbezirk gesondert, in diesem aber gleichheitlich für alle Krankenhäuser der genannten Art zu geschehen. Nach Art. 13 Satz 1 sind vorher die Distriktsverwaltungsbehörden einzuvernehmen.
2. Zu den allgemeinen Verwaltungskosten, die bei der Berechnung der Sätze nicht in Ansatz gebracht werden dürfen, gehören alle Ausgaben, die nicht durch das eigene Bedürfnis des einzelnen Kranken veranlaßt sind und die auch entstanden wären, wenn die Zahl der Kranken nicht durch diesen einzelnen vermehrt worden wäre, also alle Aufwendungen, die der ordnungsmäßigen Einrichtung und dem allgemeinen Betriebe der Anstalt dienen. Dazu gehört beispielsweise der Aufwand für die Verwaltung, für die Verzinsung und Tilgung von Bauschulden sowie für die bauliche Unterhaltung der Krankenhäuser, der Aufwand für das Anstaltspersonal, für Kleidung, Wäsche und Lagerstätten, für Heizung, Reinigung, Beleuchtung.
3. Für die verbleibenden tatsächlichen Aufwendungen der beteiligten Krankenhäuser des Distriktsverwaltungsbezirkes ist der Durchschnittsaufwand der letzten drei Jahre nach Kopf und Tag zu ermitteln. Danach ist der einheitliche Tagessatz festzustellen.
4. In dem Bauschbetrag ist außer dem Aufwande für die Verpflegung im Krankenhaus auch die Vergütung für die Kosten der ärztlichen Behandlung enthalten mit Einschluß der einer Hebamme oder einer sonstigen niederärztlichen Berufsperson

gezahlten Gebühren, der verordneten Heilmittel, Getränke, Bäder usw. Besondere Berechnung ist nur zulässig bei erheblichen außerordentlichen Mehraufwendungen, z. B. für außergewöhnliche Heilmittel, wundärztliche Eingriffe, teuere Verbände und Geräte, künstliche Gliedmaßen und dergl.

5. Der Tag, an dem die Verpflegung begonnen hat, ist mit dem Tage an dem sie geendet hat, zusammen als ein Tag zu berechnen.

6. Die Sätze sind im Kreisamtsblatte zu veröffentlichen. Jede Regierung, Kammer des Innern, hat ein Verzeichnis der aufgestellten Sätze dem Staatsministerium des Innern vorzulegen.

3. Sachsen. § 5 V. v. 15. Juni 1876; Erhöhung durch V. v. 31. August 1921 (Nr. 22/21 Ges. u. VBl.) für die Zeit vom 1. Oktober 1921 bis 30. September 1922, wie unten bemerkt.

Der Tarifsatz, nach welchem die für die Verpflegung eines arbeitsunfähigen Hilfsbedürftigen entstandenen Kosten einem sächsischen Armenverbande von einem anderen sächsischen Armenverbande [1]) zu erstatten sind, beträgt für jeden Tag der Verpflegung

a) einer Person über 14 Jahren 60 Pfennige, erhöht auf 3 Mark,

b) einer Person von 14 Jahren und darunter 40 Pfennige, erhöht auf 2 Mark.

Dieser Satz erhöht sich, wenn und solange der Verpflegte (gleichviel ob innerhalb oder außerhalb eines Krankenhauses oder einer Armenanstalt) mit ärztlicher Hilfe und Krankenpflege hat versehen werden müssen,

c) bei Personen über 14 Jahren auf 1 Mark, erhöht auf 5 Mark,

d) bei Personen von 14 Jahren und darunter auf 60 Pfennige, erhöht auf 3 Mark.

Besondere Berechnung nachweisbaren außerordentlichen Mehraufwands in Verwundungsfällen oder bei besonders schweren und ansteckenden Krankheiten ist nachgelassen, auch können Kosten für gelieferte Kleidungsstücke besonders in Ansatz gebracht werden. Der Tag, an welchem die Verpflegung begonnen hat, wird mit dem Tage, an welchem dieselbe beendet worden ist, zusammen als ein einziger Tag berechnet.

Der Aufwand für nicht völlig arbeits- und erwerbsunfähige Personen, z. B. die Gewährung von bloßem Obdach außerhalb der öffentlichen Armenhäuser, ist je nach der Lage der Verhältnisse niedriger zu berechnen.

Beerdigungskosten, einschließlich sämtlicher Gebühren, sind bei Personen über 14 Jahren nach Höhe von 15 Mark, bei Personen unter 14 Jahren nach Höhe von 9 Mark zu berechnen, erhöht auf 75 bezw. 45 Mark.

1. Der Staat Sachsen ist bei Landarmen als Armenverband anzusehen; Entsch. **36** 131; abweichend Sächs. OVG. im Sächs. Wochenblatt 1905 S. 23.

4. Württemberg. Verfügung des Ministers des Innern v. 25. Juni 1891 (RegBl. S. 235).

1. Der Tarifsatz, nach welchem die durch die Verpflegung eines erkrankten, erwerbsunfähigen Hilfsbedürftigen im Alter von 14 Jahren und darüber in einem Krankenhaus entstandenen Kosten einem württembergischen Armenverband von einem anderen württembergischen Armenverband zu erstatten sind, beträgt für jeden Tag der Verpflegung 1 Mark 40 Pfennige, seit 1. Januar 1921 auf 10 Mark erhöht (RegBl. S. 84).

In diesem Tarifsatz ist auch die Vergütung enthalten für die Kosten der ärztlichen Behandlung des Hilfsbedürftigen, der demselben verordneten Arzneien, Getränke und Bäder, der Bett- und Leibwäsche, der Reinigung der Kleider von Ungezi̇efer sowie der etwa notwendig werdenden besonderen Heizung und Beleuchtung.

In schweren Fällen bleibt eine besondere Berechnung und Liquidierung erheblicher außerordentlicher Mehraufwendungen für ärztliche Behandlung und Arzneien vorbehalten.

Nicht in dem Tarifsatz begriffen, sondern besonders zu berechnen sind die Kosten für gelieferte Kleidungsstücke sowie für Brillen, Bruchbänder und ähnliche Heilmittel.

2. Der Tag, an welchem die Verpflegung begonnen hat, wird mit dem Tag, an welchem die Verpflegung beendigt worden ist, zusammen als e i n Tag berechnet.

3. Der Tarifsatz findet keine Anwendung auf die Verpflegung in einer der Staatsanstalten.

4. Alle nicht unter Ziffer 1 fallenden Verwendungen für Hilfsbedürftige sind besonders zu berechnen. Dies gilt insbesondere bezüglich der Kosten für die Verpflegung solcher Personen, welche das Alter von 14 Jahren noch nicht erreicht haben, oder welche ganz oder teilweise erwerbsfähig sind, sowie für Personen, welche außerhalb der Krankenhäuser verpflegt werden.

5. Baden. a) V. v. 30. J u l i 1888 (Reg. u. VBl. S. 397); Erhöhung durch V. v. 8. August 1921, in Kraft seit 1. September 1921, wie unten bemerkt.

§ 1. Der Tarifsatz, mit welchem die für die Verpflegung eines e r k r a n k t e n Hilfsbedürftigen — ohne Unterschied des Alters — entstandenen Kosten einem badischen Armenverbande von dinem anderen badischen Armenverbande oder von dem badischen Staate auf Grund der im Eingang angeführten Gesetze zu erstatten sind, beträgt für jeden Tag der Verpflegung 1 Mark 30 Pfennig, erhöht auf 10 Mark.

In diesem Tarifsatze ist auch die Vergütung enthalten für die Kosten der ärztlichen usw. Behandlung der Hilfsbedürftigen sowie der denselben gereichten Arzneien, Heilmittel usw., vorbehaltlich einer besonderen Berechnung und Liquidierung erheblicher außerordentlicher Mehraufwendungen in schweren Fällen.

§ 2. Als erkrankt im Sinne des § 1 gilt ein Hilfsbedürftiger von dem Tage an, an welchem er erstmals in ärztliche Behandlung genommen, bis zu demjenigen, an welchem die ärztliche usw. Behandlung eingestellt worden ist.

§ 3. Der Tarifsatz, mit welchem die für die Verpflegung eines nicht kranken, aber arbeitsunfähigen Hilfsbedürftigen im Alter von 14 und mehr Jahren entstandenen Kosten einem badischen Armenverbande von einem anderen badischen Armenverbande oder von dem badischen Staate zu erstatten sind, beträgt für jeden Tag der Verpflegung, wenn dieselbe erfolgt

a) in den Städten: Mannheim, Karlsruhe, Freiburg, Pforzheim, Heidelberg, Konstanz, Baden, Rastatt, Bruchsal, Lahr, Offenburg, Lörrach, Weinheim, 80 Pfennige, erhöht auf 6 Mark,

b) an einem anderen Orte 60 Pfennige, erhöht auf 4 Mark 50 Pfennige.

§ 4 übereinstimmend mit Nr. 3 Preuß. Tarif.

§ 5. Die obigen Tarifsätze kommen gleichmäßig zur Anwendung, die Verpflegung mag innerhalb oder außerhalb eines Kranken- oder Armenhauses bewirkt sein.

Sie finden jedoch keine Anwendung auf die Verpflegung in einer der Staatsanstalten.

b) V. v. 19. Dezember 1896 (Ges.- u. VBl. S. 550).

Zu den Staatsanstalten, auf welche gemäß § 5 Abs. 2 der genannten Verordnung der durch dieselbe festgestellte Tarifsatz keine Anwendung findet, gehören zurzeit:

1. die Heil- und Pflegeanstalten Illenau, zu Pforzheim und bei Emmendingen,
2. die Anstalten des Badfonds,
3. die gynäkologischen Frauen- und Augenkliniken sowie die Irrenklinik und die psychiatrische Klinik der Landesuniversitäten Heidelberg und Freiburg.

Dagegen findet der Tarifsatz Anwendung auf das klinische Hospital in Freiburg und die medizinische, chirurgische und Kinderklinik in Heidelberg. Für die psychiatrischen Kliniken in Heidelberg und Freiburg gilt seit dem 1. Januar 1908 der Tarif vom 21. Dezember 1907 (Ges.- u. VBl. S. 655), zu welchem eine vom 1. November 1911 in Kraft getretene Novelle vom 9. Oktober 1911 gehört (Ges.- u. VBl. S. 455).

Für die Anstalten in Illenau, Pforzheim, Emmendingen und Wiesloch sind besondere Statuten und Tarife aufgestellt (Bek. v. 31. Dez. 1891, Ges.- u. VBl. 1892 H. 1 u. 17.; Bek. v. 22. Juli u. 24. Juli 1889, Ges.- u. VBl. S. 115, 131, 147); für diese Anstalten ist seit dem 1. Januar 1908 ein neuer Tarif vom 21. Dezember 1907 in Geltung (Ges.- u. VBl. S. 656), zu dem eine mit dem 1. November 1911 in Kraft getretene Novelle vom 3. Oktober 1911 (Ges.- u. VBl. S. 456) gehört; für das Landesbad zu Baden vergl. V. v. 22. Februar 1895 nebst Bekanntmachung von demselben Tage (Ges.- u. VBl. S. 60—64).

§ 6. Alle unter die Bestimmungen in §§ 1—3 nicht zu begreifenden Verwendungen sind besonders zu berechnen. Dies gilt namentlich rücksichtlich der Kosten solcher nicht kranker Personen, welche das Alter von 14 Jahren noch nicht erreicht haben oder nicht vollständig arbeitsunfähig sind, sowie in den Fällen der §§ 1—3 hinsichtlich der Kosten für gelieferte Kleidungsstücke.

6. Thüringen.

6a. Sachsen-Weimar. Ges. v. 21. Januar 1914 (RegBl. S. 22); Erhöhung der Tarife seit 1. April 1921 durch Bekanntmachung der Weimarischen Gebietsregierung v. 14. März 1921.

§ 1 übereinstimmend mit Nr. 1 Preuß. Tarif; jedoch statt a und b:

a) bei Hilfsbedürftigen im Alter vom vollendeten 14. Lebensjahre an 3 Mark 50 Pfennige,

b) bei Hilfsbedürftigen im noch nicht vollendeten 14. Lebensjahre 2 Mark 75 Pfennige.

§§ **2 und 3** übereinstimmend mit Nr. 2 und 3 Preuß. Tarif bis: jedoch dürfen...

§ **4.** Die Vorschriften in §§ 1 und 3 kommen gleichmäßig zur Anwendung, mag die Verpflegung inner- oder außerhalb eines Kranken- oder Armenhauses bewirkt worden sein.

Sie kommen aber nicht zur Anwendung,

a) wenn die Verpflegung in einer der Landesheilanstalten stattgefunden hat, in welchem Falle die Kosten nach den dort gültigen Tarifen, abzüglich der allgemeinen Verwaltungskosten (§ 30 Abs. 3 des UWG.), zu erstatten sind, oder

b) wenn die unterstützte Person nicht völlig arbeits- und erwerbsunfähig ist, ihr z. B. nur Obdach gewährt werden muß, oder sie einen Teil ihrer Unterstützungskosten durch eigene Arbeit aufbringt, in welchem Falle der zu erstattende Aufwand, je nach der Lage der Verhältnisse, niedriger zu berechnen ist.

§ **5.** Aufwendungen, die nicht unter die Bestimmungen in § 1 und 2 fallen, sowie Beerdigungskosten sind besonders zu berechnen. Beerdigungskosten dürfen jedoch, einschließlich sämtlicher Gebühren, bei Personen im Alter von 14 und mehr Jahren höchstens mit 150 Mark und bei Personen im Alter von weniger als 14 Jahren höchstens mit 100 Mark berechnet werden.

6b. Sachsen-Meiningen. Ausschreiben der Ministerialabteilung des Innern v. 1. Oktober 1878 (Sammlung der Ausschreiben Nr. 9 S. 113), übereinstimmend mit Schaumburg-Lippe.

Zusatz zu 5: Dies gilt namentlich auch rücksichtlich der Kosten der Verpflegung solcher Personen, welche das Alter von 14 Jahren noch nicht erreicht haben oder nicht vollständig arbeitsunfähig sind.

Durch Ausschreiben der Ministerialabteilung des Innern vom 12. Dezember 1919 (Sammlung Nr. 149 S. 895) ist seit 1. Januar 1920 der Tarifsatz in Nr. 1 auf 1 Mark 80 Pfennige, in Nr. 2 auf 40 Pfennige erhöht.

6c. Reuß (Greiz) **ä. L.** Tarif v. 16. Februar 1905, in Kraft getreten am 1. März 1905 (GS. S. 21), abgeändert durch Bekanntmachungen v. 28. April 1920, 6. Juli 1921 (A.- u. VBl. S. 479).

I. Verpflegungs- und Kurkosten für erwachsene arbeitsunfähige Hilfsbedürftige.

§ 1 gestrichen.

§ 2. Wenn und solange ein Hilfsbedürftiger notwendigerweise in den Krankenhäusern in Greiz oder Zeulenroda oder im Bezirksversorgungsheim Zeulenroda untergebracht ist, sind dem vorläufig unterstützungspflichtigen Ortsarmenverband zu erstatten:

I. bei Verpflegung in den genannten Krankenhäusern:

a) für kranke Hilfsbedürftige über 14 Jahre 16 Mark für den Tag,

b) für Hilfsbedürftige unter 14 Jahren 12 Mark für den Tag,
c) für Geisteskranke 20 Mark für den Tag;

II. bei Verpflegung im Bezirksversorgungsheim Zeulenroda 6 Mark für den Tag.

Der für das Bezirksversorgungsheim Zeulenroda festgesetzte Satz von 6 Mark für die Person und den Tag findet auch Anwendung für die Fälle, in denen hilfsbedürftige Personen in einem Armenhause oder Hospitale der Städte Greiz, Zeulenroda und Triebes verpflegt werden.[1])

1. Gebühren im Landkrankenhause Greiz: vergl. Bek. v. 6. Sept. 1921 (A.- u. VBl. S. 597).

§ 3. Für die notwendig gewordene ärztliche oder wundärztliche Behandlung erkrankter Hilfsbedürftiger mit Einschluß der Kosten der ihnen etwa gereichten Arzneien, Heilmittel und dergleichen ist neben den im § 1 aufgeführten Sätzen ein Pauschquantum von 30 Pfennigen für jeden Tag der Verpflegung zu vergüten.

Das nämliche Pauschquantum ist neben dem Satze des § 2 zu vergüten, wenn und insoweit dem erstattungsberechtigten Armenverbande von der Landkrankenhausverwaltung oder der Verwaltung des Städtischen Krankenhauses in Zeulenroda außer dem bei ihr jeweilig gültigen festen Verpflegungsbeitrage die baren Auslagen für Heil- und Stärkungsmittel statthafterweise besonders berechnet worden sind, und unter der Voraussetzung, daß nach § 30 des Reichsgesetzes über den Unterstützungswohnsitz die Erstattung dieser Auslagen verlangt werden kann.

Wenn in schweren Verwundungsfällen oder bei schweren oder ansteckenden Krankheiten nachweisbar erhebliche außerordentliche Mehraufwendungen notwendig geworden sind, so können diese neben den Sätzen der §§ 1 und 2, aber unter Ausschluß der Berechnung des vorstehend in Absatz 1 und 2 gedachten Pauschquantums, besonders, jedoch nur nach den niedrigsten Sätzen der ärztlichen Gebühren und der Arzneitaxe und unter der Voraussetzung, daß überhaupt nach § 30 des Reichsgesetzes über den Unterstützungswohnsitz eine Vergütung zu gewähren ist, berechnet und zur Erstattung in Ansatz gebracht werden.

§ 4 gestrichen.

III. Gemeinsame Bestimmungen.

§ 5. Der Tag, an welchem die Verpflegung begonnen hat, wird mit dem Tage, an welchem sie beendigt worden ist, zusammen als ein Tag gerechnet.

§ 6. Die Kosten für Kleidungsstücke, welche den Hilfsbedürftigen notwendigerweise geliefert worden sind, können in der für den Einzelfall nachzuweisenden Höhe neben den in den §§ 1, 2 und 3 cf. § 4 aufgestellten Sätzen besonders zur Erstattung berechnet werden.

Dasselbe gilt von den Kosten des notwendigen Transports eines Kranken in das nächstgelegene geeignete Krankenhaus.

IV. Beerdigungskosten.

§ 7. Die Kosten der Beerdigung einer Person werden, einerlei, ob das Begräbnis in einer Stadt- oder Landgemeinde erfolgt, in der Höhe vergütet, die von dem erstattungsberechtigten Armenverband durch Belege als aufgewendet nachgewiesen werden kann, sofern es sich nicht um Aufwendungen handelt, die über den Rahmen eines Begräbnisses einfachster Art hinausgehen.

§ 8. Die Kosten eines vor der Beerdigungshandlung stattfindenden Transports der Leiche, welcher etwa nach den Verhältnissen des Einzelfalles notwendig wird, wenn die Leiche außerhalb eines zum betreffenden Armenverbandsbezirke gehörigen Wohnhauses aufgefunden wird, kommen besonders in Ansatz.

11. Schwarzburg-Rudolstadt. Ministerialbekanntmachung v. 21. Dezember 1911 (GS. S. 37), übereinstimmend mit dem Preuß. Tarif; jedoch:

Nach Ziff. 1 b sind bei Personen unter 14 Jahren sowie solchen, die nicht ganz erwerbsunfähig sind, die wirklich aufgewendeten Kosten, jedoch nicht über 90 Pfennig, zu liquidieren; es ist in Ziff. 2 die Medizinaltaxe vom 17. Juni 1898 (GS. S. 69) in Bezug genommen.

Ziff. 4. Die obigen Tarifsätze kommen gleichmäßig zur Anwendung, die Verpflegung mag innerhalb oder außerhalb eines Kranken- oder Armenhauses bewirkt worden sein.

Ziff. 6. Alle unter die Bestimmungen 1, 2 und 5 (Beerdigung) nicht zu begreifenden Verwendungen sind besonders zu berechnen.

Nach Ministerialbekanntmachung vom 9. Oktober 1920 (GS. S. 111) können gefordert werden für Verpflegung von Personen im Alter von 14 und mehr Jahren 3 Mark, von Personen unter 14 Jahren sowie solchen, die nicht ganz arbeitsunfähig sind, die wirklich aufgewendeten Kosten, jedoch nicht über 2 Mark, für ärztliche Behandlung usw. 50 Pfennige für den Tag, für Beerdigung von Personen im Alter von 14 Jahren und darüber 75 Mark, von Personen unter 14 Jahren 50 Mark.

12. Anhalt. Bekanntmachung der Landarmendirektion v. 6. Februar 1911, übereinstimmend mit dem Preuß. Tarif.

In Ziff. 2 Abs. 2 ist auf die anhaltische Gebührenordnung für approbierte Ärzte und Zahnärzte vom $\frac{\text{26. Juli 1897}}{\text{21. Mai 1906}}$ unter II hingewiesen.

Der Nachtrag zum Tarif vom 26. Mai 1921, in Kraft seit 1. April 1921 (Nr. 45 des Amtsblatts), stimmt mit dem Preuß. Nachtrag vom 9. April 1921 überein.

14. Lippe-Detmold. Verordnung, betreffend den Tarif für die Erstattungsforderungen der lippischen Armenverbände, v. 14. Mai 1921 (GS. S. 465).

1. Der Tarifsatz, mit dem die für die Verpflegung eines Erkrankten oder arbeitsunfähigen Hilfsbedürftigen entstandenen Kosten einem lippischen Armenverbande von einem anderen lippischen Armenverbande zu erstatten sind, beträgt für jeden Tag der Verpflegung

a) für Personen im Alter von 14 und mehr Jahren 4 Mark 50 Pfennige,

b) für Personen, die das Alter von 14 Jahren noch nicht erreicht haben 3 Mark.

Nicht hierunter begriffen und besonders zu berechnen sind die unter 2 erwähnten Kosten sowie die Kosten für gelieferte Kleidungsstücke.

2. Der Tarifsatz der für die notwendig gewordene ärztliche oder wundärztliche Behandlung und Verpflegung der zu 1 gedachten Personen einem lippischen Armenverbande von einem anderen lippischen Armenverbande zu erstattenden Kosten mit Einschluß der Kosten der dem Hilfsbedürftigen gereichten Arzneien, Heilmittel usw. beträgt für den Tag gleichmäßig 2 Mark.

An Stelle des Tarifsatzes ist eine besondere Berechnung und Anforderung erheblicher außerordentlicher Mehraufwendungen in Fällen von Verwundungen oder schweren oder ansteckenden Krankheiten zulässig, jedoch dürfen für besondere ärztliche Verrichtungen, z. B. für Operationen, Kosten höchstens bis zu den in der Gebührenordnung für approbierte Ärzte vom 16. Mai 1908 (LV. Bd. 25 S. 49) und vom 21. Mai 1920 (S. 138) festgesetzten oder später festzusetzenden Mindestsätzen berechnet werden. Unabhängig hiervon können die Kosten für notwendig gewordene künstliche Gliedmaßen, teure Verbände und Gestelle zum Selbstkostenpreise in Rechnung gestellt werden.

3. Der Tag, an dem die Verpflegung begonnen hat, wird mit dem Tage, an dem sie beendet worden ist, zusammen als ein Tag berechnet.

4. Die Tarifsätze gelten als Pauschsätze für die innerhalb eines Kranken- oder Armenhauses untergebrachten Personen.

Für die in offener Armenpflege untergebrachten Kinder unter 14 Jahren sind die tatsächlich entstandenen notwendigen Kosten auch über die Tarifsätze hinaus zu erstatten.

5. Der Tarifsatz, mit dem die für die Beerdigung eines Hilfsbedürftigen entstandenen Kosten einem lippischen Armenverbande von einem anderen lippischen Armenverbande zu erstatten sind, beträgt

a) für Personen im Alter von 14 und mehr Jahren 125 Mark,

b) für Personen, die das Alter von 14 Jahren noch nicht erreicht haben, 75 Mark.

6. übereinstimmend mit Ziff. 6 des Preuß. Tarifs.

7. Die gegenwärtigen Bestimmungen, deren Nachprüfung und anderweite Festsetzung vorbehalten bleibt, treten mit dem 1. November 1919 in Kraft. Mit demselben Tage tritt der Tarif vom 5. März 1917 (LV. Bd. 26 S. 659) außer Geltung.

17. Waldeck. Tarif v. 3. August 1914 (RegBl. S. 122), Ziff. 1, 2, 3, 5 übereinstimmend mit dem Preuß. Tarif vom 30. November 1910 ohne Teuerungszuschläge und sonstige Änderungen.

Änderung: Bezugnahme auf Gebührenordnung für approbierte Ärzte und Zahnärzte (RegBl. 1897 S. 9 ff.).

Ziff. 4 wie oben 6 f, Schwarzburg-Rudolstadt.

Ziff. 6. Alle unter die Bestimmungen zu 1, 2 und 5 nicht zu begreifenden Verwendungen sind besonders zu berechnen. Dies gilt namentlich auch für die Kosten der Verpflegung und ärztlichen Behandlung solcher Personen, die nicht völlig erwerbsunfähig sind. Als Höchstsatz dieser besonderen Berechnung gelten für nicht völlig erwerbsunfähige Personen die Tarifsätze unter 1 und 2.

18. Schaumburg-Lippe. AusfGes. v. 7. März 1872.

§ 2. Nr. 1 übereinstimmend mit Nr. 1 des Preuß. Tarifs. Der Tarifsatz beträgt nach dem Ges. v. 18. März 1907 (LVG.-S. 37) 1 Mark. Kein Tarifsatz für Personen unter 14 Jahren.

Nr. 2 Abs. 1 übereinstimmend mit Nr. 2 des Preuß. Tarifs. Der Tarifsatz beträgt überall (nach Ges. v. 18. März 1907) 20 Pfennige.

Abs. 2. Für die Behandlung der Krätzkranken tritt ein Pauschalsatz für die ganze Kur ein von 6 Mark. Für die Vergütung der ärztlichen und wundärztlichen Hilfeleistung, soweit solche nach § 30 des Bundesgesetzes zu gewähren ist, finden die nach der Medizinaltaxe angesetzten niedrigsten Tarifsätze Anwendung.

Nr. 3 übereinstimmend mit Nr. 3 des Preuß. Tarifs.

Nr. 4. Die obigen Tarifsätze kommen gleichmäßig zur Anwendung, die Verpflegung mag innerhalb oder außerhalb eines Kranken- oder Armenhauses bewirkt worden sein.

Nr. 5. Alle unter die Bestimmungen zu 1 und 2 nicht zu begreifenden Verwendungen sind besonders zu liquidieren.

D.

Unterstützung aus dem Auslande übernommener Deutscher und der Ausländer.

(Über die Begriffe: Deutscher, Ausland, Ausländer s. Einleitung S. 13, 14 und die Übernahmeverträge in der Fußnote zur Gothaer Konvention unter II.)

I. Unterstützung aus dem Auslande übernommener Deutscher (§ 33 UWG.).

1. Preußen. § 37 Ges. v. 8. März 1871; einschließlich Kreis Herzogtum Lauenburg (§ 17 Ausf. Ges. v. 24. Juni 1871).

Muß ein Deutscher, welcher keinen Unterstützungswohnsitz hat, auf Verlangen ausländischer Staatsbehörden (§ 33 des Bundesgesetzes) aus dem Auslande übernommen werden [1]) und ist bei der Übernahme der Fall der Hilfsbedürftigkeit vorhanden oder tritt derselbe innerhalb sieben Tagen nach erfolgter Übernahme ein, so liegt die Verpflichtung zur Erstattung der Kosten der Unterstützung beziehungsweise zur Übernahme des Hilfsbedürftigen demjenigen Landarmenverbande ob, innerhalb dessen der Hilfsbedürftige seinen letzten Unterstützungswohnsitz gehabt hat.[2]) Läßt sich dieser Unterstützungswohnsitz nicht ermitteln, so ist derjenige Landarmenverband zur Tragung der Kosten verpflichtet, in dessen Bezirk die Hilfsbedürftigkeit hervorgetreten ist.

1. Vergl. die Gothaer Konvention v. 15. Juli 1851, Anm. 2 zu § 7 FreizügG. und die hinter diesem Gesetz aufgeführten Übernahmeverträge.

2. Der erste Satz enthält die durch § 33 UWG. gerechtfertigte Ausnahme von der Regel des § 30 Abs. 1 b a. a. O. Läßt sich nicht ermitteln, daß der Unterstützte einen letzten Unterstützungswohnsitz gehabt hat, so tritt die Regel des § 30 Abs. 1 b a. a. O. wieder in Kraft (Satz 2).

2. Bayern. Armengesetz v. 21. August 1914.

Art. 61. In den Fällen des Gesetzes über den Unterstützungswohnsitz § 33 ist zur Erstattung der Kosten und zur Übernahme des Hilfsbedürftigen der Landarmenverband verpflichtet, in dessen Bezirk der Hilfsbedürftige seinen letzten Unterstützungswohnsitz gehabt hat.

Kann dieser Unterstützungswohnsitz nicht ermittelt werden, so hat den Aufwand der Landarmenverband zu tragen, in dessen Bezirk die Hilfsbedürftigkeit hervorgetreten ist.

Der Staat ersetzt dem Landarmenverband vier Fünftel des Aufwandes.

Vollzugsanweisung § 49.

3. Sachsen. § 6 V. v. 6. Juni 1871.

Personen, welche nach § 33 des Bundesgesetzes aus dem Ausland nach Sachsen übernommen werden müssen und bei der Übernahme hilfsbedürftig sind oder innerhalb der ersten sieben Tage nach der Übernahme hilfsbedürftig werden, ohne einen Unterstützungswohnsitz zu haben, werden, mit Vorbehalt der Erstattung des Aufwands für ihre Unterstützung aus der Staatskasse, nach Maßgabe der Bestimmungen im § 5 Abs. 2 und 3 gegenwärtiger Verordnung [1]) demjenigen Ortsarmenverbande, in welchem sie vormals den letzten Unterstützungswohnsitz gehabt haben, wenn aber ein solcher nicht zu ermitteln, dem Ortsarmenverbande desjenigen Orts zugewiesen, an welchem sie in hilfsbedürftigem Zustande übernommen werden oder an welchem nach der Übernahme ihre Hilfsbedürftigkeit zutage tritt.

1. S. oben B 3 § 5.

4. Württemberg. Art. 28 AusfGes. v. 17. April 1873, übereinstimmend mit § 37 Pr. AG.

Nach Art. 10 des Gesetzes vom 2. Juli 1889 (RegBl. S. 214) wird der dem Landarmenverbande in den Fällen des zweiten Satzes erwachsene Unterstützungsaufwand im vollen Betrage aus der Staatskasse ersetzt. (Vergl. auch § 25 VollzV. v. 15. Juli 1889, RegBl. S. 232.)

5. Baden. § 2 EinfGes. v. 14. März 1872, übereinstimmend mit § 37 Pr. AG.

6. Thüringen.

6a. Sachsen-Weimar. § 8 AusfGes., s. Anh. B, 6a.

6b. Sachsen-Meiningen. Art. 7 AusfGes., s. Anh. B, 6b.

6g. Schwarzburg-Sondershausen. § 7 AusfGes., s. Anh. B, 6g.

7. Hessen. Art. 8 AusfGes. v. 14. Juli 1871, zu 4—5, übereinstimmend mit § 37 Pr. AG.

9. Mecklenburg-Schwerin. § 3 AusfGes., s. Anh. B, 9.

10. Braunschweig. § 8 AusfGes. v. 5. Juni 1871.

Die Verpflichtung zur Unterstützung und eventuell zur Übernahme eines Bundesangehörigen, welche dem hiesigen Staate auf Grund des § 33 des Bundesgesetzes vom 6. Juni 1870 obliegt, hat der Landarmenverband zu erfüllen.

11. Oldenburg. Art. 77 Rev. GemOrdn. v. 15. April 1873, übereinstimmend mit § 37 Pr. AG. (Statt Landarmenverband: Amtsverband.)

Im Fürstentum Birkenfeld tritt bis zum Erwerbe eines UW. der Landarmenverband ein (Art. 17 Ges. über das Armenwesen); ebenso im Fürstentum Lübeck (Art. 83 Rev. GemOrd.).

12. Anhalt. § 21 AusfGes., s. Anh. B, 12.

14. Lippe-Detmold. § 9 AusfGes. v. 12. September 1877, zu 16—18, übereinstimmend mit § 37 Pr. AG.

16. Mecklenburg-Strelitz und Ratzeburg. § 3 Ausf.-Ges., s. Anh. B, 16.

17. Waldeck. § 9 AusfGes. v. 29. Juni 1871, gleichlautend mit § 37 Pr. AG.

18. Schaumburg-Lippe. § 24 Ges. v. 7. März 1872 wie § 37 Pr. AG., doch erstattungspflichtig schlechthin der LAV.

II. Unterstützung der Ausländer (§ 60 UWG.).

1. Preußen. § 64 Ges. v. 8. März 1871; einschließlich Kreis Herzogtum Lauenburg (§ 52 Ausf. Ges. v. 24. Juni 1871).

Jeder Ausländer ist, solange ihm der Aufenthalt im Inlande gestattet wird,[1]) a) in bezug auf die Art und das Maß der im Falle der Hilfsbedürftigkeit zu gewährenden öffentlichen Unterstützung, b) auf den Erwerb und Verlust des Unterstützungswohnsitzes einem Deutschen gleich zu behandeln.

1. Entsch. 15 133, 22 182. — Die Kosten für einstweilige Unterbringung Ausgewiesener sind Landespolizeikosten: Verf. v. 24. Dez. 1901 (MBl. f. i. V. 1902 S. 17). — Vorschriften

des Bundesrats, betr. die Vollziehung der Ausweisung von Ausländern aus dem Reichsgebiete auf Grund der §§ 39, 284, 362 StGB. (Bek. v. 10. Dez. 1890, RGBl. S. 378): Verf. des Min. des Innern v. 20. Juli 1902 (MBl. f. i. V. S. 160). — Über die Tragung der Kosten der Heimschaffung ausländischer Hilfsbedürftiger, welche auf Antrag eines Armenverbandes durch die Landespolizeibehörde veranlaßt wurde, vergl. Verf. des Preuß. Min. des Innern v. 11. Sept. 1904 (MBl. f. i. V. S. 237), v. 22. Dez. 1905 (a. a. O. 1906 S. 6). Landesrechtlicher Unterstützungswohnsitz eines Ausländers gilt nicht als reichsrechtlicher: Entsch. **46** 210. Einziehung von Ausländern zum Heeresdienst bewirkt Ruhen des Fristenlaufs: Entsch. **57** 124.

2. Bayern. Art. 62 Armengesetz v. 21. August 1914.

Solange einem Nichtdeutschen der Aufenthalt in Bayern gestattet wird, ist er in bezug auf Art und Maß der öffentlichen Armenunterstützung einem Deutschen gleichzuachten.[1])

Zur Erstattung des Aufwandes und zur Übernahme eines solchen Hilfsbedürftigen ist der Landarmenverband verpflichtet, in dessen Bezirk die Hilfsbedürftigkeit hervorgetreten ist.

Der Staat ersetzt dem Landarmenverband vier Fünftel des Aufwandes.

BA. § 50.

1. Keine Gleichstellung für den Erwerb und Verlust des Unterstützungswohnsitzes. Für den diplomatischen Übernahmeverkehr s. MinBek. v. 28. Aug. 1920 (Staatsanzeiger Nr. 205).

3. Sachsen. § 10 V. v. 6. Juni 1871.

Hilfsbedürftige Ausländer sind, solange ihre Ausweisung nicht ins Werk gesetzt wird, da, wo sie hilfsbedürftig werden, von dem Ortsarmenverbande zu unterstützen. Die Erstattung des dadurch entstandenen Aufwands erfolgt nach Maßgabe der Bestimmungen in § 5 Abs. 2 und 3 gegenwärtiger Verordnung (s. oben S. 171).

1. Über die Tragung der Kosten der Heimschaffung ausländischer Hilfsbedürftiger auf Antrag eines Armenverbandes vergl. Verf. des Min. des Innern v. 6. Nov. 1904 (Sächs. Wochenblatt S. 265). — Über die Anwendbarkeit der für Inländer bestimmten Vorschriften des UWG. auf Ausländer vergl. Sächs. OVG. 6 350.

4. Württemberg. Art. 47 AusfGes. v. 17. April 1873.

Abs. 1 übereinstimmend mit § 64 lit. a Pr. AG.

Abs. 2. Zur Erstattung der durch die Unterstützung erwachsenen Kosten bezw. zur Übernahme des hilfsbedürftigen Ausländers ist im Falle des § 29 des Reichsgesetzes der Armenverband des Dienstorts, außerdem derjenige Landarmenverband verpflichtet, in dessen Bezirk die Hilfsbedürftigkeit hervorgetreten ist. Eine Ausnahme von der letzteren Regel tritt dann ein, wenn der zu unterstützende Ausländer an dem Orte, wo er hilfsbedürftig geworden ist, falls er ein Deutscher wäre, den Unterstützungswohnsitz erworben hätte, in welchem Falle die Verpflichtung zur Unterstützung dem betreffenden Ortsarmenverbande obliegt.

5. Baden. § 21 des Armengesetzes, s. Anh. A (S. 100).

Im übrigen ist von der Befugnis in § 60 Satz 2 UWG. kein Gebrauch gemacht.

6. Thüringen.

6a. Sachsen-Weimar-Eisenach. § 8 AusfGes., s. Anh. B 6 a.

6b. Sachsen-Meiningen. Art. 28 AusfGes. v. 20. Februar 1872.

Abs. 1 gleichlautend mit § 64 Pr. AG.

Abs. 2. Die in § 60 des Bundesgesetzes vorläufig dem Staate auferlegte Verpflichtung zur Kostentragung und Übernahme hat der Landarmenverband zu übernehmen, welchem der Ortsarmenverband angehört.

6c. Reuß. § 34 AusfVer. v. 22. Juni 1920.

Jeder Ausländer ist, solange ihm der Aufenthalt im Volksstaate Reuß gestattet wird, in bezug auf die Art und das Maß der im Falle der Hilfsbedürftigkeit zu gewährenden öffentlichen Unterstützung einem Deutschen gleich zu behandeln.

6d. Sachsen-Altenburg. § 15 AusfVer. v. 3. Juni 1871.

Abs. 1 übereinstimmend mit § 64 lit. a Pr. AG.

Abs. 2 übereinstimmend mit Art. 76 Abs. 2 der Old. Rev.GemOrd. (s. unten Nr. 11).

6e. Sachsen-Gotha. § 37 AusfGes. v. 31. Mai 1871 gleichlautend mit § 64 Pr.AG.

6f. Schwarzburg-Rudolstadt. § 21 Ges. v. 23. Juni 1871 gleichlautend mit § 64 Pr.AG.

6g. Schwarzburg-Sondershausen. § 7 Ges. v. 25. Januar 1852, s. Anh. B, 6 g.

7. Hessen. Art. 20 AusfGes. v. 14. Juli 1871 gleichlautend mit § 64 Pr. AG.

8. Hamburg. § 2 AusfVer. v. 23. Juli 1871, s. Anh. B, 8.

9. Mecklenburg-Schwerin. § 3 AusfGes., s. Anh. B, 9.

10. Braunschweig. § 30 AusfGes. v. 5. Juni 1871.

Die öffentliche Unterstützung hilfsbedürftiger Ausländer beziehentlich die Erstattung der diesfälligen Vorschüsse der Ortsarmenverbände liegt dem Landarmenverbande ob.

11. Oldenburg. Art. 75 Rev. GemOrd. v. 15. April 1873.

Jeder Ausländer ist, solange ihm der Aufenthalt im Inlande gestattet wird, in bezug darauf, wie und durch wen ihm die im Falle der Hilfsbedürftigkeit erforderliche Unterstützung zu gewähren ist, einem Deutschen gleich zu behandeln.

Zur Erstattung der desfälligen Kosten, beziehungsweise zur Übernahme des hilfsbedürftigen Ausländers, ist der Landarmenverband verpflichtet, es sei denn, daß ein solcher Ausländer sich so lange an einem bestimmten Ort aufgehalten hat, daß er, wäre er ein Deutscher, den Unterstützungswohnsitz daselbst erworben haben würde, in welchem Falle die obige Verpflichtung dem Ortsarmenverbande des Aufenthaltsortes obliegt.

Art. 16 des Ges. über das Armenwesen f. d. Fürstentum Birkenfeld, Art. 82 rev. GemOrd. f. d. Fürstentum Lübeck übereinstimmend mit § 64 Pr. AG.

12. Anhalt. § 3 Abs. 2 AusfGes. v. 29. Juni 1871 zu 13 und 14, gleichlautend mit § 64 Pr. AG.

14. Lippe. § 30 AusfGes. v. 12. September 1877.

Abs. 1 übereinstimmend mit § 64 lit. a Pr. AG.

Abs. 2 übereinstimmend mit Abs. 2 Art. 76 der Old. Rev. GemOrd. (s. oben Nr. 9).[1])

1. Nach dem Lippischen AusfGes. hat der Armenverband des Arbeitsortes auch für Ausländer gemäß § 29 UWG. einzustehen; Entsch. **52** 101.

15. Lübeck. § 2 Abs. 2 des AusfGes. v. 14. Dezember 1911.

Ebenso wird dem Landarmenverbande die nach § 60 des Reichsgesetzes über den Unterstützungswohnsitz dem Staate obliegende Verpflichtung zur Erstattung der Kosten der Unterstützung bezw. zur Übernahme eines hilfsbedürftigen Ausländers übertragen.

16. Mecklenburg-Strelitz und Ratzeburg. § 3 Ausf.-Ges., s. Anh. B (S. 249, 221).

17. Waldeck. § 26 AusfGes. v. 29. Juni 1871 zu 16 und 17, übereinstimmend mit § 64 Pr. AG.

18. Schaumburg-Lippe. § 53 Ges. v. 7. März 1872 zu 19 und 20, übereinstimmend mit § 64 Pr. AG.

E.

Behörden und Verfahren in Streitsachen der Armenverbände.

1. Preußen (einschließlich Kreis Herzogtum Lauenburg).

Vorbemerkung. Nachdem das Landesverwaltungsges. v. 30. Juli 1883 (GS. S. 195) in dem ganzen Umfange der Monarchie in Kraft getreten ist, haben die in § 148 Nr. 1 desselben aufgehobenen §§ 40—48, 50—56 des Pr. AG. in Preußen ihre Gültigkeit verloren. An Stelle der Deputationen für das Heimatwesen, bezw. der in einzelnen Provinzen für diese eingeführten Bezirksverwaltungsgerichte, sind überall als Spruchbehörde I. Instanz die Bezirksausschüsse getreten (§§ 7, 153 a. a. O.), die ihren Sitz in den Hauptstädten der Regierungsbezirke haben.

Unter A sind die auf die Zuständigkeit und das Verfahren bezüglichen Vorschriften des Zuständigkeits- und des Landesverwaltungsgesetzes (A. 1) sowie die noch geltenden Bestimmungen der §§ 49, 57—62 des Pr. AG. (A. 2) abgedruckt. Die aufgehobenen §§ 40—48, 50—56 Pr. AG. folgen unter B in kleinerer Schrift; sie haben die Grundlage für die Gesetzgebung vieler anderer Bundesstaaten gebildet.

A.

1. Die auf die Zuständigkeit der Bezirksausschüsse und das Verfahren bezüglichen Vorschriften des Zuständigkeitsgesetzes und des Landesverwaltungsgesetzes.

§ 39 ZustGes. Streitigkeiten zwischen Armenverbänden wegen öffentlicher Unterstützung Hilfsbedürftiger werden im Verwaltungsstreitverfahren entschieden.

Zuständig in erster Instanz ist der Bezirksausschuß.[1])

Im übrigen behält es bei den Bestimmungen des Reichsgesetzes über den Unterstützungswohnsitz vom 6. Juni 1870 sein Bewenden.[2]) [3])

1. Wegen der Zusammensetzung, der Geschäftsleitung, der Beschlußfähigkeit des Bezirksausschusses s. §§ 28—35, 43, 55, 56 LVG. und das Regulativ v. 28. Febr. 1884 (MBl. f. i. V. S. 37). Abstimmung: Entsch. **51** 182.

Wegen der zweiten Instanz s. § 57 Pr. AG. unter A. 2.

2. § 157 Nr. 3 LVG. bestimmt gleichfalls, daß die Bestimmungen des UWG. durch das LVG. nicht berührt werden.

3. Durch Verordnung der Saarregierung v. 28. Juli 1920 ist als Verwaltungsgericht für das Saargebiet ein Verwaltungsausschuß mit je einer Abteilung für die preußischen und die bayerischen Gebietsteile eingerichtet worden. Der Verwaltungsausschuß ist zuständig u. a. für Entscheidungen in Armenstreitsachen an Stelle des bisher zuständigen Bezirksausschusses in Trier. Der Instanzenzug ist noch nicht geregelt. (Volkswohlfahrt 1921 S. 183.)

Landesverwaltungsgesetz.

§ 54 Abs. 2. Das Verwaltungsstreitverfahren tritt in allen Angelegenheiten ein, in welchen die Gesetze von der Entscheidung in streitigen Verwaltungssachen oder von der Erledigung der Angelegenheit im Streitverfahren oder durch Endurteil oder von der Klage bei dem Kreisausschusse, dem Bezirksausschusse oder einem Verwaltungsgerichte sprechen, oder wo sonst dieses Verfahren gesetzlich vorgeschrieben ist.

Abs. 3. In allen andern Angelegenheiten ist das Verfahren des Kreis- (Stadt-) Ausschusses und des Bezirksausschusses das Beschlußverfahren.

§ 57. Die örtliche Zuständigkeit für das Verwaltungsstreit- und Beschlußverfahren bestimmt sich wie folgt:

Zuständig in erster Instanz ist

1. . . .

2. . . , die Behörde desjenigen Bezirks (Kreis, Regierungsbezirk, Provinz), in welchem . . . die Korporation bezw. öffentliche Behörde ihren Sitz hat, welche im Verwaltungsstreitverfahren in Anspruch genommen wird oder auf deren Angelegenheit sich die Beschlußfassung bezieht. Wenn die Korporation oder öffentliche Behörde ihren Sitz außerhalb ihres räumlichen Bezirks hat, ist diejenige Behörde zuständig, welcher dieser Bezirk angehört. Bezüglich des Kommunalverbandes der Provinz Brandenburg ist der Bezirksausschuß zu Potsdam zuständig.[1])

1. Nach § 58 Abs. 2 wird die zuständige Behörde für das Verwaltungsstreitverfahren, wenn die Armenverbände, deren Angelegenheit den Gegenstand der Entscheidung bildet, in verschiedenen Regierungsbezirken ihren Sitz haben, durch das Oberverwaltungsgericht bestimmt.

§ 60. Die Vollstreckung im Verwaltungsstreitverfahren und im Beschlußverfahren erfolgt im Wege des Verwaltungszwangsverfahrens. Die Vollstreckung wird namens der Behörde, welche in der ersten Instanz entschieden beziehungsweise beschlossen hatte, von deren Vorsitzenden verfügt. Über Beschwerden gegen die Verfügungen des Vorsitzenden entscheidet die Behörde. Gegen die Entscheidung der Behörde findet innerhalb zwei Wochen die Beschwerde an die im Instanzenzuge zunächst höhere Behörde statt. Die Entscheidung der letzteren ist endgültig.

§ 61. Die Bestimmungen der bürgerlichen Prozeßgesetze über Ausschließung und Ablehnung der Gerichtspersonen finden für das Verwaltungsstreitverfahren sinngemäße Anwendung.

Aus der innerhalb seiner Zuständigkeit geübten amtlichen Tätigkeit des Landrats beziehungsweise des Regierungspräsidenten darf kein Grund zur Ablehnung desselben wegen Besorgnis der Befangenheit entnommen werden.

§ 62. Über das Ablehnungsgesuch beschließt das Gericht, welchem der Abgelehnte angehört, und, wenn der Vorsitzende des Kreis- (Stadt-) oder Bezirksausschusses abgelehnt werden soll, das nächsthöhere Gericht.

Der Beschluß, durch welchen das Gesuch für begründet erklärt wird, ist endgültig. Wird das Gesuch für unbegründet erklärt, so steht der mit demselben zurückgewiesenen Partei innerhalb zwei Wochen die Beschwerde an das im Instanzenwege zunächst höhere Gericht zu. Das letztere entscheidet endgültig. Die Verhandlung über die Ablehnung erfolgt in nichtöffentlicher Sitzung.

Das im Instanzenzuge zunächst vorgesetzte Gericht entscheidet desgleichen endgültig und bestimmt das zuständige Gericht, wenn das Gericht, dem das ausgeschlossene oder abgelehnte Mitglied angehört, bei dessen Ausscheiden beschlußunfähig wird.

§ 63. Die Klage ist bei dem zuständigen Gericht schriftlich einzureichen. Die Klage beim Kreisausschusse kann zu Protokoll erklärt werden. In der Klage ist ein bestimmter Antrag zu stellen und sind die Person des Beklagten, der Gegenstand des Anspruchs sowie die den Antrag begründenden Tatsachen genau zu bezeichnen.

§ 64. Stellt sich der erhobene Anspruch sofort als rechtlich unzulässig oder unbegründet heraus, so kann die Klage ohne weiteres durch einen mit Gründen versehenen Bescheid zurückgewiesen werden.

Scheint der erhobene Anspruch dagegen rechtlich begründet, so kann dem Beklagten ohne weiteres durch einen mit Gründen versehenen Bescheid die Klaglosstellung des Klägers aufgegeben werden.

Namens des Kreisausschusses steht auch dem Vorsitzenden desselben, namens des Bezirksausschusses auch dem Vorsitzenden im Einverständnis mit den ernannten Mitgliedern der Erlaß eines solchen Bescheides zu.[1])

In dem Bescheide ist den Parteien zu eröffnen, daß sie befugt seien, innerhalb zwei Wochen,[2]) vom Tage der Zustellung ab, entweder die Anberaumung der mündlichen Verhandlung zu beantragen[3]) oder dasjenige Rechtsmittel einzulegen, welches zulässig wäre, wenn der Bescheid als Entscheidung des Kollegiums ergangen wäre.

Wird mündliche Verhandlung beantragt, so muß dieselbe zunächst stattfinden.

Hat einer der Beteiligten mündliche Verhandlung beantragt, ein anderer das Rechtsmittel eingelegt, so wird nur dem Antrag auf mündliche Verhandlung stattgegeben.[4])

Wird weder mündliche Verhandlung beantragt noch das Rechtsmittel eingelegt, so gilt der Bescheid als endgültiges Urteil.

1. Das Kriegsgesetz zur Vereinfachung der Verwaltung v. 13. Mai 1918 läßt es in Art. I Ziff. 1 zu, daß das Gericht oder namens seiner der Vorsitzende auch ohne mündliche Verhandlung seine Entscheidung in der Form eines mit Gründen versehenen Bescheides fällen kann, wenn durch die Erklärung der Parteien das Sach- und Rechtsverhältnis genügend geklärt erscheint (GS. S. 53); Entsch. **56** 86.

2. Die Frist ist eine Ausschlußfrist (§ 52 LVG.).

3. Auch gegen einen gemäß § 56 UWG. erlassenen Bescheid; Entsch. **45** 142.

4. Entsch. **46** 189.

§ 65. Wird ein Bescheid nach den Bestimmungen des § 64 nicht erlassen, so ist die Klage dem Beklagten mit der Aufforderung zuzufertigen, seine Gegenerklärung innerhalb einer bestimmten, von einer bis zu vier Wochen zu bemessenden Frist schriftlich einzureichen. Wenn das

Verfahren bei dem Kreisausschusse anhängig ist, so kann die Gegenerklärung auch zu Protokoll erklärt werden.

Die Frist kann in nicht schleunigen Sachen der Regel nach nicht über zwei Wochen verlängert werden. Die Gegenerklärung des Beklagten wird dem Kläger zugefertigt.

§ 66. Allen Schriftstücken sind die als Beweismittel in Bezug genommenen Urkunden im Original oder in Abschrift beizufügen. Von allen Schriftstücken und deren Anlagen sind Duplikate einzureichen.

Das Gericht kann geeignetenfalls gestatten, daß statt der Einreichung von Duplikaten die Anlagen selbst zur Einsicht der Beteiligten in seinem Geschäftslokale offengelegt werden.

§ 67. Ist weder vom Kläger noch vom Beklagten die Anberaumung der mündlichen Verhandlung ausdrücklich verlangt, so kann das Gericht auch ohne solche Verhandlung schon auf Grund der Erklärung der Parteien [1]) seine Entscheidung in der Form eines mit Gründen versehenen Bescheides fällen. Dabei gelten die Bestimmungen der Absätze 4 bis 7 des § 64.

1. Ebenso auch nach stattgehabter Beweisaufnahme (§ 76) — jedoch muß den Parteien Gelegenheit gegeben sein, sich über das Beweismaterial zu erklären (Pr. VOG. **12** 63).

§ 68. Hat dagegen auch nur eine Partei die Anberaumung der mündlichen Verhandlung gefordert, oder erachtet das Gericht eine solche für erforderlich, so werden die Parteien zur mündlichen Verhandlung unter der Verwarnung geladen, daß beim Ausbleiben nach Lage der Verhandlungen werde entschieden werden.

Das Gericht kann zur Aufklärung des Sachverhältnisses das persönliche Erscheinen einer Partei anordnen.

Den Parteien steht es frei, ihre Erklärungen, auch ohne dazu besonders aufgefordert zu sein, vor dem Termine schriftlich einzureichen und zu ergänzen. Das Duplikat solcher Erklärungen ist der Gegenpartei zuzufertigen. Kann dies nicht mehr vor dem Termine zur mündlichen Verhandlung bewirkt werden, so ist der wesentliche Inhalt der Erklärungen in dieser Verhandlung mitzuteilen.

§ 69. Wo die Gesetze zur Einleitung des Verwaltungsstreitverfahrens statt der Klage den Antrag auf mündliche Verhandlung im Verwaltungsstreitverfahren geben, erfolgt auf den Antrag ohne weiteres die Vorladung der Parteien zur mündlichen Verhandlung.

Der Antrag muß alles enthalten, was nach § 63 für den Klageantrag erfordert wird, soweit dasselbe nicht aus den Vorverhandlungen bei der Behörde sich ergibt.

§ 70. Das Gericht kann auf Antrag oder von Amts wegen die Beiladung Dritter, deren Interesse durch die zu erlassende Entscheidung berührt wird, verfügen. Die Entscheidung ist in diesem Falle auch den Beigeladenen gegenüber gültig.[1])

1. Kein Rechtsmittel des Beigeladenen: Entsch. **44** 148; Beiladung oder Klage: Entsch. **49** 138.

§ 71. In der mündlichen Verhandlung sind die Parteien oder ihre mit Vollmacht versehenen Vertreter zu hören.

Dieselben können ihre tatsächlichen oder rechtlichen Anführungen ergänzen oder berichtigen und die Klage abändern, insofern durch die Abänderung nach dem Ermessen des Gerichts das Verteidigungsrecht der Gegenpartei nicht geschmälert oder eine erhebliche Verzögerung des Verfahrens nicht herbeigeführt wird. Sie haben sämtliche Beweismittel anzugeben und, soweit dies nicht bereits geschehen, die schriftlichen, ihnen zu Gebote stehenden Beweismittel vorzulegen; auch können von ihnen Zeugen zur Vernehmung vorgeführt werden.

Der Vorsitzende des Gerichts hat dahin zu wirken, daß der Sachverhalt vollständig aufgeklärt und die sachdienlichen Anträge von den Parteien gestellt werden.

Er kann einem Mitgliede des Gerichts gestatten, das Fragerecht auszuüben.

Eine Frage ist zu stellen, wenn das Gericht diese für angemessen erachtet.

§ 72. Die mündliche Verhandlung erfolgt in öffentlicher Sitzung des Gerichts.

Die Öffentlichkeit kann durch einen öffentlich zu verkündigenden Beschluß ausgeschlossen werden, wenn das Gericht dies aus Gründen des öffentlichen Wohls oder der Sittlichkeit für angemessen erachtet.

Der Vorsitzende kann aus der öffentlichen Sitzung jeden Zuhörer entfernen lassen, der Zeichen des Beifalls oder des Mißfallens gibt oder Störungen irgendeiner Art verursacht.

Parteien, Zeugen, Sachverständige, welche den zur Aufrechterhaltung der Ordnung erlassenen Befehlen des Vorsitzenden nicht gehorchen, können auf Beschluß des Gerichts aus dem Sitzungszimmer entfernt werden. Gegen die bei der Verhandlung beteiligten Personen wird sodann in gleicher Weise verfahren, wie wenn sie sich freiwillig entfernt hätten.

§ 73. Die Parteien sind in der Wahl der von ihnen zu bestellenden Bevollmächtigten nicht beschränkt.

Das Gericht kann Vertreter, welche, ohne Rechtsanwalt zu sein, die Vertretung vor dem Gerichte geschäftsmäßig betreiben, zurückweisen. Eine Anfechtung dieser Anordnung findet nicht statt.

Gemeindevorsteher, welche als solche legitimiert sind, bedürfen zur Vertretung ihrer Gemeinden einer besonderen Vollmacht nicht.

§ 74. Liegt einer öffentlichen Behörde als Partei die Wahrnehmung des öffentlichen Interesses ob, so kann auf deren Antrag der Regierungspräsident für die mündliche Verhandlung vor dem Bezirksausschusse und der Ressortminister für die mündliche Verhandlung vor dem Oberverwaltungsgerichte einen Kommissar zur Vertretung der Behörde bestellen.

Der Regierungspräsident beziehungsweise der Ressortminister kann in geeigneten Fällen auch ohne Antrag einer Partei einen besonderen Kommissar zur Wahrnehmung des öffentlichen Interesses für die mündliche Verhandlung bestellen. Der Kommissar ist vor Erlaß des Endurteils mit seinen Ausführungen und Anträgen zu hören, zur Einlegung von Rechtsmitteln aber nicht befugt.

Der Vorsitzende des Kreis-(Stadt-)Ausschusses beziehungsweise des Bezirksausschusses und der Ressortminister hat behufs der erforderlichen Wahrnehmung des öffentlichen Interesses einen Kommissar zu bestellen, wenn das Gesetz die öffentliche Behörde, welche die Rolle des Klägers oder des Beklagten wahrzunehmen hat, nicht bezeichnet.

§ 75. Die mündliche Verhandlung erfolgt unter Zuziehung eines vereidigten Protokollführers. Das Protokoll muß die wesentlichen Hergänge der Verhandlung enthalten. Dasselbe wird von dem Vorsitzenden und dem Protokollführer unterzeichnet.

§ 76. Das Gericht ist befugt — geeignetenfalls schon vor Anberaumung der mündlichen Verhandlung —, Untersuchungen an Ort und Stelle zu veranlassen, Zeugen und Sachverständige zu laden und eidlich zu vernehmen, überhaupt den angetretenen oder nach dem Ermessen des Gerichts erforderlichen Beweis in vollem Umfange zu erheben.

§ 77. Das Gericht kann die Beweiserhebung durch eines seiner Mitglieder oder erforderlichenfalls durch eine zu dem Ende zu ersuchende sonstige Behörde bewirken lassen. Es kann verordnen, daß die Beweiserhebung in der mündlichen Verhandlung stattfinden soll.

Die Beweisverhandlungen sind unter Zuziehung eines vereidigten oder von der betreffenden Behörde durch Handschlag zu verpflichtenden Protokollführers aufzunehmen; die Parteien sind zu denselben zu laden.

§ 78. Hinsichtlich der Verpflichtung, sich als Zeuge oder Sachverständiger vernehmen zu lassen, sowie hinsichtlich der im Falle des Ungehorsams zu verhängenden Strafen kommen die Bestimmungen der bürgerlichen Prozeßgesetze mit der Maßgabe zur Anwendung, daß im Falle des Ungehorsams die zu erkennende Geldbuße den Betrag von einhundertfünfzig Mark nicht übersteigen darf.

Gegen die eine Strafe oder die Nichtverpflichtung des Zeugen oder Sachverständigen aussprechende Entscheidung steht den Beteiligten innerhalb zwei Wochen die Beschwerde an das im Instanzenzuge zunächst vorgesetzte Gericht, gegen die in zweiter Instanz ergangene Entscheidung des Bezirksausschusses die weitere Beschwerde an das Oberverwaltungsgericht zu.

§ 79. Das Gericht hat nach seiner freien, aus dem ganzen Inbegriffe der Verhandlungen und Beweise geschöpften Überzeugung zu entscheiden. Beim Ausbleiben der betreffenden Partei oder in Ermangelung einer Erklärung derselben können die von der Gegenpartei vorgebrachten Tatsachen für zugestanden erachtet werden. Die Entscheidungen dürfen nur die zum Streitverfahren vorgeladenen Parteien und die in demselben erhobenen Ansprüche betreffen.

§ 80. Die Entscheidung kann ohne vorgängige Anberaumung einer mündlichen Verhandlung erlassen werden, wenn beide Teile auf eine solche ausdrücklich verzichtet haben.

§ 81. Die Verkündigung der Entscheidung erfolgt der Regel nach in öffentlicher Sitzung des Gerichts.[1]) Eine mit Gründen versehene Ausfertigung der Entscheidung ist den Parteien und sofern ein besonderer Kommissar zur Wahrnehmung des öffentlichen Interesses bestellt war (§ 74 Abs. 2), gleichzeitig auch diesem zuzustellen. Die Zustellung genügt, wenn die Verkündigung in öffentlicher Sitzung nicht erfolgt ist.

1. Wegen der Berufungsinstanz s. § 57 Pr. AG. unter A. 2. — Vergl. auch §§ 85, 157 Nr. 3, 158 Nr. 1 LVG., Entsch. **22** 169. Form der Zustellung: Entsch. **45** 136, **51** 182. Die Urteile werden im Namen des Volkes verkündet und vollstreckt: Art. 8, Abs. 2 Pr. VU. v. 30. Nov. 1920, GS. 544.

§ 102. Das Verwaltungsstreitverfahren ist stempelfrei.

§ 103. Dem unterliegenden Teile sind die Kosten und die baren Auslagen des Verfahrens sowie die erforderlichen baren Auslagen des obsiegenden Teils zur Last zu legen. Die Gebühren eines Rechtsanwalts des obsiegenden Teils hat der unterliegende Teil nur insoweit zu erstatten, als dieselben für Wahrnehmung der mündlichen Verhandlung vor dem Bezirksausschusse oder dem Oberverwaltungsgerichte zu zahlen sind. An baren Auslagen für die persönliche Wahrnehmung der mündlichen Verhandlung vor dem Bezirksausschusse und dem Oberverwaltungsgerichte kann die obsiegende Partei nicht mehr in Anspruch nehmen, als die gesetzlichen Gebühren eines sie vertretenden Rechtsanwalts betragen haben würden, es sei denn, daß ihr persönliches Erscheinen von dem Gerichte angeordnet war.

Im Endurteile ist der Wert des Streitobjektes festzusetzen.[1])

Die Gebühren der Rechtsanwälte bestimmen sich nach den für dieselben bei den ordentlichen Gerichten geltenden Vorschriften.[2])

1. Vergl. Entsch. 22 168.

2. Jetzt nach Art. 2 Nr. 3 des Ges. v. 27. Sept. 1899 (GS. S. 317).

§ 104. Die Kosten und baren Auslagen bleiben dem obsiegenden Teile zur Last, soweit sie durch sein eigenes Verschulden entstanden sind.

§ 105. Die Entscheidung über den Kostenpunkt (§§ 103, 104) kann nur gleichzeitig mit der Entscheidung in der Hauptsache durch Berufung oder Revision angefochten werden.

§ 106. An Kosten kommt ein Pauschquantum zur Hebung, welches im Höchstbetrage bei dem Kreisausschusse und bei dem Bezirksausschusse sechzig Mark, bei dem Oberverwaltungsgerichte einhundertfünfzig Mark nicht übersteigen darf. Für die Gebühren der Zeugen und Sachverständigen gelten die in Zivilprozessen zur Anwendung kommenden Vorschriften, für die Berechnung des Pauschquantums kann von den Ministern der Finanzen und des Innern ein Tarif aufgestellt werden.

ZirkErl. v. 27. Febr. 1884 nebst Tarif (MBl. f. i. V. S. 30), insbes. Tab. B.

§ 107. Die Erhebung des Pauschquantums findet nicht statt:

1. wenn der unterliegende Teil eine öffentliche Behörde ist, insoweit die angefochtene Verfügung oder Entscheidung derselben nicht lediglich die Wahrung der Haushaltsinteressen eines von der Behörde vertretenen Kommunalverbandes zum Gegenstande hatte; die baren Auslagen des Verfahrens und des obsiegenden Teils fallen demjenigen zur Last, der nach gesetzlicher Bestimmung die Amtsunkosten der Behörde zu tragen hat;
2. wenn die Entscheidung ohne vorgängige mündliche Verhandlung erfolgt ist;

3. bei dem Kreisausschusse in den Fällen der §§ 60 bis 62 des Gesetzes vom 8. März 1871, betreffend die Ausführung des Bundesgesetzes über den Unterstützungswohnsitz (GS. S. 130);
4. bei dem Bezirksausschusse und bei dem Oberverwaltungsgerichte, soweit die Berufung oder die Revision von dem Vorsitzenden des Kreisausschusses beziehungsweise des Bezirksausschusses eingelegt worden war;
5. von denjenigen Personen, mit Ausnahme jedoch der Gemeinden in den die Verwaltung der Armenpflege betreffenden Angelegenheiten, denen nach den Reichs- oder Landesgesetzen Gebührenfreiheit in bürgerlichen Rechtsstreitigkeiten zusteht.

§ 108. Die Kosten und baren Auslagen des Verfahrens werden für jede Instanz von dem Gerichte festgesetzt, bei dem die Sache selbst anhängig gewesen ist.

Die von der obsiegenden Partei zur Erstattung seitens des unterliegenden Teils liquidierten Auslagen werden für alle Instanzen von demjenigen Gerichte festgesetzt, bei dem die Sache in erster Instanz anhängig gewesen ist.

Gegen den Festsetzungsbeschluß des Kreisausschusses findet innerhalb zwei Wochen die Beschwerde an den Bezirksausschuß, gegen den in erster Instanz ergangenen Festsetzungsbeschluß des Bezirksausschusses findet innerhalb gleicher Frist die Beschwerde an das Oberverwaltungsgericht statt.[1])

1. Auch in Armenstreitsachen; Entsch. **18** 145.

§ 109. Dem unterliegenden Teile kann im Falle des bescheinigten Unvermögens nach Maßgabe der Bestimmungen des § 30 des Ausführungsgesetzes zum deutschen Gerichtskostengesetze vom 10. März 1879 (GS. S. 145), oder wenn sonst ein besonderer Anlaß dazu vorliegt, gänzliche oder teilweise Kostenfreiheit beziehungsweise Stundung bewilligt werden. Gegen den das Gesuch ablehnenden Beschluß des Kreisausschusses findet innerhalb zwei Wochen die Beschwerde an den Bezirksausschuß, gegen den in erster Instanz ergangenen ablehnenden Beschluß des Bezirksausschusses innerhalb zwei Wochen die Beschwerde an das Oberverwaltungsgericht statt.

2. Die noch gültigen Vorschriften des Ausführungsgesetzes v. 8. März 1871.

§ **49.** Die Deputation für das Heimatwesen [1]) ist befugt, Untersuchungen an Ort und Stelle zu veranlassen, Zeugen und Sachverständige zu laden und eidlich zu vernehmen, überhaupt den angetretenen Beweis in vollem Umfange zu erheben.

Hinsichtlich der Verpflichtung, sich als Zeuge oder Sachverständiger vernehmen zu lassen, kommen die entsprechenden Bestimmungen der bürgerlichen Prozeßgesetze zur Anwendung. Die Deputation erkennt auf die im Ungehorsamsfalle zu verhängenden Strafen, vorbehaltlich des innerhalb vierzehn Tagen nach Zustellung des Strafbescheides zulässigen Rekurses an das Bundesamt für das Heimatwesen.[2])

1. Jetzt: Bezirksausschuß.
2. Die Bestimmung, betr. Rekurs an das Bundesamt, ist, weil über § 52 UWG. hinausgehend, ungültig; Entsch. **46** 188.

§ **57.** Soweit die Organisation oder die örtliche Abgrenzung der einzelnen Armenverbände Gegenstand des Streites ist, bewendet es endgültig bei der Entscheidung der Deputation.[1]) Im übrigen findet gegen deren Entscheidung, unter Ausschluß aller sonstigen Rechtsmittel, die Berufung an das Bundesamt für das Heimatwesen statt.

1. Jetzt: des Bezirksausschusses.

§ 58. In allen Streitsachen zwischen preußischen Armenverbänden ist die unterliegende Partei verpflichtet, der Gegenpartei die ihr in der Berufungsinstanz entstandenen baren Auslagen sowie die Gebühren eines sie in der öffentlichen Sitzung des Bundesamtes vertretenden Rechtsverständigen zu erstatten.

§ 59. Gegen die im § 56 des Bundesgesetzes erwähnten Anordnungen findet die Berufung an das Bundesamt für das Heimatwesen auch in denjenigen Fällen statt, in denen ein Streit zwischen zwei preußischen Armenverbänden besteht.

Ist ein Armenverband zur Zahlung und Erstattung der ihm endgültig auferlegten Kosten und Gebühren ganz oder teilweise außerstande (§ 59 des Bundesgesetzes), so bleiben die Kosten des Verfahrens außer Ansatz und für die Erstattung der Auslagen und Gebühren muß der betreffende Landarmenverband aufkommen.[1])

1. Der Abs. 2 bezieht sich nur auf die prozessualischen Kosten, baren Auslagen und Gebühren, während § 59 UWG. sich auch auf die zu erstattenden Armenpflegekosten bezieht. In letzterer Beziehung wird derselbe durch § 36 des AusfGes. ergänzt; s. Anhang B. — Auch im Falle § 59 Abs. 2 wird die Zahlungsunfähigkeit durch eine nach § 36 zu beschaffende Bescheinigung darzutun sein, da § 59 UWG. angezogen ist. — Vergl. Entsch. **18** 138 ff.

§ 60 Abs. 1. In jedem Kreise wird eine Kommission gebildet,[1]) welche in allen Streitigkeiten, in denen ein Ortsarmenverband von einem anderen preußischen Armenverbande in Anspruch genommen wird, auf Antrag beider streitenden Teile der schiedsrichterlichen Entscheidung und auf Antrag eines Teiles, welchen dieser stellt, ehe der Streit bei der Deputation[2]) anhängig gemacht ist, einem gütlichen Sühneversuch[3]) sich unterziehen muß.

1. An die Stelle der in §§ 60—62 bezeichneten Kreiskommission tritt nach § 43 Nr. 1 ZustGes. der Kreis- (Stadt-) Aus-

schuß. Dadurch sind die von der Bildung der Kommissionen handelnden Abs. 2 und 3 hinfällig geworden.

2. Jetzt: dem Bezirksausschuß.

3. Ein Sühneantrag gilt nicht als Verfolgung eines Übernahmeantrags im Sinne des § 14 Abs. 2 UWG.; Entsch. **43** 46.

§ 61. Für das Verfahren der Kommissionen [1]) kommen die §§ 46, 49, 50, 52, 54 [1]) in Anwendung mit der Maßgabe, daß auf die im § 49 bezeichnete Strafe die Kommission erkennt und der Rekurs an die Deputation für das Heimatwesen [2]) zusteht. Alle übrigen Teile des Verfahrens regelt die Kommission in jedem einzelnen Falle. Insbesondere darf dieselbe in jeder Lage des Verfahrens einen Sühneversuch veranlassen.

Übereinstimmend § 49 AusfGes. f. Lauenburg.

1. Für das Verfahren vor dem an die Stelle der Kommission getretenen Kreis- (Stadt-) Ausschüsse gelten die Vorschriften unter A. 1, nämlich §§ 63, 77, 79, 80 LVG.

2. Jetzt: den Bezirksausschuß.

§ 62. Die Kommission [1]) entscheidet endgültig mit Ausschluß jeder Berufung. Die Entscheidung erfolgt gebühren- und stempelfrei; [2]) doch sind dem unterliegenden Teile die baren Auslagen des Verfahrens [3]) und die des obsiegenden Teils, jedoch mit Ausschluß der Gebühren eines Bevollmächtigten, zur Last zu legen.

Die zu erstattenden baren Auslagen werden von der Kommission [1]) endgültig festgesetzt.

Die Entscheidungen der Kommissionen, [1]) sowie die urkundlich von denselben festgestellten Einigungen sind im Verwaltungswege vollstreckbar.

Gleichlautend § 50 AusfGes. f. Lauenburg.

1. Jetzt: der Kreis- (Stadt-) Ausschuß.

2. Vergl. §§ 102, 107 Nr. 3 LVG.

3. Dazu gehören nicht die Diäten und Reisekosten der Kommissionsmitglieder. Diese fallen, wie überhaupt die durch die Kommissionen entstehenden Kosten, den Kreisen zur Last. (Instr.)

B.
Die in Preußen nicht mehr geltenden Vorschriften des Ausführungsgesetzes vom 8. März 1871.

§§ 40—44 behandeln die Bildung und Zusammensetzung der Deputationen für das Heimatwesen, an deren Stelle der Bezirksausschuß getreten ist.

§ 45. Die Klage wegen eines abgelehnten Anspruches ist bei der Deputation anzubringen, zu deren Sprengel der in Anspruch genommene Armenverband gehört.

§ 46. In der der Deputation einzureichenden Klageschrift ist der Armenverband, dessen Verurteilung verlangt wird, und der Gegenstand des erhobenen Anspruches genau zu bezeichnen; es ist insbesondere ausdrücklich auszusprechen, ob die Übernahme des betreffenden Hilfsbedürftigen oder welche sonstige Leistung verlangt wird.

§ 47. Die Klageschrift wird der Gegenpartei mit der Aufforderung zugefertigt, ihre schriftliche Gegenerklärung innerhalb vier Wochen nach der Zustellung einzureichen, widrigenfalls die in der Klageschrift behaupteten Tatsachen für zugestanden und die damit überreichten Urkunden für anerkannt würden erachtet werden.

Die Gegenerklärung wird dem klagenden Armenverbande zugefertigt, geeignetenfalls mit der dieselbe Verwarnung enthaltenden Aufforderung, seine weitere Erklärung innerhalb vierzehn Tagen nach der Zustellung einzureichen. Geht eine solche weitere Erklärung ein, so wird sie der Gegenpartei zur Kenntnisnahme zugefertigt.

Die vorgedachten Fristen können auf Antrag der betreffenden Partei verlängert werden.

§ 48. Der Klageschrift und den in § 47 gedachten weiteren Erklärungen der Parteien sind die als Beweismittel in Bezug genommenen Urkunden im Original oder in Abschrift beizufügen. Von allen Schriftstücken und deren Anlagen sind Duplikate einzureichen.

§ 49. S. unter A. 2.

§ 50. Die Deputation kann die Beweiserhebung durch eines ihrer Mitglieder oder durch eine der Bezirksregierung nachgeordnete Behörde oder durch eine zu dem Ende zu ersuchende sonstige

Behörde bewirken lassen. Sie kann verordnen, daß die Beweiserhebung in ihrer öffentlichen Sitzung stattfinden solle.

§ 51. Die Beweisverhandlungen sind unter Zuziehung eines vereideten Protokollführers oder, wenn sie in einem anderen deutschen Staate stattfinden, in den dort vorgeschriebenen Formen aufzunehmen; die Parteien sind zu denselben vorzuladen.

§ 52. Die Entscheidung erfolgt in öffentlicher Sitzung der Deputation nach erfolgter Ladung und Anhörung der Parteien oder ihrer mit Vollmacht versehenen Vertreter. Die Ladung erfolgt unter der Verwarnung, daß beim Ausbleiben der Parteien nach Lage der Akten entschieden werden würde. Die Entscheidung kann sofort verkündigt werden; es ist über dieselbe aber jedenfalls ein schriftlicher, mit Gründen versehener Beschluß auszufertigen und den Parteien zuzustellen.

§ 53. In der öffentlichen Sitzung der Deputation dürfen die Parteien neue Tatsachen oder Beweismittel nur insofern vorbringen, als ihnen bei dem verspäteten Vorbringen eine schuldbare Verzögerung nicht zur Last fällt.

§ 54. Die Deputation hat nach ihrer freien, aus dem ganzen Inbegriffe der Verhandlungen und Beweise geschöpften Überzeugung zu beschließen. Insofern nicht etwa eine Ergänzung der Instruktion beschlossen wird, kann ihre Entscheidung auf Abweisung des klagenden oder auf Verurteilung des in Anspruch genommenen Armenverbandes gerichtet sein. Letzterenfalls ist in der Entscheidung ausdrücklich auszusprechen, ob der Armenverband zur Übernahme des betreffenden Hilfsbedürftigen oder nur zu einer sonstigen Leistung verpflichtet sein soll.

§ 55. Über die öffentliche Sitzung wird durch einen zuzuziehenden vereidigten Protokollführer eine Verhandlung aufgenommen, welche die wesentlichen Hergänge enthalten muß und von den Mitgliedern der Deputation, sowie von dem Protokollführer zu unterzeichnen ist.

§ 56. Die Entscheidung erfolgt im Namen des Königs.

Das Verfahren ist stempelfrei. An Kosten wird für dasselbe, außer den baren Auslagen und den Gebühren für Zeugen und Sachverständige, ein Pauschquantum erhoben, welches im Höchstbetrage 20 Taler nicht übersteigen darf.

Dem unterliegenden Teil sind die Kosten und die baren Auslagen des Verfahrens, desgleichen die baren Auslagen des obsiegenden Teils, mit Einschluß der Gebühren, welche derselbe seinem Bevollmächtigten für Wahrnehmung der öffentlichen Sitzungen der Deputation zu entrichten hat, zur Last zu legen. Das Pauschquantum, sämtliche zu erstattenden Auslagen und Gebühren der Bevollmächtigten werden von der Deputation endgültig festgesetzt.

Abs. 3 handelt von der Verrechnung der Einnahmen der Deputation.

2. Bayern.

a) Armengesetz vom 21. August 1914.

E.

Staatsaufsicht und Entscheidung von Streit.

Art. 70. Die Aufsicht über die Verwaltung der Ortsarmenverbände obliegt den Verwaltungsbehörden, die den Gemeinden zunächst vorgesetzt sind, bei ausmärkischen Bezirken den Distriktsverwaltungsbehörden. Bei Gesamtarmenverbänden, zu denen eine kreisunmittelbare Stadt gehört, ist die Regierung, Kammer des Innern, zuständig, bei anderen Gesamtarmenverbänden das Bezirksamt, das der Verbandsgemeinde mit der größten Einwohnerzahl zunächst vorgesetzt ist.

Die Aufsicht über die Verwaltung der Landarmenverbände obliegt den Regierungen, Kammer des Innern.

Die oberste Aufsicht über die Verwaltung der Armenverbände obliegt dem Staatsministerium des Innern.

Art. 71. Für die Aufsicht gelten die gesetzlichen Vorschriften über die Staatsaufsicht in Gemeindeangelegenheiten entsprechend. Nach diesen bemißt sich auch die Zuständigkeit des Verwaltungsgerichtshofs.[1])

1. Über Beschwerden wegen Verweigerung öffentlicher Unterstützung ist nach § 55 VollzAnw. im Aufsichtsverfahren nach Art. 70, 71 AG. zu entscheiden.

Art. 72. Bei Streit zwischen Armenverbänden über die öffentliche Unterstützung Hilfsbedürftiger entscheidet die

Staatsaufsichtsbehörde, die dem beklagten Armenverbande zunächst vorgesetzt ist.

Gegen deren Bescheid steht den beteiligten Armenverbänden die Beschwerde an den Verwaltungsgerichtshof zu, soweit nicht nach dem Gesetz über den Unterstützungswohnsitz das Bundesamt für das Heimatwesen zuständig ist.

Die Frist zur Einlegung der Beschwerde an den Verwaltungsgerichtshof beträgt zwei Wochen; sie beginnt mit der Zustellung des Bescheids. Die Beschwerde wird bei der Behörde eingelegt, deren Bescheid angefochten wird; die Frist gilt auch dann als gewahrt, wenn die Beschwerde rechtzeitig bei einer anderen Staatsaufsichtsbehörde oder beim Verwaltungsgerichtshof eingelegt wird.

Der Verwaltungsgerichtshof behandelt die Beschwerden nach den Vorschriften für Verwaltungsrechtssachen.[1])

1. Über den bayerischen Gerichtsstand des Sachzusammenhangs vergl. Entsch. **56** 104, **57** 119.

Art. 73. Gegen Verfügungen der Regierung, Kammer des Innern, in den Fällen des Art. 19 [1]) steht den beteiligten Gemeinden die Beschwerde an den Verwaltungsgerichtshof zu, soweit die Voraussetzungen des Art. 19 Abs. 2 bestritten werden. Dabei gilt Art. 72 Abs. 3, 4.

1. Zwangsweise Bildung von Gesamtarmenverbänden.

Art. 74. Die Anordnungen nach § 56 Abs. 1 und die Entscheidung nach § 58 Abs. 2 des Gesetzes über den Unterstützungswohnsitz trifft die Staatsaufsichtsbehörde, die dem Ortsarmenverbande des Aufenthaltsorts zunächst vorgesetzt ist. Für § 56 gilt im übrigen Art. 72 Abs. 2 bis 4.

Art. 75. Art. 72 gilt auch bei Streit über

1. die Ersatzpflicht nach Art. 10 Abs. 1, 2,[1])
2. die Ersatzansprüche von Personen, die ohne Rechtspflicht und ohne Auftrag eines Armenverbandes Hilfe geleistet haben (Art. 14),

3. die Ersatzpflicht des Staates (Art. 61, 62).

In den Fällen des Abs. 1 Ziff. 1, 3 ist im ersten Rechtszuge die Staatsaufsichtsbehörde zuständig, die dem klagenden Armenverbande zunächst vorgesetzt ist.

1. Erstattung von Armenunterstützungen.

b) **Gesetz, betreffend die Errichtung eines Verwaltungsgerichtshofes und das Verfahren in Verwaltungsrechtssachen, v. 8. August 1878 (Ges.- u. VBl. f. d. Königreich Bayern 1878 S. 369 ff.).**

I. Von dem Verwaltungsgerichtshofe.

Art. 1. Für das Königreich Bayern wird ein Verwaltungsgerichtshof errichtet.

Derselbe wird gebildet aus einem Präsidenten, einem Direktor und der erforderlichen Zahl von Räten.

Sind in einzelnen Fällen so viele Mitglieder des Verwaltungsgerichtshofes verhindert, daß die zur Beschlußfassung erforderliche Zahl nicht mehr vorhanden ist, so können zur Ergänzung Mitglieder des obersten Landesgerichts beigezogen werden. Die Abordnung erfolgt auf Anregung des Präsidenten des Verwaltungsgerichtshofes durch den Präsidenten des obersten Landesgerichts.

Dem Gerichtshofe wird das entsprechende Personal von Unterbeamten und Bediensteten beigegeben.

Art. 2. Die Mitglieder des Verwaltungsgerichtshofes genießen die den Richtern zustehenden Rechte und haben gleichen Rang und Gehalt mit den Mitgliedern des obersten Landesgerichts.

Während der Dauer ihres Richteramtes können sie im Verwaltungsdienste in keiner Weise verwendet werden.

Art. 3. Die Ernennung zum Richter des Verwaltungsgerichtshofes ist bedingt durch den Nachweis der Fähigkeit zum Richteramte.

Der Gerichtshof wird, so oft nach Konstituierung desselben eine Ratsstelle zu besetzen ist, mit seinem gutachtlichen Vorschlag gehört.

Art. 4. Zur Vertretung der öffentlichen Interessen wird bei dem Verwaltungsgerichtshofe ein Staatsanwalt mit der erforderlichen Zahl von Nebenbeamten aufgestellt.

Der Staatsanwalt kann von den beteiligten Staatsministerien Instruktionen erholen und erhalten, welche er zu befolgen verpflichtet ist.

Art. 5. Die dienstliche Aufsicht über den Verwaltungsgerichtshof und dessen Mitglieder steht dem Staatsministerium des Innern in derselben Weise zu wie dem Staatsministerium der Justiz die Aufsicht über das oberste Landesgericht und dessen Mitglieder.

Die Staatsanwaltschaft am Verwaltungsgerichtshofe steht unter der dienstlichen Aufsicht des Staatsministeriums des Innern.

Die Ernennung der Mitglieder des Verwaltungsgerichtshofes und der Staatsanwaltschaft an demselben erfolgt auf Vorschlag des Gesamtministeriums durch den König.

Art. 6. Wird die Einteilung des Gerichtshofes in mehrere Senate erforderlich, so erfolgt dieselbe, einschließlich der Aufstellung der regelmäßigen Stellvertreter, je auf die Dauer eines Jahres durch Beschluß des Präsidenten unter Beiziehung des Direktors und des dem Dienstalter nach, bei gleichem Dienstalter des der Geburt nach ältesten Mitgliedes.

Jedes Mitglied des Gerichtshofes kann mehreren Senaten angehören. Der Direktor kann dem Senate, dessen Vorstand der Präsident ist, als Mitglied zugeteilt werden.

Im Falle der Verhinderung des regelmäßigen Vertreters eines Mitgliedes wird ein zeitweiliger Vertreter aus den Mitgliedern des Gerichtshofes durch den Präsidenten bestellt. Ist die genügende Anzahl von Mitgliedern nicht mehr vorhanden, so findet die Bestimmung in Art. 1 Abs. 3 Anwendung.

Art. 7 Abs. 1. Der Verwaltungsgerichtshof bildet die oberste Instanz in Verwaltungsrechtssachen.

Abs. 2—5. ...

Art. 8. Verwaltungsrechtssachen im Sinne dieses Gesetzes sind alle bestrittenen Rechtsansprüche und Verbindlichkeiten in nachbenannten Angelegenheiten:

1. Erwerbung und Besitz der Bundes- und Staatsangehörigkeit; Entlassung aus dem Staatsverbande.
2. Besitz des Staatsbürgerrechts; Berechtigung und Verpflichtung zur Ableistung des Verfassungseides.
3. Freizügigkeit und Aufenthalt.
4. Religiöse Kindererziehung.
5. Verweigerung des nach Art. 33 und 38 des Gesetzes über Heimat, Verehelichung und Aufenthalt vom 16. April 1868 auszustellenden Verehelichungszeugnisses oder Erteilung desselben gegen einen auf Grund des Art. 36 erhobenen Einspruch.

6—20. ...

21. Berechtigung zur Teilnahme an einem Distriktsrate auf Grund des Art. 2 b des Distriktsratsgesetzes vom 28. Mai 1852.[1])
22. Verpflichtungen einzelner Gemeinden aus besonderen Verbänden nach Art. 37 des Distriktsratsgesetzes vom 28. Mai 1852.
23. Ansprüche der Gemeinden an distriktive Anstalten, dann Ansprüche der Distrikte an die Gemeinden in bezug auf den Bedarf oder Unterhalt solcher Anstalten.

24. Verbindlichkeit zur Teilnahme an Distriktsumlagen.
25. Zugehörigkeit von Grundstücken zu einem Gemeindeverband; Gemeindemarkungs- und Flurgrenzen.
26. Gemeindebürgerrecht und Heimatrecht; Stimmrecht in Gemeindeangelegenheiten.
27. ...
28. Ansprüche auf allgemeine und besondere Nutzungen des Gemeindevermögens und die damit zusammenhängenden Verpflichtungen.
29. Verteilung von Gemeindegründen.
30. Verbindlichkeit zur Teilnahme an Gemeindelasten mit Einschluß der Umlagen und anderer Leistungen für die Armenpflege.
31. Verpflichtung zur Entrichtung von gemeindlichen Verbrauchssteuern, Warenhaussteuern und sonstigen örtlichen Abgaben mit Einschluß der Hundeabgaben, Benützung der Gemeindeanstalten und Verbindlichkeit zur Entrichtung von besonderen Vergütungen hierfür; Ansprüche auf Rückvergütung des Lokal-Malz- oder Bieraufschlages und sonstiger örtlicher Verbrauchssteuern, Warenhaussteuern und Abgaben.
32. Leistungen auf Grund des Art. 55 der Gemeindeordnung für die Landesteile diesseits des Rheins vom 29. April 1869 und des Art. 40 der Gemeindeordnung für die Pfalz vom nämlichen Tage.
33. Wahlrecht und Wählbarkeit zu Gemeindeämtern sowie zum Amte eines Mitglieds des Armenrats, eines Armenpflegers, eines Mitglieds des Bezirkspflegeausschusses, eines Waisenrats und eines Feldgeschworenen; Gültigkeit solcher Wahlen; Verpflichtung zur Übernahme jener Ämter; Berechtigung und Verpflichtung zum Austritt.
34. ...

35. Rechtsansprüche auf den Genuß oder Mitgenuß von Stiftungen; Rechte in betreff der Stiftsverwaltung und der Verleihung des Stiftungsgenusses.

36—40. ...

1. Über Umänderung der Bezeichnung „Distrikt" in „Bezirk" vgl. Ges. v. 22. Mai 1919 über die Selbstverwaltung (GVBl. 239).

Art. 9. Soweit in den Fällen der Ziffer 1, 2, 4, 5, 7, 9, 13, 16, 17, 20, 21, 24, 25, 27, 31, 32, 33, 36, 37, 39 und 40 des Art. 8 nach den bestehenden Gesetzen oder Verordnungen die Distriktsverwaltungsbehörden zur Entscheidung in erster oder zweiter Instanz berufen sind, geht die Berufung gegen deren Entscheidungen unmittelbar an den Verwaltungsgerichtshof.

In allen übrigen Fällen kann die Berufung an den Verwaltungsgerichtshof nur gegen Entscheidungen der Kreisregierungen, Kammern des Innern, ergriffen werden.

Soweit die Reichsgesetze nicht entgegenstehen, ist diese Berufung auch in denjenigen Fällen zulässig, in welchen eine Berufung an die dritte Instanz bisher gesetzlich ausgeschlossen war.

Art. 10. Der Verwaltungsgerichtshof ist, abgesehen von Art. 8, zur Bescheidung von Beschwerden gegen Beschlüsse oder Verfügungen der Regierungen, Kammern des Innern oder der Finanzen,

in den Fällen der Ziff. 5 und 6 der Distriktsverwaltungsbehörden, soweit diese zur Entscheidung berufen sind,

dann

der Generaldirektion der Zölle und indirekten Steuern in folgenden Angelegenheiten zuständig:

1. Verfügungen in Distriktsangelegenheiten, wenn wegen Auferlegung gesetzlich nicht begründeter Lasten oder wegen gesetzwidriger Verteilung der Distriktslasten Beschwerde geführt wird.
2. Verfügungen in Gegenständen der Staatsaufsicht über die Gemeinden und Armenverbände, wenn die Gemeinde

oder der Armenverband behauptet, die Verfügung verletze ihr gesetzliches Selbstverwaltungsrecht oder belaste sie mit einer gesetzlich nicht begründeten Leistung.

3—4. ...

5. Pflicht zur öffentlichen Unterstützung Hilfsbedürftiger, wenn die streitenden Armenverbände dem bayerischen Staate angehören, Ersatzansprüche von Personen, die ohne Rechtspflicht und ohne Auftrag eines Armenverbandes Hilfe geleistet haben, Ersatzpflicht des Staates.
6. Ersatzpflicht der Empfänger öffentlicher Armenunterstützung und ihrer Erben.
7. Verpflichtung zur Entrichtung von Krankenhausbeiträgen und die daraus entspringenden Rechte; Verbindlichkeit von Unternehmern und Arbeitgebern, für die Verpflegung ihrer erkrankten Arbeiter zu sorgen.

8—31. ...

Art. 11. Wenn Änderungen im Bestande von Gemeinden, Gesamtarmenverbänden, Distrikten, Kreisen oder Schulverbänden eintreten und sich die Beteiligten über die Teilung oder Auseinandersetzung des Gemeinde-, Verbands-, Distrikts-, Kreis- oder Schulvermögens oder über die Rechte und Pflichten in bezug auf bestehende Anstalten nicht gütlich zu einigen vermögen, so tritt in letzterer Beziehung schiedsrichterliche Entscheidung ein.

Diese steht zu:

1. einer von dem Königlichen Staatsministerium des Innern delegierten Kreisregierung, Kammer des Innern, in denjenigen Fällen, in denen eine Gemeinde, welche einer Kreisregierung unmittelbar untergeordnet ist, eine Distrikts- oder Kreisgemeinde beteiligt erscheint;
2. einem von der vorgesetzten Kreisregierung delegierten Bezirksamte in allen übrigen Fällen.

Gegen die Entscheidung der Kreisregierung beziehungsweise — in den Fällen der Ziff. 2 — des Bezirksamtes findet Berufung an den Verwaltungsgerichtshof statt, welcher in letzter Instanz entscheidet.

Art. 12. Was in Art. 8, 10 und 11 bezüglich der Gemeinden bestimmt ist, gilt auch von den zu einer Gemeinde vereinigten Ortschaften in ihren Verhältnissen unter sich, zur Gemeinde und zu den Ortsangehörigen.

Art. 13. Die Zuständigkeit des Verwaltungsgerichtshofes erstreckt sich nicht

1. auf Rechtssachen, welche vor die bürgerlichen Gerichte, die Strafgerichte oder die Versicherungsbehörden gehören,
2. auf vorsorgliche Maßregeln, dann auf administrative Ansprüche, welche unter dem gesetzlichen Vorbehalte der Zuständigkeit der Gerichte erfolgen,
3. auf Angelegenheiten und Fragen, in welchen die Verwaltungsbehörden nach ihrem Ermessen zu verfügen berechtigt sind.

Steht ein zur Zuständigkeit des Verwaltungsgerichtshofes nicht gehöriger Gegenstand mit einem bei dem Gerichtshofe anhängigen in Zusammenhang, so wird dadurch die Befugnis des Gerichtshofes, seine Zuständigkeit auf den ersteren Gegenstand auszudehnen, nicht begründet, auch wenn dieser in denselben Akten behandelt ist.

Art. 14. Der Verwaltungsgerichtshof hat innerhalb seiner Zuständigkeit die Rechtmäßigkeit des Verfahrens zu prüfen und alle Umstände zu würdigen, welche auf die Feststellung der im Streit befangenen Rechte und Verbindlichkeiten Bezug haben.

Er erkennt über die Zuständigkeit und verweist die Sache erforderlichenfalls an die zuständige Verwaltungsbehörde.

Art. 15. Beschlüsse in Angelegenheiten, welche nach Art. 8 zur Zuständigkeit des Verwaltungsgerichtshofes gehören, sowie Beschlüsse dieses Gerichtshofes in Gegenständen der Art. 10 und 11 können nicht von Oberaufsichts wegen durch die Ministerien aufgehoben werden. Die Zuständigkeit der letzteren in Fragen des freien administrativen Ermessens wird durch diese Bestimmung nicht berührt.

II. Von dem Verfahren in Verwaltungsrechtssachen.

A. Allgemeine Bestimmungen.

Art. 16. Das Verfahren in Verwaltungsrechtssachen bemißt sich zunächst nach den Bestimmungen des gegenwärtigen Gesetzes.

Soweit hiermit die in einzelnen Landesgesetzen enthaltenen besonderen Vorschriften nicht im Widerspruche stehen, kommen dieselben auch ferner in Anwendung.

Die Staatsregierung ist ermächtigt, unter Beachtung der vorstehenden Grundsätze Vollzugsvorschriften zu dem Verfahren in Verwaltungsrechtssachen zu erlassen.[1])

Nach dem Inslebentreten des Gesetzes ist der Verwaltungsgerichtshof vor Erlaß solcher Vollzugsvorschriften mit seinem Gutachten zu hören.

Die vor jenem Zeitpunkte erlassenen Vollzugsvorschriften sind innerhalb eines Jahres, vom Eintritte desselben an gerechnet, nach vorheriger Einholung des Gutachtens des Verwaltungsgerichtshofes zu revidieren.

1. Vollzugsvorschriften zum Gesetz über die Errichtung eines Verwaltungsgerichtshofs und das Verfahren in Verwaltungsrechtssachen v. 25. Jan. 1901 (GVBl. 1901 S. 41).

Art. 17. Die Zuständigkeit der Behörden im einzelnen Falle ist nach den über deren Wirkungskreis jeweils bestehenden Bestimmungen zu beurteilen.

Ist die Zuständigkeit mehrerer Behörden in ein und derselben Sache begründet, so hat die vorgesetzte Verwaltungsbehörde die etwa erforderliche Verfügung zu treffen.

Art. 18. Die in den §§ 41 ff. der Zivilprozeßordnung für das Deutsche Reich enthaltenen Bestimmungen über den Ausschluß und die Ablehnung eines Richters finden auf den Ausschluß und die Ablehnung von Beamten, welche zur Mitwirkung bei der Entscheidung einer Verwaltungsrechtssache berufen sind, vorbehaltlich besonderer gesetzlicher Bestimmungen, entsprechende Anwendung, und zwar mit der Maßgabe, daß Ablehnungsgesuche, welche gegen Vorstände der Bezirksämter erhoben und von diesen selbst nicht für begründet erachtet werden, von den Kreisregierungen, Kammern des Innern, und Ablehnungsgesuche, welche gegen ein Mitglied einer Kreisregierung, Kammer des Innern, oder des Verwaltungsgerichtshofes gerichtet sind, von dem Kollegium der Kreisregierung beziehungsweise des Verwaltungsgerichtshofes beschieden werden.

Beschwerden gegen abweisende Beschlüsse werden in dem für Verwaltungsrechtssachen vorgeschriebenen Instanzenzuge entschieden.

Wird infolge einer für begründet erachteten Ablehnung die betreffende Behörde beschlußunfähig, so hat die nächstvorgesetzte Verwaltungsbehörde das Erforderliche zu verfügen und nötigenfalls eine andere Behörde mit der Entscheidung der Sache zu beauftragen. Wird der Verwaltungsgerichtshof beschlußunfähig, so findet die Bestimmung des Art. 1 Abs. 3 Anwendung.

Art. 19. Den Beteiligten und ihren gesetzlichen Stellvertretern ist gestattet, sich bei den Verhandlungen durch Bevollmächtigte vertreten zu lassen.

Die Behörden sind jedoch befugt, das persönliche Erscheinen der Beteiligten zum Zwecke der Feststellung des

Sachverhaltes anzuordnen, wenn dasselbe nach Lage der Sache als notwendig erscheint.

Die Behörden sind ferner befugt, mehreren im gleichen Interesse Beteiligten die Bestellung eines gemeinsamen Bevollmächtigten aufzutragen und im Weigerungsfalle einen solchen von Amts wegen auf Kosten der Säumigen aufzustellen.

Der Staatsregierung bleibt vorbehalten, die Befugnis zur Übernahme einer Vertretung vor den einzelnen Instanzen näher zu regeln.

Art. 20. Die Feststellung des Sachverhalts in Verwaltungsrechtssachen erfolgt von Amts wegen.

Zeugen und Sachverständige werden eidlich vernommen. Bei Streitigkeiten von geringerem Werte kann jedoch mit Zustimmung der Beteiligten von der Eidesabnahme Abstand genommen werden.

Der Eidesleistung wird gleichgeachtet, wenn ein Mitglied einer Religionsgesellschaft, welcher der Gebrauch gewisser Beteuerungsformeln an Stelle des Eides gesetzlich gestattet ist, eine Erklärung unter der Beteuerungsformel dieser Religionsgesellschaft abgibt.

Sind Sachverständige für die Erstattung von Gutachten der betreffenden Art im allgemeinen beeidigt, so genügt die Berufung auf den geleisteten Eid.

Hinsichtlich der Verpflichtung, sich als Zeuge oder Sachverständiger vernehmen zu lassen, sowie hinsichtlich der Folgen der Weigerung, dann bezüglich der Zulässigkeit der Beeidigung kommen die Bestimmungen der Zivilprozeßordnung für das Deutsche Reich entsprechend zur Anwendung.

Eidliche Bestätigungen der Beteiligten zum Zwecke der Beweisführung finden nur insofern statt, als besondere Gesetze dieselben zulassen.

Art. 21. Bei Fällung der nach durchgeführtem Beweisverfahren zu erlassenden Entscheidung haben die Behörden, soweit nicht gesetzlich etwas anderes bestimmt ist, das Ergebnis der Beweisaufnahme nach freier Überzeugung zu würdigen.

Jeder Endbescheid sowie jeder Zwischenbescheid, gegen welchen auf Grund besonderer gesetzlicher Bestimmung selbständig Beschwerde erhoben werden kann, ist mit Entscheidungsgründen zu versehen.

Mit jedem Endbescheid ist ein Beschluß über den Kostenpunkt nach Maßgabe der bestehenden Gesetze zu verbinden.

Die Entscheidungen sind den Beteiligten stets in schriftlicher Ausfertigung zuzustellen.

Art. 22. Gegen die in Art. 21 Abs. 2 erwähnten Bescheide ist Beschwerde zulässig.

Die Beschwerden sind bei der ersten Instanz schriftlich einzureichen oder zu Protokoll zu geben.

Der Beschwerdeführer kann sich statt näherer Ausführung darauf beschränken, Entscheidung nach Lage der Sache zu beantragen. Bemängelungen des Sachverhalts, welcher der Entscheidung zugrunde gelegt ist, sind genau anzugeben. In gleicher Weise sind etwaige Anträge auf Ergänzung des Beweismaterials zu stellen.

Die Frist für Einlegung der Beschwerden beträgt, sofern nicht in einzelnen Gesetzen eine kürzere Frist bestimmt ist, 14 Tage.

Die Frist beginnt mit der Zustellung des schriftlichen Bescheides; sie ist unerstrecklich.

Bezüglich der Berechnung des Laufes dieser sowie sonstiger Fristen und bezüglich der Wiedereinsetzung in den vorigen Stand bei Fristversäumung kommen die Bestimmungen der Zivilprozeßordnung für das Deutsche Reich entsprechend zur Anwendung.

Art. 23. Die einkommenden Beschwerden sollen von der ersten Instanz den übrigen an der Sache Beteiligten zur Kenntnisnahme und Wahrung ihrer Interessen in Abschrift mitgeteilt werden.

Zu diesem Behufe hat, wenn eine Beschwerde schriftlich eingereicht wird, der Beschwerdeführer außer der Urschrift so viele Abschriften der Beschwerde mit einzureichen, als weitere Beteiligte oder gemeinsame Bevollmächtigte derselben (Art. 19 Abs. 3) in der Sache vorhanden sind.

Wird die Beschwerde zu Protokoll gegeben, so hat der Beschwerdeführer die Kosten der durch die Behörde zu veranlassenden Abschriftnahme vorzuschießen.

Art. 24. Die Beschwerden haben, sofern nicht durch besondere gesetzliche Bestimmungen etwas anderes vorgeschrieben ist, aufschiebende Wirkung, vorbehaltlich des Rechtes der Verwaltungsbehörden, bei Gefahr auf Verzug oder bei drohendem Nachteile für Leben, Gesundheit oder Eigentum im öffentlichen Interesse vorsorgliche Anordnungen zu treffen.

Art. 25. Enthält eine Beschwerde einen groben Verstoß gegen den öffentlichen Anstand, so kann der Beschwerdeführer in eine Geldstrafe bis zu 200 Mark verurteilt werden, welche für den Fall der Uneinbringlichkeit sofort in entsprechende Haft nach Maßgabe der Bestimmungen des Strafgesetzbuches für das Deutsche Reich umzuwandeln ist.

Der Strafausspruch erfolgt gleichzeitig mit der Entscheidung in der Hauptsache und ist selbständig anfechtbar.

Art. 26. Eine Wiederaufnahme des Verfahrens kann von derjenigen Behörde, welche den letzten, rechtskräftig gewordenen Endbescheid erlassen hat, beschlossen werden, wenn glaubhaft dargetan ist, daß eine bei den vorausgegangenen Verhandlungen nicht hinreichend bekannt gewesene Tatsache vorliegt, deren Berücksichtigung zu einem von dem früheren abweichenden Endbescheide zu führen geeignet ist.

Gegen die hiernach von den Distriktsverwaltungsbehörden oder den Kreisregierungen erlassenen Beschlüsse ist Beschwerdeführung im regelmäßigen Instanzenzuge zulässig.

B. Besondere Bestimmungen.

Art. 27. Die Distriktsverwaltungsbehörden haben vor allem für richtige Ermittelung des Sachverhaltes zu sorgen und zu diesem Behufe nicht bloß das von den Beteiligten gebotene, sondern auch das sonst zur Aufklärung dienende Material zu den Akten zu bringen, insbesondere aufschlußgebende Vorakten und Urkunden beizufügen, Zeugen und Sachverständige zu vernehmen und etwaige Nebenpunkte gleichzeitig mit der Hauptsache zu erheben.

Über zweifelhaftes Beweismaterial oder wenn zur Klarstellung der Sache ein Augenschein notwendig erscheint, ist eine mündliche Verhandlung mit den Beteiligten ohne Zulassung von Schriftenwechsel zu pflegen.

Außerdem hat vor der Beschlußfassung eine mündliche Verhandlung stattzufinden, wenn besondere Gesetze solche vorschreiben oder die Beteiligten übereinstimmend darauf antragen.

Zu dieser Verhandlung sind die Beteiligten oder deren Bevollmächtigte, vorbehaltlich der Bestimmung in Art. 19 Abs. 2 und unbeschadet der in einzelnen Gesetzen vorgeschriebenen besonderen Rechtsnachteile, mit dem Eröffnen zu laden, daß im Falle ihres Nichterscheinens nach Lage der Sache erkannt werden würde.

Art. 28. Bei den mündlichen Verhandlungen kann die Öffentlichkeit zugelassen werden, sofern nach dem Ermessen des Beamten die Wahrung der Sittlichkeit oder des öffentlichen Wohles nicht entgegensteht.

Art. 29. Das Ergebnis der mündlichen Verhandlungen über den Sachverhalt ist zu Protokoll zu nehmen und von den Beteiligten anerkennen zu lassen; dabei ist auszuscheiden, was von den Beteiligten als feststehend anerkannt wird und was sie bestreiten, mit Angabe von Gründen und Beweismitteln.

Art. 30. Die für die Beschlußfassung der Magistrate erforderlichen vorbereitenden Verhandlungen sind, soweit tunlich, durch ein rechtskundiges Magistratsmitglied zu pflegen.

Bei der Beschlußfassung hat, soweit tunlich, ein rechtskundiges Magistratsmitglied Vortrag zu erstatten. Dieselbe kann in Senaten erfolgen, welche mit Einschluß des Vorsitzenden aus mindestens fünf Mitgliedern zu bestehen haben.

Art. 31. In denjenigen Fällen, in welchen die Kreisregierungen, Kammern des Innern, als erste Instanz zu entscheiden haben, sind die erforderlichen Vorerhebungen durch die damit zu beauftragenden Distriktsverwaltungsbehörden zu pflegen, sofern nicht durch besondere Gesetze etwas anderes bestimmt ist.

Die Kreisregierungen, Kammern des Innern, entscheiden in Verwaltungsrechtssachen durch Senate, welche mit Einschluß des Vorsitzenden aus drei Mitgliedern bestehen.

Die Zuständigkeit dieser Senate erstreckt sich auf Fragen des freien administrativen Ermessens, welche sich in den durch Art. 8 als Verwaltungsrechtssachen erklärten Angelegenheiten überhaupt ergeben.

Art. 32. Beschwerden, welche nicht rechtzeitig erhoben wurden oder wegen eingetretener Rechtskraft offenbar unzulässig sind, können durch Senatsbeschluß in geheimer Sitzung ohne weiteres Verfahren zurückgewiesen werden.

Beschwerden in bezug auf Ablehnung oder Ausschließung eines Beamten sowie in bezug auf Zwangsvollstreckung werden von dem Senate in geheimer Sitzung verhandelt und entschieden.

Gegen die in Abs. 1 und 2 erwähnten Entscheidungen findet Beschwerde an den Verwaltungsgerichtshof statt.

Art. 33. Außer den in Art. 32 bezeichneten Fällen erfolgen die Entscheidungen der Senate auf Grund öffentlicher und mündlicher Verhandlung.

Art. 34. Vorbehaltlich besonderer gesetzlicher Vorschriften kann die Öffentlichkeit der Verhandlung durch Beschluß des Senates aus Rücksichten auf das öffentliche Wohl oder die Sittlichkeit beschränkt werden.

Bei beschränkter Öffentlichkeit hat jeder Beteiligte die Befugnis, drei Vertrauensmänner zur Verhandlung beizuziehen.

Der Vorsitzende kann aus der öffentlichen Sitzung jeden entfernen lassen, der Zeichen des Beifalles oder des Mißfallens gibt oder sonst Störung verursacht.

Art. 35. Zu der öffentlichen Verhandlung sind die Beteiligten, unbeschadet der in einzelnen Fällen etwa vorgesehenen besonderen Rechtsnachteile, mit dem Eröffnen zu laden, daß auch im Falle ihres Nichterscheinens Beschluß gefaßt werden würde.

Die Sitzungen sowie die Vorbereitungen für dieselben werden von dem Präsidenten der Kreisregierung angeordnet. In gleicher Weise werden die vor Abhaltung der Sitzung etwa notwendig erachteten Vorerhebungen und Aktenergänzungen verfügt.

Art. 36. In der öffentlichen Sitzung hat zunächst der von dem Senatsvorstande bestellte Referent über die Sachlage, jedoch ohne Stellung eines Schlußantrages, Vortrag zu erstatten. Hierauf werden die Beteiligten mit ihren Erinnerungen und Anträgen gehört und die etwa erforderlichen Beweisaufnahmen vollzogen.

Über den Gang und die wesentlichen Ereignisse der Verhandlung wird durch einen vereideten Schriftführer ein Protokoll aufgenommen.

Der Senat kann erforderlichenfalls die Vervollständigung des Beweismaterials anordnen und die Sitzung zu diesem Zwecke vertagen oder die Aufhebung des Verfahrens wegen wesentlicher Mängel desselben von der Zeit des eingetretenen Beschwerdegrundes an aussprechen und die geeignete Sachinstruktion und Beschlußfassung verfügen.

Auf Grund des erhobenen Sachverhaltes und Beweismaterials ist der Senat auch zum Nachteile des Beschwerdeführers zu erkennen berechtigt.

Die Beratung und Abstimmung über die zu fassenden Beschlüsse erfolgt, wenn tunlich, unmittelbar nach Schluß der öffentlichen Verhandlung. Die Beschlüsse sind öffentlich zu verkünden. Kann die Verkündung nicht sofort stattfinden, so hat sie an einem sogleich anzuberaumenden und bekanntzugebenden Termine zu geschehen, welcher nur aus einem besonderen Anlasse über eine Woche hinaus vertagt werden darf.

Art. 37. Bezüglich der Beratung und Abstimmung im Senate der Kreisregierung kommen bei allen Entscheidungen, sowohl in geheimer Sitzung als auf Grund öffentlicher und mündlicher Verhandlung, die Bestimmungen der §§ 194 bis 199 GVG. f. d. D. R. vom 27. Januar 1877 zur Anwendung.

Art. 38. Bei der Beratung und Abstimmung des Senates darf, unbeschadet der Bestimmung in § 195 Abs. 2 GVG. f. d. D. R., der zur Sitzung beigezogene Protokollführer nicht anwesend sein.

Art. 39. Die Entscheidungen des Verwaltungsgerichtshofes erfolgen, soweit nicht gesetzlich etwas anderes bestimmt ist, durch Senate, welche mit Einschluß des Vorsitzenden aus fünf Mitgliedern bestehen.[1])

1. Im Namen des Freistaats Bayern (vgl. § 19 Ges. über den Staatsgerichtshof v. 11. Juni 1920, GVBl. 335).

Art. 40. Der Verwaltungsgerichtshof entscheidet auf Grund des von den Vorinstanzen erhobenen Sachverhaltes; eine Beweisaufnahme findet vor demselben nicht statt.

Dem Gerichtshofe bleibt jedoch unbenommen, die Vervollständigung des Beweismaterials durch die Vorinstanzen zu veranlassen, technische Obergutachten zu erholen und Sachverständige, welche dieselben verfaßt oder bei deren Abfassung mitgewirkt haben, zur öffentlichen Sitzung beizuziehen.

Sind auf Grund besonderer gesetzlicher Bestimmungen die Erinnerungen anderer Behörden vor der Beschlußfassung zu erholen, so hat dies nach Anordnung des Präsidenten zu erfolgen.

Entscheidet der Verwaltungsgerichtshof in dritter Instanz und wird die Beschwerde verworfen, so kann der Beschwerdeführer, wenn ihm Mutwille zur Last fällt, in eine Geldstrafe bis zu 200 Mark verurteilt werden.

Art. 41. Jede beim Verwaltungsgerichtshofe eingelaufene Beschwerde ist einem Referenten zuzuteilen, welcher im Benehmen mit dem Staatsanwalte unter Würdigung der in der Beschwerde etwa enthaltenen Bemängelungen zu prüfen hat, ob eine Ergänzung des Sachverhaltes oder des Beweismaterials erforderlich ist.

Einigen sich dieselben, so ist sofort das Erforderliche durch Verweisung in die öffentliche Sitzung oder Anordnung der Ergänzung zu verfügen; außerdem hat der zuständige Senat in geheimer Sitzung über das Erfordernis einer Ergänzung zu beschließen.

Im übrigen finden die Bestimmungen des Art. 32 Abs. 1 und 2, dann der Art. 33—38 Anwendung.

Art. 42. Der Staatsanwalt oder sein Vertreter hat das Recht, bei jeder zur Verhandlung kommenden Sache mit seiner Äußerung gehört zu werden, ebenso vor jeder Beschlußfassung des Verwaltungsgerichtshofes, welche über die Ausschließung oder Ablehnung eines Mitgliedes des Verwaltungsgerichtshofes oder gemäß Art. 41 letztem Absatz über eine Beschwerde der in Art. 32 Abs. 1 und 2 gedachten Art erfolgt.

Bei der Beratung und Abstimmung des Verwaltungsgerichtshofes darf der Staatsanwalt nicht anwesend sein.

In denjenigen Fällen, welche ohne vorherige öffentliche Verhandlung zu erledigen sind, hat sich der Staatsanwalt nach der auf den Vortrag des Referenten abgegebenen Äußerung zu entfernen.

Art. 43. Will ein Senat in einer Rechtsfrage von einer früheren Entscheidung des Verwaltungsgerichtshofes oder eines Senates desselben abweichen, so hat er die Verhandlung und Entscheidung der Sache vor das Plenum des Verwaltungsgerichtshofes zu verweisen.

Art. 44. Zur Fassung einer Plenarentscheidung ist die Teilnahme von mindestens zwei Dritteilen aller Mitglieder des Verwaltungsgerichtshofes erforderlich. Bei Stimmengleichheit gibt die Stimme des Vorsitzenden den Ausschlag.

III. Behandlung der in Art. 10 und 11 aufgeführten Angelegenheiten.

Art. 45. Die Erledigung der in Art. 10 und 11 aufgeführten Angelegenheiten erfolgt bei den unteren Instanzen nach den für das Verfahren vor denselben in Verwaltungssachen jeweils bestehenden Vorschriften.

Die nach den genannten Artikeln zulässigen Beschwerden müssen innerhalb einer unerstrecklichen Frist von 14 Tagen, von Eröffnung der betreffenden Verfügung an gerechnet, bei derjenigen Behörde eingelegt werden, welche den beschwerenden Beschluß erlassen hat.

Die Behandlung dieser Beschwerden beim Verwaltungsgerichtshofe bemißt sich nach den für das Verfahren des Verwaltungsgerichtshofes in Verwaltungsrechtssachen geltenden Bestimmungen.

In den Fällen des Art. 10 Ziff. 11 ...

IV. Zwangsvollstreckungsverfahren.

Art. 46. Die Verwaltungsbehörden sind in den im gegenwärtigen Gesetze bezeichneten Angelegenheiten berechtigt, ihre rechtskräftig gewordenen Entscheidungen im Zwangswege mit denselben Mitteln in Vollzug zu setzen, welche zum Vollzuge rechtskräftiger Urteile in bürgerlichen Rechtsstreitigkeiten gegeben sind.

Inwiefern hierbei eine Mitwirkung der Gerichte stattzufinden hat, bemißt sich nach den besonderen gesetzlichen Bestimmungen.

Die Zwangsvollstreckung obliegt, vorbehaltlich besonderer gesetzlicher Vorschriften, den Distriktsverwaltungsbehörden, welche sich hierbei sowohl ihrer eigenen Vollzugsorgane als der Gerichtsvollzieher bedienen können.

Beschwerden gegen Verfügungen und Beschlüsse, welche die Zwangsvollstreckung betreffen, werden im verwaltungsrechtlichen Instanzenzuge beschieden.

V. Schluß- und Übergangsbestimmungen.

Art. 47—53. (Art. 50 enthält Vorschriften über Kompetenzkonflikte.)

3. Sachsen. AusfVer. v. 6. Juni 1871 (Ges.- u. VBl. S. 82).

§ 7 zu §§ 37 und 38 des Bundesgesetzes. Das Verfahren in Streitigkeiten zwischen verschiedenen Armenverbänden über die öffentliche Unterstützung Hilfsbedürftiger richtet sich — vorbehaltlich der Bestimmungen in § 37 Absatz 2, §§ 38 bis 51 und § 56 Absatz 2 und 3 über die zweite Instanz und das Verfahren in solchen Fällen, wo die streitenden Armenverbände verschiedenen Bundesstaaten angehören — nach dem Gesetze über die Verwaltungsrechtspflege vom 19. Juli 1900 (Ges.- u. VBl. S. 486 ff.).[1])

Bezüglich des Gerichtsstandes des Staatsfiskus als Vertreters des provisorischen Landarmenverbandes des Königreichs Sachsen gilt insbesondere die Bestimmung im § 2 des Gesetzes D. vom 30. Januar 1835.

Die Entscheidung erster Instanz ist in Fällen, in welchen der Fiskus in Vertretung des provisorischen Landarmenverbandes des Königreichs Sachsen als Partei beteiligt ist, in analoger Anwendung der Bestimmung in § 11 dieses Gesetzes von der nach Beschaffenheit des Falls zuständigen Kreisdirektion zu erteilen.

1. Das Gesetz unter D. v. 30. Jan. 1835 über das Verfahren in Administrationsjustizsachen sowie die Abänderungsgesetze v. 5. Jan. 1870 und 28. Juni 1874 sowie von dem Gesetze v. 31. März 1873 über die Organisation der Behörden der inneren Verwaltung § 6 Abs. 2 Ziff. 4, § 11 Ziff. 1, § 23 unter II a Ziff. 2, § 27 Ziff. 2 und der § 9 der V. v. 6. Juni 1871 zur Ausführung des UWG. haben mit dem 1. Jan. 1901 — abgesehen von der Erledigung anhängiger Sachen — ihre Geltung verloren (a. a. O. § 98 Ziff. 3 und 4, § 103). — Auch der § 8 der AusfVer. v. 6. Juni 1871 ist durch § 91 a. a. O. ersetzt worden.

Gesetz über die Verwaltungsrechtspflege.

I. Verwaltungsgerichte.

§ 1. Die Verwaltungsrechtspflege wird von Verwaltungsgerichten ausgeübt. Vor sie gehören die ihnen gesetzlich zugewiesenen Verwaltungssachen (Verwaltungsstreitsachen).

§ 2. Verwaltungsgerichte sind die Kreishauptmannschaften in ihrer durch § 25 des Organisationsgesetzes vom 21. April 1873 (Ges.- u. VBl. S. 275) geordneten kollegialen Zusammensetzung und das neu zu errichtende Oberverwaltungsgericht. Werden die Kreishauptmannschaften als Verwaltungsgerichte tätig, so haben sie sich als solche zu bezeichnen.

§ 3 handelt von der Beschlußfassung und Abstimmung der Verwaltungsgerichte, §§ 4—15 betreffen Sitz (Dresden) und Zusammensetzung des Oberverwaltungsgerichts, die Rechtsstellung seiner Mitglieder, Bildung von Senaten, Geschäftsgang usw.

§ 16. Alle Entscheidungen des Oberverwaltungsgerichts sind endgültig, vorbehaltlich der Bestimmungen in den §§ 85 und 90 Abs. 4 dieses Gesetzes.

§ 17 betrifft die gegenseitige Gewährung von Rechtshilfe und die Stellung der Verwaltungsgerichte zum Oberverwaltungsgericht.

II. Ausschluß und Ablehnung der Richter.

§ 18. Auf den Ausschluß und die Ablehnung der Richter sind die §§ 41—48 der Zivilprozeßordnung in der Fassung v. 20. Mai 1898 (RGBl. S. 410) entsprechend anzuwenden.

Der Umstand allein, daß ein Mitglied der Kreishauptmannschaft amtlich in der Sache tätig gewesen, ist kein Grund, es auszuschließen oder abzulehnen.

Über die Ablehnung eines Mitgliedes der Kreishauptmannschaft entscheidet der Vorsitzende, über die Ablehnung des Vorsitzenden, dafern er sie nicht selbst für begründet hält, das Oberverwaltungsgericht.

III. Zuständigkeit der Verwaltungsgerichte.

§ 19. Zuständig in erster Instanz ist in den Streitigkeiten des § 21, soweit nicht nach besonderer gesetzlicher Vorschrift im einzelnen Falle etwas anderes gilt:

1. . . .
2. . . . das Verwaltungsgericht, in dessen Bezirke die beklagte Partei wohnt oder ihren Sitz hat. Wird diese von einer öffentlichen Behörde vertreten, so ist der Sitz der Behörde maßgebend.

Ist hiernach die Zuständigkeit eines Verwaltungsgerichts nicht begründet . . ., so bestimmt das Oberverwaltungsgericht das zuständige Gericht. Das gleiche gilt, wenn die beklagte Partei in mehreren Bezirken wohnt oder ihren Sitz hat, oder wenn gleichzeitig mehrere Beklagte in Anspruch genommen werden, die in verschiedenen Bezirken wohnen oder ihren Sitz haben.

§ 20. Für die Streitigkeiten des § 21 Ziff. 5 ist in den Fällen, wo die Kreishauptmannschaft Dresden den Landarmenverband vertritt,*) die Kreishauptmannschaft Leipzig, sonst **) die Kreishauptmannschaft Dresden zuständig.

§ 21. Die Kreishauptmannschaften entscheiden als Verwaltungsgericht erster Instanz auf Klage in folgenden Parteistreitigkeiten des öffentlichen Rechts:

3. über die Zugehörigkeit eines Grundstücks zu einer politischen oder Schulgemeinde oder zu einem sonstigen öffentlich-rechtlichen Verbande oder zu einem selbständigen Gutsbezirke sowie darüber, ob einem Gute die Eigenschaft eines selbständigen Gutsbezirkes zukommt, wenn hierüber unter diesen Beteiligten Streit entsteht;
4. über die Rechte und Verbindlichkeiten, die sich aus einem öffentlich-rechtlichen Verbande, sei es zwischen ihm und den einzelnen Bestandteilen oder zwischen diesen untereinander, ergeben, soweit nicht nach besonderer gesetzlicher Vorschrift das Verfahren anders geregelt ist;
5. über Ansprüche der Armenverbände gegeneinander sowie gegen den Staat ***) wegen der öffentlichen Unterstützung Hilfsbedürftiger.†)

§ 22. Das Oberverwaltungsgericht entscheidet:

1. in zweiter Instanz über die Berufung (§ 62) und die Beschwerde (§ 70);
2. in erster und letzter Instanz über die Anfechtungsklage (§§ 73 ff.) sowie über die Klage auf Wiederaufnahme des Verfahrens (§ 85).

§ 23 findet auf Streitigkeiten unter Armenverbänden keine Anwendung.

§ 24. Ist eine unter den § 21 fallende Streitsache aus Irrtum oder aus einem sonstigen Grunde nicht als Parteistreitigkeit behandelt worden, sondern auf Grund der Ziffer 2 des § 22 an

---

*) S. § 2 V. v. 15. Juni 1876 im Anhang B.

**) d. h. in den Fällen, wo eine andere Kreishauptmannschaft (Leipzig, Bautzen, Zwickau, Chemnitz) den Landarmenverband vertritt. Im übrigen findet § 19 Ziff. 2 Anwendung (vergl. Entsch. des OVG. v. 2. März 1901, Sächs. Wochenbl. S. 74).

***) S. oben § 7 AusfGes. v. 6. Juni 1871 sowie im Anhang B § 2 V. v. 15. Mai 1876.

†) S. § 62 Abs. 2.

das Oberverwaltungsgericht gelangt, so kann es selbst darüber in dem durch die §§ 73 ff. vorgeschriebenen Verfahren entscheiden, ohne sie an das an sich zuständige Verwaltungsgericht zu verweisen.

IV. Verfahren.

1. Allgemeine Bestimmungen.

§ 25. Die Verwaltungsgerichte erforschen den Sachverhalt und erheben den Beweis von Amts wegen. Sie entscheiden auf Grund des festgestellten Tatbestandes, wobei sie zwar nicht über den Gegenstand der Verhandlung hinausgehen dürfen, im übrigen aber weder an die gestellten Anträge noch an die zu ihrer Rechtfertigung vorgebrachten Gründe gebunden sind, insbesondere eine angefochtene Entscheidung, wenn dabei ein öffentliches Interesse vorliegt, auch zum Nachteile dessen, der ein Rechtsmittel eingewendet hat, abändern können.

Ihre Urteile dürfen nur die Parteien betreffen und dürfen auf keine Tatsache und auf kein Beweismittel gestützt werden, worüber den Parteien nicht Gelegenheit gegeben war, sich zu äußern.

Jedes Urteil, desgleichen jede Verfügung und Entscheidung, gegen die selbständig Beschwerde erhoben werden kann (§ 70), ist mit Gründen zu versehen.

Die Urteile werden im Namen des Königs erlassen.

§§ 26—28 betreffen die Öffentlichkeit und Mündlichkeit der Verhandlung, die Gerichtssprache, die Aufrechterhaltung der Ordnung (auch gegenüber ungebührlicher Schreibweise).

§ 29. Die Parteien können sich, vorbehaltlich der Bestimmungen im § 51, durch Bevollmächtigte vertreten lassen oder mit Beiständen erscheinen. Hierbei sind die §§ 79 bis 90 der Zivilprozeßordnung entsprechend anzuwenden.

Das Gericht kann Bevollmächtigte und Beistände, die, ohne Rechtsanwälte zu sein, die Vertretung geschäftsmäßig betreiben, zurückweisen.

§ 30. Das Gericht hat die Prozeßfähigkeit einer Partei, die Legitimation eines gesetzlichen Vertreters und die erforderliche Ermächtigung zur Prozeßführung von Amts wegen zu prüfen.

Einer nichtprozeßfähigen Partei, die ohne gesetzlichen Vertreter ist, kann der Vorsitzende bis zum Eintritte des gesetzlichen Vertreters einen besonderen Vertreter bestellen. Das gleiche gilt, wenn der Aufenthaltsort des gesetzlichen Vertreters unbekannt oder vom Sitze des Gerichtes weit entfernt ist. Zahlungen anzunehmen, desgleichen das Streitverfahren durch Vergleich, Verzicht, Anerkenntnis oder durch Zurücknahme einer Klage oder eines Rechtsmittels zu erledigen, ist der besondere Vertreter nicht berechtigt.

Die nichtprozeßfähige Partei ist auf ihr Verlangen selbst zu hören.

Die Kosten des besonderen Vertreters gelten als außergerichtliche Kosten.

§ 31. Den Parteien und ihren Vertretern steht es jederzeit frei, die Akten einzusehen und sich auf ihre Kosten Abschriften geben zu lassen. Es können jedoch einzelne Teile der Akten der Verwaltungs- und Polizeibehörden auf deren Antrag im öffentlichen Interesse hiervon ausgenommen werden.

Die Entwürfe zu Entscheidungen und Verfügungen, die zu ihrer Vorbereitung gelieferten Arbeiten sowie die Schriftstücke, welche Abstimmungen oder Strafverfügungen betreffen, werden weder vorgelegt noch abschriftlich mitgeteilt.

Wird die Einsicht der Akten oder die Erteilung von Abschriften verweigert, so kann dagegen Beschwerde erhoben werden.

§ 32. In dem Verfahren vor den Verwaltungsgerichten wird von Amts wegen nach den für Verwaltungssachen im allgemeinen geltenden Vorschriften zugestellt.

Ist ein Prozeßbevollmächtigter vorhanden, so ist diesem zuzustellen.

Sind mehrere Beteiligte gemeinsam aufgetreten, ohne einen gemeinschaftlichen Bevollmächtigten ernannt zu haben, so kann der Vorsitzende anordnen, daß nur an einen von ihnen zugestellt werde.

§ 33. Alle Fristen im Verwaltungsstreitverfahren sind Ausschlußfristen und beginnen mit der Zustellung, soweit gesetzlich nichts anderes bestimmt ist. Dasselbe gilt auch von den Fristen für die Erhebung der Klage in den Fällen des § 21.

Auf die Berechnung, Verlängerung und Abkürzung der Fristen, auf die Anberaumung und Verlegung der Termine und auf die Wiedereinsetzung in den vorigen Stand gegen die Versäumnis gesetzlicher Fristen sind die §§ 218, 221 Abs. 1, 222, 224 Abs. 2 und 3, 226, 228, 229, 233 Abs. 1, 234, 236 Abs. 1, 237, 238 der Zivilprozeßordnung entsprechend anzuwenden.

Über das Gesuch um die Verlängerung oder Abkürzung einer Frist oder um die Verlegung eines Termines beschließt der Vorsitzende.

Der Antrag auf Wiedereinsetzung ist bei dem Verwaltungsgerichte schriftlich einzureichen.

2. Verfahren in erster Instanz vor den Kreishauptmannschaften:

§ 34. Die Klage ist schriftlich einzureichen oder zu Protokoll anzubringen. Sie muß einen bestimmten Antrag enthalten und die Person des Beklagten sowie den Streitgegenstand genau bezeichnen.

Überdies sollen die den Antrag begründenden Tatsachen angegeben werden.

§ 35. Die Klage kann, wenn ein öffentliches Interesse dabei vorliegt, nur mit Einwilligung des Gerichts zurückgenommen werden.

Wird die Einwilligung versagt, so kann dagegen Beschwerde erhoben werden.

Nimmt der Kläger die Klage zurück, so hat er die Kosten des Verfahrens zu tragen. Auf den Antrag des Beklagten ist diese Verpflichtung durch Urteil auszusprechen.

§ 36. Ist die Klage bei einem unzuständigen Verwaltungsgerichte eingereicht, so ist sie unter Benachrichtigung des Klägers unverzüglich an das zuständige Gericht abzugeben.

Wenn die Erhebung der Klage an eine Frist gebunden ist, gilt diese durch rechtzeitige Einreichung bei dem unzuständigen Verwaltungsgerichte für gewahrt.

§ 37. Entspricht die Klage nicht den Erfordernissen des § 34 Abs. 1, so lehnt der Vorsitzende die Einleitung des Streitverfahrens unter Angabe des Mangels ab. Er kann aber, wenn die Erhebung der Klage an eine Frist gebunden ist, dem Kläger erst noch eine kurze Frist zur Behebung des Mangels einräumen. Die Frist kann nicht verlängert werden.

§ 38. Ist die Frist zur Erhebung der Klage versäumt, oder erweist sich der gestellte Antrag sofort als rechtlich unzulässig oder als offenbar unbegründet, oder sind die Verwaltungsgerichte nicht dafür zuständig, so kann das Gericht die Klage ohne weiteres durch einen mit Gründen versehenen Bescheid zurückweisen.

Erscheint dagegen der Antrag rechtlich begründet, so kann das Gericht dem Beklagten ohne weiteres durch einen mit Gründen versehenen Bescheid aufgeben, den Kläger klaglos zu stellen.

In dem Bescheide ist den Parteien zu eröffnen, daß sie befugt seien, innerhalb zweier Wochen nach dem Tage der Zustellung auf mündliche Verhandlung anzutragen.*)

*) Dagegen keine Berufung; Entsch. 56 88.

Wird der Antrag nicht gestellt, so gilt der Bescheid als endgültiges Urteil.

§ 39. Liegt keiner der Fälle der §§ 36 bis 38 vor, oder wird im Falle des § 38 rechtzeitig auf mündliche Verhandlung angetragen, so ist die Klage abschriftlich dem Beklagten mit der Aufforderung zuzufertigen, seine Gegenerklärung binnen einer bestimmten, von einer bis vier Wochen bemessenen Frist schriftlich einzureichen oder zu Protokoll abzugeben.

Die Gegenerklärung ist dem Kläger zuzufertigen.

§ 40. Die Parteien sollen in den Schriftsätzen oder zu Protokoll die Beweismittel, deren sie sich zum Nachweis oder zur Widerlegung tatsächlicher Behauptungen bedienen wollen, angeben und die in ihren Händen befindlichen Urkunden, auf die in den Schriftsätzen oder im Protokolle Bezug genommen wird, in Urschrift oder in Abschrift beifügen.

Kommen nur einzelne Teile einer Urkunde in Betracht, so genügt die Beifügung eines Auszuges, der den Eingang, die zur Sache gehörende Stelle, den Schluß, das Datum und die Unterschrift enthält.

§ 41. Von allen Schriftsätzen und Anlagen ist für jeden Gegner eine Abschrift einzureichen.

Sind die Anlagen sehr umfangreich, so kann der Vorsitzende gestatten, daß sie selbst zur Einsicht der Beteiligten an Gerichtsstelle offengelegt werden.

§ 42. In einfachen Fällen sowie dann, wenn sich das tatsächliche Verhältnis aus den vorliegenden Akten oder Urkunden feststellen läßt, kann sofort, ohne vorhergehenden Schriftenwechsel, der Termin zur mündlichen Verhandlung anberaumt werden. Dem Beklagten ist alsdann gleichzeitig mit der Vorladung zum Termine die Abschrift der Klage und ihrer Anlagen mitzuteilen oder im Falle des § 91 Absatz 2 die Einsicht der Anlagen freizustellen.

§ 43. Das Gericht kann ohne vorhergehende mündliche Verhandlung entscheiden, wenn beide Parteien ausdrücklich darauf verzichten.

Ist von einer Partei die Einrede der Unzuständigkeit der Verwaltungsgerichte erhoben, so kann das Gericht darüber durch Urteil vorab entscheiden.

§ 44. Der Termin zur mündlichen Verhandlung wird von dem Vorsitzenden anberaumt.

Die Parteien werden von dem Termine mit dem Bemerken in Kenntnis gesetzt, daß im Falle ihres Ausbleibens auf Grund der Akten entschieden werde. Zwischen der Zustellung dieser Benachrichtigung und der mündlichen Verhandlung muß, abgesehen von dringenden Fällen, mindestens eine Woche liegen.

Den Parteien steht es frei, ihre Erklärungen vor dem Termine schriftlich einzureichen oder zu ergänzen. Die Abschrift dieser Erklärungen ist der Gegenpartei zuzufertigen. Kann dies nicht mehr vor dem Termine geschehen, so wird ihr wesentlicher Inhalt in der mündlichen Verhandlung mitgeteilt.

§ 45. Das Gericht kann auf Antrag oder von Amts wegen Dritte, deren Interesse durch das Urteil berührt wird, zur mündlichen Verhandlung beiladen. Hierbei ist ihnen der Grund der Beiladung und der Stand der Sache mitzuteilen.

Durch die Beiladung werden sie Partei.*)

Sowohl gegen die Beiladung wie gegen die Verwerfung des Antrages auf Beiladung ist Beschwerde zulässig.

§ 46. Die mündliche Verhandlung findet in der Regel am Sitze des Gerichtes statt. Sie kann jedoch an einem anderen Orte des Bezirkes abgehalten werden, wenn dies zweckmäßig erscheint, um Kosten oder Reisen zu ersparen, den Sachverhalt aufzuklären oder die Beweisaufnahme zu erleichtern.

§ 47. Der Vorsitzende eröffnet und leitet die mündliche Verhandlung. Er erteilt das Wort und kann es entziehen, wenn seinen Anordnungen nicht Folge geleistet wird.

Die mündliche Verhandlung beginnt damit, daß der Vorsitzende oder der von ihm ernannte Berichterstatter den Sachverhalt vorträgt. Hierauf werden die erschienenen Parteien oder ihre Vertreter gehört.

Die Parteien können ihre tatsächlichen und rechtlichen Ausführungen ergänzen oder berichtigen und die Klage abändern, insofern nicht nach dem Ermessen des Gerichtes die Abänderung das Verteidigungsrecht der Gegenpartei schmälert oder das Verfahren erheblich verzögert. Sie haben, soweit es nicht bereits geschehen ist, sämtliche Beweismittel anzugeben und die ihnen zu Gebote stehenden schriftlichen Beweismittel vorzulegen, auch können sie Zeugen zur Vernehmung mitbringen.

*) Berufung des nicht beschwerten Beigeladenen auch nach sächsischem Recht unzulässig; Entsch. 52 156.

§ 48. Werden Anträge, Angriffs- oder Verteidigungsmittel vorgebracht, die nicht schon in den vorbereitenden Schriftsätzen enthalten waren, so ist, soweit es notwendig erscheint, um den Sachverhalt aufzuklären oder das Verteidigungsrecht der Gegenpartei zu wahren, ein Termin zur weiteren mündlichen Verhandlung anzuberaumen.

§ 49. Der Vorsitzende hat dahin zu wirken, daß der Sachverhalt vollständig aufgeklärt und die zweckdienlichen Anträge von den Parteien gestellt werden. Schriftstücke werden nur insoweit verlesen, als es auf ihren wörtlichen Inhalt ankommt.

Jedem Mitgliede des Gerichtes ist es gestattet, Fragen zu stellen.

§ 50. Zur mündlichen Verhandlung ist ein vereidigter Protokollführer zuzuziehen.

Das Protokoll muß das Wesentliche der Verhandlung angeben. Es wird von dem Vorsitzenden und dem Protokollführer unterzeichnet und zur Einsicht der Parteien ausgelegt.

§ 51. Das Gericht erhebt den nach seinem Ermessen zur Aufklärung des Sachverhaltes erforderlichen Beweis ohne Rücksicht darauf, ob ihn die Parteien angetreten haben oder nicht.

Das Gericht kann zu diesem Zweck Untersuchungen an Ort und Stelle veranlassen, Zeugen und Sachverständige laden und, nach Befinden auch eidlich, vernehmen, jederzeit das persönliche Erscheinen der Parteien oder ihrer gesetzlichen Vertreter anordnen und für den Fall des Nichterscheinens eine Geldstrafe bis zu dreihundert Mark androhen.

Die verwirkte Strafe wird von dem Gerichte festgesetzt. Gegen den Beschluß kann Beschwerde erhoben werden.

Ist die Partei verhindert, vor dem erkennenden Gerichte zu erscheinen, oder hält sie sich in großer Entfernung von seinem Sitze auf, so kann eine andere Behörde ersucht werden, sie zu vernehmen. Hierbei gelten wegen der Strafe die vorstehenden Bestimmungen mit der Maßgabe, daß sie von der ersuchten Behörde angedroht und festgesetzt wird.

§ 52. Der Beweis wird in der Regel in der mündlichen Verhandlung erhoben.

Das Gericht ist jedoch befugt, ihn durch ein Mitglied erheben zu lassen oder eine andere Behörde darum zu ersuchen oder damit zu beauftragen, geeignetenfalls ihn auch schon vor der mündlichen Verhandlung zu erheben. Hat eine Partei zur Sicherung des Beweises beantragt, ihn vor der mündlichen Verhandlung zu erheben, so hat das Gericht alsbald darüber zu entscheiden. Gegen die Ablehnung kann Beschwerde eingelegt werden.

Über die Beweisverhandlungen ist von einem vereidigten Protokollführer ein Protokoll aufzunehmen. Werden sie außerhalb des Termins zur mündlichen Verhandlung vorgenommen, so sind die Parteien vorher zu benachrichtigen.

§ 53. Auf die Ablehnung der Sachverständigen, auf die Verpflichtung, sich als Zeuge oder Sachverständiger vernehmen zu lassen, auf die Zulässigkeit der Beeidigung und auf die Folgen des Nichterscheinens oder der Weigerung sind die Vorschriften der §§ 380 bis 390, 393, 400, 406 bis 409 und 411 Abs. 2 der Zivilprozeßordnung entsprechend anzuwenden.

Vereidigt werden die Zeugen und Sachverständigen, wenn das überhaupt für erforderlich erachtet wird, erst nach dem Abschlusse der Vernehmung oder Begutachtung. Die §§ 392 und 410 der Zivilprozeßordnung sind hierbei entsprechend anzuwenden.

Die Zeugen und Sachverständigen erhalten Gebühren nach Maßgabe der Gebührenordnung in der Fassung vom 20. Mai 1898 (RGBl. S. 689). Die Gebühren werden von dem Vorsitzenden und, wenn die Zeugen oder Sachverständigen auf Ersuchen von einer anderen Behörde vernommen worden sind, von dieser festgestellt. Hiergegen kann Beschwerde erhoben werden.

Der Beweis durch Eideszuschiebung ist ausgeschlossen, dagegen kann der Eid einer Partei auferlegt werden.

§ 54. Das Gericht entscheidet, soweit gesetzlich nichts anderes bestimmt ist, nach seiner freien, aus dem ganze Inhalte der Verhandlung und dem Ergebnis der Beweisaufnahme geschöpften Überzeugung.

Die von einer Partei vorgebrachten Tatsachen können, wenn sich die Gegenpartei nicht im Termine oder sonst darüber erklärt hat, für zugestanden erachtet werden.

Mit der Entscheidung in der Hauptsache ist stets auch die Entscheidung über die Kosten des Verfahrens zu verbinden.

§ 55. Das Gericht beratet und beschließt in geheimer Sitzung.

Das Urteil kann nur von denjenigen Mitgliedern gefällt werden, welche der ihm zugrunde liegenden mündlichen Verhandlung beigewohnt haben. Hat inzwischen die Besetzung des Gerichtes gewechselt, so genügt es, wenn das Ergebnis der bisherigen Verhandlung und Beweisaufnahme mit vorgetragen wird.

§ 56. Der Vorsitzende verkündet die auf Grund der mündlichen Verhandlung gefaßten Beschlüsse in öffentlicher Sitzung, indem er den Beschluß, bei Urteilen die Urteilsformel vorliest.

Wird es für angemessen erachtet, auch die Gründe zu verkünden, so werden sie vorgelesen oder ihrem wesentlichen Inhalte nach mündlich mitgeteilt.

Kann der Beschluß nicht in dem Termine, worin die mündliche Verhandlung geschlossen worden ist, verkündet werden, so genügt seine Zustellung (§ 58).

§ 57. Die Urteile werden in der Urschrift von dem Vorsitzenden und wenn ein besonderer Berichterstatter ernannt war, auch von diesem unterzeichnet.

Im Eingange des Urteiles sind die Mitglieder, die dabei mitgewirkt haben, namentlich aufzuführen, auch ist der Sitzungstag anzugeben, an dem es gefällt worden ist.

§ 58. Den Parteien ist baldigst eine amtlich vollzogene Ausfertigung des Urteiles herzustellen.

Ebenso sind die mit der Beschwerde (§ 70) anfechtbaren Verfügungen und Entscheidungen den Beteiligten alsbald zuzustellen, andere Verfügungen und Entscheidungen dagegen nur dann, wenn sie nicht verkündet worden sind.

§ 59. Schreibfehler, Rechenfehler und ähnliche offenbare Unrichtigkeiten, die in einer Entscheidung vorkommen, können jederzeit von dem Gericht auch von Amts wegen und ohne vorhergehende mündliche Verhandlung berichtet werden.

Der Beschluß, der eine Berichtigung ausspricht, wird auf der Entscheidung und den Ausfertigungen bemerkt. Gegen ihn ist Beschwerde zulässig.

§ 60. Wenn ein von einer Partei geltend gemachter Anspruch oder der Kostenpunkt in dem Urteile ganz oder teilweise übergangen ist, so ist es auf Antrag zu ergänzen.

Die nachträgliche Entscheidung muß binnen zwei Wochen nach der Zustellung des Urteiles bei dem Gerichte schriftlich oder zu Protokoll beantragt werden.

Die mündliche Verhandlung erstreckt sich nur auf den nicht erledigten Teil des Streitgegenstandes.

§ 61. Das rechtskräftige Urteil bindet für den Streitgegenstand außer den Parteien sowohl die Verwaltungsgerichte als auch die Verwaltungsbehörden, und zwar diese mit der Wirkung, daß sie gegen den Willen der Parteien nichts verfügen können, was davon abweicht.

3. Berufung.

§ 62. Gegen die Urteile der Kreishauptmannschaften steht den Parteien die Berufung an das Oberverwaltungsgericht zu. Die Berufung ist ausgeschlossen, wenn die Urteile nach besonderer gesetzlicher Vorschrift endgültig sind.

In den Fällen des § 21 Ziffer 5 geht die Berufung unmittelbar an das Bundesamt für das Heimatwesen, wenn die streitenden Armenverbände verschiedenen Bundesstaaten angehören (§ 46 des Reichsgesetzes über den Unterstützungswohnsitz vom 6. Juni 1870, BGBl. S. 360).

§ 63. Der Beurteilung des Oberverwaltungsgerichtes unterliegen die dem Urteile vorausgegangenen Entscheidungen nicht, soweit sie mit der Beschwerde anfechtbar sind.

§ 64. Die Zurücknahme der Berufung hat den Verlust des Rechtsmittels und die Verpflichtung zur Folge, die dadurch entstandenen Kosten zu tragen. Auf den Antrag des Gegners sind diese Wirkungen durch Urteil auszusprechen.

Ist ein Vertreter des öffentlichen Interesses bestellt, so muß auf sein Verlangen über die Berufung trotz ihrer Zurücknahme entschieden werden.

§ 65. Die Berufung ist binnen vier Wochen schriftlich oder zu Protokoll bei dem Gericht einzulegen, dessen Urteil angefochten wird.

Die Frist gilt für gewahrt, wenn die Berufung innerhalb dieser Zeit schriftlich bei dem Oberverwaltungsgericht eingegangen ist.

Die Berufung soll die Beschwerdepunkte bezeichnen und rechtfertigen sowie die neuen Tatsachen und Beweismittel angeben, welche die Partei geltend zu machen beabsichtigt, ohne daß jedoch die Wirksamkeit der Berufung hiervon abhinge.

§ 66. Der Berufungsbeklagte kann sich der Berufung anschließen, selbst wenn er auf die Berufung verzichtet hat oder wenn die Berufungsfrist verstrichen ist.

Der Anschluß verliert seine Wirkung, wenn die Berufung zurückgenommen oder als unzulässig verworfen wird. Dies gilt jedoch nicht in dem Falle des § 64 Absatz 2.

Hat sich der Berufungsbeklagte innerhalb der Berufungsfrist der Berufung angeschlossen, so wird es so angesehen, als hätte er die Berufung selbständig eingelegt.

§ 67. Die Berufung hat, soweit gesetzlich nichts anderes bestimmt ist, aufschiebende Wirkung; den Verwaltungsbehörden verbleibt jedoch das Recht, die durch das öffentliche Interesse gebotenen Anordnungen einstweilen zu treffen.

§ 68. Nach Eingang der Berufung werden die Akten dem Oberverwaltungsgericht eingesandt oder von ihm eingefordert.

Ist die Berufung sonst versäumt oder unzulässig, so wird sie in der Regel ohne weiteres verworfen.

Andernfalls wird die Abschrift der Berufung mit ihren Anlagen der Gegenpartei zugefertigt und ihr anheimgegeben, binnen einer bestimmten, von einer bis vier Wochen bemessenen Frist eine Gegenschrift einzureichen. Dasselbe gilt auch für die Beigeladenen.

Auf das weitere Verfahren sind die Vorschriften der §§ 39 Abs. 2, 40, 41, 43, 44, 45 Abs. 1 und 2, 47 bis 51, 52 Abs. 2 und 3, 53 bis 61 entsprechend anzuwenden, soweit im § 69 nichts anderes bestimmt ist.

§ 69. Vorbereitende Erklärungen müssen schriftlich eingereicht werden.

In der mündlichen Verhandlung trägt der vom Präsidenten ernannte Berichterstatter den Sachverhalt vor.

Die Klage kann selbst mit Einwilligung des Gegners nicht abgeändert werden.

In dem Protokoll ist der erschienene Vertreter des öffentlichen Interesses zu benennen.

Die Urschrift des Urteiles wird von allen Mitgliedern, die bei der Entscheidung mitgewirkt haben, unterzeichnet. Ist ein Richter verhindert, seine Unterschrift beizufügen, so wird dies unter Angabe des Grundes von dem Präsidenten und, wenn dieser verhindert ist, von dem ältesten beisitzenden Richter unter dem Urteile bemerkt.

Die Urteile werden dem Vertreter des öffentlichen Interesses unmittelbar von dem Oberverwaltungsgerichte, den übrigen Beteiligten durch die Vermittelung des Gerichtes zugestellt, gegen dessen Entscheidung die Berufung eingelegt ist.

Der Beschluß, worin der Präsident die Gebühren der Zeugen und Sachverständigen feststellt, ist unanfechtbar.

4. Beschwerde.

§ 70. Die Beschwerde ist in den in diesem Gesetze bestimmten Fällen sowie dann zulässig, wenn von der Kreishauptmannschaft oder dem Vorsitzenden die Einleitung oder Fortsetzung des Verfahrens abgelehnt wird.

Die Beschwerde ist bei dem Gerichte, dessen Entscheidung oder Verfügung angefochten wird, binnen zwei Wochen nach ihrer Zustellung schriftlich oder zu Protokoll einzulegen.

Die Frist gilt für gewahrt, wenn die Beschwerde binnen zwei Wochen schriftlich bei dem Oberverwaltungsgericht eingegangen ist.

§ 71. Erachtet das Gericht oder der Vorsitzende, dessen Entscheidung angefochten wird, die Beschwerde für begründet, so ist ihr ohne weiteres abzuhelfen.

In den Fällen der §§ 102, 387, 406 der Zivilprozeßordnung sowie der §§ 45 und 91 dieses Gesetzes ist das Gericht erster Instanz nicht befugt, die durch die Beschwerde angegriffene Entscheidung abzuändern.

§ 72. Die Beschwerde hat nur in den Fällen der §§ 380, 390, 409 der Zivilprozeßordnung, der §§ 180 und 182 des Gerichtsverfassungsgesetzes und der §§ 28 Absatz 3, 45 Absatz 3, 51 Absatz 3 und 91 Absatz 3 dieses Gesetzes aufschiebende Wirkung.

Das Gericht kann anordnen, daß die Vollziehung der angefochtenen Entscheidung oder Verfügung ausgesetzt werde. Die gleiche oder eine sonstige einstweilige Anordnung kann das Oberverwaltungsgericht erlassen.

5. Anfechtungsklage.

Die in §§ 73 ff. geregelte Anfechtungsklage richtet sich gegen behördliche Entscheidungen und bezieht sich nicht auf die stets als Parteistreitigkeiten zu behandelnden Streitsachen unter Armenverbänden.

V. Wiederaufnahme des Verfahrens.

§ 85. Gegen rechtskräftige Urteile der Verwaltungsgerichte steht sowohl den Beteiligten wie dem Vertreter des öffentlichen Interesses die Klage auf Wiederaufnahme des Verfahrens zu, soweit sie nicht nach reichsgesetzlicher Bestimmung ausgeschlossen ist.

Auf die Klage sind die §§ 578 bis 583 und 586 bis 589 der Zivilprozeßordnung entsprechend anzuwenden, doch beträgt die Frist zur Erhebung der Klage vier Wochen.

Im übrigen richtet sich das Verfahren im allgemeinen nach den Vorschriften über die Anfechtungsklage.

Zuständig ist ausschließlich das Oberverwaltungsgericht, bei dem die Klage schriftlich zu erheben ist.

§ 86. Die Klage hat keine aufschiebende Wirkung; doch kann das Oberverwaltungsgericht, wenn die Vollstreckung einen nicht oder nur schwer zu ersetzenden Nachteil brächte, auf Antrag anordnen, daß die Vollstreckung gegen oder ohne Sicherheitsleistung einstweilen eingestellt oder nur gegen Sicherheitsleistung durchgeführt werde, und die zur Vollstreckung getroffenen Maßregeln gegen Sicherheitsleistung aufheben.

§ 87. Erachtet das Oberverwaltungsgericht die Klage für begründet, so hebt es das angefochtene Urteil und das Verfahren, soweit dieses von dem Anfechtungsgrunde betroffen wird, auf und verweist die Sache an die geeignete Instanz.

Diese ist an die in dem Wiederaufhebungsbeschlusse aufgestellten Grundsätze sowie an die ihm zugrunde gelegten tatsächlichen Feststellungen gebunden.

VI. Kompetenzstreitigkeiten.

§ 89. Die Verwaltungsgerichte haben ihre Zuständigkeit von Amts wegen zu prüfen.

Entsteht unter mehreren Verwaltungsgerichten Streit über ihre Zuständigkeit, so ist die Entscheidung des Oberverwaltungsgerichtes einzuholen.

Die §§ 88, 90 beziehen sich nicht auf das armenrechtliche Streitverfahren.

VII. Zwangsvollstreckung.

§ 91. Die Zwangsvollstreckung in streitigen Verwaltungssachen liegt den Verwaltungsbehörden gemäß den Vorschriften über die Zwangsvollstreckung in Verwaltungssachen ob.

Über Einwendungen, die den Streitgegenstand, wegen dessen die Vollstreckung verfügt ist, betreffen oder gegen die Zulässigkeit der Vollstreckung gerichtet sind, entscheidet das Verwaltungsgericht, welches in erster Instanz erkannt hat, in den Fällen der Anfechtungsklage das Oberverwaltungsgericht. Hierbei gelten sinngemäß die Vorschriften des § 767 Absatz 2 und 3 der Zivilprozeßordnung. Einer vorhergehenden mündlichen Verhandlung bedarf es nicht.

Gegen die Entscheidung der Kreishauptmannschaft ist Beschwerde zulässig.

VIII. Kosten.

§ 92. Das Verfahren in streitigen Verwaltungssachen ist stempelfrei.

§ 93. Auf die Kosten des Verfahrens in Parteistreitigkeiten sind neben den Bestimmungen dieses Gesetzes die §§ 91 Absatz 1, 92 bis 98, 99 Absatz 1 und 3, 100, 102 bis 106, 278 Absatz 2 und 283 Absatz 2 der Zivilprozeßordnung sowie die §§ 5, 6, 86 bis 89, 91 bis 93 und 97 des Gerichtskostengesetzes in der Fassung vom 20. Mai 1898 (RGBl. S. 659) entsprechend anzuwenden.

§ 94. Für das Verfahren in Parteistreitigkeiten wird eine nach der Wichtigkeit des Streitgegenstandes und nach dem Umfange der Verhandlungen zu bemessende Gebühr erhoben, und zwar von den Kreishauptmannschaften bis zu 60 Mark, von dem Oberverwaltungsgerichte bis zu 100 Mark. Der Fiskus des Deutschen Reiches und des Königreiches Sachsen ist von der Zahlung der Gebühr befreit.

Die Gebühren für die Zeugen und Sachverständigen sowie die Kosten der Bekanntmachungen in öffentlichen Blättern sind nicht mit inbegriffen. Ebenso sind Abschriften, welche die Beteiligten auf ihr Verlangen erhalten, nach den geordneten Sätzen besonders zu bezahlen. Inwieweit sonstige bare Auslagen, insbesondere Reisekosten, zu erstatten sind, entscheidet das Gericht nach freiem Ermessen.

Bei dem Oberverwaltungsgerichte wird keine Gebühr erhoben, wenn das Gericht nicht in die Zurücknahme der Klage gewilligt hat (§ 35 Absatz 1) oder wenn über die Berufung trotz ihrer Zurücknahme auf Verlangen des Vertreters des öffentlichen Interesses entschieden worden ist (§ 64 Absatz 2).

§ 95 betrifft die Anfechtungsklage (§§ 73 ff.).

§ 96. Über Erinnerungen des Zahlungspflichtigen oder der Staatskasse gegen den Ansatz von Gebühren oder Auslagen entscheidet das Gericht der Instanz gebührenfrei. Die Entscheidung kann von dem Gerichte, das sie getroffen hat, sowie in der höheren Instanz von dem Oberverwaltungsgerichte von Amts wegen abgeändert werden.

Der Zahlungspflichtige kann nur innerhalb eines Jahres von der Abforderung der Kosten an Erinnerungen erheben.

Gegen die Entscheidung der Kreishauptmannschaft ist Beschwerde zulässig.

4. Württemberg. Die Art. 31 ff. des AusfGes. v. 17. April 1873 sind ersetzt durch die Vorschriften des Gesetzes über die Verwaltungsrechtspflege v. 16. Dezember 1876 (RegBl. S. 485).

Art. 1. Der Verwaltungsrechtsweg findet statt bei Streitigkeiten und Beschwerden in Beziehung auf Ansprüche und Verbindlichkeiten aus dem öffentlichen Recht in den im gegenwärtigen Gesetz bezeichneten Fällen.

Art. 2. Die höchste landesgesetzliche Instanz für Verwaltungsstreitsachen bildet der Verwaltungsgerichtshof.

Die **Art. 3—5** handeln von dessen Besetzung und Rechtsstellung im Behördenorganismus.

Art. 6. Als Verwaltungsgerichte erster Instanz haben in den im Gesetz (Art. 10) bezeichneten Fällen die Kreisregierungen zu verhandeln und zu entscheiden.

Art. 7. Der Verwaltungsgerichtshof verhandelt und beschließt in der Besetzung mit fünf Mitgliedern, einschließlich des Vorsitzenden. Die Kreisregierungen als Verwaltungsgerichte erster Instanz verhandeln und beschließen in der Besetzung mit drei Mitgliedern, einschließlich des Vorsitzenden. . . . Verfügungen, welche die Fortleitung des Verfahrens betreffen, werden ohne kollegialische Beschlußfassung von dem Vorstand oder einem von demselben beauftragten Gerichtsmitglied erlassen.

Art. 8. In Ansehung der Behinderung oder Ablehnung der Mitglieder der Verwaltungsgerichte finden die Vorschriften der bürgerlichen Prozeßordnung Anwendung.

Abs. 2 behandelt die Beiziehung von Ergänzungsrichtern im Notfalle.

Art. 10. Den Kreisregierungen kommt als Verwaltungsgerichten erster Instanz die Verhandlung und Entscheidung zu über Streitigkeiten, welche betreffen:

1. die Befugnis einer Gemeinde zur Abweisung eines Neuanziehenden sowie zur Versagung der Fortsetzung des Aufenthaltes in den Fällen der §§ 4 und 5 des Reichs-

gesetzes über die Freizügigkeit vom 1. November 1867, ferner, soweit sie noch in Geltung sind, in den Fällen des Art. 11 Absatz 2 des revidierten Bürgerrechtsgesetzes vom 4. Dezember 1833 (RegBl. S. 513), vorbehaltlich der vorgängigen Entscheidung des Oberamts.

Ist dem Antrag der Gemeinde durch das Oberamt entsprochen worden, so ist seitens des Ausgewiesenen die Klage gegen die Gemeindebehörde binnen acht Tagen von der Eröffnung der Verfügung an einzureichen, widrigenfalls letztere vollstreckbar wird. Im entgegengesetzten Falle ist die Klage von der Gemeindebehörde gegen denjenigen zu richten, welchem der Aufenthalt oder die Fortsetzung desselben in der Gemeinde versagt werden soll;

2. Ansprüche, welche gegen einen württembergischen Armenverband von einem andern württembergischen Armenverband auf Grund des Reichsgesetzes über den Unterstützungswohnsitz vom 6. Juni 1870 erhoben werden, desgleichen die Erstattung der Kosten der Unterstützung eines aus dem Ausland übernommenen Deutschen im Fall des Art. 27 des Gesetzes vom 17. April 1873, betreffend die Ausführung des Reichsgesetzes über den Unterstützungswohnsitz (RegBl. S. 109), sowie den Ersatz der Kosten für die Unterbringung der in Art. 28 desselben Gesetzes bezeichneten Personen;

3. die Anwendung der Bestimmungen der Art. 3 bis 6 des Gesetzes vom 17. April 1893 (RegBl. S. 110);

10. die Ausscheidung der kirchlichen Stiftungen von den der öffentlichen Armenunterstützung gewidmeten Stiftungen nach Maßgabe des Art. 11 und 12 des Ausführungsgesetzes zum Reichsgesetz über den Unterstützungswohnsitz vom 17. April 1873 (RegBl. S. 113), soweit die stiftungsmäßige Bestimmung der Stiftung oder eines Vermögensteils einer solchen in Frage steht;

11. die gegenseitigen öffentlich-rechtlichen Beziehungen zwischen der politischen Gemeinde und der örtlichen Stiftung;

12. die gegenseitigen öffentlich-rechtlichen Verhältnisse zwischen der Gesamtgemeinde und den Teilgemeinden bei zusammengesetzten Gemeinden, insbesondere hinsichtlich der Verbindlichkeit der Gesamtgemeinde zur Teilnahme an den Kosten der Verwaltung der Teilgemeinde, die Verteilung des Aufwands zwischen der Gesamtgemeinde und den Teilgemeinden sowie das Recht auf den Bezug von Einkünften, auch soweit diese Verhältnisse durch Übereinkunft geregelt sind;

13. die im Fall der Bildung von Gesamtarmenverbänden zwischen mehreren Gemeinden oder Teilgemeinden (Art. 8 Abs. 3 des Gesetzes vom 17. April 1873, RegBl. S. 11) durch eine solche Übereinkunft begründeten Rechte und Verpflichtungen;

14. die gegenseitigen öffentlich-rechtlichen Ansprüche und Verbindlichkeiten der Gemeinden und Amtskorporationen und die Verteilung der Lasten unter ihnen;

15. die durch Vereinigung mehrerer Landarmenverbände nach Maßgabe des Art. 21 Abs. 2 des Gesetzes vom 17. April 1873 (RegBl. S. 117) begründeten Rechte und Verpflichtungen.

Art. 11. Der Verwaltungsgerichtshof verhandelt und entscheidet in erster Instanz:

1. Streitigkeiten über Ansprüche, welche von einem nichtwürttembergischen Armenverband gegen einen württembergischen Armenverband auf Grund des Reichsgesetzes über den Unterstützungswohnsitz vom 6. Juni 1870 erhoben werden.

Art. 12. In zweiter Instanz entscheidet der Verwaltungsgerichtshof in denjenigen Fällen, in welchen in erster Instanz nach Art. 10 die Kreisregierungen zu entscheiden haben. . . .

Art. 13. Außerdem entscheidet der Verwaltungsgerichtshof vorbehaltlich der hiernach bezeichneten Ausnahmen über Beschwerden gegen Entscheidungen oder Verfügungen der Verwaltungsbehörden, wenn jemand, sei es eine einzelne Person, ein Verein oder eine Korporation, behauptet, daß die ergangene, auf Gründe des öffentlichen Rechts gestützte Entscheidung oder Verfügung rechtlich nicht begründet und daß er hierdurch in einem ihm zustehenden Recht verletzt oder mit einer ihm nicht obliegenden Verbindlichkeit belastet sei.

Ausgeschlossen ist die Beschwerde, wenn und soweit die Verwaltungsbehörden durch das Gesetz nach ihrem Ermessen zu verfügen berechtigt sind.

Art. 15. Die Beschwerde bei dem Verwaltungsgerichtshof findet nicht statt:

1. in denjenigen Fällen, in welchen vermöge besonderer gesetzlicher Bestimmung einer Verwaltungsbehörde oder anderen Organen die endgültige Entscheidung zugewiesen ist.

IV. Von dem Verfahren.

Art. 17. Die Verwaltungsgerichte treten auf Antrag der Beteiligten in Tätigkeit.

Dieselben dürfen bei der Entscheidung über bestimmte Gesuche der Parteien nicht hinausgehen.

In Ansehung der Erforschung der für die Entscheidung erheblichen Tatsachen und der Erhebung von Beweisen sind die Verwaltungsgerichte an die Anträge der Parteien nicht gebunden.

Art. 18. Kein Tatumstand oder Beweismittel darf der Entscheidung zugrunde gelegt werden, worüber nicht den Parteien Gelegenheit gegeben war, sich zu äußern.

Art. 19. Die Parteien können sich nach Maßgabe der Vorschriften der bürgerlichen Prozeßordnung durch Bevollmächtigte vertreten lassen.

Die Parteien und ihre Vertreter haben die Befugnis, jederzeit von den Akten des Verwaltungsgerichts Einsicht zu nehmen und Abschrift auf ihre Kosten sich geben zu lassen.

Art. 20. In Fällen, in welchen eine Beteiligung des öffentlichen Interesses stattfindet, kann der vermöge seiner dienstlichen Obliegenheiten zur Wahrung desselben berufene Beamte oder ein von dem zuständigen Ministerium für denselben aufgestellter Vertreter an den Prozeßverhandlungen teilnehmen.

Die Aufstellung eines Vertreters des öffentlichen Interesses kann in den dazu geeigneten Fällen auch von dem Verwaltungsgericht veranlaßt werden.

Einem solchen Vertreter ist in gleichem Umfang wie den Parteien rechtliches Gehör zu gestatten.

Art. 21. Die Verhandlung vor den Verwaltungsgerichten ist vorbehaltlich der in den Art. 24 ff. getroffenen näheren Bestimmungen öffentlich und mündlich.

Die Öffentlichkeit der Verhandlung kann durch einen Beschluß des Gerichts wegen Gefahr für die Sittlichkeit, das öffentliche Wohl oder die öffentliche Ordnung ausgeschlossen werden.

In den im Art. 9 bezeichneten Fällen wird von den Behörden erster Instanz auf Grund schriftlicher Verhandlungen erkannt.

Art. 22. Soweit schriftliche Verhandlung stattfindet, sind die einzureichenden Schriftsätze und deren Anlagen stets in doppelter beziehungsweise, wenn auf seiten der Gegenpartei mehrere Beteiligte sind, in so vielfacher Ausfertigung einzureichen, daß jedem der Beteiligten ein Exemplar zugestellt werden kann.

Art. 23. In Beziehung auf die Verhandlung der in Art. 10 und 11 bezeichneten Streitsachen in erster Instanz gelten die nachfolgenden Bestimmungen.

Art. 24. Die Klage ist dem zuständigen Gericht schriftlich einzureichen.

In derselben ist ein bestimmter Antrag zu stellen und sind die Person des Beklagten, der Gegenstand des Anspruchs sowie die den Antrag begründenden Tatsachen genau zu bezeichnen.

Art. 25. Zuständig zur Verhandlung und Entscheidung ist in den Fällen des Art. 10 Ziff. 1 bis 25 diejenige Kreisregierung, in deren Verwaltungsbereich der Gegenstand des Streits gehört.

Für Streitigkeiten über Ersatzforderungen auf Grund des Art. 3 des Gesetzes vom 17. April 1873, betreffend die Ausführung des Reichsgesetzes über den Unterstützungswohnsitz, ist die Regierung des Kreises zuständig, in welchem die Armenunterstützung geleistet ist.

Die Wahl eines gesetzlich nicht zuständigen Gerichts im Wege freiwilliger Übereinkunft ist unzulässig.

Art. 26. Wenn die Klage den in Art. 24 Abs. 2 enthaltenen Vorschriften nicht entspricht und dieser Mangel der Einleitung der Verhandlung im Wege steht, desgleichen wenn ein Mangel hinsichtlich der Prozeßlegitimation obwaltet, so wird unter Bezeichnung des Mangels die Klage durch prozeßleitende Verfügung (Art. 7 Abs. 3) zurückgewiesen.

Art. 27. Stellt sich die eingereichte Klage sofort als rechtlich unzulässig oder unbegründet heraus, so kann dieselbe ohne weiteres durch einen mit Gründen versehenen Bescheid zurückgewiesen werden. In dem Bescheid ist dem Kläger zu eröffnen, daß derselbe befugt sei, innerhalb einer zehntägigen Frist vom Tage der Zustellung an gegen den Bescheid Einspruch zu erheben und die Anberaumung einer mündlichen Verhandlung zu beantragen.

Wird kein Einspruch erhoben, so gilt der Bescheid vom Tag seiner Zustellung ab als Endurteil.

Art. 28. Wenn weder eine die Klage zurückweisende prozeßleitende Verfügung (Art. 26) noch ein dieselbe zurückweisender Vorbescheid (Art. 27) erlassen oder wenn gegen einen solchen Vorbescheid Einspruch erhoben worden ist, so wird die Klageschrift der Gegenpartei mit der Aufforderung zugefertigt, ihre Vernehmlassung innerhalb vier Wochen nach der Zustellung schriftlich einzureichen.

Die Vernehmlassung wird, wenn ihr Inhalt dazu Anlaß bietet, der klagenden Partei mit der Aufforderung zur weiteren Erklärung innerhalb der Frist von zwei Wochen zugestellt.

Die Aufforderung zur Abgabe der Vernehmlassung und der in Abs. 2 bezeichneten weiteren Erklärung kann unter dem Androhen erlassen werden, daß die in dem mitgeteilten Schriftsatz von der Gegenpartei behaupteten Tatsachen für zugestanden und die damit in beweisfähiger Form überreichten Urkunden für anerkannt würden erachtet werden.

Im Falle der Dringlichkeit können die vorerwähnten Fristen abgekürzt werden.

Art. 29. Die Parteien haben in den von ihnen eingereichten Schriftsätzen die Beweismittel, deren sie sich zum Beweis oder zur Widerlegung tatsächlicher Behauptungen bedienen wollen, anzugeben und die in ihren Händen befindlichen Urkunden, auf welche sie in den Schriftsätzen Bezug nehmen, denselben im Original beizulegen.

Art. 30. Die Vorladung zur mündlichen Verhandlung erfolgt in der Regel unter der Verwarnung, daß im Falle des Ausbleibens der Parteien nach Lage der Akten Verfügung ergehen werde.

Wenn die nach Maßgabe des Art. 28 Abs. 2 von der klagenden Partei eingeforderte Erklärung neues tatsächliches Vorbringen erheblicher Art enthält, so kann die Vorladung der Gegenpartei, welcher diese Erklärung gleichzeitig mit der Ladung zuzustellen ist, unter der im Art. 28 Abs. 3 bezeichneten Verwarnung erfolgen.

Art. 31. In einfacheren Fällen sowie dann, wenn das tatsächliche Verhältnis aus vorliegenden öffentlichen Akten oder Urkunden sich feststellen läßt oder sonst eines vorgängigen Schriftwechsels nicht zu bedürfen scheint, können die Parteien sofort zur mündlichen Verhandlung geladen werden.

Die Vorladung der beklagten Partei kann in diesem Fall unter Androhung des in Art. 28 Abs. 3 bezeichneten Rechtsnachteils geschehen.

Art. 32. Die mündliche Verhandlung erfolgt in öffentlicher Sitzung des erkennenden Gerichts.

In derselben sind die Parteien oder ihre Vertreter sowie zutreffendenfalls der Vertreter des öffentlichen Interesses zu hören.

Das Ausbleiben der Parteien steht der Verhandlung und Entscheidung der Sache nicht im Wege. Bei Ausbleiben beider Parteien oder auch nur einer derselben wird die Verhandlung mit einem Vortrag des Sachverhältnisses auf Grund der Akten durch den Berichterstatter eingeleitet.

Art. 33. Das Vorbringen neuer Tatsachen und Beweismittel in der mündlichen Verhandlung ist zulässig.

Falls jedoch durch die Verhandlung hierüber infolge des verspäteten Vorbringens besondere Kosten erwachsen, so sind diese von der säumigen Partei zu tragen.

Das neue Vorbringen ist durch zu übergebende schriftliche Bemerkungen oder durch das Sitzungsprotokoll festzustellen.

Schriftliche Verhandlung über dasselbe findet nicht statt. Vielmehr ist erforderlichenfalls eine weitere mündliche Verhandlung anzuberaumen, wobei bezüglich der Ladung die Bestimmung in Art. 31 Abs. 2 Anwendung findet.

Art. 34. Der Vorsitzende leitet die Verhandlung und handhabt die Sitzungspolizei. Er sorgt von Amts wegen für vollständige Erörterung der Angelegenheit und für Beiseitelassung unerheblicher Nebenumstände.

Die Mitglieder des Gerichts haben das Recht, zur Aufklärung des Sachverhalts an die Parteien Fragen zu stellen.

Art. 35. Über die mündliche Verhandlung ist ein Protokoll aufzunehmen, welches von dem Vorsitzenden und dem Protokollführer zu unterzeichnen ist.

In Beziehung auf den Inhalt des Protokolls finden die Vorschriften der bürgerlichen Prozeßordnung Anwendung.

Art. 36. Die Verwaltungsgerichte sind befugt — geeignetenfalls schon vor Anberaumung der mündlichen Verhandlung —, Untersuchungen an Ort und Stelle zu veranlassen, Zeugen und Sachverständige zu laden und eidlich zu vernehmen, überhaupt den angetretenen oder den nach ihrem Ermessen erforderlichen Beweis in vollem Umfang zu erheben.

Art. 37. Das Gericht kann den Beweis durch eines seiner Mitglieder oder erforderlichenfalls durch eine zu dem Ende zu ersuchende sonstige Behörde erheben lassen. Es kann verordnen, daß die Beweiserhebung in der mündlichen Verhandlung stattfinden soll.

Zu den Beweisverhandlungen, welche außerhalb der öffentlichen Sitzung vorgenommen werden, sind die Parteien zu laden, auch sind zu denselben Urkundspersonen oder ein beeidigter Protokollführer beizuziehen.

Das Ergebnis des auf diese Art erhobenen Beweises ist in öffentlicher Sitzung durch den Berichterstatter auf Grund der Akten vorzutragen. Den Parteien steht das Recht der Ergänzung und Berichtigung zu.

Art. 38. Die nach Maßgabe der Art. 28 Abs. 3, 30 Abs. 2, 31 Abs. 2, 33 Abs. 3 an die Versäumung von Fristen und Tagfahrten geknüpften Rechtsnachteile treten kraft Gesetzes ein, ohne daß es eines auf Verwirklichung des Rechtsnachteils gerichteten Antrags oder einer Versäumnisverfügung bedarf.

Die Folgen der Versäumung können durch Wiedereinsetzung in den vorigen Stand nach Maßgabe der hierüber in der bürgerlichen Prozeßordnung geltenden Vorschriften wieder aufgehoben werden.

Art. 39. Die Entscheidung erfolgt im Namen des Königs.

Die Verwaltungsgerichte haben nach ihrer freien, aus dem ganzen Inbegriff der Verhandlungen und Beweise geschöpften Überzeugung zu beschließen.

Die Endentscheidung ist mit Gründen zu versehen.

Art. 40. Mit der Entscheidung in der Hauptsache ist stets auch das Erkenntnis über die Kosten des Verfahrens zu verbinden.

In Beziehung auf die Kostenersatzpflicht und die Feststellung der Kosten, zu deren Ersatz die Gegenpartei verpflichtet ist, finden die Vorschriften der bürgerlichen Prozeßordnung entsprechende Anwendung.

Das gleiche ist der Fall in betreff der Zulassung zum Armenrecht.

Art. 41. Für Entscheidungen wird eine nach der Bedeutung des Streitgegenstandes und dem Umfang der Verhandlungen zu bemessende Sportel angesetzt, und zwar für Erkenntnisse der Kreisregierungen von drei bis zu einhundertfünfzig Mark, für Erkenntnisse des Verwaltungsgerichtshofs von zehn bis dreihundert Mark.

Art. 42. Die Verkündigung der auf Grund der mündlichen Verhandlung gefaßten Beschlüsse erfolgt in der öffentlichen Sitzung entweder sofort oder an einer späteren, alsbald zu bestimmenden Tagfahrt, welche in der Regel nicht über eine Woche hinaus anzusetzen ist.

Bei der Verkündigung von Endurteilen werden auch die wesentlichen Entscheidungsgründe mitgeteilt.

Neben der Verkündigung in der Gerichtssitzung wird bei Endurteilen jeder Partei eine schriftliche Ausfertigung des Urteils und der Gründe zugestellt.

3. Von den Rechtsmitteln.

Art. 43. Gegen die von den Kreisregierungen ergangenen Endurteile steht den Parteien und dem Vertreter des öffentlichen Interesses, auch wenn derselbe nicht schon in erster Instanz an den Verhandlungen sich beteiligt hat (vergl. Art. 20), das Rechtsmittel der Berufung an den Verwaltungsgerichtshof zu.

Art. 44. Wer die Berufung erheben will, muß binnen der unerstrecklichen Frist eines Monats, von der Zustellung des Urteils an gerechnet, die Berufungsschrift bei der Kreisregierung, gegen deren Entscheidung sie gerichtet ist, oder bei dem Verwaltungsgerichtshof einreichen.

Die Versäumung der Frist hat den Verlust des Rechtsmittels zur Folge.

Wenn der Vertreter des öffentlichen Interesses nicht schon in erster Instanz an den Verhandlungen sich beteiligt und deshalb eine Zustellung des Urteils an ihn nicht stattgefunden hat, so ist für ihn die Berufung ausgeschlossen, sobald die den Parteien zustehenden Fristen abgelaufen sind.

Eine Belehrung über das Berufungsrecht und die Berufungsfrist findet nicht statt.

Bezüglich der Wiedereinsetzung in den vorigen Stand gegen die Versäumung der Frist gilt die Bestimmung des Art. 38 Abs. 2. Es entscheidet hierüber der Verwaltungsgerichtshof.

Art. 45. Die Berufungsschrift muß die Erklärung, daß die Partei Berufung erhebe, und die Bezeichnung des angefochtenen Urteils enthalten.

Die Berufungsschrift soll ferner enthalten die Bezeichnung und Rechtfertigung der Beschwerdepunkte in tatsächlicher und rechtlicher Beziehung, ohne daß jedoch ein Mangel dieser Erfordernisse auf die wirksame Erhebung der Berufung einen Einfluß hat.

Art. 46. Die Begründung der Beschwerden durch neues Vorbringen in tatsächlicher Beziehung sowie durch Angabe neuer Beweismittel ist zulässig; vergl. Art. 33.

Art. 47. Die eingelegte Berufung hemmt die Vollstreckbarkeit der angefochtenen Entscheidung, vorbehaltlich der Bestimmung in § 53 des Reichsgesetzes über den Unterstützungswohnsitz vom 6. Juni 1870 und unbeschadet des Rechts der Verwaltungsbehörden, die durch das öffentliche Interesse gebotenen vorsorglichen Anordnungen zu treffen

Art. 48. Nach Einlauf der Berufungsschrift sind die Akten von dem Gericht erster Instanz dem Verwaltungsgerichtshof vorzulegen beziehungsweise von diesem einzufordern.

Ist die Frist zur Erhebung der Berufung versäumt und ein Gesuch um Wiedereinsetzung in den vorigen Stand nicht eingereicht, so wird die Berufung ohne weitere Verhandlung abgewiesen.

Art. 49. Außer dem Fall des Art. 48 Abs. 2 wird die Berufungsschrift der Gegenpartei mit der Aufforderung zugestellt, die schriftliche Vernehmlassung hierauf binnen der Frist von vier Wochen einzureichen.

Im Falle der Dringlichkeit kann diese Frist abgekürzt werden.

Wenn die Berufungsschrift neue Tatsachen oder Beweismittel enthält, so ist die Androhung des in Art. 28 Abs. 3 bezeichneten Rechtsnachteils zulässig.

Auf das Vorbringen neuer Tatsachen und Beweismittel findet der Art. 33 Anwendung.

Art. 50. Der Berufungsbeklagte ist berechtigt, der Berufung insoweit, als durch dieselbe die Rechtskraft des Urteils gehemmt ist, sich anzuschließen.

Das Recht der Anschließung fällt weg, wenn die Berufung zurückgenommen wird, ehe die Anschließung geltend gemacht wurde, oder wenn die Berufung als unstatthaft oder versäumt verworfen wird; vergl. Art. 45 Abs. 1 und Art. 48 Abs. 2.

Über die Anschließungsbehörde wird nach Maßgabe des Art. 49 verhandelt.

Art. 51. Wenn in erster Instanz eine mündliche Verhandlung stattgefunden hat und beide Parteien auf die mündliche Verhandlung in zweiter Instanz ausdrücklich verzichtet haben, so kann der Verwaltungsgerichtshof auf Grund der verhandelten Akten erkennen.

Außerdem erfolgt nach dem Schlusse des Schriftenwechsels die Vorladung zur mündlichen Verhandlung.

Auf das weitere Verfahren finden die Vorschriften der Art. 30, 32—42 entsprechende Anwendung.

Für Erkenntnisse des Verwaltungsgerichtshofs, wodurch eine Streitsache zur weiteren Verhandlung in die erste Instanz zurückgewiesen wird, findet kein Sportelansatz statt.

Art. 52. Gegen rechtskräftige Erkenntnisse der Kreisregierungen sowie gegen Erkenntnisse des Verwaltungsgerichtshofs in den im Art. 10 und 11 Ziff. 2 bezeichneten Streitsachen steht das Rechtsmittel der Wiederaufnahmeklage den Parteien und dem Vertreter des öffentlichen Interesses nach Maßgabe der Bestimmungen der bürgerlichen Prozeßordnung zu.

Art. 53. Die Wiederaufnahmeklage ist binnen der Frist von einem Monat von dem Tage an, an welchem die Partei imstande war, von dem Rechtsmittel Gebrauch zu machen, zu erheben.

Die Versäumung der Frist zieht den Verlust des Rechtsmittels nach sich.

Eine Wiedereinsetzung in den vorigen Stand gegen die Versäumung findet nicht statt.

Nach Ablauf von vier Jahren von dem Tage an, an welchem das Urteil die Rechtskraft erlangt, findet die Wiederaufnahmeklage nicht mehr statt.

Art. 54. Die Wiederaufnahmeklage ist schriftlich bei derjenigen Behörde zu erheben, welche das angefochtene Urteil erlassen hat.

Durch die Erhebung derselben wird die Vollstreckung des Urteils nicht gehemmt.

Wenn die Gefahr eines unersetzlichen oder schwer zu ersetzenden Schadens vorhanden ist, kann das Gericht auf Antrag verfügen, daß die Vollstreckung gegen Sicherheitsleistung aufgehoben sein oder die Fortsetzung der Vollstreckung nur gegen Sicherheitsleistung stattfinden solle.

Art. 55. Auf die Verhandlung der Wiederaufnahmeklage finden die Vorschriften über das Verfahren in derjenigen Instanz Anwendung, in welcher dieselbe zu verhandeln ist.

Ist die Wiederaufnahmeklage statthaft und begründet, so wird mit dem Urteil über dieselbe das Urteil in der Hauptsache verbunden.

Art. 56. Gegen das Urteil über die Wiederaufnahmeklage finden dieselben Rechtsmittel statt wie gegen das Urteil, gegen welches sie gerichtet war.

4. Vom Vollstreckungsverfahren.

Art. 58 ist durch Art. 14 des Gesetzes über die Zwangsvollstreckung wegen öffentlich-rechtlicher Ansprüche vom 18. August 1879 (RegBl. S. 202) aufgehoben worden.

Die Zwangsvollstreckung wegen armenrechtlicher Erstattungsforderungen erfolgt lediglich nach den Bestimmungen dieses Gesetzes.

Die **Art. 59—71** enthalten besondere Bestimmungen in Ansehung der Rechtsbeschwerden an den Verwaltungsgerichtshof.

6. Aushilfsweise Anwendung der bürgerlichen Prozeßordnung.

Art. 72. Soweit nicht Bestimmungen des gegenwärtigen Gesetzes entgegenstehen, finden auf das Verfahren vor den Verwaltungsgerichten die Vorschriften der jeweils bestehenden bürgerlichen Prozeßordnung, auch soweit sie in gegenwärtigem Gesetz nicht ausdrücklich für anwendbar erklärt sind, entsprechende Anwendung.

5. Baden. § 4 AusfGes. v. 14. März 1872.

Öffentlich-rechtliche Streitigkeiten über Ersatzansprüche der Armenverbände auf Grund der §§ 4 und 5 des Landesgesetzes vom 5. Mai 1870 über die öffentliche Armenpflege, über Ersatzansprüche dritter Personen und Forderungen der Ärzte und Apotheker (§§ 6 und 7 des Landesgesetzes), über Umlagen für die Armenpflege (§§ 31 und 32 des Landesgesetzes) und über die aus § 34 des Landesgesetzes entstehenden Rechte und Verbindlichkeiten entscheiden die Verwaltungsgerichte.[1] [2]

Das gleiche gilt von Streitigkeiten zwischen verschiedenen Ortsarmenverbänden über die öffentliche Unterstützung Hilfsbedürftiger.

Für Streitigkeiten über öffentlich-rechtliche Ansprüche an die Kreise als Armenverbände ist der Bezirksrat des Bezirks, in welchem die Verwaltung des Kreises ihren Sitz hat, das im ersten Rechtsweg zuständige Verwaltungsgericht.

Bei Streitigkeiten über Ersatzansprüche im Falle des § 33 des Landesgesetzes entscheidet der Verwaltungsgerichtshof.

Über die Hilfsbedürftigkeit, die Art und das Maß der Unterstützungen entscheiden die Verwaltungsbehörden.[3]

1. Die §§ 4 bis 7 des Landesgesetzes s. Anhang A (S. 94 ff.); die §§ 31 bis 34 gelten nicht mehr (S. 194 ff.).

2. § 1 Abs. 3 Ges. v. 5. Oktober 1863, die Organisation der inneren Verwaltung betr. (RegBl. S. 399): Die Rechtspflege in bestimmten Streitigkeiten über öffentliches Recht wird in erster Instanz regelmäßig von den Bezirksräten unter dem Vorsitz der Bezirksbeamten und in der letzten Instanz (s. jedoch am Schlusse der Anm.) von dem Verwaltungsgerichtshof ausgeübt.

3. Gesetz, betr. die Verwaltungsrechtspflege, vom 14. Juni 1884 (Ges.- u. VBl. S. 197), in Kraft getreten am 15. Sept. 1884:

§ 1. Der Entscheidung der gesetzlich bestehenden Verwaltungsgerichte, der Bezirksräte und des Verwaltungsgerichtshofes unterliegen die in den Gesetzen ihnen zugewiesenen Streitigkeiten über Ansprüche und Verbindlichkeiten aus dem öffentlichen Rechte. Die Entscheidung ergeht unbeschadet aller privatrechtlichen Verhältnisse.

§ 2. Die Verwaltungsgerichte — in erster Instanz der Bezirksrat, in zweiter Instanz der Verwaltungsgerichtshof (s. am Schlusse der Anm.) — entscheiden folgende Streitigkeiten des öffentlichen Rechts:

10. über Streitigkeiten der Armenverbände unter sich oder mit der Staatskasse über öffentliche Unterstützung Hilfsbedürftiger, über Ersatzansprüche der Armenverbände auf Grund des § 5 des Ges. v. 5. Mai 1870, die öffentliche Armenpflege betreffend, über Ansprüche an die Armenverbände auf Ersatzleistungen und auf Gebühren in den Fällen der §§ 6 und 7 des Ges. v. 5. Mai 1870.

Die Klage ist bei dem Vorsitzenden des Bezirksrats schriftlich unter Anschluß von Doppelschriften für jeden Beteiligten oder zu Protokoll anzubringen (§ 17). Der Vorsitzende bestimmt den Termin zur mündlichen Verhandlung und verfügt die Ladung der Parteien. Die Einlassungsfrist beträgt in der Regel einen Monat (§ 18). Innerhalb derselben ist unter Vermittelung des Vorsitzenden mittels schriftlicher Erklärungen die mündliche Verhandlung vorzubereiten durch Angabe der tatsächlichen Behauptungen, Beweismittel, Beweiseinreden und Anträge (§ 19). — Im übrigen ist das Verfahren vor dem Bezirksrat in engem Anschlusse an die Vorschriften der Deutschen Zivilprozeßordnung geregelt. (Vergl. auch wegen der Zuständigkeit §§ 5, 6, 9, wegen Ausschließung und Ablehnung der Gerichtspersonen § 10, wegen der Vertreter § 12, Prozeßkosten § 13, Zustellung § 14 a. a. O. [vergl. dazu V. v. 22. Sept. 1884, Ges.- u. VBl. S. 401] und wegen der Zusammensetzung der Bezirksräte §§ 2—4 des VerwOrgGes. v. 5. Okt. 1863 und §§ 2—4 der VollzV. v. 12. Juli 1864 [RegBl. S. 133].)

§ 32. Gegen Endurteile des Bezirksrats steht den Parteien und aus Gründen des öffentlichen Interesses dem Vorsitzenden die Berufung an den Verwaltungsgerichtshof zu. (Vergl. über die Zusammensetzung des Verwaltungsgerichtshofs § 7 und über die Anhörung eines Ministerialbevollmächtigten § 8 a. a. O.)

§ 33. Die **Notfrist** zur Einlegung der Berufung beträgt einen Monat. Die Berufungsfrist beginnt für die Parteien mit der Zustellung des Endurteils (vergl. § 14 Abs. 1 a. a. O.). Innerhalb dieser Frist muß die Berufung schriftlich oder zu Protokoll bei dem Vorsitzenden des Bezirksrats oder schriftlich bei dem Verwaltungsgerichtshof eingelegt werden.

§ 34. Die **Berufungsschrift** muß enthalten:
1. die Bezeichnung des angefochtenen Urteils,
2. die Erklärung, daß und inwieweit gegen dieses Urteil Berufung eingelegt und welche Abänderungen desselben beantragt werden.

Sie soll ferner die Angabe derjenigen neuen Tatsachen und Beweismittel, welche die Partei geltend zu machen beabsichtigt, enthalten.

§ 35. Der Berufungsbeklagte kann sich nach Maßgabe der §§ 482 Abs. 1, 483 der Zivilprozeßordnung der Berufung **anschließen**, selbst wenn die Berufungsfrist verstrichen ist.

§ 36. Nach Einlauf der Berufungsschrift sind die Prozeßakten dem Verwaltungsgerichtshof einzusenden bezw. von diesem einzufordern.

Ist die Berufung an sich unstatthaft oder nicht in der gesetzlichen Form oder Frist eingelegt, so ist sie von Amts wegen, in der Regel ohne weitere mündliche Verhandlung, durch den Verwaltungsgerichtshof als unzulässig zu verwerfen.

§ 37 handelt von der Einlegung der Berufung durch den Vorsitzenden des Bezirksrats,

§§ 38, 39 von dem Verfahren vor dem Verwaltungsgerichtshofe.

§ 42. Gegen die Entscheidungen des Verwaltungsgerichtshofes steht dem Vertreter des Staatsinteresses die **Nichtigkeitsbeschwerde** wegen Unzuständigkeit oder Gewaltsüberschreitung zu.

Die Nichtigkeitsbeschwerde ist binnen einer Notfrist von zwei Wochen, von der Zustellung des Urteils (§ 8 schreibt vor, daß alle Endurteile des Verwaltungsgerichtshofes dem Ministerialbevollmächtigten zu behändigen sind) an gerechnet, bei dem Verwaltungsgerichtshof einzureichen, welcher die Akten dem Vorsitzenden des Kompetenzgerichtshofes übersendet und die Parteien hiervon unter Mitteilung von Abschriften der Nichtigkeitsklage benachrichtigt.

Über die Nichtigkeitsbeschwerde entscheidet der Kompetenzgerichtshof unter Beobachtung der §§ 10—13 des Ges. vom 30. Jan. 1879, die Entscheidung von Kompetenzkonflikten betreffend.

§ 43. Gegen rechtskräftige Endurteile der Verwaltungsgerichte findet die Klage auf Wiederaufnahme des Verfahrens statt.

Auf diese Klage finden die §§ 541—546, 549, 550, 552 der Zivilprozeßordnung entsprechende Anwendung.

Zuständig ist ausschließlich der Verwaltungsgerichtshof. Erachtet er die Klage für begründet, so wird unter Aufhebung der angefochtenen Entscheidung die Sache zur weiteren Verhandlung und Entscheidung im ordentlichen Verfahren verwiesen.

Für Armenstreitsachen ist zu berücksichtigen:

a) daß im Falle des § 56 Abs. 2 UWG., sofern ein nicht badischer Armenverband beteiligt ist, das Bundesamt die zweite Instanz bildet;
b) daß in interterritorialen Sachen gegen die Entscheidung des Verwaltungsgerichtshofes die Berufung an das Bundesamt stattfindet (§§ 37 Abs. 2, 41 UWG.), gegen dessen Entscheidung auch eine Wiederaufnahme des Verfahrens nicht stattfindet.

Die Verwaltungsbehörden sind für das ganze Land das Ministerium des Innern und der demselben untergeordnete Verwaltungsgerichtshof, in den Bezirken die Bezirksämter, teils in Verbindung mit den Bezirksräten; vergl. §§ 1, 6—8, 20, 21 VerwOrgGes., §§ 1, 3—15 und über den Rekurs gegen Entscheidungen der Bezirksämter §§ 75—88 VollzV. v. 12. Juli 1864 (RegBl. S. 133). — Die Entscheidungen nach Abs. 5 erfolgen ohne Mitwirkung der Bezirksräte und des Verwaltungsgerichtshofes.

6. Thüringen.

6a. Sachsen-Weimar-Eisenach. AusfGes. v. 23. Februar 1872.

§ 9. Bei Streitigkeiten zwischen verschiedenen Armenverbänden des Großherzogtums über die öffentliche Unterstützung Hilfsbedürftiger finden die Vorschriften in den

§§ 38—51, 56 Abs. 2 des Bundesgesetzes mit den in den nachfolgenden Paragraphen des gegenwärtigen Gesetzes enthaltenen Erläuterungen gleichfalls Anwendung.

§ 10. Zur Erörterung und Entscheidung der zwischen verschiedenen Armenverbänden entstehenden Streitigkeiten ist in erster Instanz der Bezirksausschuß desjenigen Verwaltungsbezirks zuständig, welcher dem in Anspruch genommenen Armenverbande vorgesetzt ist, und wenn die auf Grundstücksbezirken begründeten Ortsarmenverbände oder der Landarmenverband in Anspruch genommen werden, derjenige Bezirksausschuß, in dessen Bezirke die zur Vertretung derselben berufenen Behörden (§§ 2, 3) ihren Sitz haben.[1])

Gegen die erstinstanzliche Entscheidung ist, soweit die Organisation oder örtliche Abgrenzung der einzelnen Armenverbände Gegenstand des Streites ist, Berufung an das Staatsministerium, Departement des Innern, in allen übrigen Fällen, auch in den § 56 alin. 2 des Bundesgesetzes über den Unterstützungswohnsitz vom 6. Juni 1870 gedachten, nur Berufung an das Bundesamt für das Heimatwesen zulässig; dieselbe muß jedoch bei Vermeidung des Ausschlusses binnen 14tägiger Frist, von der Eröffnung der angefochtenen Entscheidung an gerechnet,[2]) bei derjenigen Behörde, gegen deren Entscheidung sie gerichtet ist, schriftlich angemeldet werden. Streitigkeiten bloß über die Höhe der in § 6 alin. 2 und § 8 dieses Gesetzes[3]) gedachten Entschädigung werden durch die Bezirksausschüsse endgültig entschieden.

1. Durch Verordnung der republikanischen provisorischen Regierung v. 15. Febr. 1919 (RBl. S. 37), die durch den später zusammengetretenen Landtag genehmigt worden ist und daher Gesetzeskraft erlangt hat, sind die Städte Weimar, Ilmenau,

Eisenach, Jena, Apolda, Ruhla, Weida und Neustadt a. d. Orla kreisfrei geworden. An Stelle des Bezirksausschusses tritt in diesen Städten ein Stadtausschuß.

2. § 11 Nr. I Abs. 2.

3. Anhang B S. 196, 197.

§ 11. Für das Verfahren sind die nachfolgenden Vorschriften maßgebend:

I. Der Bezirksdirektor als Vorsitzender des Bezirksausschusses [1]) bereitet die Entscheidung selbständig unter Benutzung aller zulässigen Beweismittel und mit geeigneter Berücksichtigung der Anträge der Parteien vor. Nach dem Schlusse der Instruktion macht er die Parteien mit dem Stande der Sache bekannt und fordert sie auf, etwaige Anträge auf Vervollständigung binnen einer ausschließlichen achttägigen Frist zu stellen.

Die Entscheidung des Bezirksausschusses erfolgt in öffentlicher Sitzung nach Vortrag des Referenten und Anhörung der vorgeladenen Parteien, jedoch auch in Abwesenheit der letzteren, wenn dieselben der geschehenen Ladung ungeachtet nicht erschienen sind. Dieselbe ist schriftlich mit Gründen versehen den Beteiligten in Kraft der Eröffnung zu behändigen.

II. Wird Berufung gegen die Entscheidung des Bezirksausschusses eingewendet, so kann die Angabe der Beschwerden sowie die Rechtfertigung der Berufung entweder zugleich mit der Anmeldung der letzteren oder innerhalb vier Wochen nach diesem Termine bei derselben Behörde eingereicht werden.

Von sämtlichen Schriftsätzen sowie von den etwaigen Anlagen derselben sind Duplikate beizufügen.

Die eingegangenen Duplikate werden von der Behörde, welche in erster Instanz gesprochen hat, der Gegenpartei zur schriftlichen, binnen vier Wochen nach der Behändigung in zwei Exemplaren einzureichenden Gegenerklärung zugefertigt.

Nach Ablauf dieser Frist legt die Behörde die sämtlichen Verhandlungen nebst ihren Akten der zur zweitinstanzlichen Entscheidung anzurufenden Behörde vor.

Erachtet die letztere vor Fällung einer Entscheidung noch eine Aufklärung über das Sach- und Rechtsverhältnis für nötig, so darf eine solche angeordnet werden.

Die Entscheidung wird schriftlich mit Gründen versehen der Behörde erster Instanz zur Eröffnung an die Parteien zugefertigt.

1. bezw. der Vorsitzende des Stadtausschusses in den kreisfreien Städten; Anm. 1 zu § 10.

6b. Sachsen-Meiningen.

a) AusfGes. v. 24. Februar 1872.

Die **Art. 14—21, 23 und 27** sind aufgehoben durch Art. 41 des Ges., betr. das Verwaltungsstreitverfahren (unter b).

Dagegen sind noch ferner geltend:

Art. 22. Die Entscheidung erfolgt durch schriftlichen mit Gründen versehenen Beschluß; sofern dabei für den in Anspruch genommenen Armenverband eine Verpflichtung zur Übernahme des Hilfsbedürftigen begründet ist, muß dies im Bescheide ausdrücklich ausgesprochen werden.

Art. 24 übereinstimmend mit § 56 Abs. 1 Pr. AG. Statt des „Pauschquantum" heißt es im zweiten Satze „die Kosten".

Art. 25 übereinstimmend mit § 58 Pr. AG. Statt „des Bundesamts" heißt es „der höheren Instanz".

Art. 26 übereinstimmend mit § 59 Abs. 2 Pr. AG.

Art. 31 betrifft die Vollstreckung der Entscheidungen in Armensachen.

b) Gesetz, betr. das Verwaltungsstreitverfahren, vom 15. März 1897.

Art. 1. Auf die Verhandlung und Entscheidung solcher streitiger Verwaltungssachen, für welche

a) nach den Reichsgesetzen das Verwaltungsstreitverfahren zugelassen ist,

oder welche

b) nach den Bestimmungen unter II, Art. 10 bis 12 im Verwaltungsstreitverfahren zu entscheiden sind,

ist das nachstehend geordnete Verfahren anzuwenden.

Art. 2. Die Gerichtsbarkeit in streitigen Verwaltungssachen wird von dem Kreisverwaltungsgericht (Art. 3), von dem Landesverwaltungsgericht (Art. 4) und von dem Oberverwaltungsgericht (Art. 5) ausgeübt.

Durch die Entscheidung der Verwaltungsgerichte wird die Beschreitung des Rechtsweges, soweit derselbe gesetzlich zulässig ist, nicht ausgeschlossen.

Art. 3—8 behandeln die Zusammensetzung der Verwaltungsgerichte. — Die Vorschriften der Zivilprozeßordnung über Ausschluß und Ablehnung der Gerichtspersonen finden entsprechende Anwendung.

Art. 9 betrifft die Geschäftsleitung.

Art. 10. Fälle der Anwendung. Die Entscheidung im Verwaltungsstreitverfahren findet statt:

2. in Streitsachen zwischen Armenverbänden gemäß Art. 41;
3. in Streitsachen zwischen Armenverbänden und denjenigen Personen, welche nach Art. 1 des Gesetzes vom 26. April 1888 auf Ersatz öffentlicher Armenunterstützung in Anspruch genommen werden, an Stelle der Entscheidung nach Art. 3 und 4 des angeführten Gesetzes.

Art. 41 Abs. 1. In den Fällen des Art. 10 Ziff. 2 ist gegen die Entscheidung des Landesverwaltungsgerichts, wenn beide Streitteile dem Herzogtum angehören, oder wenn die Organisation oder die örtliche Abgrenzung der einzelnen Armenverbände Gegenstand des Streites ist, die Berufung an das Oberverwaltungsgericht, außerdem die Berufung an das Bundesamt für das Heimatwesen zulässig.

Art. 13—28 betreffen das Verfahren in erster Instanz.

Das Verfahren beginnt mit der Erhebung der Klage (Art. 13). Zur Entscheidung ist das Landesverwaltungsgericht zuständig, wenn der Landarmenverband als Partei beteiligt ist (Art. 14 Nr. 2 d), in andern Fällen das Kreisverwaltungsgericht (Nr. 3). Die Klage ist bei dem zuständigen Verwaltungsgericht anzubringen (Art. 15); sie ist schriftlich einzureichen, kann auch, wenn das Kreisverwaltungsgericht zuständig ist, bei dem Landrat zu Protokoll erklärt werden (Art. 16). — Im übrigen bestimmt:

Art. 16. In der Klage ist ein bestimmter Antrag zu stellen und sind der Gegenstand der Klage sowie die den Antrag begründenden Tatsachen unter Angabe der Beweismittel zu bezeichnen. Die als Beweismittel in Bezug genommenen Urkunden sind, soweit tunlich, in Urschrift oder Abschrift beizufügen.

Sind in der Sache bereits Verhandlungen vor einer Verwaltungsbehörde ergangen, so darf in der Klage auf diese Bezug genommen werden.

Von der Klage und deren etwaigen Anlagen ist, sofern die Klage schriftlich eingereicht wird, Abschrift für den Beklagten beizufügen.

Die Klage ist von dem Kläger selbst oder von seinem gesetzlichen Vertreter oder von seinem Bevollmächtigten zu unterzeichnen. Die Vollmacht ist schriftlich zu erteilen.

Zur weiteren Ausführung einer Klage darf, sofern deren Anbringung an eine Frist gebunden ist, dem Kläger auf

Antrag eine weitere Frist bis zu vier Wochen vom Vorsitzenden des Verwaltungsgerichts erteilt werden.

Art. 17. Die Klageschrift wird dem Gegner in Abschrift mit der Aufforderung zugefertigt, seine schriftliche Gegenerklärung binnen einer bestimmten, von einer bis zur vier Wochen zu bemessenden Frist einzureichen, widrigenfalls die Entscheidung nach Lage der Akten erfolgen werde. Der Gegenerklärung ist eine Abschrift beizufügen.

Die letztere wird dem Kläger zugefertigt, geeignetenfalls mit der dieselbe Verwarnung enthaltenden Aufforderung, seine weitere Erklärung binnen bestimmter, wie vorsteht, zu bemessender Frist einzureichen.

Auf diese Erklärungen finden die Vorschriften über die Klagschrift entsprechende Anwendung.

Art. 18. Die Entscheidung erfolgt auf Grund mündlicher Verhandlung vor dem Gericht.

Der Vorsitzende beraumt hierzu Termin an und benachrichtigt die Parteien hiervon mit dem Bemerken, daß im Falle ihres Ausbleibens nach Lage der Akten werde entschieden werden. Hält er das Erscheinen einer Partei für angemessen, so sind die nach Lage des Falles an das Nichterscheinen sich knüpfenden Nachteile in der Vorladung besonders zu bezeichnen.

Art. 19. In Fällen, in welchen entweder der erhobene Anspruch sofort als rechtlich unzulässig oder unbegründet oder als begründet sich herausstellt, oder wenn das tatsächliche Verhältnis aus vorliegenden Akten und Urkunden sich feststellen läßt, kann

a) die Entscheidung auch ohne mündliche Verhandlung erfolgen, oder

b) ohne vorgängigen Schriftwechsel, jedoch unter Zufertigung der Klage an den Gegner, mündliche Verhandlung anberaumt werden.

Art. 20 und 21 betr. den Ort der Verhandlung, Öffentlichkeit und Sitzungspolizei.

Art. 22. Die mündliche Verhandlung beginnt mit der Darstellung des Sachverhalts durch den Vorsitzenden oder einen von diesem ernannten Berichterstatter. Demnächst sind die erschienenen Parteien oder deren bevollmächtigte Vertreter zu hören.

Vertreter, welche, ohne Rechtsanwälte oder Beamte einer Partei zu sein, die Vertretung geschäftsmäßig besorgen, können zurückgewiesen werden.

Das Gericht hat dahin zu wirken, daß der Sachverhalt vollständig aufgeklärt und die sachdienlichen Anträge von den Parteien gestellt werden. Es hat nötigenfalls die Beteiligten zur tatsächlichen Begründung ihrer Anträge, zur Erläuterung und Ergänzung ihrer tatsächlichen Angaben aufzufordern und kann die vom Gegner nicht bestrittenen tatsächlichen Angaben einer Partei für zugestanden erachten. Es hat den nach seinem Ermessen zur Klarstellung des Sachverhalts erforderlichen Beweis in vollem Umfang zu erheben, ohne an die Anträge der Parteien gebunden zu sein.

Das Gericht ist befugt, Untersuchungen an Ort und Stelle zu veranlassen, Zeugen und Sachverständige zu laden und eidlich zu vernehmen, auch die Beweise durch ein Mitglied oder durch eine beauftragte oder ersuchte Behörde erheben zu lassen.

Die Befugnis zur Beweiserhebung steht gegeignetenfalls auch dem Vorsitzenden schon vor der mündlichen Verhandlung zu, ebenso die Befugnis zur Vorladung von Zeugen und Sachverständigen zu dieser Verhandlung.

In jedem Fall sind die Beweisverhandlungen nach Benachrichtigung der Parteien unter Zuziehung eines verpflichteten Protokollführers aufzunehmen und die Parteien zu denselben zuzulassen.

Art. 23. Hinsichtlich der Verpflichtung, sich als Zeuge oder Sachverständiger vernehmen zu lassen, sowie hinsichtlich der im Falle des Ungehorsams zu verhängenden Strafen kommen die Bestimmungen der Zivilprozeßordnung in Anwendung.

Gegen die hierüber ergehenden Entscheidungen des Kreisverwaltungsgerichts steht binnen zwei Wochen die Beschwerde an das Landesverwaltungsgericht, gegen die erstinstanzlichen Entscheidungen des letzteren an das Oberverwaltungsgericht zu.

Art. 24. Das Gericht entscheidet nach freier, aus dem ganzen Inbegriff der Verhandlungen und Beweise geschöpfter Überzeugung nach Maßgabe der Gesetze.

Die Beschlüsse des Gerichts werden nach Stimmenmehrheit und in der Regel in nichtöffentlicher Sitzung gefaßt. An der Beschlußfassung nach vorausgegangener mündlicher Verhandlung nehmen nur diejenigen Mitglieder teil, vor welchen diese Verhandlung stattgefunden hat.

Art. 25. Die Entscheidung erfolgt durch schriftlichen, mit Gründen versehenen Beschluß, welcher von dem Vorsitzenden und sämtlichen Beisitzern zu unterschreiben ist.

Die Entscheidung wird nach vorgängiger mündlicher Verhandlung in der Regel in öffentlicher Sitzung durch Vorlesung des Beschlusses oder der Entscheidungsformel, außerdem durch schriftliche Zufertigung an die Parteien verkündet und ist auch im ersteren Fall den Parteien in beglaubigter Abschrift mitzuteilen.

Art. 26. In der Entscheidung ist über die Verpflichtung zur Tragung der Kosten und Auslagen des Verfahrens und über Erstattung der den Parteien erwachsenen baren Auslagen Bestimmung zu treffen.

Die Erstattung der Gebühren des Rechtsanwalts einer Partei kann dem Gegner nur insoweit auferlegt werden, als dieselben für die Wahrnehmung der öffentlichen Verhandlung zu zahlen sind.

Die Gebühren der Rechtsanwälte sind nach den entsprechenden Gebührensätzen für Handlungen vor den ordentlichen Gerichten zu bemessen.

Nötigenfalls ist der Wert des Streitgegenstandes in der Entscheidung festzustellen.

Art. 27 betrifft die Protokollführung.

Art. 28 betrifft einstweilige Verfügungen.

Art. 29—34 behandeln die Berufung.

Art. 29. Gegen die Entscheidungen des Kreisverwaltungsgerichts steht den Parteien, sowie aus Gründen des öffentlichen Interesses dem Vorsitzenden, die Berufung an das Landesverwaltungsgericht, gegen die Entscheidungen des letzteren, wenn sie nicht nach gesetzlicher Bestimmung endgültig sind oder die Entscheidung der Vorinstanz lediglich bestätigen, den Parteien die Berufung an das Oberverwaltungsgericht zu.

Die Berufung ist binnen zwei Wochen nach der Zufertigung der Entscheidung bei dem entscheidenden Gericht oder bei dessen Vorsitzenden bei Verlust des Rechtsmittels schriftlich anzumelden. Die Frist ist gewahrt, wenn die Anmeldung innerhalb derselben bei dem Berufungsgericht oder dessen Vorsitzenden oder dem Staatsministerium erfolgt ist.

Die Vorschriften des Art. 16 Abs. 3—6 über die Klagschrift finden auf die Berufungsschrift entsprechende Anwendung.

Art. 30. Ist die Berufung nicht rechtzeitig angemeldet oder gesetzlich unzulässig, so ist sie von dem Vorsitzenden des entscheidenden Gerichts (Art. 29 Abs. 2) durch einen mit Gründen versehenen Bescheid zurückzuweisen.

Der Bescheid wird endgültig, wenn nicht binnen zwei Wochen von dessen Zustellung der Berufende Verhandlung vor dem Berufungsgericht beantragt. Dies ist in dem Bescheid dem Berufenden zu eröffnen.

Art. 31. Ist die Berufung rechtzeitig und zulässig befunden oder gegen den zurückweisenden Bescheid (Art. 3) Verhandlung beantragt, so wird die Abschrift der Berufungsschrift der Gegenpartei zur schriftlichen Gegenerklärung innerhalb einer bestimmten, von einer bis zu vier Wochen zu bemessenden Frist zugefertigt.

Zur Ausführung der Berufung kann in nicht schleunigen Sachen eine angemessene weitere Frist von einer bis zu vier Wochen gewährt werden.

Art. 32. Der Gegner des Berufenden kann sich der Berufung anschließen, selbst wenn die Berufungsfrist seinerseits versäumt ist.

Art. 33. Nach Ablauf der Frist zur Gegenerklärung sind die Verhandlungen dem Berufungsgericht einzureichen.

Die Parteien sind hiervon rücksichtlich unter Mitteilung der eingegangenen Gegenerklärung zu benachrichtigen.

Die Vorschriften der Artikel 18 bis 28 finden auf das Verfahren vor dem Berufungsgericht entsprechende Anwendung.

Art. 34. Die Entscheidungen des Oberverwaltungsgerichts sind endgültig, vorbehaltlich der Bestimmung des Art. 2 Absatz 2.

Art. 35. Die Wiederaufnahme eines durch endgültige Entscheidung beendeten Verfahrens findet statt durch Wiedereinsetzung in den vorigen Stand.

Dieselbe kann beantragen, wer durch außerhalb seines Willens liegende Verhältnisse abgehalten worden ist, die für das Verwaltungsstreitverfahren vorgeschriebenen Fristen einzuhalten, und dies glaubhaft bescheinigt.

Über den Antrag entscheidet das Gericht, dem die Entscheidung für die versäumte Streithandlung zusteht. Die versäumte Streithandlung ist unter Anführung der Tatsachen, welche die Wiedereinsetzung begründen, sowie der Beweismittel innerhalb zwei Wochen nachzuholen. Der Lauf der Frist beginnt mit dem Ablauf des Tages, an welchem die Abhaltung behoben worden ist.

Nach Ablauf eines Jahres, von dem Ende der versäumten Frist gerechnet, findet der Antrag auf Wiedereinsetzung in den vorigen Stand nicht mehr statt.

Art. 36. Bescheide (Art. 30) und Entscheidungen, welche nicht endgültig sind, können, die ersteren vom Vorsitzenden, die letzteren vom Gericht, für vorläufig vollstreckbar erklärt werden, wenn die Aussetzung der Vollstreckung einen der in Artikel 28 bezeichneten Nachteile besorgen läßt.

Art. 39. Der Vorsitzende des Gerichts und, sofern dies nicht bereits von diesem geschehen, das Gericht kann auf Antrag oder von Amts wegen verfügen, daß ein Dritter, welcher in der Sache beteiligt erscheint, zur mündlichen Verhandlung beigeladen werde.

Die auf erfolgte Beiladung ergehende Entscheidung wird auch für den Dritten gültig, der Berufung fähig und ergeblich rechtskräftig, wenn in der Beiladung hierauf hingewiesen war.

6c. Reuß. V. v. 22. Juni 1920 zur anderweiten Ausführung des Unterstützungswohnsitzgesetzes (GS. f. d. Volksstaat Reuß S. 88).

III. Verfahren in Streitsachen der Armenverbände.

§ 17. Zur Entscheidung von Streitigkeiten, die gegen einen Armenverband des Volksstaats Reuß von einem andern reußischen oder sonstigen deutschen Armenverband erhoben werden, sowie zur Besorgung der dieser Behörde durch diese Verordnung ferner zugewiesenen Geschäfte, besteht in Gera eine kollegiale Behörde, die künftig den Namen „Kammer für das Heimatwesen“ führt.

§ 18. Die Kammer für das Heimatwesen besteht aus einem Vorsitzenden und zwei Mitgliedern. Der Vorsitzende muß zum Richteramt oder höheren Verwaltungsdienst befähigt sein.

Für Behinderungsfälle werden zwei ständige Stellvertreter bestellt, von denen jeder verpflichtet ist, im Bedarfsfall für den Vorsitzenden und die Mitglieder der Kammer einzutreten.

Der Vorsitzende, die Mitglieder und die Stellvertreter werden vom Staatsrat des Volksstaates Reuß bestellt.

Die Landesregierung, Abteilung für das Innere, kann dem Vorsitzenden und den Mitgliedern bezw. Stellvertretern für die einzelnen Sitzungen eine angemessene Vergütung gewähren, soweit nicht das Thüringische Beamtenbesoldungsgesetz vom 10. Juni 1920 (GS. für Thüringen S. 85) entgegensteht. Mit derselben Maßgabe kann sie dem Kassen-, Register- und Protokollführer eine angemessene Vergütung zubilligen.

§ 19. In der der Kammer einzureichenden Klageschrift ist der Armenverband, dessen Verurteilung verlangt wird, und der Gegenstand des erhobenen Anspruchs genau zu bezeichnen; es ist insbesondere ausdrücklich auszusprechen, ob die Übernahme des betreffenden Hilfsbedürftigen oder eine sonstige Leistung, eventuell welche, verlangt wird.

§ 20. Die Klageschrift wird der Gegenpartei mit der Aufforderung zugefertigt, ihre schriftliche Gegenerklärung innerhalb vier Wochen nach der Zustellung einzureichen, widrigenfalls die in der Klageschrift behaupteten Tatsachen als zugestanden und die dabei überreichten Urkunden als anerkannt angesehen würden.

Die Gegenerklärung wird dem klagenden Armenverband zugefertigt, geeignetenfalls mit der dieselbe Verwarnung enthaltenden Aufforderung, seine weitere Erklärung innerhalb 14 Tagen nach der Zustellung einzureichen. Geht eine solche weitere Erklärung ein, so wird sie der Gegenpartei zur Kenntnisnahme zugefertigt.

Die genannten Fristen können auf Antrag der betreffenden Partei verlängert werden.

§ 21. Der Klageschrift und den im § 20 genannten weiteren Erklärungen der Parteien sind die als Beweismittel angegebenen Urkunden in Urschrift oder beglaubigter Abschrift beizufügen. Von allen Schriftstücken und deren Anlagen sind beglaubigte Abschriften einzureichen.

§ 22. Die Kammer für das Heimatwesen ist befugt, Beweise unter entsprechender Anwendung der Vorschriften der Zivilprozeßordnung zu erheben; sie ist insbesondere auch berechtigt, gegen nicht erschienene Zeugen und Sachverständige Strafen zu verhängen, vorbehaltlich der innerhalb 14 Tagen nach Zustellung des Strafbescheids zulässigen Beschwerde an das Bundesamt für Heimatwesen.

Die Vollstreckung erkannter Strafen erfolgt auf Ersuchen der Kammer für das Heimatwesen durch die Amtsgerichte.

§ 23. Die Kammer kann Beweise durch eines ihrer Mitglieder oder durch eine andere, zu diesem Zweck zu ersuchende Behörde erheben lassen. Sie kann anordnen, daß die Beweiserhebung in ihrer öffentlichen Sitzung stattfindet.

§ 24. Die Beweisverhandlungen sind unter Zuziehung eines vereidigten Schriftführers aufzunehmen; die Parteien sind hierzu vorzuladen.

§ 25. Die Entscheidung erfolgt in öffentlicher Sitzung der Kammer nach Ladung und Anhörung der Parteien oder ihrer mit Vollmacht versehenen Vertreter. Die Ladung erfolgt unter der Verwarnung, daß beim Ausbleiben der Parteien nach Lage der Akten entschieden werde. Die Entscheidung kann sofort verkündigt werden; es ist über sie aber jedenfalls ein schriftlicher, mit Gründen versehener Beschluß auszufertigen und den Parteien zuzustellen.

§ 26. In der öffentlichen Sitzung der Kammer dürfen die Parteien neue Tatsachen oder Beweismittel nur dann vorbringen, wenn ihnen bei dem verspäteten Vorbringen eine schuldbare Verzögerung nicht zu Last fällt.

§ 27. Die Kammer hat unter Berücksichtigung des Gesamtinhalts der Verhandlungen und des Ergebnisses einer etwaigen Beweisaufnahme nach freier Überzeugung zu entscheiden. Wenn nicht eine Ergänzung der Verhandlung beschlossen wird, kann ihre Entscheidung auf Abweisung des klagenden oder auf Verurteilung des in Anspruch genommenen Armenverbands gerichtet sein. Letzterenfalls ist in der Entscheidung ausdrücklich auszusprechen, ob der verurteilte Armenverband zur Übernahme des betreffenden Hilfsbedürftigen oder zu einer sonstigen Leistung verpflichtet sein soll.

§ 28. Über die öffentliche Sitzung wird durch den vereidigten Schriftführer eine Niederschrift aufgenommen, welche die wesentlichen Vorgänge enthalten muß und von dem Vorsitzenden und dem Schriftführer zu unterzeichnen ist.

§ 29. An Kosten wird für das Verfahren, außer den baren Auslagen und den Gebühren für Zeugen und Sachverständige, ein Pauschsatz nach Maßgabe eines von der Landesregierung, Abteilung für das Innere, aufzustellenden Tarifs erhoben.

Dem unterliegenden Teil sind die Kosten und baren Auslagen des Verfahrens, desgleichen die baren Auslagen des obsiegenden Teils mit Einschluß der Gebühren, welche dieser seinem Bevollmächtigten für Wahrnehmung der öffentlichen Sitzungen der Kammer zu entrichten hat, aufzuerlegen. Der Pauschsatz sowie sämtliche zu erstattenden Auslagen und Gebühren werden von der Kammer endgültig festgesetzt.

Aus den Einnahmen der Kammer sind zunächst ihre Kosten einschließlich der Vergütung für die Mitglieder (§ 18) zu bestreiten.

§ 30. Soweit die Organisation oder örtliche Abgrenzung der einzelnen Armenverbände Gegenstand des Streites ist, bewendet es endgültig bei der Entscheidung der Kammer. Im übrigen findet gegen ihre Entscheidung unter Ausschluß aller sonstigen Rechtsmittel die Berufung an das Bundesamt für das Heimatwesen statt.

§ 31. In allen Streitsachen zwischen Armenverbänden des Volksstaates Reuß hat die unterliegende Partei der Gegenpartei die ihr in der Berufungsinstanz entstandenen baren Auslagen sowie die Gebühren eines in der öffentlichen Sitzung des Bundesamts sie vertretenden Rechtsbeistands zu erstatten.

§ 32. Gegen die in § 56 des Reichsgesetzes erwähnten Anordnungen findet die Berufung an das Bundesamt für das Heimatwesen auch in denjenigen Fällen statt, in denen ein Streit zwischen zwei Armenverbänden des Volksstaates Reuß besteht.

Ist ein Armenverband zur Zahlung und Erstattung der ihm endgültig auferlegten Kosten und Gebühren ganz oder teilweise außerstande (§ 59 des Reichsgesetzes), so bleiben die Kosten des Verfahrens außer Ansatz, und für die Erstattung der Auslagen und Gebühren muß der Landarmenverband aufkommen.

VI. Übergangs- und Schlußbestimmungen.

§ 39. Die in Reuß ä. L. gegenwärtig anhängigen Streitsachen werden in der Instanz, in der sie sich zurzeit befinden, nach dem bisherigen Recht erledigt mit der Maßgabe, daß gegen die insoweit ergehenden Entscheidungen das Rechtsmittelverfahren dieser Verordnung entsprechende Anwendung findet.

6d. Sachsen-Altenburg. AusfVer. v. 3. Juni 1871.[1])

§ 8. Streitigkeiten zwischen verschiedenen Armenverbänden über die öffentliche Unterstützung Hilfsbedürftiger sind im Verwaltungswege zu entscheiden.

Lehnt ein altenburgischer Armenverband den gegen ihn, sei es von einem altenburgischen oder einem andern deutschen Armenverband, erhobenen Anspruch auf Erstattung der Kosten oder auf Übernahme eines Hilfsbedürftigen ab, so wird auf Antrag desjenigen Armenverbandes, welcher die öffentliche Unterstützung vorläufig gewährt hat, über den erhobenen Anspruch von dem Landratsamt (Ges. v. 13. Juni 1876) desjenigen Kreises entschieden, zu welchem der in Anspruch genommene Armenverband gehört.

1. § 2 des AusfGes. zur Zivilprozeßordnung vom 4. Mai 1899 (GS. S. 64):

Die Vorschriften der Zivilprozeßordnung über Zustellungen, über die Berechtigung zur Verweigerung eines Zeugnisses, über die Verpflichtung zur Erstattung eines Gutachtens, über die Vernehmung von Zeugen und Sachverständigen, über die zur Erzwingung eines Zeugnisses oder Gutachtens zulässigen Maßregeln, über den Umfang der Verpflichtung dritter Personen zur Vorlegung von Urkunden und über das Verfahren bei der Abnahme von Eiden finden . . . auf Streitigkeiten auf Grund des § 8 der Verordnung, betr. die Ausführung des Bundesgesetzes über den Unterstützungswohnsitz, vom 3. Juni 1871 entsprechende Anwendung.

Die Stelle des Gerichtsschreibers vertritt hierbei erforderlichenfalls ein verpflichteter Protokollführer.

§ 9. Das Verfahren in solchen Streitigkeiten vor den Herzoglichen Landratsämtern richtet sich bis auf weiteres nach den Vorschriften des Gesetzes über den unbestimmt summarischen Prozeß usw. vom 7. April 1823 unter Berücksichtigung der durch die Prozeßnovelle vom 14. Oktober 1852 gegebenen Abänderungen dieses Gesetzes, insoweit nicht das Bundesgesetz selbst (§ 40) oder diese Ausführungsverordnung besondere Vorschriften enthält.

Abs. 2 übereinstimmend mit § 46 Pr. AG.

Abs. 3 übereinstimmend mit dem Schlußsatz des § 52 Pr. AG.

§ 10. Soweit die Organisation oder örtliche Abgrenzung der einzelnen Armenverbände Gegenstand des Streites ist, erfolgt die erste und letzte Entscheidung durch das Herzogl. Ministerium, Abteilung des Innern.

§ 11. Gegen die nach §§ 8 und 9 gefällten Entscheidungen der Herzogl. Landratsämter findet, unter Ausschluß aller sonstigen Rechtsmittel, nach Maßgabe der Bestimmung in §§ 46 ff. des Bundesgesetzes über den Unterstützungswohnsitz die Berufung an das Bundesamt für das Heimatwesen statt.

§ 12 übereinstimmend mit § 59 Abs. 1 Pr. AG.

§ 13. Kommt es in Streitigkeiten zwischen Armenverbänden zur Vollstreckung der Exekution (§§ 53 ff. des Bundesgesetzes), so ist die Gerichtsbehörde, unter deren Jurisdiktion der verpflichtete Armenverband sich befindet, gehalten, dem Landratsamt das Erforderliche an Dienerpersonal und an etwa nötigen Räumlichkeiten zur Verfügung zu stellen.

Das Landratsamt ist jedoch berechtigt, zur Vornahme wirklicher Hilfsvollstreckungsakte die zuständige Gerichtsbehörde zu requirieren.

6e. Sachsen-Gotha. Ausf Ges. v. 31. Mai 1871.

§ 15. Zur Entscheidung von Streitigkeiten, welche gegen einen Armenverband der Herzogtümer Koburg und Gotha von einem andern koburg-gothaischen oder sonstigen deutschen Armenverbande erhoben werden, wird für jedes der beiden Herzogtümer eine Behörde eingesetzt, welche den Namen „Deputation für das Heimatwesen" führt und für das Herzogtum Koburg in Koburg und für das Herzogtum Gotha in Gotha ihren Sitz hat.

§ 16 übereinstimmend mit § 41 Abs. 1, 4 und 5 Pr. AG. Den richterlichen und den Verwaltungsbeamten ernennt der Herzog, und die übrigen drei Mitglieder, welche Angehörige der Herzogtümer Koburg und Gotha sein müssen, werden vom Landtage des betreffenden Herzogtums auf die Dauer von vier Jahren gewählt.

Den Vorsitzenden und dessen Stellvertreter ernennt der Herzog aus der Zahl der Mitglieder. Der Vorsitzende wird vom Staatsministerium verpflichtet, die übrigen Mitglieder verpflichtet der Vorsitzende. Die Verpflichtung geschieht durch Handschlag an Eides Statt. Das erforderliche Hilfspersonal und Geschäftslokal wird der Deputation durch das Staatsministerium zur Verfügung gestellt.

§ 17 gleichlautend mit § 42 Pr. AG.

§ 18 Abs. 1 gleichlautend mit Satz 1; Abs. 2 übereinstimmend mit Abs. 2 des § 43 Pr. AG. (Vergl. Regulativ für Koburg v. 9. November 1872 [GS. Nr. 768]; für Gotha v. 5. Oktober 1872 [GS. Nr. 27].)

§ 19. Die gewählten Mitglieder erhalten eine entsprechende Vergütung, welche vom Staatsministerium festzustellen und wie der obige Aufwand der Deputation aus der Staatskasse zu bestreiten ist.

§§ 20—24 übereinstimmend mit §§ 45—49 Pr. AG. § 24 hat den Zusatz: Die Vollstreckung anerkannter Strafen erfolgt auf Requisition der Deputation durch den zuständigen Einzelrichter.

§§ 25—30 übereinstimmend mit §§ 50—55 Pr. AG.

§ 31 übereinstimmend mit Abs. 2 und 3 des § 56 Pr. AG.

§§ 32—34 übereinstimmend mit §§ 57—59 Pr. AG.

Nach § 34 Abs. 2 erfolgt die Erstattung des Auslagen und Gebühren aus der betreffenden Staatskasse.

§ 35. Ist von einem Ortsarmenverband eines der Herzogtümer gegen einen andern Ortsarmenverband desselben Herzogtums, welcher nicht aus einer der Städte Koburg, Rodach, Neustadt, Königsberg, Gotha, Ohrdruf, Waltershausen gebildet ist, ein Streit zu führen, so hat der den Anspruch erhebende Ortsarmenverband, ehe er den Streit bei der Deputation anhängig macht, sich an die landrätliche Behörde des Bezirks, welchem der in Anspruch zu nehmende Ortsarmenverband angehört, zuvörderst wegen Veranstaltung eines S ü h n e v e r s u c h s zu wenden.

Die landrätliche Behörde hat die Ausgleichung des Streites in geeigneter Weise zu versuchen und ist berechtigt, zu diesem Behufe die Beteiligten zur mündlichen Verhandlung vorzuladen, über die Sache zur Feststellung der Streitpunkte zu vernehmen und nach ihrem Ermessen Vorschläge zu machen. Findet eine Einigung statt, so ist dieselbe urkundlich festzustellen, und es ist solche sodann im Verwaltungswege vollstreckbar.

Schlägt der Sühneversuch fehl, so ist dem Ortsarmenverbande, welcher den Anspruch erhebt, darüber von der landrätlichen Behörde eine Bescheinigung zu erteilen, welche der Klageschrift (§ 23) beizufügen ist, widrigenfalls dieselbe von der Deputation für das Heimatwesen ohne weiteres zurückzuweisen ist.

Auf die Ansprüche gegen die Ortsarmenverbände der Städte Koburg, Rodach, Neustadt, Königsberg, Gotha, Ohrdruf und Waltershausen finden vorstehende Bestimmungen keine Anwendung.

S. zu Abs. 1 Entsch. **40** 153.

61. Schwarzburg-Rudolstadt. Gesetz v. 23. Juni 1871.

§ 3. Zur Entscheidung von Streitigkeiten, welche gegen einen Armenverband des Fürstentums von einem andern deutschen Armenverband erhoben werden, wird in Rudolstadt eine Behörde eingesetzt, welche den Namen „Deputation für das Heimatwesen" führt.

§ 4. Die Deputation für das Heimatwesen besteht aus drei vom Fürsten zu bestellenden Mitgliedern, von denen eins dem Richterstande angehören muß.

Für Behinderungsfälle werden drei ständige Stellvertreter ernannt.

§§ 5—8 übereinstimmend mit §§ 46—49 Pr. AG. Der Rekurs (§ 8 Schlußsatz) geht an das Ministerium.

§§ 9—14 gleichlautend mit §§ 50—55 Pr. AG.

§ 15. Die Entscheidung erfolgt gebührenfrei. Dem unterliegenden Teil usw., wie Abs. 3 § 56 Pr. AG.; doch fehlen die Worte: „Das Pauschquantum".

§§ 16—18 übereinstimmend mit §§ 57—59 Pr. AG.

§ 19 übereinstimmend mit § 8 des Schwarzburg-Sondershausenschen AusfGes. — Statt „Landrat" heißt es „Landratsamt".

8g. Schwarzburg-Sondershausen. (Die §§ 8 und 10 des AusfGes. v. 25. Januar 1872 sind in § 1 des Ges. v. 28. Oktober 1872 aufgehoben.)

§ 1 Abs. 2 Ges. v. 28. Oktober 1872. Zur Erörterung und Entscheidung von Streitigkeiten über Ansprüche, welche gegen einen Armenverband des Fürstentums von einem Armenverbande desselben oder eines anderen deutschen Staates erhoben werden, ist die auf Grund des § 9 des AusfGes. v. 25. Januar d. Js. gebildete Deputation für das Heimatwesen zuständig.

§ 9 Ges. v. 25. Januar 1872. Die Deputation für das Heimatwesen besteht aus zwei richterlichen und einem Verwaltungsbeamten, sämtlich vom Fürsten ernannt. Der Vorsitzende wird aus der Zahl der Mitglieder vom Fürsten ernannt. Die Deputation hat ihren Sitz in Sondershausen. Der äußere Geschäftsgang derselben wird durch ein Regulativ geordnet, welches das Ministerium erläßt.

(Regul. v. 29. April 1872, GS. S. 89.)

§ 2 Ges. v. 28. Oktober 1872 Abs. 1 übereinstimmend mit § 46 Pr. AG.

Abs. 2. In der Klage sind die Beweismittel alsbald anzugeben und, wenn diese in Urkunden bestehen, wenigstens in Abschrift beizufügen.

§ 3 a. a. O. Die Deputation für das Heimatwesen bereitet die Entscheidung unter Berücksichtigung der Anträge der Parteien vor unter Benutzung aller zulässigen Beweismittel.

Von den schriftlichen Eingaben der Parteien müssen Duplikate zur Mitteilung an die Gegenpartei mit überreicht werden.

Zur Instruktion der Sache kann die Deputation die Parteien zu Erklärungen und Gegenerklärungen unter Androhung sachgemäßer Präjudize und Festsetzung angemessener Fristen auffordern. Sie kann die Fürstlichen Landräte um Aufnahme der Sachinstruktion und der Beweise oder um einzelne desfallsige Handlungen requirieren.

Nach geschlossener Instruktion erteilt die Behörde ihre Entscheidung mit Gründen und eröffnet sie den Parteien mittels schriftlicher Zufertigung.

§ 4 a. a. O. Die Entscheidung erfolgt gebührenfrei. Dem unterliegenden Teile sind aber die baren Auslagen des Verfahrens, desgleichen die baren Auslagen einschließlich der Anwaltsgebühren des obsiegenden Teiles zur Last zu legen. Sämtliche zu erstattenden Auslagen werden von der Deputation endgültig festgesetzt.

§ 5 a. a. O. gleichlautend mit § 57 Pr. AG.

§ 6 a. a. O. übereinstimmend mit § 59 Abs. 1 Pr. AG.

§ 7 a. a. O. übereinstimmend mit § 58 Pr. AG.

§ 8 a. a. O. In allen Streitigkeiten unter Armenverbänden des Fürstentums hat der Armenverband, welcher den Anspruch erhebt, sich vor Anbringung der Klage bei der Deputation für das Heimatwesen zuvörderst an den Landrat des Bezirks, welchem der in Anspruch zu nehmende Armenverband angehört, wegen Veranstaltung eines Sühneversuchs zu wenden.

Der Landrat hat die Ausgleichung in geeigneter Weise zu versuchen und ist berechtigt, zu diesem Behufe die Beteiligten zur mündlichen Verhandlung vorzuladen, über die Sache zur Feststellung der Streitpunkte zu vernehmen und nach seinem Ermessen Vorschläge zu machen. Findet eine Einigung statt, so ist dieselbe urkundlich festzustellen.

Schlägt der Versuch fehl, so ist dem Armenverband, welcher den Anspruch erhebt, darüber von dem Landrate eine Bescheinigung zu erteilen, welche der Klageschrift (§ 2) beizufügen ist, widrigenfalls letztere von der Deputation ohne weiteres zurückgewiesen wird.

§ 9 a. a. O. Die Vollstreckung der Entscheidungen, Anerkenntnisse und Einigungen (§§ 53 und 55 des Bundesges. v. 6. Juni 1870 und § 8 des gegenwärtigen Gesetzes) ist bei der Deputation für das Heimatwesen zu beantragen. Die Hilfsvollstreckung selbst geschieht auf Requisition der Deputation durch den Fürstlichen Landrat, in dessen Bezirk der in Anspruch genommene Ortsarmenverband sich befindet, gegen den Landarmenverband durch denjenigen Landrat, in dessen Bezirk das Fürstliche Ministerium, Abteilung des Innern (§ 2 Ges. v. 25. Januar 1872), seinen Sitz hat.

7. Hessen. AusfGes. v. 14. Juli 1871.

Art. 9. Die Vorschriften der §§ 38—51 des Reichsgesetzes vom 6. Juni 1870, betreffend das Verfahren in Streitsachen zwischen Armenverbänden, welche verschiedenen Bundesstaaten angehören, finden auch auf diejenigen Streitsachen Anwendung, bei welchen nur Armenverbände des Großherzogtums beteiligt sind.[1])

1. § 52 UWG. Damit ist die Zuständigkeit des Bundesamts nach Maßgabe des § 41 UWG. begründet. Bezüglich der ersten Instanz s. Art. 10 Anm. 1.

Art. 10. Die Entscheidung von Streitigkeiten, welche gegen einen hessischen Armenverband von einem anderen deutschen Armenverband erhoben werden, steht dem Administrativjustizhof[1]) zu.

1. Jetzt dem Provinzialausschuß der Provinz, welcher der beklagte Armenverband angehört; Art. 12, 15, 133, I Nr. 10 und V des Gesetzes, betr. die Verwaltungsrechtspflege, vom 8. Juli 1911. Die Provinzialausschüsse haben ihren Sitz für die Provinz Starkenburg in Darm-

stadt, für die Provinz Oberhessen in Gießen, für die Provinz Rheinhessen in Mainz.

Art. 11—13 handeln von dem Verfahren; sie sind ersetzt durch die Vorschriften des Ges. v. 8. Juli 1911 über die Klage (Erhebung, Zurücknahme, Einreichung, Zurückweisung, Erledigung durch Bescheid, Art. 39—44), Gegenerklärung (Art. 45), Entscheidung ohne mündliche Verhandlung (Art. 46), mündliche Verhandlung und deren Vorbereitung (Art. 47—49), Beiladung Dritter (Art. 50), Gang der mündlichen Verhandlung (Art. 51, 52), Entscheidung beim Ausbleiben der Beteiligten (Art. 53), Sitzungsprotokoll (Art. 54), Beweiserhebung (Art. 55—59), Entscheidung und Urteil (Art. 60—66), Rechtskraft (Art. 67) Beschlüsse und einstimmige Verfügungen (Art. 68, 69). — Im übrigen sind für das Verfahren vor dem Provinzialausschuß die §§ 39, 40 und für die Einlegung der Berufung und die Verhandlung derselben vor dem Bundesamte die §§ 42—51 UWG. maßgebend (s. auch Art. 9).

Art. 14. Das ganze Verfahren in Streitsachen der Armenverbände ist stempelfrei.[1])

Der unterliegende Teil hat die in dem Verfahren entstandenen baren Auslagen und Anwaltskosten, namentlich die Gebühren für Zeugen und Sachverständige zu tragen und dem obsiegenden Teile die durch das Verfahren verursachten notwendigen Kosten zu ersetzen.

Die zu erstattenden baren Auslagen, Gebühren und Kosten werden von dem Administrativjustizhof [2]) endgültig festgesetzt.

1. Vergl. Art. 120 des Ges., betr. die Verwaltungsrechtspflege, v. 8. Juli 1911.
2. Jetzt dem Provinzialausschuß.

Art. 15. Soweit die Organisation oder die örtliche Abgrenzung der einzelnen Armenverbände Gegenstand des

Streites[1]) ist, bewendet es endgültig bei der Entscheidung des Administrativjustizhofes.[2])

1. S. auch Art. 2 Abs. 1 des Gesetzes in Anhang B (S. 215), § 41 UWG.

2. Die Entscheidung gebührt nach § 133 Nr. 9 des Ges. über die Verwaltungsrechtspflege v. 8. Juli 1911 in erster Instanz dem Kreisausschuß, in zweiter Instanz dem Provinzialausschuß, in dritter Instanz dem Verwaltungsgerichtshof (Art. 19 a. a. O.).

Art. 16 betr. die Form der Entscheidung und die Kostenpflicht, ist durch die Art. 60 und 120 des Ges., betr. die Verwaltungsrechtspflege, vom 8. Juli 1911 ersetzt.

Art. 17 betrifft die Berufungen gegen Anordnungen auf Grund des § 56 Abs. 2 UWG. und verordnet die Zuständigkeit des Bundesamts auch für darauf bezügliche Streitigkeiten unter hessischen Armenverbänden (§ 52 UWG.).

Art. 18. Ist ein Armenverband zur Zahlung und Erstattung der ihm endgültig auferlegten Kosten und Gebühren laut Bescheinigung des betreffenden Kreisamts ganz oder teilweise außerstande (§ 59 des Reichsgesetzes), so muß für deren Erstattung der betreffende Landarmenverband aufkommen.[1])

1. Nach Art. 133 Nr. 9 des Ges. v. 8. Juli 1911, betr. die Verwaltungsrechtspflege, ist über Ansprüche der OAV. auf Beihilfe durch LAV. in Gemäßheit des Art. 18 im Verwaltungsstreitverfahren zu entscheiden. I. Inst. Kreisausschuß, II. Inst Provinzialausschuß; — keine Revision § 133 IV a. a. O.

8. Hamburg. AusfVer. v. 23. Juni 1871.

§ 4. Für Streitigkeiten, welche zwischen zwei hamburgischen Armenverbänden oder Armenverwaltungen (§ 37 des Bundesgesetzes) sowie zwischen dem Armenverbande eines andern Bundesstaates und dem von diesem in Anspruch genommenen hamburgischen Armenverbande entstehen (§ 38 des Bundesgesetzes), bildet eine aus fünf Senatsmitgliedern bestehende Kommission für die Angelegenheiten der Armenverbände die zuständige, im Verwaltungswege in erster Instanz entscheidende Spruchbehörde, der ein beeidigter Protokollführer beigeordnet wird. Zur Abgebung einer gültigen Entscheidung ist die Anwesenheit von mindestens drei Mitgliedern erforderlich.

Soweit diese Streitigkeiten die Notwendigkeit des Transports oder die Art der Ausführung desselben betreffen, steht dieser Senatskommission die endgültige Entscheidung zu (§ 58 des Bundesgesetzes).

§ 5. Gegen diejenigen Entscheidungen dieser in § 4 erwähnten Spruchbehörde, welche in Streitigkeiten zwischen hamburgischen Armenverbänden abgegeben werden und welche in Streitigkeiten hamburgischer Armenverbände mit Armenverbänden eines anderen Bundesstaats in Beziehung auf die Organisation oder örtliche Abgrenzung hamburgischer Armenverbände erfolgen, ist der Rekurs an den Senat, als letzte endgültig entscheidende Instanz, zulässig (§§ 38—41 des Bundesgesetzes).

Gegen anderweitige Entscheidungen der in erster Instanz erkennenden Senatskommission findet die Berufung, soweit eine solche zulässig, an das Bundesamt für das Heimatwesen statt (§§ 42 bis 51 des Bundesgesetzes).

§ 6. In Beziehung auf das Verfahren vor den in den §§ 4 und 5 benannten hiesigen Spruchbehörden kommen die folgenden Vorschriften zur Anwendung.

Das Verfahren ist ein schriftliches.

Alle Eingaben und deren Anlagen sind in zwei Ausfertigungen auf der Staatskanzlei einzureichen, von denen das abschriftliche Exemplar auf Verfügung der Senatskommission der Gegenpartei zugestellt wird.

Sämtliche Eingaben sowie alle Verfügungen und Entscheidungen sind stempelfrei und werden für die letzteren keine Gebühren berechnet.

Die an die Senatskommission zur Verfolgung des geltend zu machenden Anspruchs zu richtende Eingabe sowie desgleichen die von der Gegenpartei seitens der Senatskommission einzuziehende Gegenerklärung müssen eine Angabe aller zu benutzenden Beweismittel enthalten; Urkunden müssen in Original und Abschrift beigefügt sein.

Die Senatskommission ist befugt, Untersuchungen an Ort und Stelle zu veranlassen, Zeugen und Sachverständige zu laden, eidlich oder an Eides Statt vernehmen zu lassen und überhaupt alles, was sie zur Instruierung der Sache und zur Erhebung der angetretenen Beweise erforderlich oder dienlich erachtet, zu verfügen.

Die gegen die Entscheidung der Senatskommission nach § 5 zulässige Berufung an den Senat muß binnen 14 Tagen, von dem Zeitpunkte der erfolgten Insinuation der erstinstanzlichen Entscheidung an gerechnet, bei Verlust des Berufungsrechtes bei der Senatskommission schriftlich eingereicht und gerechtfertigt werden.

Die Senatskommission zieht, falls erforderlich, von der Gegenpartei eine Erklärung auf die Berufungsschrift ein und übergibt, evtl. nach Ablauf der für die Beibringung des Schriftsatzes erteilten Frist, die Akten an den Senat, welcher etwa erforderliche weitere Aufklärungen über das Sach- und Rechtsverhältnis durch die Senatskommission vornehmen läßt.

Die Entscheidung des Senats geht mit den Vorakten an die Senatskommission zurück, welche die Insinuation der Entscheidung anordnet.

Mit der Vollstreckung der Entscheidungen wird nach Maßgabe der §§ 53—59 des Bundesgesetzes verfahren.

9. Mecklenburg-Schwerin. Ausf Ver. v. 20. Februar 1871.

§ 8. Die Vorschriften des § 38 Abs. 1 und der §§ 39 und 40 des Bundesgesetzes über den Unterstützungswohnsitz vom 6. Juni 1870 sollen auch dann zur Anwendung kommen, wenn es sich um Streitigkeiten zwischen Ortsarmenverbänden beziehungsweise zwischen einem solchen und dem Landarmenverbande handelt.

§ 9. Wird ein Ortsarmenverband bezw. der Landarmenverband des Großherzogtums auf Erstattung der Kosten oder auf Übernahme eines Hilfsbedürftigen in Anspruch genommen, so normieren die nachstehenden Bestimmungen:

1. Die erste Instanz und die vorgesetzte Behörde der Armenverbände im Sinne der §§ 14, 27, 34 des Bundesgesetzes über den Unterstützungswohnsitz vom 6. Juni 1870 bildet unter dem Namen:

   „Großherzogliche Kommission für das Heimatwesen“

   eine von Uns und für Unsere Lande in der Residenzstadt Schwerin niederzusetzende, unter dem Ministerium des Innern stehende Behörde von drei zum Richteramte qualifizierten Mitgliedern, welche zu diesem Amt besonders zu beeidigen sind und von denen eines vom Großherzog aus drei vom engeren Ausschusse zu präsentierenden Personen zu ernennen ist. Jedoch können dem Großherzogtum angehörige Armenverbände, wenn sie Ansprüche gegen eine Domanialgemeinde erheben wollen, sich nach ihrer Wahl statt an diese Kommission auch an dasjenige Domanialamt wenden, welches der in Anspruch genommenen Domanialgemeinde vorgesetzt ist, sofern dasselbe nicht zugleich den klagenden Armenverband zu vertreten hat, und im Umfange dieser Kompetenz gelten die Domanialämter auch im Sinne der §§ 14 und 27 als vorgesetzte Behörden der Domanialgemeinden.

2. Die zweite Instanz bildet:
   a) wenn beide streitende Teile den hiesigen Landen angehören, das Staatsministerium,
   b) wenn der den Anspruch erhebende Armenverband einem der übrigen Bundesstaaten angehört, das Bundesamt für das Heimatwesen.

Verordnung über das Verfahren in Heimatsachen v. 30. Juni 1871 (RegBl. S. 323).

§ 1. In den vor die Kommission für das Heimatwesen gehörigen, im Verwaltungswege zu erledigenden (vergl. § 38 des Bundesgesetzes über den Unterstützungswohnsitz vom 6. Juni 1870) Streitsachen der Armenverbände hat der den Anspruch erhebende Armenverband die betreffende Klage bei der Kommission schriftlich einzureichen.

In der Klageschrift ist der Armenverband, dessen Verurteilung verlangt wird, und der Gegenstand des erhobenen Anspruchs genau zu bezeichnen; es ist insbesondere ausdrücklich auszusprechen, ob die Übernahme des betreffenden Hilfsbedürftigen oder welche sonstige Leistung verlangt wird.

§§ 2—3 gleichlautend mit §§ 47, 48 Pr. AG.

§ 4. Die Kommission hat die Sache für die von ihr zu treffende Entscheidung, soweit erforderlich, weiter zu instruieren und zu solchem Zwecke nach ihrem Ermessen weitere Erklärungen von den Parteien zu erfordern und alle diejenigen Ermittelungen vorzunehmen resp. vornehmen zu lassen, welche für die Beurteilung der Sache wesentlich erscheinen.

Abs. 2 und 3 übereinstimmend mit § 49 Pr. AG. Der Rekurs (Abs. 3) geht an die für die Hauptsache zuständige Rekursbehörde.

§ 5. Die Kommission kann die Beweiserhebung durch eines ihrer Mitglieder oder durch eine andere Behörde bewirken lassen.

Abs. 2 gleichlautend mit § 51 Pr. AG.

§ 6. Die Kommission kann, insofern sie es nach Lage des einzelnen Falles für erforderlich erachtet, vor Abgabe der Entscheidung einen Termin zur schließlichen Verhandlung anberaumen. Bei dieser terminlichen Verhandlung ist es den Parteien gestattet, einen Beistand zuzuziehen oder sich auf Grund einer schriftlichen Vollmacht vertreten zu lassen.

Die Ladung zu den Terminen erfolgt unter der Verwarnung, daß im Falle des Ausbleibens nach Lage der Akten werde entschieden werden.

Auf Berücksichtigung der in dem Termine etwa vorgebrachten neuen Tatsachen oder Beweismittel haben die Parteien nur insofern Anspruch, als ihnen bei dem verspäteten Vorbringen eine schuldbare Verzögerung nicht zur Last fällt.

§ 7. Nach Beendigung des Instruktionsverfahrens wird, wenn eine Bescheidung in der Sache nötig wird und die Sache nicht etwa aus besonderen Gründen beruhen zu lassen ist, die zu gebende Entscheidung in Form eines schriftlichen, mit Gründen versehenen Bescheides erlassen.

Die Kommission hat nach ihrer freien, aus dem ganzen Inbegriffe der Verhandlungen und Beweise geschöpften Überzeugung zu beschließen. Die Entscheidung kann auf Abweisung des klagenden oder auf Verurteilung des in Anspruch genommenen Armenverbandes gerichtet sein. Letzterenfalls ist in der Entscheidung ausdrücklich auszusprechen, ob der Armenverband zur Übernahme des betreffenden Hilfsbedürftigen oder nur zu einer sonstigen Leistung verpflichtet sein soll.

§ 8. Das Verfahren ist stempelfrei. An Kosten wird für das Verfahren außer den baren Auslagen statt der Gebühren ein Pauschquantum erhoben, welches im Höchstbetrage zwanzig Taler nicht übersteigen darf und welches gleich den der Kommission erwachsenen baren Auslagen, insofern letztere nicht unmittelbar durch Anträge der einen oder der anderen Partei veranlaßt sind, vorläufig als von jeder Partei zur Hälfte geschuldet angesehen wird.

Rücksichtlich der Verpflichtung zur Erstattung der Kosten sind die Bestimmungen des geltenden bürgerlichen Prozeßrechtes analog anzuwenden, jedoch mit der Beschränkung, daß von den durch die Zuziehung eines Sachwalters dem obsiegenden Teile erwachsenen Kosten dem unterliegenden Teile nur die Gebühren zur Last zu legen sind, welche der obsiegende Teil im Falle einer vor der Kommission stattgehabten terminlichen Schlußverhandlung seinem Sachwalt für das Beziehen des Termins zu entrichten hat.

Das Pauschquantum sowie sämtliche zu erstattenden Auslagen und Gebühren der Bevollmächtigten werden von der Kommission endgültig festgestellt.

§ 9. Gegen die Entscheidung der Kommission für das Heimatwesen findet, wenn beide streitende Teile den hiesigen Landen angehören, die Berufung an das Staatsministerium statt (vergl. § 9 Nr. 2 der Ausführungsordnung zum Bundesgesetze über den Unterstützungswohnsitz vom 20. Februar 1871).

Abs. 2—6 ordnen das Verfahren übereinstimmend mit den §§ 46—49 UWG.

Die Entscheidung des Staatsministeriums erfolgt stempel- und gebührenfrei. Dieselbe wird schriftlich, mit Gründen versehen, den Parteien durch Vermittelung der Kommission für das Heimatwesen zugefertigt.

Die unterliegende Partei ist verpflichtet, der Gegenpartei die ihr in der Berufungsinstanz entstandenen baren Auslagen zu erstatten.

Für die Berufung an das Bundesamt für das Heimatwesen (vergl. § 9 Nr. 2 b der Ausführungsverordnung vom 20. Februar 1871) normieren die Bestimmungen in §§ 46 ff. des Bundesgesetzes über den Unterstützungswohnsitz vom 6. Juni 1870.

§ 10. In denjenigen Fällen, wo dem Großherzogtum angehörige Armenverbände, welche Ansprüche gegen eine Domanialgemeinde erheben wollen, von der ihnen (nach § 9 Nr. 1 der Ausführungsverordnung vom 20. Februar 1871 zum Bundesgesetz über den Unterstützungswohnsitz) zustehenden Befugnis Gebrauch machen und sich statt an die Kommission für das Heimatwesen an dasjenige Domanialamt wenden, welches der in Anspruch genommenen Domanialgemeinde vorgesetzt ist, kommen die Vorschriften der vorstehenden §§ 1—9 mit folgenden Modalitäten zur Anwendung:

1. Es genügt, wenn die Domanialgemeinden ihre Vorträge resp. Erklärungen, statt dieselben schriftlich einzureichen, durch den Gemeindevorstand bei dem betreffenden Domanialamte mündlich zur Registratur geben und dabei die als Beweismittel in Bezug genommenen Urkunden im Original oder in Abschrift überreichen.

   Die Registratur sowie die etwaigen Anlagen werden dann der Gegenpartei resp. unter dem betreffenden Präjudize abschriftlich zugefertigt.

2. Die Entscheidung des Amtes erfolgt stempel- und gebührenfrei.

3. Die gegen die Entscheidung des Domanialamtes stattfindende Berufung an die Landesregierung ist binnen 14 Tagen (vergl. oben § 9) bei dem Domanialamte, gegen dessen Entscheidung sie gerichtet ist, anzumelden.

§ 11. Die direkten Verhandlungen zwischen verschiedenen Armenverbänden in Heimatsachen sowie die nach Maßgabe der §§ 14, 27 und 34 des Bundesgesetzes über den Unterstützungswohnsitz erfolgenden Anträge und Anmeldungen sind stempel- und gebührenfrei.

10. Braunschweig.

a) AusfGes. v. 5. Juni 1871:

§ 11. Lehnt ein braunschweigischer Armenverband den gegen ihn von einem andern Armenverbande erhobenen Anspruch auf Erstattung von Unterstützungskosten oder auf Übernahme eines Hilfsbedürftigen ab, so wird über einen solchen Anspruch auf dahin gerichtete Klage von der Deputation für Heimatwesen [1]) entschieden.

1. Nach § 10 des Gesetzes, betr. die Verwaltungsrechtspflege, v. 5. März 1895 ist mit dem Tage des Inkrafttretens dieses Gesetzes — 1. April 1896 — an die Stelle der Deputation für Heimatwesen der Verwaltungsgerichtshof getreten. Doch hat die Deputation für Heimatwesen die am 1. April 1896 bei ihr anhängigen Sachen noch nach den bisherigen Vorschriften zu erledigen (§ 72 a. a. O.).

Mit dem Verwaltungsgerichtshof ist auch das Verfahren vor demselben, soweit dies nach der Natur der armenrechtlichen Streitsachen angängig ist, in Geltung getreten. Dadurch sind die §§ 12 bis 29 des AusfGes. v. 5. Juni 1871 in Wegfall gekommen.

b) Ges. v. 5. März 1895 (Ges.- u. VBl. S. 79 ff.):

§ 50. Armenangelegenheiten. Die Klage findet statt, wenn ein Armenverband den gegen ihn von einem anderen Armenverbande erhobenen Anspruch auf Erstattung von Unterstützungskosten oder auf Übernahme eines Hilfsbedürftigen ablehnt. Ist der Landarmenverband einer der streitenden Teile, so wird derselbe durch die betreffende Kreisdirektion vertreten.

Bei Verurteilung eines in Anspruch genommenen Armenverbandes ist in der Entscheidung auszusprechen, ob der Armenverband zur Übernahme des betreffenden Hilfsbedürftigen oder zu welcher sonstigen Leistung verpflichtet sein soll.

Soweit die Organisationen oder die örtliche Abgrenzung der einzelnen Armenverbände Gegenstand des Streites ist, bewendet es endgültig bei der Entscheidung des Verwaltungsgerichtshofes; im übrigen findet gegen dessen Entscheidung die Berufung an das Bundesamt für das Heimatwesen statt.

Die im § 56 des Reichsgesetzes über den Unterstützungswohnsitz erwähnten Anordnungen sind von der Kreisdirektion des Kreises zu treffen, in welchem der Ortsarmenverband des Aufenthaltsorts eines Auszuweisenden belegen ist, und findet gegen die Anordnung der Kreisdirektion, wenn die streitenden Armenverbände dem Herzogtume angehören, Berufung an den Verwaltungsgerichtshof statt, bei dessen Entscheidung es endgültig bewendet.

§ 17 übereinstimmend mit Pr. LVG. § 63.

§ 18 Abs. 1 und 2 übereinstimmend mit Pr. LVG. § 64 Abs. 1 und 2 (oben S. 284).

(§ 64 Abs. 3 — Bescheid des Vorsitzenden — fehlt im braunschweigischen Gesetze.)

Abs. 3. In dem Bescheide ist den Parteien zu eröffnen, daß sie befugt seien, innerhalb zweier Wochen, vom Tage der Zustellung ab, die Anberaumung der mündlichen Verhandlung zu beantragen.

Abs. 4. Wird mündliche Verhandlung nicht beantragt, so gilt der Bescheid als endgültiges Urteil.

§§ 19—24 übereinstimmend mit §§ 65—71 Pr. LVG. (oben S. 285 ff.).

§ 25. Bezüglich der Öffentlichkeit des Verfahrens und der Sitzungspolizei kommen die Vorschriften der §§ 170 173—185 des Deutschen Gerichtsverfassungsgesetzes und des Reichsgesetzes vom 5. April 1888 Art. I—IV (RGBl. S.133) zu entsprechender Anwendung.

§ 26 Abs. 1 und 2 übereinstimmend mit § 73 Abs. 1 und Abs. 2 Satz 1 des Pr. LVG. (oben S. 288).

Abs. 3. Das Gericht kann fordern, daß Parteien, welche nach Ansicht desselben zur eigenen Vertretung ihrer Rechte unfähig sind, innerhalb einer bestimmten Frist einen Vertreter bestellen.

§ 27. Die Vertretung einer Behörde erfolgt durch einen ihrer Beamten. Dieselbe kann auch durch einen Rechtsanwalt erfolgen. Das Staatsministerium ist befugt, in jedem Falle einen besonderen Kommissar zur Wahrnehmung des öffentlichen Interesses für die mündliche Verhandlung zu bestellen. Der Kommissar ist vor Erlaß des Endurteils mit seinen Ausführungen und Anträgen zu hören.

§§ 28—30 übereinstimmend mit §§ 75—77 Pr. LVG. (oben S. 289).

§ 31 übereinstimmend mit § 78 Abs. 1 Pr. LVG., doch fehlt die diesem beigefügte Maßgabe.

§ 32 Abs. 1 übereinstimmend mit § 79 Pr. LVG., doch lautet der letzte Satz des Abs. 1: Die Entscheidungen dürfen nur die zum Verfahren vorgeladenen oder beigeladenen (§ 23) Parteien und die in demselben erhobenen Ansprüche betreffen.

Abs. 2 hat für das armenrechtliche Streitverfahren keine Bedeutung.

§§ 33, 34 übereinstimmend mit §§ 80, 81 Pr. LVG. (oben S. 290).

§ 35 handelt von Beschwerden gegen Verfügungen des Vorsitzenden und Beschlüsse des Verwaltungsgerichtshofes und von der gegen endgültige Entscheidungen des Verwaltungsgerichtshofes lediglich stattfindenden Klage auf Wiederaufnahme des Verfahrens. — Dieses Rechtsmittel findet im armenrechtlichen Streitverfahren nicht statt (§ 50).

§ 36 übereinstimmend mit §§ 102, 103 Pr. LVG. (oben S. 291).

§ 37 übereinstimmend mit § 104 Pr. LVG. (S. 292).

§ 38. An Gerichtsgebühren kommt ein Pauschsatz zur Hebung, welcher im Höchstbetrage 150 Mark nicht übersteigen darf. Für die Berechnung des Pauschsatzes ist vom Staatsministerium ein Tarif aufzustellen.

Für die Gebühren der Zeugen und Sachverständigen sowie für die Schreibgebühren gelten die in Zivilprozessen zur Anwendung kommenden Vorschriften.

§ 39. Die Erhebung des Pauschsatzes findet nicht statt:

1. wenn der unterliegende Teil eine Behörde ist;
2. wenn die Entscheidung ohne vorgängige mündliche Verhandlung erfolgt ist;
3. von denjenigen Personen, denen nach den Reichs- oder Landesgesetzen Gebührenfreiheit in bürgerlichen Rechtsstreitigkeiten zusteht.

§ 40. Alle Kosten und Auslagen werden von dem Verwaltungsgerichtshofe endgültig festgesetzt (vergl. jedoch § 35).

§ 41. Imgleichen entscheidet der Verwaltungsgerichtshof endgültig darüber, ob dem unterliegenden Teile nach Maßgabe der Bestimmungen im § 7 des Ausführungsgesetzes zum Deutschen Gerichtskostengesetze usw. vom 11. Juli 1879 Nr. 40 oder wenn sonst ein besonderer Anlaß dazu vorliegt, gänzliche oder teilweise Kostenfreiheit oder Kostenstundung bewilligt werden soll.

§ 42. Die Vollstreckung der Entscheidungen des Verwaltungsgerichtshofes erfolgt, soweit erforderlich, im Wege des Verwaltungszwangsverfahrens. Die Vollstreckung wird namens des Verwaltungsgerichtshofes von dem Vorsitzenden desselben verfügt.

§ 43. Die Zustellungen und Ladungen erfolgen von Amts wegen, und es finden die bezüglichen Vorschriften der bürgerlichen Prozeßgesetze entsprechende Anwendung. Die beeidigten Verwaltungsbeamten genießen den öffentlichen Glauben der Gerichtsvollzieher.

11. Oldenburg. Gesetz, betr. die Verwaltungsgerichtsbarkeit, v. 9. Mai 1906 (GBl. 693 ff.).

Dieses Gesetz ist am 1. Dez. 1906 seinem vollen Umfange nach in Kraft getreten (V. v. 9. Mai 1906, GBl. S. 756) und mit diesem Tage das Ges. v. 28. Jan. 1882, betr. das Verfahren in Streitigkeiten über den UW., außer Kraft getreten (§ 104 Ges. v. 9. Mai 1906).

1. Verwaltungsgerichte.

§ 1. Die Verwaltungsgerichtsbarkeit wird ausgeübt:

1. durch Verwaltungsgerichte; [1])
2. durch das Oberverwaltungsgericht, welches seinen Sitz in Oldenburg hat. [2])

1. Die Verwaltungsgerichte für die Fürstentümer Lübeck und Birkenfeld haben ihren Sitz in Eutin bezw. in Birkenfeld (§ 7, auch über deren Zusammensetzung); im Herzogtum Oldenburg sind Verwaltungsgerichte für die Amtsbezirke am Sitze der Ämter und in den Städten Oldenburg, Varel, Jever und Delmenhorst gebildet (§ 9, auch über die Zusammensetzung). — Über die Zuständigkeit der Verwaltungsgerichte auf dem Gebiet des Armenrechts s. unten.

2. Über ihre Zusammensetzung usw. s. §§ 2—6.

II. Sachliche Zuständigkeit.

§ 10 Abs. 1. Vor die Verwaltungsgerichte gehören die ihnen durch Gesetz oder Verordnung (§ 53) zugewiesenen Angelegenheiten (Verwaltungsstreitsachen).

§ 11 Abs. 1. Die Zulässigkeit des Verwaltungsstreitverfahrens schließt eine Beschwerde im Verwaltungswege aus, vorbehaltlich abweichender besonderer Bestimmungen des Gesetzes.

§ 17. Der Entscheidung im Verwaltungsstreitverfahren durch die Verwaltungsgerichte unterliegen ferner:

— — —

4. Streitigkeiten zwischen einer durch die Verpflegung ihrer Armen überlasteten Gemeinde mit dem Amtsverbande um Gewährung einer Beihilfe.

§ 19. Der Entscheidung der Verwaltungsgerichte unterliegen die nach den §§ 37 und 38 des Reichsgesetzes vom 6. Juni 1870 über den Unterstützungswohnsitz im Verwaltungswege zu erledigenden Streitigkeiten, welche gegen einen oldenburgischen Armenverband von einem anderen oldenburgischen oder von einem sonstigen deutschen Armenverband erhoben werden. Die Entscheidung erfolgt:

1. im Herzogtum Oldenburg durch das Oberverwaltungsgericht;
2. in den Fürstentümern Lübeck und Birkenfeld:
   a) wenn der Anspruch gegen einen Ortsarmenverband gerichtet ist, durch das Verwaltungsgericht zu Eutin bezw. Birkenfeld,
   b) wenn die Regierung als Vertreterin des Landarmenverbandes bei der Sache beteiligt ist, durch das Oberverwaltungsgericht.

Soweit die Organisation oder die örtliche Abgrenzung der einzelnen Armenverbände Gegenstand des Streites ist, bewendet es, vorbehaltlich der Berufung gegen die Entscheidungen der Verwaltungsgerichte für die Fürstentümer an das Oberverwaltungsgericht, endgültig bei der Entscheidung der Verwaltungsgerichte.

Im übrigen findet gegen die Entscheidungen des Oberverwaltungsgerichts und der Verwaltungsgerichte sowie gegen die im § 56 des Reichsgesetzes vom 6. Juni 1870 erwähnte Anordnung die Berufung an das Bundesamt für das Heimatwesen statt.

III. Verfahren.

1. Allgemeine Vorschriften.

§ 54. Zuständig in erster Instanz ist . . .

— — —

2. . . . das Verwaltungsgericht, in dessen Bezirk die beklagte Partei . . ., welche von einer öffentlichen Behörde vertreten wird, ihren Sitz hat.[1])

1. Nach Abs. 2 bestimmt das Oberverwaltungsgericht das zuständige Verwaltungsgericht, wenn . . . mehrere Beklagte in Anspruch genommen werden, die in verschiedenen Bezirken ihren Sitz haben, sowie wenn das an sich zuständige Gericht infolge Ausscheidens ausgeschlossener oder abgelehnter Mitglieder beschlußunfähig wird.

§ 56. Die Fristen . . . im Verwaltungsstreitverfahren sind Ausschlußfristen und beginnen mit der Eröffnung oder der Zustellung . . . Für die Berechnung der Fristen sind die Vorschriften der Zivilprozeßordnung entsprechend anzuwenden. § 57 handelt von der Wiedereinsetzung in den vorigen Stand bei unverschuldeter Versäumung der Ausschlußfrist. Nach § 58 erfolgen die Zustellungen von Amts wegen nach den Vorschriften der ZPO.; sie können auch dann an die Parteien selbst geschehen, wenn diese einen Prozeßbevollmächtigten bestellt haben.

§ 60. Das Gericht hat seine Zuständigkeit von Amts wegen zu prüfen. Wird die Einrede der Unzuständigkeit erhoben, so kann das Gericht darüber vorab entscheiden.

§ 61. Die Bestimmungen der Zivilprozeßordnung über Ausschließung und Ablehnung der Richter finden sinngemäße Anwendung. Die Entscheidung über das Ablehnungsverfahren erfolgt ohne vorgängige mündliche Verhandlung. Wird das Ablehnungsgesuch durch Beschluß des Verwaltungsgerichts für unbegründet erklärt, so steht der mit dem Gesuch zurückgewiesenen Partei innerhalb zwei Wochen die Beschwerde an das Oberverwaltungsgericht zu.

Der Umstand allein, daß ein Mitglied des Gerichts amtlich in der Sache tätig gewesen ist, ist kein Grund, es auszuschließen oder abzulehnen.

§ 62. Vor der Entscheidung kann das Gericht, wenn für die Verwirklichung der Rechte einer Partei oder für das Gemeinwohl von dem Aufschub der Entscheidung nicht oder schwer ersetzliche Nachteile zu besorgen sind, die zur Abwendung solcher Nachteile nötigen einstweiligen Verfügungen zu treffen. In dringenden Fällen steht diese Befugnis auch dem Vorsitzenden des Gerichts zu.

Gegen die Verfügung des Verwaltungsgerichts steht den Beteiligten innerhalb zwei Wochen die Beschwerde an das Oberverwaltungsgericht zu.

§ 63. Die Vollstreckung der Entscheidung des Gerichts erfolgt im Wege des Verwaltungszwangsverfahrens. Sie wird namens des Gerichts, welches in der ersten Instanz entschieden oder beschlossen hatte, von dessen Vorsitzenden verfügt.

§ 64. Gegen Verfügungen des Vorsitzenden, welche die Leitung des Verfahrens, den Erlaß einer einstweiligen Verfügung oder die Vollstreckung der Entscheidung des

Gerichts zum Gegenstande haben, findet innerhalb zwei Wochen die Beschwerde an das Gericht statt.

Gegen die Entscheidung des Verwaltungsgerichts in den Fällen des ersten Absatzes findet innerhalb zwei Wochen die Beschwerde an das Oberverwaltungsgericht statt.

2. Verfahren bis zum Urteil.

§ 65. Die Klage ist bei dem zuständigen Gerichte . . . schriftlich einzureichen oder zu Protokoll anzubringen.

. . . Ist die Klage bei einem unzuständigen Verwaltungsgerichte eingereicht . . ., so ist sie unter Benachrichtigung des Klägers unverzüglich an das zuständige Gericht abzugeben. Gegen die Abgabe der Klage an ein anderes Gericht findet innerhalb zwei Wochen die Beschwerde an das Oberverwaltungsgericht statt.

§ 66 übereinstimmend mit § 63 Satz 3 des Pr. LVG. (S. 284).

§ 67 Abs. 1—3 übereinstimmend mit § 64 Abs. 1—3 Pr. LVG. (S. 284).

Gegen den Bescheid steht innerhalb zwei Wochen nach dem Tage der Zustellung in dem Falle des Abs. 1 dem Kläger, in dem des Abs. 2 dem Beklagten der Antrag auf Anberaumung der mündlichen Verhandlung zu.

In dem Bescheide ist ausdrücklich anzugeben, daß er auf Grund des § 67 erlassen ist und daß gegen den Bescheid ein Antrag auf Anberaumung der mündlichen Verhandlung zulässig ist.

Wird der Antrag auf mündliche Verhandlung nicht gestellt, so gilt der Bescheid als endgültiges Urteil.

§ 68. Aufforderung zur Gegenerklärung.

§ 69. Angabe der Beweismittel.

§ 70. Entscheidung ohne mündliche Verhandlung, wenn ein Antrag auf mündliche Verhandlung nicht gestellt ist.

§ 71. Anberaumung der mündlichen Verhandlung. §§ 68—71 übereinstimmend mit §§ 65—68 Pr. LVG. (S. 285 ff.).

§ 72. Beiladung. Satz 1 übereinstimmend mit § 70 Pr. LVG. Satz 1 (S. 287). — Durch die Beiladung werden sie Partei. Die Beiladung kann auch noch nach einer mündlichen Verhandlung, die nicht zum Erlasse des Urteils geführt hat, stattfinden.

Sowohl gegen die Beiladung wie gegen die Verwerfung des Antrags auf Beiladung ist innerhalb zwei Wochen Beschwerde an das Oberverwaltungsgericht zulässig.

§ 73, Gang der mündlichen Verhandlung, übereinstimmend mit § 71 Abs. 1 und 2 Pr. LVG.

§ 74, Aufgaben des Vorsitzenden, Fragerecht der Mitglieder, übereinstimmend mit § 71 Abs. 3 und 4 Pr. LVG. (S. 288).

§ 75, Öffentlichkeit der Verhandlung, Sitzungspolizei, übereinstimmend mit § 72 Pr. LVG.

§ 76, Zulassung von Bevollmächtigten und Vertretern, übereinstimmend mit § 73 Abs. 1 und 2 Pr. LVG. (S. 288).

§ 77. Die Vertretung einer Behörde erfolgt durch einen von ihr allgemein oder in jedem einzelnen Falle zu bestimmenden Beamten.

§ 78. Das Staatsministerium ist befugt, allgemein oder in jedem einzelnen Falle einen Kommissar für die mündliche Verhandlung zu bestellen. Der Kommissar ist vor Erlaß des Urteils mit seinen Ausführungen und Anträgen zu hören.

§ 79, Sitzungsprotokoll, übereinstimmend mit § 75 Pr. LVG. (S. 289).

§ 80. Das Gericht erforscht den Sachverhalt von Amts wegen. Es erhebt den nach seinem Ermessen zur Aufklärung des Sachverhalts erforderlichen Beweis ohne Rücksicht darauf, ob ihn die Parteien angetreten haben oder nicht.

Abs. 2 übereinstimmend mit § 76 Pr. LVG. (S. 289).

§ 81, Anordnung der Beweisaufnahme, übereinstimmend mit § 77 Pr. LVG.

§ 82 Abs. 1—3, Zeugnispflicht, Ungehorsamstrafen, übereinstimmend mit § 78 Abs. 1 und 2 Pr. LVG. (Ein Maximalbetrag der Geldbuße ist nicht festgesetzt.)

Abs. 4 betrifft die Gebühren der Zeugen und Sachverständigen.

§ 83. Das Gericht entscheidet nach seiner freien, aus dem ganzen Inbegriffe der Verhandlungen und Beweise geschöpften Überzeugung, wobei es zwar nicht über den Gegenstand der Verhandlung hinausgehen darf, im übrigen aber weder an die gestellten Anträge noch an die zu ihrer Rechtfertigung vorgebrachten Gründe gebunden ist, insbesondere eine angefochtene Entscheidung auch zum Nachteile dessen, der die Klage oder das Rechtsmittel angebracht hat, abändern kann.

Beim Ausbleiben einer Partei oder in Ermangelung einer Erklärung derselben können die von der Gegenpartei vorgebrachten Tatsachen für zugestanden erachtet werden.

Die Entscheidungen dürfen nur die Parteien einschließlich der Beigeladenen betreffen.

Mit der Entscheidung in der Hauptsache ist stets die Entscheidung über die Kosten zu verbinden.

Ist eine Entscheidung in der Hauptsache nicht ergangen, so findet gegen die Entscheidung des Verwaltungsgerichts über den Kostenpunkt innerhalb zwei Wochen die Beschwerde an das Oberverwaltungsgericht statt. Vor der Entscheidung über die Beschwerde ist der Gegner zu hören.

§ 84, Verzicht der Parteien auf mündliche Verhandlung, übereinstimmend mit § 80 Pr. LVG. (S. 290).

§ 85, Verkündung und Zustellung der Entscheidung, übereinstimmend mit § 81 Pr. LVG.

§ 86. Schreibfehler, Rechenfehler und ähnliche offenbare Unrichtigkeiten, die in einer Entscheidung vorkommen, können vom Gericht jederzeit auch von Amts wegen und ohne mündliche Verhandlung berichtigt werden. Der die Berichtigung aussprechende Beschluß wird auf der Entscheidung und den Ausfertigungen bemerkt. Gegen einen solchen Beschluß des Verwaltungsgerichts findet innerhalb zwei Wochen die Beschwerde an das Oberverwaltungsgericht statt.

§ 87. Wenn ein von einer Partei geltend gemachter Anspruch oder der Kostenpunkt in der Entscheidung ganz oder teilweise übergangen ist, so ist sie auf Antrag oder von Amts wegen durch eine nachträgliche Entscheidung zu ergänzen. Die mündliche Verhandlung beschränkt sich auf den Gegenstand der nachträglichen Entscheidung.

3. Berufung gegen die Urteile des Verwaltungsgerichts.

4. Wiederaufnahme des Verfahrens.

Diese Abschnitte finden, soweit nach § 41 Satz 2 UWG. die Berufung an das Bundesamt stattfindet, auf das anmaßliche Streitverfahren keine Anwendung.

§ 98. Gegen die im Verwaltungsstreitverfahren ergangenen, rechtskräftig gewordenen Urteile findet, unbeschadet der Bestimmung im § 41 Satz 1 des Reichsgesetzes über den Unterstützungswohnsitz, die Klage auf Wiederaufnahme des Verfahrens unter denselben Voraussetzungen, in demselben Umfange und innerhalb derselben Fristen statt wie nach der Zivilprozeßordnung die Nichtigkeitsklage und die Restitutionsklage. Zuständig ist ausschließlich das Oberverwaltungsgericht.

Erachtet das Oberverwaltungsgericht die Klage für begründet, so hebt es das angefochtene Urteil und das Verfahren, soweit das letztere von dem Anfechtungsgrunde betroffen wird, auf und entscheidet anderweit in der Sache selbst; wenn aber das angefochtene Urteil ein solches eines Verwaltungsgerichts ist, verweist es die Sache an dieses. Das Verwaltungsgericht ist an die in der aufhebenden Entscheidung aufgestellten Grundsätze sowie an die ihr zugrunde gelegten tatsächlichen Feststellungen gebunden.

5. Kosten des Verfahrens.

§ 99. Die unterliegende Partei hat die Kosten des Verwaltungsstreitverfahrens zu tragen und die dem Gegner durch das Verwaltungsstreitverfahren erwachsenen Kosten zu erstatten, soweit die letzteren nach freiem Ermessen des Gerichts zur zweckentsprechenden Rechtsverfolgung oder Rechtsverteidigung notwendig waren. Die Kostenerstattung umfaßt auch die Entschädigung des Gegners für die durch notwendige Reisen oder durch die notwendige Wahrnehmung von Terminen entstandene Zeitversäumnis; die für die Entschädigung von Zeugen geltenden Vorschriften finden entsprechende Anwendung.

Die Kosten bleiben der obsiegenden Partei zur Last, soweit sie durch eigenes Verschulden entstanden sind.

Im Bescheide (§§ 67, 70) und im Urteile ist der Wert des Streitgegenstandes festzusetzen.

Die Gebühren der Rechtsanwälte bestimmen sich nach den Gesetzen für das Herzogtum Oldenburg und das Fürstentum Birkenfeld vom 19. Februar 1900 und für das Fürstentum Lübeck vom 13. März 1903, betreffend die landesgesetzlichen Vorschriften über die Gebühren der Rechtsanwälte.

§ 100 betrifft den Pauschsatz der Gebühren der Verwaltungsgerichte (vergl. dazu die Tabellen A und B).

§ 101 behandelt die Fälle, in denen die Erhebung des Pauschsatzes nicht stattfindet.

§ 102, Kostenfestsetzung, übereinstimmend mit § 108 Pr. LVG. (S. 293).

12. Anhalt. AusfGes. v. 29. Juni 1871.

§ 31. Zur Entscheidung von Streitigkeiten, welche gegen einen anhaltischen Armenverband von einem andern deutschen Armenverbande erhoben werden, wird eine Behörde eingesetzt, welche den Namen „Deputation für das Heimatwesen" führt und in der Hauptstadt des Landes ihren Sitz hat.

Sind hierbei Fragen über die Organisation sowie über die örtliche Abgrenzung der einzelnen Armenverbände streitig, so ist für diese der Ausspruch der zuständigen Verwaltungsbehörde maßgebend.

§ 32. Die Deputation für das Heimatwesen besteht aus drei von uns zu ernennenden Mitgliedern, von welchen mindestens zwei die Qualifikation zum Richteramte besitzen müssen. Zur Ergänzung des Kollegiums für den Fall der Behinderung eines Mitgliedes desselben wird ein ständiger Stellvertreter ernannt.

§ 33. Die Funktion eines Mitgliedes der Deputation für das Heimatwesen kann unmittelbaren Staatsdienern als Nebenamt übertragen werden. Dieselben dürfen indes nicht zugleich Mitglieder der Landarmenverwaltung (§ 14) sein.

§ 34. Die Mitglieder der Deputation sind für ihre Entscheidungen nach den für richterliche Beamte geltenden Grundsätzen verantwortlich. Dieselben unterliegen in dieser ihrer Eigenschaft den für richterliche Beamte geltenden Disziplinarvorschriften.

Der äußere Geschäftsgang bei der Deputation wird durch ein vom Staatsministerium zu erlassendes Regulativ geordnet. Die Besoldungen der Mitglieder sowie die übrigen Kosten der Deputation für das Heimatwesen fallen dem Staate zur Last.

§§ 35—45 übereinstimmend mit §§ 46—56 Pr. AG.

Bezüglich des Kostenpauschquantums s. §§ 1—8 des Ges. v. 15. April 1880 (GS. Nr. 565 S. 41) und den dazu gehörigen Tarif.

Überschüsse fließen zur Landeshauptkasse.

§§ 46—48 übereinstimmend mit §§ 57—59 Pr. AG.[1])

1. Nach § 48 Abs. 1 findet gegen die in § 56 des Reichsgesetzes erwähnten Anordnungen die Berufung an das Bundesamt für das Heimatwesen auch in denjenigen Fällen statt, in denen ein Streit zwischen zwei anhaltischen Armenverbänden besteht. — Diese Vorschrift war durch § 4 des Gesetzes Nr. 778, betr. die sachliche Zuständigkeit der Verwaltungsgerichte, v. 27. März 1888 (GS. S. 65) abgeändert. Der § 4 a. a. O. ist durch Ges. v. 13. März 1901 (GS. S. 139) wieder aufgehoben worden.

§ 49. Betreffs solcher Streitigkeiten, in welchen ein Ortsarmenverband von einem anderen inländischen Armenverbande in Anspruch genommen wird, ist der ersterem vorgesetzte Kreisausschuß verpflichtet, auf Antrag beider streitenden Teile der schiedsrichterlichen Entscheidung sich zu unterziehen.

Für das Verfahren kommen die Bestimmungen §§ 35, 38, 39, 41 und 43 mit der Maßgabe zur Anwendung, daß auf die im § 38 bezeichnete Strafe der Kreisausschuß erkennt und der Rekurs an die Deputation für das Heimatwesen zusteht.

Alle übrigen Teile des Verfahrens regelt der Kreisausschuß in jedem einzelnen Falle; insbesondere kann in jeder Lage des Verfahrens ein Sühneversuch von demselben veranlaßt werden.

Der Kreisausschuß entscheidet in der Hauptsache endgültig mit Ausschluß jeder Berufung.

Die Entscheidungen erfolgen gebühren- und stempelfrei; jedoch sind dem unterliegenden Teile die vom Ausschusse festzusetzenden baren Auslagen des Verfahrens und die des obsiegenden Teils, aber mit Ausschluß der Gebühren eines Bevollmächtigten, zur Last zu legen.

Die Entscheidungen der Deputation und der Kreisausschüsse sowie die urkundlich von denselben festgestellten Einigungen sind im Verwaltungswege vollstreckbar.

18. Bremen.

a) AusfVer. v. 2. Januar 1871.

§ 3. Streitigkeiten zwischen verschiedenen bremischen Armenverbänden oder Verwaltungen werden von der Senatskommission für Angelegenheiten der Armenverbände im Verwaltungswege entschieden.

§ 4. Der Wirkungskreis der in dem § 38 des Bundesgesetzes über den Unterstützungswohnsitz erwähnten Spruchbehörde ist der im § 3 genannten Senatskommission übertragen.

§ 5 aufgehoben und ersetzt durch Abs. 1 Ges. vom 18. November 1877:

Gegen die Entscheidungen der Senatskommission für Angelegenheiten der Armenverbände über Streitigkeiten zwischen verschiedenen Armenverbänden oder Verwaltungen nach §§ 3 und 4 V. v. 2. Januar 1871 Nr. II findet lediglich die Berufung an das Bundesamt für Heimatwesen in Gemäßheit der §§ 42—51 und 56 Abs. 2 des Reichsges. v. 6. Juni 1870 über den Unterstützungswohnsitz statt.

§ 6. Das Verfahren bei den in den vorstehenden §§ 3, 4 benannten Behörden regelt ein besonderes, am heutigen Tage erlassenes Gesetz.

b) Ges., betr. das Verfahren bei Streitigkeiten zwischen verschiedenen Armenverbänden, vom 2. Januar 1871.

§ 1. Die ständige „Kommission für Angelegenheiten der Armenverbände" besteht aus drei Mitgliedern des Senats.

§ 2. Alle Eingaben an dieselbe werden schriftlich, und zwar samt den Anlagen in zwei Ausfertigungen, von denen eine durch die Behörde von Amts wegen der Gegenpartei ohne Verzug mitzuteilen ist, eingereicht.

§ 3. Der Gegner hat die Eingabe des Antragstellers binnen 14 Tagen, nachdem ihm dieselbe zugestellt ist, zu beantworten, widrigenfalls die darin enthaltenen tatsächlichen Behauptungen als zugestanden angenommen werden sollen.

§§ 4—7 übereinstimmend mit §§ 3—8 des Lübecker Gesetzes.

§§ 8—10 aufgehoben durch das Ges. v. 18. November 1877.

§ 11. Mit der Vollstreckung wird nach Maßgabe der §§ 53—59 des Bundesgesetzes über den Unterstützungswohnsitz verfahren.

14. Lippe-Detmold.

a) Ges., betr. die sachliche Zuständigkeit der Verwaltungsgerichte, v. 9. Februar 1898 (GS. S. 298).

§ 2. Alle durch das Gesetz vom 12. September 1877 zur Ausführung des Reichsgesetzes über den Unterstützungswohnsitz (LVG. 17 S. 125 ff.) der Deputation für das Heimatwesen zugewiesenen Armenstreitsachen einschließlich der in den §§ 4 und 5 des Freizügigkeitsgesetzes vom 1. November 1867 berührten Angelegenheiten sind fortan in dem durch das Gesetz über die Verwaltungsgerichte geordneten Verfahren in erster Instanz vom Oberverwaltungsgerichte zu erledigen.

An die Stelle der im § 32 des Ausführungsgesetzes vorbehaltenen Klage vor den ordentlichen Gerichten tritt die Verwaltungsklage.[1])

1. Die für Verwaltungsklagen in § 4 a. a. O. vorgesehene rechtsausschließende vierwöchige Frist findet auf die von den Verwaltungsämtern als Vertreter eines AV. abgegebenen Erklärungen keine Anwendung; Entsch. **32** 108.

§ 3 Abs. 4 ist abgeändert durch Gesetz, betr. das Beschwerdeverfahren in Verwaltungsangelegenheiten, vom 5. Mai 1920 (GS. 119).

b) Ges., betr. die Verwaltungsgerichte und das Verwaltungsstreitverfahren, v. 9. Februar 1898 (GS. S. 281 ff.).

§ 11 behandelt die Zusammensetzung des Oberverwaltungsgerichts.

§§ 17, 18 ordnen die Ausschließung und Ablehnung der Gerichtspersonen übereinstimmend mit §§ 61, 62 Pr. LVG.

Auf das Verfahren beziehen sich die §§ 19 ff.

§§ 19—24 übereinstimmend mit §§ 63—68 Pr. LVG.

§§ 25—28 übereinstimmend mit §§ 70—73 Pr. LVG.

§ 29 behandelt die Bestellung eines Kommissars zur Wahrnehmung des öffentlichen Interesses.

§§ 30—35 übereinstimmend mit §§ 75—81 Pr. LVG.

§ 34 enthält gegenüber dem § 79 a. a. O. den Zusatz: Zwischenurteile und Teilurteile zu verbessern, ist zulässig.

§ 47 Abs. 1 und 2 übereinstimmend mit § 103 Abs. 1 und 2 Pr. AG.

Abs. 3. Für die Berechnung der Rechtsanwaltgebühren

ist vom Staatsministerium ein Tarif aufzustellen. Die Auslagen der Rechtsanwälte sind nach der Reichsgebührenordnung vom 7. Juli 1879 zu berechnen.

§§ 48—53 übereinstimmend mit §§ 104—109 Pr. LVG.[1]) Die höchste Pauschsumme beträgt beim Oberverwaltungsgericht 300 Mark.

1. Zu § 52 ist das Abänderungsgesetz v. 5. März 1902 (GS. S. 420) ergangen, welches die Festsetzung der Kosten usw. an Stelle des Gerichts dessen Vorsitzenden überträgt, gegen dessen Beschluß binnen zwei Wochen die Beschwerde an das Oberverwaltungsgericht stattfindet.

§ 54 Abs. 1 Satz 1. Die Vollstreckung der Entscheidung der Verwaltungsgerichte erfolgt im Wege des Verwaltungszwangsverfahrens.

§ 61. Die Wiedereinsetzung in den vorigen Stand kann beantragen, wer durch Naturereignisse oder andere unabwendbare Zufälle verhindert worden ist, die in dem gegenwärtigen Gesetze oder in dem Gesetze, betreffend die sachliche Zuständigkeit der Verwaltungsgerichte, vorgeschriebenen Fristen einzuhalten. Als unabwendbarer Zufall ist anzusehen, wenn der Antragsteller von einer Zustellung ohne sein Verschulden keine Kenntnis erlangt hat. Über den Antrag entscheidet das Gericht, welchem die Entscheidung über die versäumte Streithandlung zusteht. Die versäumte Streithandlung ist unter Anführung der Tatsachen, mittels deren der Antrag auf Wiedereinsetzung begründet werden soll, sowie der Beweismittel innerhalb zwei Wochen nachzuholen; der Lauf dieser Frist beginnt mit dem Ablauf des Tages, mit welchem das Hindernis gehoben ist. Nach Ablauf eines Jahres, von dem Ende der versäumten Frist an gerechnet, findet die Nachholung der versäumten Streithandlung bezw. der Antrag auf Wiedereinsetzung nicht mehr statt. Die durch Erörterung des Antrags auf Wiedereinsetzung entstehenden baren Auslagen trägt in allen Fällen der Antragsteller.

c) Ausf Ges. v. 12. September 1877.

§ 25 übereinstimmend mit § 57 Pr. AG. Hinter „Rechtsmittel" ist hinzugefügt „einschließlich der Wiedereinsetzung in den vorigen Stand".

§ 26 übereinstimmend mit § 58 Pr. AG.

§ 27 übereinstimmend mit § 59 Abs. 1 Pr. AG.

§ 28 übereinstimmend mit § 59 Abs. 2 Pr. AG.

15. Lübeck.

a) Ausf Ges. v. 14. Dezember 1911.

§ 4. Für Streitigkeiten zwischen verschiedenen Armenverbänden, sei es, daß beide oder daß nur der in Anspruch genommene Armenverband dem lübeckischen Freistaate angehört (§§ 37 und 38 des Reichsgesetzes), ist die aus drei Mitgliedern des Senats oder aus zwei Mitgliedern des Senats und einem Senatssekretär bestehende „Senatskommission für Angelegenheiten der Armenverbände" zuständig. Das Verfahren vor derselben ist durch ein besonderes Gesetz geregelt.

Gegen die Entscheidungen der Senatskommission für Angelegenheiten der Armenverbände findet nur die Berufung an das Bundesamt für das Heimatwesen statt. Die Vorschriften der §§ 38—51 und des § 56 Absatz 2 des Reichsgesetzes treten auch für die Streitsachen zwischen Armenverbänden des lübeckischen Freistaates in Wirksamkeit.[1])

1. Diese Vorschriften sind am 1. April 1912 an die Stelle der entsprechenden Bestimmungen des § 3 der Ausf Ver. v. 29. März 1871 getreten.

b) Gesetz, das Verfahren bei Streitigkeiten zwischen verschiedenen Armenverbänden betreffend, vom 29./30. März 1871 (GS. Nr. 15).

§ 1. Alle an die „Senatskommission für Angelegenheiten der Armenverbände" bestimmten Eingaben sind bei dem Vorsitzenden derselben schriftlich, und zwar samt den Anlagen in zwei Ausfertiguugen, einzureichen.

§ 2. Eine der eingereichten Ausfertigungen ist von der Kommission ohne Verzug der Gegenpartei zur schriftlichen, binnen 14 Tagen nach der Behändigung in zwei Ausfertigungen einzureichenden Gegenerklärung zuzustellen. Die Versäumung dieser Frist hat zur Folge, daß die in der Eingabe enthaltenen tatsächlichen Anführungen als zugestanden angenommen werden.

§ 3. Beide Teile haben ihre Behauptungen mit den ihnen zu Gebote stehenden Beweismitteln zu begleiten. Die Eideszuschiebung oder die Auflage eines notwendigen Eides ist jedoch unzulässig.

§ 4. Es bleibt dem Ermessen der Kommission vorbehalten, nach Einreichung der Gegenerklärung, beziehungsweise nach Ablauf der für dieselbe im § 2 vorgeschriebenen Frist, einen weiteren Schriftwechsel anzuordnen.

§ 5. Die Kommission ist befugt, Untersuchungen an Ort und Stelle zu veranlassen, Zeugen und Sachverständige zu laden und eidlich zu vernehmen, überhaupt den angetretenen Beweis in vollem Umfange zu erheben (Bundesgesetz § 39).

§ 6. Die Entscheidung erfolgt in öffentlicher Sitzung der Kommission nach erfolgter Ladung und Anhörung der Parteien oder ihrer mit Vollmacht versehenen Vertreter; sie ist, unter Berücksichtigung des § 40 des Bundesgesetzes über den Unterstützungswohnsitz, schriftlich und mit Gründen versehen den Parteien zuzufertigen.

§ 7. Wird gegen die Entscheidung der Kommission die Berufung an das Bundesamt für das Heimatwesen (§ 42 des Bundesgesetzes) angemeldet, so kommen die im Bundesgesetze über den Unterstützungswohnsitz §§ 46 bis 51 enthaltenen Vorschriften zur Anwendung.

§ 8. Mit der Vollstreckung der Entscheidungen der Kommission ist nach Maßgabe der §§ 53—59 des Bundesgesetzes über den Unterstützungswohnsitz zu verfahren. Sowohl das Polizeiamt als das Stadt- und Landgericht haben den desfallsigen Requisitionen der Kommission Folge zu leisten, indem die einem Armenverbande endgültig auferlegten Kosten (§ 59 des Bundesgesetzes) nach Maßgabe des § 147, 2 der Zivilprozeßordnung vom 28. April 1862 den öffentlichen Gefällen gleichgesetzt werden.

§ 9. Alle Eingaben an die Senatskommission für Angelegenheiten der Armenverbände sowie die von derselben abgegebenen Verfügungen und Entscheidungen sind stempelfrei und werden für letztere auch Gebühren nicht berechnet.

16. Mecklenburg-Schwerin.

§ 8 der AusfVer. für Strelitz und Ratzeburg ist gleichlautend mit § 8 der AusfVer. für Mecklenburg-Schwerin.

Der § 9 stimmt ebenfalls im wesentlichen überein mit § 9 der betreffenden mecklenburg-schwerinschen Verordnung. Der Eingang derselben lautet für Strelitz nach der deklaratorischen V. v. 31. Oktober 1874 (Off. Anz. S. 116): „Wird ein Ortsarmenverband beziehungsweise der Landarmenverband des Stargardschen Kreises auf Erstattung usw." An Stelle des Ministeriums des Innern bezw. des Staatsministeriums tritt in Strelitz und Ratzeburg die Landesregierung. Die Kommission für das Heimatwesen hat für beide Landesteile ihren Sitz in Neustrelitz; sie wird aus drei Mitgliedern zusammengesetzt, „welche zu diesem Amte besonders zu beeidigen sind und von denen eines zu den Mitgliedern Unserer Justizkanzlei gehören, ein zweites Rechtsgelehrter sein und ein drittes Unserer freien Bestimmung vorbehalten bleiben soll“.

Die Verordnung, betr. das Verfahren in Heimatsachen, für Strelitz v. 4. Juli 1871 (Off. Anz. S. 215), für Ratzeburg v. 4. Juli 1871 (Off. Anz. S. 169) entsprechen überall der V. v. 30. Juni 1871 für Mecklenburg-Schwerin mit den sich aus §§ 8 und 9 der AusfVer. ergebenden Modifikationen. — Auch ist überall nur Gebührenfreiheit des Verfahrens bezw. der Entscheidung, nicht zugleich Stempelfreiheit gewährt.

17. Waldeck. AusfGes. v. 29. Juni 1871.

§ 10. Lehnt ein inländischer (Waldecker) Armenverband den von einem andern inländischen oder von einem andern deutschen Armenverbande gegen ihn erhobenen Anspruch auf Erstattung von Unterstützungskosten oder auf Übernahme eines Hilfsbedürftigen ab, so wird über solchen Anspruch auf dahin gerichtete Klage von der Kommission für das Heimatwesen entschieden. Dieselbe wird aus dem Landesdirektor als Vorsitzenden, einem von dem Appellationsgericht in Kassel bestimmten richterlichen Beamten und einem von den Landständen auf drei Jahre gewählten und von dem Vorsitzenden durch Handschlag an Eides Statt zu verpflichtenden Mitgliede gebildet. Für jeden der beiden Beisitzer wird ein Stellvertreter bestimmt beziehungsweise gewählt.

§§ 11—15 übereinstimmend mit §§ 46—50 **Pr. AG.**

§§ 16—19 übereinstimmend mit §§ 52—55 Pr. AG.

§ 20. Das Verfahren ist gebührenfrei.

Abs. 2 übereinstimmend mit Abs. 3 des § 54 Pr. AG., doch fehlen die Worte „Das Pauschquantum".

§§ 21—23 übereinstimmend mit §§ 57, 58, 59 Abs. 1 Pr. AG.

§ 24. Ist ein Ortsarmenverband nach Entscheidung des Landesdirektors zur Zahlung oder Erstattung der ihm auferlegten Kosten ganz oder teilweise außerstande (§ 59 des Bundesgesetzes), so muß der betreffende Landarmenverband für dieselben aufkommen.

18. Schaumburg-Lippe.

a) AusfGes. v. 7. März 1872.

§ 25. Alle Streitigkeiten zwischen schaumburg-lippeschen Armenverbänden wie auch eines andern deutschen Armenverbandes gegen einen schaumburg-lippeschen Armenverband werden in erster Instanz von einer Behörde entschieden, welche unter dem Namen „Deputation für das Heimatwesen" eingesetzt wird und in Bückeburg ihren Sitz hat.

§ 26. Die Deputation für das Heimatwesen besteht aus einem richterlichen Beamten, einem Verwaltungsbeamten und ferneren drei vom Landtage zu wählenden Mitgliedern.

Der richterliche Beamte und der Verwaltungsbeamte werden von Uns ernannt. Der Landtag ist nicht gehalten, die von ihm zu ernennenden Mitglieder aus seiner Mitte zu wählen. Dieselben werden auf die Dauer von drei Jahren erwählt und von dem Vorsitzenden durch Handschlag an Eides Statt verpflichtet.

In gleicher Weise wird für jedes Mitglied ein bestimmter Stellvertreter ernannt bezw. gewählt.

Der Vorsitzende der Deputation und dessen Stellvertreter wird von Uns aus der Zahl der Mitglieder ernannt.

b) Gesetz, betr. die Abänderung des Ausführungsgesetzes v. 7. März 1872, vom 20. April 1901 (Landesverordnungen S. 56).

Art. I. Hinter § 26 des Gesetzes werden folgende Paragraphen als § 26 a, § 26 b und § 26 c eingeschaltet:

§ 26 a. Die Bestimmungen im Buch I, Abschnitt I Titel IV der Zivilprozeßordnung für das Deutsche Reich über Ausschließung und Ablehnung der Gerichtspersonen finden auf die Mitglieder der Deputation für das Heimatwesen und auf den zugezogenen Protokollführer (§§ 36, 40) sinngemäße Anwendung.

Wenn der von Uns zum Mitgliede der Deputation ernannte Verwaltungsbeamte oder dessen Stellvertreter einer der Landräte ist, so darf aus der innerhalb dessen Zuständigkeit geübten amtlichen Tätigkeit kein Grund zu seiner Ablehnung wegen Besorgnis der Befangenheit entnommen werden.

Über das Ablehnungsgesuch entscheidet die Deputation in nichtöffentlicher Sitzung. Der Beschluß, durch welchen das Gesuch für begründet erklärt wird, ist endgültig. Wird das Gesuch für unbegründet erklärt, so steht der mit demselben zurückgewiesenen Partei innerhalb einer ausschließlichen Frist von zwei Wochen die Beschwerde an Unser Ministerium zu. Dieses hat auch dann zu entscheiden, wenn die Deputation durch das Ausscheiden ausgeschlossener oder abgelehnter Mitglieder beschlußunfähig wird.

§ 26 b. Tritt infolge endgültiger Ausschließungen und Ablehnungen von Mitgliedern der Deputation ihre Beschlußunfähigkeit ein, so ist das Verfahren in der betreffenden Sache solange auszusetzen, bis zum Zweck ihrer Aburteilung von Uns ein anderer richterlicher Beamter oder ein anderer Verwaltungsbeamter in die Deputation berufen oder diese durch die dem Landtage zustehende Wahl in dessen nächster Sitzung ergänzt ist.

§ 26 c. Der § 2 Abs. 2 und 3 des Gesetzes vom 22. April 1880, betreffend Zusatzbestimmungen zum Ausführungsgesetze vom 30. Juni 1879, findet bei Behinderungen des von Unserm Ministerium zu bestellenden Protokollführers sinngemäße Anwendung.

Art. II. Der § 27 des Gesetzes erhält folgende Fassung:

Die Deputation ist beschlußfähig, wenn außer dem Vorsitzenden oder dessen Stellvertreter zwei Mitglieder, darunter die ernannten, anwesend sind. Sind außer dem Vorsitzenden oder dessen Stellvertreter drei Mitglieder erschienen, so nimmt von diesen das dem Lebensalter nach jüngste an der Abstimmung keinen Teil. War dieses Mitglied zum Berichterstatter bestellt, so scheidet an seiner Stelle von den drei Mitgliedern das zweitjüngste gewählte und in Ermangelung eines gewählten das zweitjüngste bei der Abstimmung aus.

§ 28 Abs. 1 gleichlautend mit Satz 1; Abs. 2 übereinstimmend mit Abs. 2 des § 43 Pr. AG. Das Regulativ ist von der Regierung zu erlassen.

Regulativ v. 8. Aug. 1872 (LandVer. S. 367).

§ 29 handelt von den Tagegeldern und Reisekosten der Deputationsmitglieder.

§ 30 übereinstimmend mit § 45 Pr. AG.

§ 31 (Fassung nach Art. IIb Gesetz v. 20. April 1901) übereinstimmend mit § 63 Satz 2 Pr. LVG.

§ 32 übereinstimmend mit § 47 Pr. AG.

§ 33 (Fassung des Art. III Gesetz v. 20. April 1901):

In der Klageschrift und in den im § 32 erwähnten weiteren Erklärungen der Parteien sind die Beweismittel, welcher sich die Partei zum Nachweise oder zur Widerlegung tatsächlicher Behauptungen bedienen will, genau zu bezeichnen sowie die Erklärungen über die vom Gegner bezeichneten Beweismittel abzugeben.

Die als Beweismittel in Bezug genommenen Urkunden sind im Orginal und in Abschrift beizufügen.

Von allen Schriftstücken oder deren Anlagen sind Duplikate einzureichen.

Die Deputation kann geeignetenfalls gestatten, daß statt der Einreichung von Duplikaten die Urkunden selbst zur Einsicht der Beteiligten auf der Gerichtsschreiberei des Fürstlichen Amtsgerichts Bückeburg niedergelegt werden.

§ 34 Abs. 1 übereinstimmend mit § 76 Pr. LVG.

Abs. 2 (Fassung des Art. IV Gesetz v. 20. April 1901) übereinstimmend mit § 78 Pr. LVG.

Die Beschwerde geht „an Unser Ministerium bezw. an das Bundesamt für das Heimatwesen".

§§ 35—37 übereinstimmend mit §§ 50—52 Pr. AG.

§ 38 (Fassung des Art. V Gesetz v. 20. April 1901).

Abs. 1 und 2 übereinstimmend mit § 68 Abs. 2 und 3 Pr. LVG.

Abs. 3 und 4 übereinstimmend mit § 71 Abs. 2 bis 4 Pr. LVG.

§ 38 a (Fassung des Art. VI Gesetz v. 20. April 1901) betrifft den Ausschluß der Öffentlichkeit bei der mündlichen Verhandlung und die Handhabung der Sitzungspolizei (übereinstimmend mit § 72 Abs. 2 und 3 Satz 1 Pr. LVG. und unter Hinweisung auf § 15 des Regulativs v. 8. September 1872).

§ 38 b übereinstimmend mit § 73 Abs. 1—3 Pr. LVG.

§ 39 übereinstimmend mit § 54 Pr. AG.

§ 40 (Fassung des Art. VII a Gesetz v. 20. April 1901).

§ 41 (Fassung des Art. VII Gesetz v. 20. April 1901). Abs. 1 übereinstimmend mit § 56 Abs. 1 und 2 Pr. AG.

Abs. 2 und 3 übereinstimmend mit § 103 Abs. 1 Pr. LVG.

Abs. 4. Die Kosten und baren Auslagen bleiben dem obsiegenden Teile zur Last, soweit sie durch sein eigenes Verschulden entstanden sind.

Abs. 5 übereinstimmend mit § 103 Abs. 2 Pr. LVG.

Abs. 6. Der Wert des Streitgegenstandes, das Pauschquantum sowie sämtliche zu erstattenden Auslagen und Rechtsanwaltgebühren werden von der Deputation festgesetzt, der Wert des Streitgegenstandes und das Pauschquantum jedenfalls schon in der Endentscheidung. Gegen den Festsetzungsbeschluß findet innerhalb einer ausschließlichen Frist von zwei Wochen die Beschwerde an Unser Ministerium statt. Soweit aber der Festsetzungsbeschluß in der Endentscheidung enthalten ist, kann er anstatt mit der Beschwerde gleichzeitig mit der Entscheidung in der Hauptsache durch Berufung angefochten werden. Im übrigen kann die Entscheidung über den Kostenpunkt (Abs. 2 und 4) nur gleichzeitig mit der Entscheidung in der Hauptsache angefochten werden.

§ 42. Gegen die Entscheidung der Deputation findet das Rechtsmittel der Berufung statt.

§ 43. Die Berufungsinstanz bildet:

1. in allen Streitsachen der schaumburg-lippeschen Armenverbände Unsere Regierung; [1])
2. in Streitsachen eines anderen deutschen Armenverbandes gegen einen schaumburg-lippeschen Armenverband, soweit die Organisation oder die örtliche Abgrenzung der einzelnen

Armenverbände Gegenstand des Streites ist, ebenfalls Unsere Regierung, sonst das Bundesamt für das Heimatwesen.

1. Gesetz, betr. die Zuständigkeit des Bundesamts für das Heimatwesen bei Streitigkeiten über den Unterstützungswohnsitz, v. 30. März 1898 (GesBl. Nr. 108):

§ 1. Auf Grund des § 52 des Reichsgesetzes über den Unterstützungswohnsitz werden die Streitigkeiten zwischen Ortsarmenverbänden und dem Landarmenverband in zweiter Instanz (vergl. Nr. 1 § 43 des Landesgesetzes v. 7. März 1872) . . . dem Bundesamt für das Heimatwesen zur Entscheidung überwiesen.

§ 2. In den vorgedachten Fällen regelt sich das Verfahren nach den Vorschriften der §§ 38—51 des Reichsgesetzes über den Unterstützungswohnsitz.

Vergl. Entsch. **30** 168.

§ 44. Die Bestimmung der §§ 46—50 des Bundesgesetzes über das Berufungsverfahren vor dem Bundesamte finden sinngemäß auch auf das Verfahren vor Unserer Regierung Anwendung.

§ 45. Wenn Unsere Regierung die Berufungsinstanz bildet, so ist die unterliegende Partei verpflichtet, der Gegenpartei die ihr in dieser Instanz entstandenen baren Auslagen sowie die Gebühren eines sie in der öffentlichen Sitzung der Regierung vertretenden Rechtsverständigen zu erstatten.

§ 46. Gegen die Entscheidung, Unserer Regierung oder des Bundesamts (§ 51 des Bundesgesetzes) ist ein weiteres Rechtsmittel nicht zulässig.

§ 47 übereinstimmend mit § 59 Abs. 2 Pr. AG.

§ 48 Abs. 1 übereinstimmend mit § 60 Abs. 1 Pr. AG.

In jedem Amt und in jeder Stadt wird eine Kommission gebildet.

Die Kommission besteht aus einem von Uns zu ernennenden Vorsitzenden und zwei Mitgliedern, welche in den Ämtern von den Amtsversammlungen, in den Städten durch den Magistrat und das Bürgervorsteherkollegium in gemeinschaftlicher Sitzung gewählt werden.

Für den Vorsitzenden wird von Uns und für jedes der beiden andern Mitglieder von deren Wählern ein Stellvertreter ernannt.

Für die herrschaftlichen Armenbezirke ist eine aus drei Mitgliedern bestehende entsprechende Kommission von Unserer Rentkammer einzusetzen.

§§ 49—50 übereinstimmend mit §§ 61—62 Pr. AG.

§ 56 a (Art. VIII Gesetz v. 20. April 1901). Alle Fristen sind rechtsausschließend und beginnen mit der Zustellung. Für die Berechnung der Fristen sind die Vorschriften der Zivilprozeßordnung für das Deutsche Reich maßgebend.

§ 56 b (a. a. O.). Die Wiedereinsetzung in den vorigen Stand kann beantragen, wer durch Naturereignisse oder andere unabwendbare Zufälle verhindert worden ist, die in dem gegenwärtigen Gesetze (s. auch § 44 in Verbindung mit § 46 Abs. 1 des Reichsgesetzes über den Unterstützungswohnsitz) vorgeschriebenen Fristen einzuhalten. Als unabwendbarer Zufall ist es anzusehen, wenn der Antragsteller von einer Zustellung ohne sein Verschulden keine Kenntnis erlangt hat. Über den Antrag entscheidet die Deputation für das Heimatwesen und im Falle des § 44 Unser Ministerium. Die versäumte Streithandlung ist unter Anführung der Tatsachen, mittels deren der Antrag auf Wiedereinsetzung begründet werden soll, sowie der Beweismittel innerhalb zwei Wochen nachzuholen; der Lauf dieser Frist beginnt mit dem Ablauf des Tages, mit welchem das Hindernis gehoben ist. Die Bestimmungen in § 234 Absatz 3 und § 238 Absatz 3 der Deutschen Zivilprozeßordnung finden Anwendung.

F.

Verhältnis der Armenverbände zu dem Unterstützten und zu anderweit Verpflichteten.

EinfGes. z. BGB. Art. 103:

Unberührt bleiben die landesgesetzlichen Vorschriften, nach welchen der Staat sowie Verbände und Anstalten, die auf Grund des öffentlichen Rechtes zur Gewährung von Unterhalt verpflichtet sind, Ersatz der für den Unterhalt gemachten Aufwendungen von der Person, welcher sie den Unterhalt gewährt haben, sowie von denjenigen verlangen können, welche nach den Vorschriften des Bürgerlichen Gesetzbuchs unterhaltspflichtig waren.

1. Preußen (einschließlich Kreis Herzogtum Lauenburg).
AusfGes. v. 8. März 1871.

§ 65 in der Fassung des Ges. v. 23. Juli 1912 (GS. S. 195) und v. 11. Juli 1891:

Auf den Antrag des Armenverbandes, der einen Hilfsbedürftigen unterstützen muß, können durch einen mit Gründen versehenen Beschluß der Verwaltungsbehörde nach Anhörung der Beteiligten die nach den Vorschriften des Bürgerlichen Gesetzbuchs Unterhaltspflichtigen angehalten werden, dem Hilfsbedürftigen nach Maßgabe ihrer gesetzlichen Verpflichtung die erforderliche laufende Unterstützung zu gewähren. Auf den Vater eines unehelichen Kindes findet diese Vorschrift nur insoweit Anwendung, als er seine Vaterschaft nach § 1718 BGB. anerkannt hat oder seine Unterhaltspflicht in einem vollstreckbaren Titel festgestellt ist.

Die Beschlußfassung steht dem Landrate desjenigen Kreises und im Regierungsbezirke Sigmaringen dem Oberamtmanne desjenigen Oberamtsbezirkes zu, in welchem der in Anspruch genommene Angehörige des Hilfsbedürftigen seinen Wohnsitz hat, beziehungsweise, wenn die Gemeinde des Wohnsitzes weder in Kommunal- noch in Polizeiangelegenheiten der Aufsicht des Landrates unterworfen ist, dem Gemeindevorstande.[1])

Hat der gedachte Angehörige im Inlande keinen Wohnsitz, so treten an die Stelle der Behörde des Wohnsitzes die Behörden des Aufenthaltsortes.

In den Fällen der §§ 31, 31 a, d und e sind auch die Kreise und die anderen daselbst bezeichneten Kommunalverbände berechtigt, die Gewährung der erforderlichen laufenden Unterstützung von den im Absatz 1 aufgeführten Personen nach Maßgabe ihrer gesetzlichen Verpflichtung zu fordern. Findet eine Vereinbarung über die Höhe dieser Kosten nicht statt, so beschließt auf den Antrag der Berechtigten nach Anhörung der Beteiligten der Bezirksausschuß endgültig, vorbehaltlich des ordentlichen Rechtsweges.

Die in schriftlicher, von beiden Teilen vollzogener Fassung vereinbarten und die von dem Bezirksausschusse festgesetzten Beträge unterliegen der Beitreibung im Verwaltungszwangsverfahren.[2]) [3])

Übereinstimmend mit Abs. 1—3 § 53 AusfGes. f. Lauenburg. Die Beschlußfassung (Abs. 2) steht dem Amtmanne des betr. Bezirks zu.

1. An Stelle des Landrats bezw. des städtischen Gemeindevorstandes beschließt nach § 43 Nr. 2 ZustGes. v. 1. Aug. 1883 der Kreis- (Stadt-) Ausschuß vorbehaltlich des ordentlichen Rechts-

weges endgültig. Dasselbe gilt bezüglich der Entscheidung des Amtsmanns in Lauenburg. — In Hohenzollern tritt an die Stelle des Oberamtmannes der Amtsausschuß (§ 5 LVG.).

2. Die Zwangsvollstreckung findet im Verwaltungszwangsverfahren statt (V. v. 15. Nov. 1899). Über die gegen Dritte (Ehegatten, Eltern), welche kraft Gesetzes zur Leistung oder zur Duldung der Zwangsvollstreckung (in Frauen- und Kindervermögen) verpflichtet sind, zulässige Anordnung des Zwangsverfahrens s. § 3 a. a. O.

3. Nach Art. 3 des Abänderungsgesetzes v. 23. Juli 1912 finden bei den Fällen des Art. 2 die Vorschriften des § 39 des Landesverwaltungsgesetzes keine Anwendung.

§ 66. Gegen die Entscheidung der Verwaltungsbehörde (§ 65) steht innerhalb zehn Tagen nach deren Zustellung sowohl dem in Anspruch genommenen Angehörigen wie dem beteiligten Armenverbande der Rekurs an die Deputation für das Heimatwesen zu, welche letztere nach Anhörung der Gegenpartei im Verwaltungswege endgültig entscheidet.[1]) Beiden Teilen bleibt überdies die Verfolgung ihrer Rechte im gerichtlichen Verfahren vorbehalten.

Übereinstimmend § 54 AusfGes. f. Lauenburg.

1. S. Anm. 1 zu § 65.

§ 67. Die Entscheidung der Verwaltungsbehörde (§§ 65, 66) sind vorläufig und so lange vollstreckbar,[1]) bis auf erhobenen Rekurs im Verwaltungswege oder mittels rechtskräftigen gerichtlichen Urteils eine abändernde Entscheidung erfolgt ist.

Im letzteren Falle hat der Armenverband dem in Anspruch genommenen Angehörigen das bis dahin Geleistete beziehungsweise das zuviel Geleistete zu erstatten; im Weigerungsfalle ist er hierzu im Aufsichtswege anzuhalten.

Hatte jedoch der eine solche Erstattung Fordernde die gerichtliche Klage nicht innerhalb sechs Monaten nach Zustellung des von ihm angefochtenen Beschlusses der Verwaltungsbehörde angebracht, so kann er nur dasjenige zurückfordern, was er für den Zeitraum seit Anbringung der Klage zuviel geleistet hat.

Übereinstimmend § 55 AusfGes. f. Lauenburg.

1. Im Verwaltungsstreitverfahren; § 60 LVG.; V. v. 15. Nov. 1899 (GS. S. 545).

§ 68. Die Erstattung bereits verausgabter Unterstützungskosten kann ein Armenverband in allen Fällen, soweit nicht die §§ 40 ff., betreffend das Verfahren in Streitsachen der Armenverbände, zur Anwendung kommen, nur im gerichtlichen Verfahren beanspruchen.[1] Der Erstattungsanspruch im gerichtlichen Verfahren steht in den Fällen der §§ 31, 31 a, d und e auch den Kreisen und den anderen daselbst bezeichneten Kommunalverbänden zu. Die Klage ist gegen den Unterstützten und gegen seine alimentationspflichtigen Angehörigen zulässig.[2]

Übereinstimmend mit Abs. 1 § 56 AusfGes. f. Lauenburg.

1. Vergl. §§ 50, 55, 65, 67 II 19 ALR.; Entsch. des Ob.-Trib. 11 S. 413; für gemeines Recht s. aber RG. Entsch. 14 S. 197; für französisches Recht Urt. des OVG. Köln v. 4. Febr. 1885 (Pr. VerwBl. 1884/85 S. 395). Im übrigen Anm. 2.

2. Diese beiden Sätze sind dem § 68 durch Art. III des Gesetzes v. 11. Juli 1891 hinzugefügt (vergl. auch Anm. 2 zu § 65). Der dritte Satz des § 68 bezieht sich auch auf den ersten und erkennt für den ganzen Umfang des Staats den Ersatzanspruch gegen den Unterstützten und seine unterhaltspflichtigen Verwandten an (Schäfer in Gruchot **41** 104 ff., s. auch **36** 44. — Über die sehr bestrittene Frage vergl. Pr. VerwBl. **27** 387; RG. **75** 84, **76** 69; Entsch. **46** 164.)

2. Bayern. Armengesetz v. 21. August 1914.

Art. 10. Personen, die trotz genügender eigener Mittel öffentliche Armenunterstützung empfangen oder binnen 10 Jahren nach Empfang solcher Unterstützung ein Einkommen oder ein Vermögen erlangt haben, das ihnen unbeschadet der

Sicherstellung ihres Lebensunterhalts die Erstattung ermöglicht, sind zum Ersatze des Empfangenen verpflichtet.

Der Armenverband kann auch aus dem Nachlasse der Personen, die in den letzten 10 Jahren vor dem Tode unterstützt worden sind, Ersatz für die gewährten Unterstützungen verlangen, wenn nicht arme Pflichtteilsberechtigte vorhanden sind.[1])

Der Ersatzanspruch nach Abs. 2 kann nicht zum Nachteile der Nachlaßgläubiger geltend gemacht werden; Verbindlichkeiten aus Pflichtteilsrechten, Vermächtnissen und Auflagen bleiben außer Betracht. Trifft der Ersatzanspruch mit dem Ersatzanspruch einer öffentlichen Wohltätigkeitsanstalt zusammen, die den Verstorbenen in den letzten 10 Jahren vor dem Tode unterstützt hat, so kann er auch nicht zum Nachteile dieses Anspruchs geltend gemacht werden.

1. Zuständig ist das Verwaltungsstreitverfahren; vergl. Art. 75 Abs. 1 AG. Über Verjährung vergl. Art. 124 Bayr. AG. z. BGB.

Art. 11. Auf Antrag des unterstützungspflichtigen Armenverbandes können die Unterhaltspflichtigen durch Beschluß der Distriktsverwaltungsbehörde angehalten werden, dem Hilfsbedürftigen nach Maßgabe ihrer gesetzlichen Unterhaltspflicht die erforderliche Unterstützung zu gewähren und die Aufwendungen zu ersetzen, die infolge der Nichterfüllung ihrer Verpflichtung für den Unterhalt gemacht wurden. Dies gilt jedoch bei einem unehelichen Kinde vom Vater nur dann, wenn er seine Vaterschaft nach dem § 1718 BGB. anerkannt oder sich zur Leistung des Unterhalts in einer vor dem Vormundschaftsgericht oder einem Notar aufgenommenen Urkunde verpflichtet hat oder wenn seine Unterhaltspflicht vollstreckbar feststeht.

Zuständig ist die Distriktsverwaltungsbehörde des Wohnsitzes, beim Fehlen eines solchen die des Aufenthalts des in Anspruch genommenen Unterhaltspflichtigen.

Die Distriktsverwaltungsbehörde entscheidet endgültig vorbehaltlich des Rechtswegs. Ihr Beschluß ist vorläufig vollstreckbar. Weicht das rechtskräftige gerichtliche Urteil von der Entscheidung der Distriktsverwaltungsbehörde ab, so hat der Armenverband dem in Anspruch Genommenen seine Leistungen oder Mehrleistungen und die Kosten des Rechtsstreits, soweit sie nicht diesem selbst auferlegt sind, zu ersetzen; im Weigerungsfall ist der Armenverband hierzu staatsaufsichtlich anzuhalten.

Vergl. BA. § 14.

Art. 12. Hat ein Unterhaltspflichtiger die Leistung von Unterhaltsbeiträgen durch schriftliche Erklärung vor der Distriktsverwaltungsbehörde seines Wohnsitzes oder Aufenthalts zugesagt, so kann diese Behörde die Beiträge auf Antrag eines Armenverbandes vorbehaltlich des Rechtsweges beitreiben (Ausführungsgesetz zur Zivilprozeßordnung Art. 6, 7). Diese Vorschrift gilt nur, soweit die Beitreibung erforderlich ist, um den Armenverband für die Unterstützung schadlos zu halten, die er infolge der Nichterfüllung der Unterhaltspflicht bereits geleistet hat oder noch leisten muß.

3. Sachsen. Armenordnung v. 22. Oktober 1840.

§ 5. Die Verpflichtung der Verwandten in auf- und absteigender Linie sowie der Ehegatten zu gegenseitiger Ernährung, Versorgung und Unterstützung ist nach den bestehenden Zivilgesetzen zu beurteilen.

Wenn Seitenverwandte und verschwägerte Personen nicht vermöge eines besonderen Rechtstitels für ihre verarmten Angehörigen zu sorgen verbunden sind, so können sie doch von den Armenverbänden zur Erfüllung der ihnen diesfalls obliegenden moralischen Verpflichtungen auf angemessene Weise aufgefordert werden.

§ 6. Die Verpflichtung der Korporationen zur Versorgung und Unterstützung ihrer Mitglieder und Angehörigen beruht auf besonderen, ihre gesellschaftliche Verfassung betreffenden Polizeigesetzen, Statuten und Ordnungen.

§ 7. Öffentliche Unterstützung ist zwar auch denen, welche die nötige Hilfe von den dazu verpflichteten und vermögenden Personen nicht sogleich beim eintretenden Bedarf wirklich erhalten können, inmittels nicht zu versagen. Der öffentliche Armenfonds ist jedoch solchenfalls berechtigt, von gedachten Personen und Gesellschaften den Ersatz des geleisteten Verlags zu fordern.

§ 65. Jede öffentliche Armenunterstützung ist nur als ein Vorschuß zu betrachten, insoweit nicht nach den Funktionen und dem Zwecke der vorhandenen Anstalten, Kranken-, Armen- und Waisenhäuser die Aufnahme und Verpflegung als eine unwiderrufliche Wohltat anzusehen ist.

§ 66. Nach diesem Grundsatze ist jeder Arme, welcher nicht bloß durch eigene Tätigkeit und Anstrengung, sondern durch äußere zufällige Glücksumstände zu besserem Vermögen gelangt, das Genossene, Almosen oder andere Unterstützungen der Armenkasse wieder zu erstatten verbunden. Um jedoch solchenfalls dem gewesenen Armen nicht die Mittel, sich forthin ohne Unterstützung selbst zu erhalten, zu nehmen oder zweckwidrig zu schmälern, ist demselben nach Ermessen der Armenbehörde, oder im Falle letztere klagbar geworden, durch richterlichen Ausspruch, zu verstatten, den Wiederersatz in leidlichen Fristen zu bewirken.

4. Württemberg. AusfGes. v. 17. April 1873.

Art. 3. Personen, welche ungeachtet des Besitzes genügender Mittel auf Grund des gegenwärtigen Gesetzes öffentliche Armenunterstützung erlangt haben, sind zum Ersatze des Empfangenen verpflichtet.

Außerdem ist jede auf Grund dieses Gesetzes an eine Person über 18 Jahre für sich, ihre Ehefrau oder Kinder, welche mit ihr in häuslicher Gemeinschaft stehen, aus einer Armenkasse abgegebene Unterstützung, mit Ausnahme des Aufwandes für Schulunterricht, als ein Vorschuß zu betrachten, dessen Wiedererstattung die Armenbehörde verlangen kann, sobald der Unterstützte in eine Lage gekommen ist, welche ihm die Ersatzleistung, unbeschadet der Sicherstellung seines und der Seinigen Lebensunterhaltes, ermöglicht (Instr. § 6).[1])

1. Die Entscheidung erfolgt im Verwaltungsrechtswege; § 10 Nr. 3 Ges. v. 16. Dez. 1876, Anhang E.

Art. 48. Ansprüche von Armenverbänden, welche die Übernahme der Unterstützung eines Hilfsbedürftigen von privatrechtlich dazu verpflichteten Personen zum Zwecke haben, und ebenso Ansprüche der Armenverbände auf Erstattung bereits verausgabter Unterstützungskosten durch solche Personen können nur im Zivilrechtswege geltend gemacht werden.

5. Baden. Ges. v. 5. Mai 1870, betr. die öffentliche Armenpflege (Ges.- u. VBl. S. 387).

§ 5. Der Unterstützte, welcher zu hinreichendem Vermögen gelangt, ist zur Rückerstattung der von seinem 18. Lebensjahr an von der öffentlichen Armenpflege ihm gewährten Unterstützung in angemessenen Fristen verpflichtet.

Sofern nicht arme Noterben vorhanden sind, ist auch der Nachlaß des Unterstützten ersatzpflichtig. Gegen den überschuldeten Nachlaß findet die Rückforderung nicht statt.

§ 25. Die Gemeinde des Unterstützungswohnsitzes oder der Kreis können, wenn sie auf Ersatz belangt werden, nicht auf dritte Verpflichtete verweisen, vorbehaltlich jedoch ihres eigenen Rückgriffs auf dieselben.

6. Thüringen.

6a. Sachsen-Weimar. AusfGes. z. BGB.

§ 199 Abs. 1. Der Staat sowie Verbände und Anstalten, die auf Grund des öffentlichen Rechts zur Gewährung von Unterhalt verpflichtet sind, können Ersatz der für den Unterhalt gemachten Aufwendungen von der Person, welcher sie den Unterhalt gewährt haben, sowie von denjenigen verlangen, welche nach den Vorschriften des bürgerlichen Rechts unterhaltspflichtig sind. [Wegen des Unterhalts, der einem Gefangenen aus Anlaß eines Strafverfahrens gewährt worden ist, besteht ein solcher Erstattungsanspruch gegen die Unterhaltspflichtigen nicht. — Zusatz nach dem Ges. v. 27. März 1907, RegBl. 29.]

Abs. 3. Soweit in den bestehenden Gesetzen Vorschriften über die Höhe des zu leistenden Ersatzes und das Verfahren zur Feststellung der Kosten enthalten sind, behält es bei diesen Vorschriften sein Bewenden.

6b. Sachsen-Meiningen.

a) AusfGes. v. 24. Februar 1872.

Art. 29. Der Ehemann, die Ehefrau, die ehelichen Eltern, die uneheliche Mutter sowie die ehelichen Kinder eines Hilfsbedürftigen und die unehelichen Kinder in bezug auf die hilfsbedürftige Mutter können durch Beschluß des Kreisvorstandes des Aufenthaltsorts angehalten werden, dem Hilfsbedürftigen nach Maßgabe der gesetzlichen Verpflichtung die erforderliche laufende Unterstützung zu gewähren, auch einem Armenverbande die bereits verausgabten Unterstützungskosten zu erstatten.

Gegen diese Verfügung ist binnen 14 Tagen Ausschlußfrist Rekurs an das Herzogliche Staatsministerium, Abteilung des Innern, zulässig, bei dessen Entscheidung es vorbehaltlich des Rechtsweges bewendet.

Art. 30. Die Verfügungen der Verwaltungsbehörde (Art. 29) sind vorläufig und so lange vollstreckbar, bis auf erhobenen Rekurs eine abändernde Entscheidung erfolgt ist.

Im letzteren Falle hat der Armenverband dem in Anspruch genommenen Angehörigen das bis dahin Geleistete beziehungsweise das zuviel Geleistete zu erstatten; im Weigerungsfalle ist er hierzu im Aufsichtswege anzuhalten.

b) Ges. v. 26. April 1888, betr. den Ersatz empfangener öffentlicher Armenunterstützung (Samml. S. 219).

Art. 1. Personen, welche ungeachtet des Besitzes genügender Mittel öffentliche Armenunterstützung erlangt oder nach Empfang solcher Unterstützung in Verhältnisse gekommen sind, welche ihnen ohne Gefährdung ihres Lebensunterhalts die Erstattung ermöglichen, sind zum Ersatz des Empfangenen verpflichtet.

Der Ersatz kann auch aus dem Nachlaß der unterstützten Personen verlangt werden.

Art. 2. War die hilfsbedürftige Person in einem Armen- oder Krankenhause untergebracht, so richtet sich die Höhe der zu erstattenden Kosten nach den am Orte der stattgehabten Unterstützung geltenden Grundsätzen und dürfen für die Verpflegung und ärztliche Behandlung nur die von der Aufsichtsbehörde festgestellten allgemeinen Sätze neben den für Arzneien und sonstige besondere Aufwendungen erwachsenen baren Auslagen in Anrechnung gebracht werden.

Der Tag der Aufnahme und der Entlassung wird hierbei nur als ein Tag berechnet.

Die Tarife sind öffentlich bekanntzumachen.

Art. 3 und **4** sind ersetzt durch Art. 10 Nr. 3 des Ges., betr. das Verwaltungsstreitverfahren; s. Anhang E.

Art. 5. Die Entscheidungen der Verwaltungsbehörde (jetzt des Verwaltungsgerichts) sind vorläufig und so lange vollstreckbar, bis auf erhobenen Rekurs (jetzt Berufung) eine abändernde Entscheidung erfolgt ist.[1]) Im letzteren Fall hat der Armenverband dem in Anspruch Genommenen das von ihm bis dahin Geleistete beziehungsweise das zuviel Geleistete zu erstatten, im Weigerungsfalle ist ersterer hierzu im Aufsichtswege anzuhalten.

1. Über die vorläufige Vollstreckbarkeit s. Art. 36 des Ges., betr. Verwaltungsstreitverfahren, v. 15. März 1897.

Art. 6 betrifft die Vollstreckung der Entscheidungen.

Art. 7. Über den Anspruch auf Erstattung der Unterstützungskosten gegen die im Art. 29 des Gesetzes vom 24. Februar 1872 genannten Personen bleiben die Bestimmungen jenes Gesetzes, insbesondere Art. 29, 30 und 31, in Geltung.

Auch die aus anderen Titeln zur Alimentierung oder Unterstützung eines Hilfsbedürftigen Verpflichteten haben für die infolge der Nichterfüllung ihrer Verbindlichkeit notwendig gewordene öffentliche Armenunterstützung Ersatz zu leisten. Gegen die letzteren ist der Anspruch, soweit für dessen Verfolgung nicht ein besonderes Verfahren geordnet ist, im Rechtswege zu verfolgen.

6c. Reuß. V. v. 22. Juni 1920 zur anderweitigen Ausführung des Unterstützungswohnsitzgesetzes.

V. Verhältnis der Armenverbände zu anderweit Verpflichteten und zu den Behörden.

§ 35. Auf Antrag des Armenverbands, der einen Hilfsbedürftigen unterstützen muß, können durch einen mit Gründen versehenen Beschluß der Verwaltungsbehörde nach Gehör der Beteiligten die nach den Vorschriften des bürgerlichen

Rechts zum Unterhalt Verpflichteten angehalten werden, dem Hilfsbedürftigen nach Maßgabe ihrer gesetzlichen Verpflichtung die erforderliche laufende Unterstützung zu gewähren.

Die Beschlußfassung steht für die Landgemeinden dem Vorsitzenden des Bezirksverbandes zu, in dessen Bezirk der in Anspruch genommene Unterhaltspflichtige seinen Wohnsitz hat, für die Städte dem Stadtgemeindevorstand (Stadtrat).

Hat der Unterhaltspflichtige im Volksstaate Reuß keinen Wohnsitz, so treten an die Stelle der Behörden des Wohnsitzes die Behörden des Aufenthaltsorts.

§ 36. Gegen die Entscheidung der Verwaltungsbehörde (§ 35) steht binnen einer Frist von 14 Tagen nach deren Zustellung sowohl dem Unterhaltspflichtigen wie dem beteiligten Armenverband die Beschwerde an die Kammer für das Heimatwesen zu, die nach Anhörung der Gegenpartei im Verwaltungsweg endgültig entscheidet. Beiden Teilen bleibt die Verfolgung ihrer Rechte im gerichtlichen Verfahren vorbehalten.

§ 37. Die Entscheidungen der Verwaltungsbehörde (§§ 35, 36) sind vorläufig und solange vollstreckbar, bis auf die Beschwerde im Verwaltungsweg oder mittels rechtskräftigen gerichtlichen Urteils eine abändernde Entscheidung erfolgt ist.

In letzterem Falle hat der Armenverband den Unterhaltspflichtigen das bis dahin Geleistete bezw. das zuviel Geleistete zu erstatten: im Weigerungsfall ist er hierzu im Aufsichtsweg anzuhalten.

Hatte jedoch der eine solche Erstattung Fordernde die gerichtliche Klage nicht innerhalb sechs Monaten nach Zustellung des von ihm angefochtenen Beschlusses der Verwaltungsbehörde angebracht, so kann er nur dasjenige zurückfordern, was er für den Zeitraum seit Anbringung der Klage zuviel geleistet hat.

§ 38. Die Erstattung bereits verausgabter Unterstützungskosten kann ein Armenverband in allen Fällen, soweit nicht die §§ 17 ff., betreffend das Verfahren in Streitsachen der Armenverbände, zur Anwendung kommen, nur im gerichtlichen Verfahren beanspruchen.

6d. Sachsen-Altenburg. AusfVer. v. 3. Juni 1871.

§ 16. Die Ausführung aller auf das Band der Verwandtschaft oder der Ehe gegründeten Ansprüche auf Gewährung von Unterstützung, ingleichen die Verfolgung von Regreßansprüchen wegen geleisteter Unterstützung gegen solche Personen, die von den Bestimmungen des Bundesgesetzes über den Unterstützungswohnsitz (§ 61 daselbst) nicht betroffen werden, bleibt dem Rechtsweg vorbehalten.

§ 103 AusfGes. z. BGB.

Abs. 1 übereinstimmend mit AusfGes. z. BGB. für Sachsen-Weimar § 199 (oben unter 7).

Abs. 2. Die Beitreibung der hiernach von den unterhaltenen Personen zu ersetzenden Beiträge erfolgt im Verwaltungswege nach Maßgabe des Gesetzes v. 31. März 1879, die Zwangsvollstreckung wegen Geldleistung in Verwaltungssachen betreffend (GS. S. 99).

Vergl. auch § 7 des AusfGes. zur Zivilprozeßordnung.

6e. Sachsen-Gotha. AusfGes. v. 31. Mai 1871.

§§ 38—41 übereinstimmend mit §§ 65 Abs. 1 bis 3, 66, 67, 68 Abs. 1 Pr. AG., jedoch in § 65 Abs. 1 nach „Beteiligten" zu setzen: „der Ehemann, die Ehefrau, die ehelichen Eltern, die uneheliche Mutter, sowie die ehelichen Kinder und die unehelichen Kinder in Beziehung auf die Mutter angehalten werden". Letzter Satz: „Auf den Vater ..." zu streichen.

Art. 46 AusfGes. z. BGB.

Abs. 1 übereinstimmend mit dem AusfGes. z. BGB für Sachsen-Weimar § 199 (oben unter 7).

Abs. 2. Die Einziehung erfolgt vorbehaltlich des Rechtsweges über die Verpflichtung zur Zahlung im Verwaltungsstreitverfahren.

Entsprechende Vorschriften sind in den für Gotha und Koburg erlassenen Gesetzen über die Tragung der Kosten für die in geschlossener Anstalt untergebrachten Personen v. 20. März 1906 bezw. v. 28. März 1911 (s. unter B 13) enthalten mit dem Zusatze: Erstattete Beiträge werden dem Staate mit zwei Dritteilen, der Gemeinde mit einem Drittel in Zurechnung gebracht (Gotha) bezw. zwischen dem Staate und der Gemeinde je nach ihren Anteilen an den aufgebrauchten Kosten verteilt (Koburg).

6f. Schwarzburg-Rudolstadt. AusfGes. v. 23. Juni 1871.

§§ 22—25 übereinstimmend mit §§ 65 Abs. 1—3, 66, 67, 68 Abs. 1 Pr. AG. mit der bei Sachsen-Gotha bemerkten Änderung.

Art. 163 AusfGes. z. BGB. übereinstimmend mit § 199 Abs. 1 des AusfGes. z. BGB. für Sachsen-Weimar (oben unter 7).

6g. Schwarzburg-Sondershausen. AusfGes. v. 25. Januar 1872.

§§ 11—13 übereinstimmend mit §§ 65 Abs. 1—3, 66, 67 Pr. AG. mit der bei Sachsen-Gotha bemerkten Änderung.

§ 11 Abs. 2 lautet:

Die Verfügung steht dem Fürstlichen Landrate desjenigen Bezirks zu, in welchem der in Anspruch genommene Angehörige des Hilfsbedürftigen seinen Wohnsitz hat. Diese Zuständigkeit wird, wenn der gedachte Angehörige im Fürstentume keinen Wohnsitz hat, auch durch dessen bloßen Aufenthalt für den Landrat begründet, in dessen Bezirk der Aufenthaltsort liegt.

Der Rekurs geht nach § 12 an das Fürstliche Ministerium, Abteilung des Innern.

Art. 55 AusfGes. z. BGB. übereinstimmend mit § 199 Abs. 1 des AusfGes. z. BGB. für Sachsen-Weimar (oben unter 7).

8. Hamburg. Gesetz, betr. das Armenwesen, v. 11. September 1907 und Gesetz, betr. Änderung einiger Bestimmungen des Ges. über das Armenwesen, v. 21. September 1914.

§ 19. Wer für sich oder seine Angehörigen (§ 12 Abs. 1) Unterstützung empfangen hat, ist verpflichtet, sie zu erstatten. Die gleiche Verpflichtung trifft die Angehörigen des Unterstützten in Höhe der für sie verwendeten Beträge. Der Anspruch darf erst geltend gemacht werden, wenn der Erstattungspflichtige ohne Beeinträchtigung des für sich und seine unterhaltsberechtigten Angehörigen nach billigem Ermessen erforderlichen Unterhaltes zur Erstattung imstande ist.

Die Einziehung erfolgt nach den Vorschriften des § 17 des Gesetzes, betreffend das Verhältnis der Verwaltung zur Rechtspflege, vom 23. April 1879 in der Fassung des § 8 des Gesetzes vom 22. Dezember 1899.

§ 20. Der zum Unterhalt eines Unterstützten gesetzlich Verpflichtete kann auf Antrag des unterstützenden Armenverbandes durch Beschluß der Polizeibehörde angehalten werden, nach Maßgabe seiner gesetzlichen Verpflichtung dem Hilfsbedürftigen laufenden Unterhalt zu gewähren. Auf den Vater eines unehelichen Kindes findet diese Vorschrift nur insoweit Anwendung, als er seine Vaterschaft nach § 1718 BGB. anerkannt hat oder seine Unterhaltspflicht in einem vollstreckbaren Titel festgestellt ist. Vor

Abgabe der Entscheidung, welche mit Gründen zu versehen ist, ist den Beteiligten Gelegenheit zur Äußerung zu geben.

Zuständig ist diejenige Polizeibehörde, in deren Bezirk der Verpflichtete seinen Wohnsitz oder in Ermangelung eines inländischen Wohnsitzes seinen Aufenthalt hat.

Beide Parteien sind befugt, die Entscheidung der Polizeibehörde im ordentlichen Rechtswege anzufechten. Die Entscheidung ist jedoch vorläufig und so lange vollstreckbar, als nicht mittels vollstreckbaren gerichtlichen Urteils eine abändernde Entscheidung erfolgt ist. In diesem Falle hat der Armenverband dem in Anspruch Genommenen das bis dahin Geleistete oder zuviel Geleistete zu erstatten. Hat jedoch der Erstattung Fordernde die gerichtliche Klage nicht innerhalb sechs Monaten nach Zustellung der angefochtenen Entscheidung der Polizeibehörde erhoben, so kann er nur dasjenige zurückfordern, was er für den Zeitraum seit Anstellung der Klage zuviel geleistet hat.

Die Vollstreckung der Entscheidung der Polizeibehörde erfolgt im Wege der gerichtlichen Zwangsvollstreckung.

Diese Vorschriften finden auf Anträge von Armenverbänden anderer Bundesstaaten mit der Maßgabe Anwendung, daß die Polizeibehörde den Antrag ablehnen kann, wenn keine Gegenseitigkeit geübt wird.

§ 22. Dem Armenverband steht das ausschließliche Erbrecht an dem Nachlasse derjenigen Personen zu, welche innerhalb der letzten fünf Jahre vor ihrem Ableben mindestens 150 Wochen hindurch aus öffentlichen Mitteln auf ihr Ansuchen Unterstützung empfangen haben. Das Erbrecht besteht nicht, wenn die gewährte Unterstützung vor dem Tode der Unterstützten erstattet ist. Der Armenverband kann von der Geltendmachung des Erbrechts ganz oder teilweise Abstand nehmen.

Diese Vorschriften gelten nicht bloß (wie die übrigen Bestimmungen dieses Gesetzes) für das Gebiet des Ortsarmenverbandes Hamburg, sondern finden auch in dem sonstigen Staatsgebiete Anwendung. Für die Verrichtung der Polizeibehörde sind die Landherrenschaften, für das Amt Ritzebüttel der Amtsverwalter zuständig (a. a. O. § 24). In der Geltendmachung der Ansprüche gegen den Unterstützten und in seinen Nachlaß greift nach § 43 Abs. 2, § 46 Abs. 3 der Geschäftsordnung eine mildere Auffassung Platz.

9. Mecklenburg-Schwerin, -Strelitz und Ratzeburg.

AusfVer. v. 20. Februar und 27. April 1871.

§ 5. 1. Die von einem Armenverbande gewährte öffentliche Unterstützung ist ein dem Unterstützten gewährter Vorschuß, zu dessen Erstattung er dem betreffenden Armenverbande gegenüber verpflichtet bleibt.[1]) Die Beitreibung solcher Vorschüsse geschieht in dem im § 7 vorgeschriebenen Wege.

Unterstützungen, die Kinder unter 14 Jahren gewährt sind, sind von diesen selbst nicht zurückzufordern.

Zur Erstattung ist der Nachlaß des Unterstützten vorzugsweise verhaftet, und hat die Erstattungsforderung die Vorzüge einer Forderung wegen öffentlicher Abgaben. Die zur Regulierung des Nachlasses kompetente Behörde hat die zur Sicherung des Anspruches des betreffenden Armenverbandes nötigen Schritte von Amts wegen zu tun, wenn ihr bekannt war, daß der Verstorbene ein Armenbenefiziat war. Die von der Ortsarmenbehörde eingereichten Extrakte aus ihren Rechnungen liefern vollen Beweis.

1. Vergl. Art. II V. v. 26. Febr. 1896 (RegBl. S. 34).

Alle Unterstützungen sind nur Vorschüsse, welche zu erstatten sind:
1. von dem Unterstützten, wenn er dazu imstande ist,
2. von den zur Alimentation Verpflichteten, vorausgesetzt, daß die Verpflichtung an sich unbestritten oder durch richterliche Entscheidung festgestellt ist.

§ 7. Wenn von seiten eines Armenverbandes die gesetzlich bestehende Alimentationspflicht des Ehegatten, der Aszendenten beziehungsweise des unehelichen Vaters und der Deszendenten des Hilfsbedürftigen zur Geltung gebracht werden soll, so hat dieses, und zwar auch dann, wenn es sich um Erstattung der von der Armenkasse geleisteten Vorschüsse handelt, im Verwaltungswege ohne Unterschied des Gerichtsstandes auf Antrag der Armenbehörde zu geschehen, sofern der Verpflichtungsgrund unbestritten oder durch richterliche Entscheidung festgestellt ist, sollte gleich die Suffizienz des Vermögens bestritten sein. Mit dem betreffenden Antrage hat sich die Armenbehörde, welche übrigens auch für den gerichtlichen Prozeß legitimiert ist, an die Obrigkeit des Verpflichteten beziehungsweise an das betreffende Patrimonialgericht (vergl. § 6, s. Anhang A) zu wenden.

Sowohl dem Verpflichteten als der beantragenden Armenbehörde steht gegen die im Verwaltungsweg ergangene Entscheidung der Rekurs an Unsere Landesregierung frei. Bei diesen sind auch die gegen den Inhaber der Ortsobrigkeit etwa notwendig werdenden exekutivischen Maßregeln zu beantragen.

Übereinstimmend: Mecklenburg-Strelitz §§ 5, 7, Ratzeburg §§ 5, 7.

10. Braunschweig. AusfGes. v. 5. Juni 1871.

§ 31 Abs. 1 und 3 übereinstimmend mit § 65 Pr. AG. Abs. 1 und 3 mit der bei Sachsen-Gotha bemerkten Maßgabe.

Abs. 2. Die Beschlußfassung steht der Kreisdirektion desjenigen Kreises, in welchem der in Anspruch genommene Angehörige des Hilfsbedürftigen seinen Wohnsitz hat, in der Stadt Braunschweig der Herzoglichen Polizeidirektion zu.

§ **32** übereinstimmend mit § 67 Pr. AG., doch fehlen im Abs. 1 die Worte „auf erhobenen Rekurs im Verwaltungswege oder".

§ **33** übereinstimmend mit § 68 Pr. AG. Abs. 1.[1])

1. Vergl. dazu § 200 Städteordnung v. 18. Juni 1892 und § 142 der Landgemeindeordnung v. 18. Juni 1892 (GSSamml. S. 281, 357): Die geleisteten Unterstützungen sind als Vorschüsse zu betrachten, welche von den unterstützten Armen selbst sowie von den alimentationspflichtigen Verwandten oder von den Erben des Unterstützten im Wege der Klage zurückverlangt werden können.

11. Oldenburg. Rev. Gemeindeordnung vom 15. April 1873.

Art. 71 § 2. Eine Verweisung an dritte Verpflichtete ist . . . nicht zulässig, wenn der Unterstützungsbedürftige sich in einer Lage befindet, welche alsbaldige Hilfe erfordert; vielmehr hat in solchem Falle die Armenkommission die notwendige Unterstützung zu leisten, vorbehaltlich des Ersatzanspruchs an die dazu nach öffentlichem oder bürgerlichem Rechte Verpflichteten.

Gleichlautend Art. 14 Abs. 2 des Ges. über das Armenwesen für das Fürstentum Birkenfeld, Art. 78 § 2 rev. GemOrd. für das Fürstentum Lübeck.

§ **3** in der Fassung des Ges. v. 25. Juni 1921, betr. Abänderung der Gemeindeordnung, übereinstimmend mit § 65 Abs. 1 Pr. AG. — Statt „Armenverband": „Armenkommission". Die Beschlußfassung steht dem Amt oder dem Stadtmagistrat I. Klasse zu, in deren Bezirk der in Anspruch genommene Angehörige des Hilfsbedürftigen seinen Wohnsitz und in Ermangelung eines inländischen Wohnsitzes seinen Aufenthaltsort hat.

§ **4** übereinstimmend mit § 66 Pr. AG. — Statt „Armenverband": „Armenkommission". Die Beschwerde geht an die weiter vorgesetzte Verwaltungsbehörde. Die Beschwerdefrist ist 7 Tage.

§ 5 übereinstimmend mit § 67 Pr. AG.

Mit §§ 65 Abs. 1, 66, 67 Pr. AG. stimmen auch überein Art. 18 des Ges. über das Armenwesen für das Fürstentum Birkenfeld, Art. 78 §§ 3—5 rev. GemOrd. für das Fürstentum Lübeck. Auch in diesen Landesteilen sind durch die AusfGes. z. BGB. (Lübeck § 40, Birkenfeld § 86) die Worte „die uneheliche Mutter" durch die Worte „die unehelichen Eltern" ersetzt.

§ 6. Die auf Ersatz in Anspruch genommene Gemeinde des Unterstützungswohnsitzes kann nicht auf dritte Verpflichtete verweisen, vorbehaltlich jedoch ihres eigenen Rückgriffs auf dieselben.

Gleichlautend Art. 15 Ges. über das Armenwesen für das Fürstentum Birkenfeld, Art. 78 § 6 rev. GemOrd. für das Fürstentum Lübeck.

Art. 73. Jede einem Hilfsbedürftigen nach zurückgelegtem 18. Lebensjahre gewährte Unterstützung ist als vorschußweise geleistet anzusehen und kann von der Armenkommission, wenn der Unterstützte nach billigem Ermessen derselben dazu imstande ist, zurückgefordert, auch aus dem Nachlasse des Unterstützten mit einfachen Zinsen ersetzt verlangt werden. Die Erstattung kann nur im gerichtlichen Wege verfolgt werden.

Gleichlautend Art. 20 Armenges. für Birkenfeld, Art. 80 ver. GemOrd. für Lübeck.

12. Anhalt. AusfGes. v. 29. Juni 1871.

§§ 52—54 übereinstimmend mit §§ 66, 67, 78 Abs. 1 Pr. AG. — § 51 Abs. 2 und 3 lauten:

Die Beschlußfassung steht der Direktion desjenigen Kreises zu, in welchem der in Anspruch genommene Angehörige des Hilfsbedürftigen seinen Wohnsitz hat.

Hat der gedachte Angehörige im Inlande keinen Wohnsitz, so treten an die Stelle der Behörden des Wohnsitzes die Behörden des Aufenthaltsortes.[1])

In § 53 fehlt der dritte Absatz des § 67 Pr. AG.

1. Der nach § 52 zugelassene Rekurs an die Deputation für das Heimatwesen ist nach § 3 des Ges., betr. die sachliche Zuständigkeit der Verwaltungsgerichte, v. 27. März 1888 (GS. S. 65) im Wege der Klage beim Landesverwaltungsgerichtshof einzulegen.

Durch das Abänderungsgesetz v. 27. April 1904 (Nr. 1189) sind folgende Fassungsänderungen bezw. Einschaltungen verordnet:

Art. 4. Im § 51 erhält der Abs. 1 folgende Fassung:

Auf den Antrag eines Armenverbandes, der einen Hilfsbedürftigen unterstützen muß (§§ 1 und 2) können durch einen mit Gründen versehenen Beschluß der Verwaltungsbehörde nach Anhörung der Beteiligten die nach den Vorschriften des Bürgerlichen Gesetzbuchs Unterhaltspflichtigen angehalten werden, dem Hilfsbedürftigen nach Maßgabe ihrer eigenen Kräfte die nach diesem Gesetze erforderliche Unterstützung zu gewähren.

Art. 5. Hinter § 53 wird folgender § 53 a eingeschaltet:

Die Armenverbände können Ersatz der auf Grund der §§ 1 und 2 dieses Gesetzes gemachten Aufwendungen für hilfsbedürftige Personen von letzteren sowie von den nach den Vorschriften des Bürgerlichen Gesetzbuchs Unterhaltspflichtigen verlangen, wenn und soweit diese Personen unter Berücksichtigung ihrer sonstigen Verpflichtungen ohne Gefährdung ihres standesgemäßen Unterhalts zur Leistung des Ersatzes imstande sind.

Art. 6. Hinter § 54 wird folgender § 54 a eingeschaltet:

Den Armenverbänden steht an dem Nachlasse derjenigen Personen, denen sie Unterstützung (§§ 1 und 2) gewährt haben, unbeschadet der Vorschriften des Artikels 72 des Ausführungsgesetzes zum Bürgerlichen Gesetzbuche vom 18. April 1899 (Nr. 1038 der Gesetzsammlung), ein Erbrecht zu, wenn die Unterstützung bis zum Tode gedauert oder erst in den letzten 60 Tagen vor dem Todestage aufgehört hat.

Das Erbrecht besteht nicht, wenn die für die Unterstützung gemachten Aufwendungen vor dem Tode erstattet sind.

Das durch Abs. 1 gewährte Erbrecht geht dem Erbrecht der durch das Bürgerliche Gesetzbuch zur Erbfolge berufenen Personen vor und kann weder durch letztwillige Verfügung noch durch Erbvertrag ausgeschlossen oder beschränkt werden.

Der nach Befriedigung der Nachlaßgläubiger und nach Deckung der gewährten Unterstützungen sowie der Unkosten verbleibende Überschuß ist den durch das Erbrecht des Armenverbandes ausgeschlossenen Personen auszuzahlen, und zwar nach dem Verhältnis der Anteile, zu denen sie als Erben des Unterstützten berufen wären, wenn der Armenverband die Erbschaft ausgeschlagen hätte.

13. Bremen.

a) Gesetz, betr. das Verhältnis der Armenverbände zu unterstützungspflichtigen Verwandten des Hilfsbedürftigen, v. 4. September 1884 (GesBl. S. 113).

§ 1. Ein deutscher Armenverband, welcher einen Hilfsbedürftigen nach Vorschrift des Bundesgesetzes über den Unterstützungswohnsitz vom 6. Juni 1870 zu unterstützen hat, ist befugt, von dem Ehegatten und den Verwandten desselben in zweiter Linie die für den Hilfsbedürftigen erforderliche laufende Unterstützung in demselben Maße und unter denselben Voraussetzungen zu fordern, als dem Hilfsbedürftigen ein Recht auf Unterstützung gegen diese Personen zusteht.

Soweit der Unterstützungspflichtige die Unterstützung durch Naturalleistungen zu gewähren hat, ist der Armenverband befugt, wenn der Unterstützungspflichtige dieser Verpflichtung nicht oder nicht vollständig genügt hat, für die Zukunft an Stelle der Naturalleistungen den entsprechenden Geldbetrag zu fordern.

§ 2. Beruht die Alimentationspflicht auf Gesetz, so hat auf Antrag des Armenverbandes die zuständige Polizeibehörde nach Anhörung der Beteiligten vorbehaltlich des Rechtsweges für dieselben über den Anspruch durch eine mit Gründen zu versehende Entscheidung zu befinden.

Der Armenverband kann bei der Polizeibehörde die Erhöhung der von derselben festgesetzten Unterstützung beantragen, wenn sich die Verhältnisse des Unterstützungspflichtigen wesentlich verbessert oder diejenigen des Bedürftigen sich wesentlich verschlechtert haben.

Zuständig für die Entscheidung ist die Polizeibehörde des Wohnorts des Alimentationspflichtigen und wenn der Alimentationspflichtige im bremischen Staatsgebiet keinen Wohnsitz hat, wohl aber einen nach § 20 der Zivilprozeßordnung den Gerichtsstand begründenden Aufenthaltsort hat, die Polizeibehörde seines Aufenthaltsortes.

Nach Maßgabe dieser Bestimmungen ist die zuständige Polizeibehörde

für die Stadt Bremen die Polizeidirektion,
für die Hafenstädte die dortigen Ämter,
für das Landgebiet der Landherr.

§ 3. Die Entscheidungen der Polizeibehörden sind vorläufig vollstreckbar. Die Zwangsvollstreckung erfolgt durch die Polizeibehörden nach Maßgabe der über die Zwangsvollstreckung im Verwaltungswege geltenden Bestimmungen.

Die Vollstreckbarkeit der polizeilichen Entscheidung hört auf, sobald die polizeiliche Entscheidung mittels rechtskräftigen gerichtlichen Urteils abgeändert ist, sowie für die Dauer der Wirksamkeit eines dieselbe abändernden, für vorläufig vollstreckbar erklärten gerichtlichen Urteils oder einer die Sistierung der Zwangsvollstreckung aussprechenden gerichtlichen einstweiligen Verfügung. Sie hört ferner auf, wenn im Fall des § 4 entweder der Armenverband die Frist zur Klageerhebung versäumt oder durch vollstreckbares gerichtliches Urteil über den Anspruch erkannt ist.

§ 4. Will der Unterstützungspflichtige gegen eine in Gemäßheit des § 2 ergangene Entscheidung der Polizeibehörde den Rechtsweg beschreiten, so kann er dies der Polizeibehörde, welche die Entscheidung erlassen hat, schriftlich oder zu Protokoll anzeigen. Der Armenverband ist von solcher Anzeige durch die Polizeibehörde sofort in Kenntnis zu setzen und hat dann innerhalb vier Wochen seinen Anspruch gegen den Unterstützungspflichtigen bei dem zuständigen Gerichte klagend geltend zu machen.

§ 5. Der Armenverband hat im Fall einer durch rechtskräftiges gerichtliches Urteil erfolgten abändernden Entscheidung dem in Anspruch genommenen Dritten das nach Maßgabe dieses Urteils zuviel Geleistete zurückzuerstatten. Falls jedoch der die Rückerstattung Fordernde nicht innerhalb sechs Monaten nach Verkündung oder Zustellung der von ihm angefochtenen Entscheidung die in § 4 zugelassene Anzeige gemacht oder bei Gericht Klage erhoben hat, kann er nur dasjenige zurückfordern, was er für die Zeit seit der Anzeige oder der Klageerhebung zuviel geleistet hat.

§ 6. Die Erstattung bereits verausgabter Unterstützungskosten kann ein Armenverband nur im gerichtlichen Verfahren beanspruchen (s. unter b und c).

b) Gesetz, betr. Erstattung von Armenunterstützungen, v. 3. Oktober 1918 (GBl. S. 222).

§ 1. Jeder von einem bremischen Armenverband Unterstützte ist verpflichtet, die ihm gewährten Unterstützungen zu erstatten, sobald er dazu imstande ist, ohne daß dadurch der für ihn und seine unterstützungsberechtigten Angehörigen erforderliche notdürftige Unterhalt beeinträchtigt wird.

§ 2. Wenn eine Ehefrau oder eheliche oder diesen gleichstehende Kinder unterstützt werden, so gilt auch das Familienhaupt als unterstützt; wenn ein uneheliches Kind unterstützt wird, gilt auch die Mutter als unterstützt. Diese Bestimmung gilt auch, wenn die Unterstützung ohne oder gegen den Willen des Familienhauptes oder der Mutter gewährt worden ist; sie findet keine Anwendung, wenn die bei Gewährung der Unterstützung angenommene Hilfsbedürftigkeit nicht vorgelegen hat, sowie bei Unterstützung von Kindern, die in bezug auf den Erwerb und Verlust des Unterstützungswohnsitzes selbständig sind.

§ 3. Zum Zweck der Rückerlangung der gewährten Unterstützungen (§ 1) ist der Armenverband befugt, ausstehende Forderungen der Unterstützten einzuziehen.

Diese gelten als dem Armenverband abgetreten, sobald dem Schuldner die schriftliche Zahlungsaufforderung vom Armenverband zugegangen ist.

Der Armenverband hat über die eingezogenen Gelder mit dem Unterstützten abzurechnen und ihm den Überschuß auszuzahlen.

§ 4. Den bremischen Armenverbänden steht am Nachlaß der Personen, die innerhalb der letzten fünf Jahre vor ihrem

Ableben Unterstützung erhalten haben, ein gesetzliches Erbrecht vor den Verwandten erster Ordnung zu. Der Pflichtteil besteht in dem vollen Werte des gesetzlichen Erbteils. Das Erbrecht besteht nicht, wenn die gewährte Unterstützung vor dem Tode des Unterstützten erstattet ist.

Der Armenverband kann die Befriedigung eines Nachlaßgläubigers insoweit verweigern, als der Nachlaß nicht ausreicht. Die für Haftung des Erben geltenden Vorschriften der §§ 1990, 1991 BGB. finden entsprechende Anwendung.

Wenn der Armenverband die Erbschaft nicht ausschlägt, so soll er innerhalb eines Monats nach erlangter Kenntnis von dem Erbfall ein Nachlaßverzeichnis aufnehmen und es beim Nachlaßgericht einreichen. Zur Aufnahme des Nachlaßverzeichnisses kann er sich eines seiner Beamten bedienen.

Innerhalb derselben Frist sind die durch das Erbrecht des Armenverbandes von der Erbschaft ausgeschlossenen Personen, soweit sie einen dem Armenverbande bekannten Aufenthalt innerhalb des Deutschen Reiches haben, von der Annahme der Erbschaft durch den Armenverband zu benachrichtigen.

Der nach Befriedigung der Nachlaßgläubiger und nach Deckung der gewährten Unterstützungen sowie der Unkosten verbleibende Überschuß ist den im vorhergehenden Absatz bezeichneten Personen auszuzahlen, und zwar nach dem Verhältnis der Anteile, zu denen sie als Erben des Unterstützten berufen wären, wenn der Armenverband die Erbschaft ausgeschlagen hätte.

§ 5. Die bremischen Armenverbände genießen Stempelfreiheit. Gerichtsgebühren und Gebühren von anderen zur Entscheidung von Streitsachen berufenen Behörden werden nur erhoben, wenn sie von Gegnern zu erlangen sind.

14. Lippe-Detmold. AusfGes. v. 12. September 1877.

§§ 31—34 übereinstimmend mit §§ 65 Abs. 1—3, 66, 67, 68 Abs. 1 Pr. AG. mit der bei Sachsen-Gotha bemerkten Maßgabe.

Die Beschlußfassung (§ 31) steht der Regierung zu. Der Rekurs geht an das Kabinettsministerium. Die Rekursfrist ist 14 Tage. Beiden Teilen bleibt überdies die Verfolgung ihrer Rechte im gerichtlichen Verfahren vorbehalten (§ 32).[1])

1. An Stelle der Klage vor den ordentlichen Gerichten tritt die Verwaltungsklage (§ 2 ZustGes. v. 9. Febr. 1898, GS. S. 298).

§ 36. Die Ortsarmenverbände sind befugt, bei dem zuständigen Gerichte darauf anzutragen, daß etwaige Verschwender unter Kuratel gestellt werden.

15. Lübeck. Armenordnung für die Stadtgemeinde Lübeck v. 14. Dezember 1911.

In dieser als Gesetz beschlossenen und verkündeten Armenordnung handelt der Abschnitt III von der Erstattung gewährter Unterstützungen und dem Verfahren gegen säumige Nährpflichtige in den §§ 16—18.

§ 16. Für die Erstattung gewährter Unterstützung sind die Vorschriften des § 59 des lübeckischen Ausführungsgesetzes zum Bürgerlichen Gesetzbuch vom 30. Oktober 1899 maßgeblich.

Die Einziehung kann nach den Vorschriften des Gesetzes vom 20. März 1899, betr. die Zwangsvollstreckung im Verwaltungswege, erfolgen. Vollstreckungsbehörde ist die Armenbehörde. Die Entscheidung der Armenbehörde kann unter Beobachtung des § 11 des lübeckischen Ausführungsgesetzes zum Gerichtsverfassungsgesetze vom 3. Februar 1879 im ordentlichen Rechtswege angefochten werden.

§ 17. Dem zum Unterhalte eines Unterstützten gesetzlich Verpflichteten kann auf Antrag der Armenbehörde vom Polizeiamte auferlegt werden, nach Maßgabe seiner gesetzlichen Verpflichtung dem Hilfsbedürftigen laufenden Unterhalt zu gewähren. Auf den Vater eines unehelichen Kindes findet diese Vorschrift nur insoweit Anwendung, als er seine Vaterschaft nach § 1718 BGB. anerkannt hat oder seine Unterhaltungspflicht in einem vollstreckbaren Titel festgestellt ist. Vor Abgabe der Entscheidung, welche mit Gründen zu versehen ist, ist den Beteiligten Gelegenheit zur Äußerung zu geben.

Beide Parteien sind befugt, die Entscheidung des Polizeiamtes unter Beobachtung des § 11 des Ausführungsgesetzes zum Gerichtsverfassungsgesetze vom 3. Februar 1879 im ordentlichen Rechtswege anzufechten. Die Entscheidung ist jedoch vorläufig und so lange vollstreckbar, als nicht mittels vollstreckbaren gerichtlichen Urteils eine abändernde Entscheidung erfolgt ist. In diesem Falle hat der Armenverband dem in Anspruch Genommenen das bis dahin Geleistete oder zuviel Geleistete zu erstatten. Hat jedoch der Unterhaltungspflichtige die gerichtliche Klage nicht innerhalb sechs Monaten nach Zustellung der angefochtenen Entscheidung des Polizeiamtes erhoben, so kann er nur dasjenige zurückfordern, was er für den Zeitraum seit Anstellung der Klage zuviel geleistet hat.

Die Vollstreckung der Entscheidung des Polizeiamtes erfolgt nach den Vorschriften des Gesetzes vom 20. März 1899, betr. die Zwangsvollstreckung im Verwaltungswege.

§ 18. Wer selbst oder in der Person seiner Ehefrau oder seiner noch nicht armenrechtlich selbständigen ehelichen oder diesen gleichstehenden Kinder aus öffentlichen Armenmitteln unterstützt wird, kann, soweit dieses zur Beseitigung oder Verminderung der bestehenden Hilfsbedürftigkeit erforderlich ist, zur Verrichtung einer seinen Kräften angemessenen Arbeit angehalten werden.

Weigert sich der Unterstützte, die ihm von der Behörde angewiesene Arbeit zu verrichten, so kann er auf Beschluß einer besonderen, aus fünf Mitgliedern bestehenden Kommission durch Anwendung unmittelbaren Zwanges hierzu angehalten werden. Zu dem Zwecke kann der Unterstützte auch gegen seinen Willen in einer Armenarbeitsanstalt untergebracht werden.

In den Fällen einer nur durch vorübergehende Umstände verursachten Hilfsbedürftigkeit finden diese Vorschriften keine Anwendung.

Gegen die Entscheidung, welche mit Gründen zu versehen und zuzustellen ist, kann binnen zwei Wochen bei der Armenbehörde schriftlich oder zu Protokoll Beschwerde eingelegt werden, über welche der Verwaltungsgerichtshof endgültig entscheidet. Bis zur Einrichtung eines Verwaltungsgerichtshofes ist die Klage im ordentlichen Rechtswege zulässig, für welche das Landgericht ausschließlich zuständig ist. Die Klage ist binnen einer Notfrist von einem Monat nach der Zustellung der Entscheidung zu erheben.

Die Vollstreckung erfolgt durch die Armenbehörde. Das Polizeiamt ist verpflichtet, die zur Durchführung der Vollstreckung etwa erforderliche Hilfe zu gewähren. Die Vollstreckung wird durch Erhebung der Klage nicht aufgehalten.

Der Verwaltungsgerichtshof, bis zu dessen Errichtung das Landgericht, kann jedoch auf Antrag den Aufschub oder die Unterbrechung der Vollstreckung anordnen.

Die Vollstreckung des Beschlusses ist aufzuheben, sobald seine gesetzlichen Voraussetzungen weggefallen sind oder nach dem Ermessen der Kommission die weitere Aufrechterhaltung des Arbeitszwanges nicht mehr erforderlich scheint. Der Unterstützte, gegen welchen der Beschluß sich richtet, kann jederzeit bei der Kommission die Aufhebung der Vollstreckung des Beschlusses beantragen. Doch ist die Kommission zu einer solchen Entscheidung nur verpflichtet, wenn seit der Fassung des Beschlusses oder seit der Ablehnung eines Antrages auf Aufhebung des Beschlusses mindestens drei Monate verstrichen sind. Wenn der Unterstützte in einer Armenarbeitsanstalt untergebracht ist und die Unterbringung ein Jahr gedauert hat, so hat die Kommission, bevor sie das Fortbestehen der Voraussetzungen für die Arbeitspflicht feststellt, dem Unterstützten durch eine mindestens sechs Monate dauernde Unterbrechung der Unterbringung Gelegenheit zur Erbringung des Nachweises zu geben, daß die Voraussetzungen für die Vollstreckung des Beschlusses nicht mehr bestehen. Auf das Verfahren und die Anfechtung der Entscheidung finden die Vorschriften der Absätze 5 und 6 entsprechende Anwendung.

Der erzielte Arbeitsverdienst ist, soweit er nicht zur Deckung der Unterbringungskosten erforderlich ist, zum Unterhalt der Familienangehörigen zu verwenden; falls solche nicht vorhanden sind, ist er dem Untergebrachten bei dessen Entlassung auszuhändigen.

16. Mecklenburg-Strelitz vergl. Nr. 9, Mecklenburg-Schwerin.

17. Waldeck. AusfGes. v. 29. Juni 1871.

§§ 27—30 übereinstimmend mit §§ 65 Abs. 1—3, 66, 67, 68 Abs. 1 Pr. AG. mit der bei Sachsen-Gotha bemerkten Maßgabe.

§ 27 Abs. 2 lautet: Die Beschlußfassung steht dem Amtmann desjenigen Kreises zu, in welchem der in Anspruch genommene Angehörige des Hilfsbedürftigen seinen Wohnsitz hat.

§ 32. Die auf besonderen gesetzlichen Bestimmungen oder auf sonstigen Rechtstiteln beruhende Verpflichtung des Staats zur Verpflegung und Heilung armer geisteskranker Personen sowie vermögensloser Nervenfieberkranken wird durch gegenwärtiges Gesetz nicht berührt.

18. Schaumburg-Lippe.

a) AusfGes. v. 7. Mai 1872.

§§ 54—57 übereinstimmend mit §§ 65 Abs. 1—3, 66, 67, 68 Abs. 1 Pr. AG.

§ 54 Abs. 1 gilt jetzt nach Ges. über die Ausübung der Armenpflege bei Arbeitsscheuen und säumigen Nährpflichtigen vom 18. März 1913 (Schaumb.-Lipp. LandVer. S. 446) übereinstimmend mit § 65 Abs. 1 Pr. AG. in der Fassung des Ges. v. 23. Juli 1912.

§ 54 Abs. 2. Die Beschlußfassung steht dem Amte bezw. dem Stadtmagistrate desjenigen Bezirks zu, in welchem der in Anspruch genommene Angehörige des Hilfsbedürftigen seinen Wohnsitz hat, bezw., wenn derselbe seinen Wohnsitz innerhalb Unseres eximierten herrschaftlichen Besitzes hat, Unserer Regierung, welche letztere in diesem Falle endgültig im Verwaltungswege entscheidet.

§ 55. Gegen die Entscheidung der Ämter und Magistrate (§ 54) steht usw., wie in § 66 Pr. AG.

§ 39 AusfGes. z. BGB. übereinstimmend mit § 199 Abs. 1 des AusfGes. z. BGB. für Sachsen-Weimar (oben unter 7).

b) Gesetz v. 8. März 1912, betr. die außerordentliche Armenpflege (Landesverordnungen 219; s. auch unter A 20.)

§ 15. Die Kommunalverbände sind berechtigt, die Erstattung der ihnen erwachsenen Kosten von dem Untergebrachten selbst oder von den auf Grund des bürgerlichen Rechts zu seinem Unterhalte Verpflichteten zu fordern.

Dieselbe Berechtigung steht dem Landarmenverbande hinsichtlich der ihm zur Last fallenden Kosten zu. Wird gegen den Erstattungsversuch Widerspruch erhoben, so beschließt darüber auf Antrag des Kommunalverbandes oder des Landarmenverbandes die Deputation für das Heimatwesen. Der Beschluß ist vorbehaltlich des ordentlichen Rechtsweges endgültig. Der Rechtsweg ist nur innerhalb vier Wochen seit Zustellung des Beschlusses zulässig. Unberührt bleiben durch die Vorschriften dieses Gesetzes die Erstattungsansprüche an auswärtige Armenverbände.

§ 16. Können die Kosten nicht oder nur teilweise aus dem Vermögen des Untergebrachten oder durch seine unterhaltspflichtigen Angehörigen gezahlt werden, so ist Unser Ministerium verpflichtet, die Hälfte der entstandenen Kosten (§ 14 s. unter A 20), soweit sie nicht anderweit gedeckt sind, dem Kommunalverbande aus der Landeskasse zu ersetzen.

Nachtrag zum Anhang.

E. Behörden und Verfahren in Streitsachen der Armenverbände.

(Siehe Seite 379.)

Hamburg. Gesetz über Verwaltungsgerichtsbarkeit v. 2. November 1921 (Hamburgisches Ges. u. VBl. S. 585).

Erster Abschnitt.
Verwaltungsgerichte.

§ 1. Die streitige Verwaltungsgerichtsbarkeit wird durch unabhängige, nur dem Gesetz unterworfene Verwaltungsgerichte, das Verwaltungsgericht und das Oberverwaltungsgericht, ausgeübt.

Die Verwaltungsgerichte haben ihren Sitz in der Stadt Hamburg.

Die Verwaltungsgerichte unterstehen der Senatskommission für die Justizverwaltung und haben ihr auf Verlangen Gutachten über allgemeine Fragen des Staats- oder des Verwaltungsrechtes, insbesondere über Entwürfe von Gesetzen, welche diese Rechtsgebiete betreffen, zu erstatten. Die unmittelbare Dienstaufsicht über das Verwaltungsgericht liegt dem Landgerichtspräsidenten, diejenige über das Oberverwaltungsgericht dem Präsidenten des Hanseatischen Oberlandesgerichts ob.

§ 2. Das Verwaltungsgericht besteht aus Vorsitzenden und Beisitzern.

Der Senat ernennt die Vorsitzenden aus den Berufsrichtern des Landgerichts auf die Dauer ihres Hauptamtes. Sie müssen im öffentlichen Rechte bewandert und im Verwaltungsdienst erfahren sein.

Die Beisitzer werden auf gutachtlichen Vorschlag der Vollversammlung des Verwaltungsgerichts, der die dreifache Zahl der zu wählenden Personen bezeichnen muß, von der Bürgerschaft für die Dauer von drei Jahren gewählt. Zum Beisitzer kann jeder Deutsche gewählt werden, der Mitglied einer hamburgischen Verwaltungsbehörde ist oder gewesen ist. Auf die eidliche Verpflichtung der Beisitzer und ihre Rechtsstellung finden die für Handelsrichter geltenden Vorschriften der §§ 115 bis 117 des Gerichtsverfassungsgesetzes entsprechende Anwendung; im Falle des Verlustes der Reichsangehörigkeit entscheidet der erste Senat des Oberverwaltungsgerichts über die Enthebung vom Amte.

§ 3. Bei dem Verwaltungsgerichte können Kammern gebildet werden.

Auf die Bestimmung der Reihenfolge, in der die Beisitzer an den Sitzungen teilnehmen, sowie auf die Verteilung der Geschäfte unter die Kammern und auf die Überweisung der Beisitzer an die Kammern finden die Vorschriften der §§ 62 bis 64 und 66 des Gerichtsverfassungsgesetzes entsprechende Anwendung.

§ 4. Das Verwaltungsgericht entscheidet in der Besetzung mit einem Vorsitzenden und zwei Beisitzern. Bei Entscheidungen, die ohne mündliche Verhandlung ergehen, brauchen die Beisitzer nicht mitzuwirken.

Der Vorsitzende verteilt die Geschäfte unter die an der Entscheidung teilnehmenden Mitglieder des Gerichts und bestellt insbesondere einen oder mehrere Berichterstatter.

§ 5. Das Oberverwaltungsgericht besteht aus Vorsitzenden und rechtsgelehrten und bürgerlichen Beisitzern.

Der Senat ernennt die Vorsitzenden und die rechtsgelehrten Beisitzer aus den Mitgliedern des Hanseatischen Oberlandesgerichts. Auf die Ernennung der Vorsitzenden und der rechtsgelehrten Beisitzer finden im übrigen die Vorschriften des § 2 Abs. 2, auf die Wahl der bürgerlichen Beisitzer sowie auf ihre Rechtsstellung und Verpflichtung die Vorschriften des § 2 Abs. 3 entsprechende Anwendung.

Bei dem Oberverwaltungsgerichte können Senate gebildet werden. In diesem Falle finden die Vorschriften des § 3 Abs. 2 entsprechende Anwendung. Will ein Senat in einer Rechtsfrage von der Entscheidung eines anderen Senats oder der vereinigten Senate abweichen, so ist über die Frage eine Entscheidung der vereinigten Senate einzuholen; auf das Verfahren und die Wirkung der Entscheidung finden die Vorschriften der §§ 137 und 139 des Gerichtsverfassungsgesetzes entsprechende Anwendung.

Das Oberverwaltungsgericht entscheidet in der Besetzung mit einem Vorsitzenden, zwei rechtsgelehrten und zwei bürgerlichen Beisitzern. Bei Entscheidungen, die ohne mündliche Verhandlung ergehen, ist die Mitwirkung der bürgerlichen Beisitzer nicht erforderlich. Auf die Verteilung der Geschäfte findet die Vorschrift des § 4 Abs. 2 entsprechende Anwendung.

§ 6. Die hamburgischen Amtsgerichte haben den Verwaltungsgerichten auf Ersuchen Rechtshilfe zu leisten. Das Ersuchen ist an das Amtsgericht zu richten, in dessen Bezirk die Amtshandlung vorgenommen werden soll.

§ 7. Die Vorschriften der Titel 14 bis 16 des Gerichtsverfassungsgesetzes über Öffentlichkeit, Sitzungspolizei, Gerichtssprache, Beratung und Abstimmung finden auf das Verfahren vor den Verwaltungsgerichten entsprechende Anwendung. Das Dienstalter der Mitglieder wird durch die Zeit bestimmt, während welcher sie dem Gericht angehört haben, bei gleicher Zeit durch das Lebensalter.

In Streitigkeiten über Entrichtung oder Rückerstattung von öffentlichen Abgaben ist auf Antrag einer Partei, deren Vermögens- oder Einkommensverhältnisse in der Verhandlung erörtert werden, die Öffentlichkeit für die Verhandlung oder einen Teil der Verhandlung und für die Verkündung der Entscheidung auszuschließen.

Die Vorschriften des Gerichtsverfassungsgesetzes über die Verhängung von Ordnungsstrafen wegen einer in der Sitzung begangenen Ungebühr finden auf eine Ungebühr, die in einem dem Gericht überreichten Schriftstücke begangen wird, entsprechende Anwendung.

§ 8 betrifft Einrichtung der Gerichtsschreibereien.

Zweiter Abschnitt.

Zuständigkeit der Verwaltungsgerichte.

§ 9. Das Verwaltungsgericht entscheidet über die Anfechtung von Anordnungen oder Verfügungen der Verwaltungsbehörden sowie in sonstigen Streitigkeiten des öffentlichen Rechtes, soweit nicht gesetzlich ein anderes bestimmt, insbesondere die Entscheidung dem Senat besonders übertragen oder ein besonderer, den Rechtsweg ausschließender Rechtszug angeordnet ist.

§ 10. Das Verwaltungsgericht ist insbesondere zuständig für Streitigkeiten über die Anfechtung von Anordnungen oder Verfügungen der Verwaltungsbehörden, welche die Grundrechte und Grundpflichten der Deutschen oder das Verhältnis des Staates zu den Landgemeinden oder sonstigen Körperschaften oder Anstalten des öffentlichen Rechtes betreffen.

§§ 11, 12 betreffen Fälle, in denen das Verwaltungsgericht ferner besonders zuständig ist.

§ 13. Das Verwaltungsgericht ist ferner insbesondere zuständig für Streitigkeiten

1. zwischen Armenverbänden über die öffentliche Unterstützung Hilfsbedürftiger;
2. zwischen Armenverbänden und den von ihnen Unterstützten oder deren Angehörigen über die Rückerstattung öffentlicher Unterstützungen;
3. über Ansprüche gegen Armenverbände, welche auf Erstattung von Aufwendungen gerichtet sind, die in auftragloser Geschäftsführung für einen zur Unterstützung verpflichteten Armenverband gemacht sind;
4. . . .

§ 14. Das Verwaltungsgericht ist ferner insbesondere zuständig für diejenigen Streitigkeiten, für die reichsgesetzlich ein Rekurs- oder Verwaltungsstreitverfahren angeordnet oder für zulässig erklärt ist.

§ 15. Soweit das Verwaltungsgericht für Streitigkeiten über Vermögensleistungen zuständig ist, ist es auch für Streitigkeiten über die Rückerstattung mit Unrecht bewirkter Leistungen zuständig.

§ 16. Das Oberverwaltungsgericht entscheidet über die Rechtsmittel der Berufung und der Beschwerde gegen die Entscheidungen des Verwaltungsgerichts, soweit nicht reichsgesetzlich das Rechtsmittel ausgeschlossen oder eine andere Stelle für die Entscheidung zuständig ist.

§ 17. Die ordentlichen Gerichte entscheiden über die Zulässigkeit des ordentlichen Rechtsweges. Die Verwaltungsgerichte können insbesondere, wenn die ordentlichen Gerichte eine Klage wegen Unzulässigkeit des ordentlichen Rechtsweges rechtskräftig abgewiesen haben, die Klage nicht deshalb abweisen, weil der ordentliche Rechtsweg zulässig sei.

Soweit die Verwaltungsgerichte rechtskräftig entschieden haben, ist der ordentliche Rechtsweg nur zulässig, wenn die Klage wegen Zulässigkeit der ordentlichen Rechtsweges abgewiesen ist.

Dritter Abschnitt.

Verfahren vor dem Verwaltungsgericht.

§ 18. Der Rechtsstreit wird durch Erhebung der Klage, in den Fällen des reichsgesetzlich angeordneten Rekursverfahrens durch Einlegung des Rekurses anhängig gemacht. Auf das Rekursverfahren finden die Vorschriften dieses und des vierten Abschnitts entsprechende Anwendung, soweit sich nicht aus den Reichsgesetzen Abweichungen ergeben.

Auf das Verfahren in Streitigkeiten zwischen Armenverbänden finden die Vorschriften dieses und des vierten Abschnitts nur insoweit Anwendung, als das Gesetz über den Unterstützungswohnsitz die Regelung des Verfahrens dem Landesrecht überläßt.

§ 19. Die Klage wird durch Einreichung eines Schriftsatzes oder durch Erklärung zu Protokoll des Gerichtsschreibers erhoben. Hat der Kläger seinen allgemeinen Gerichtsstand in den Bezirken der Amtsgerichte Bergedorf oder Cuxhaven, so kann die Klage auch durch Erklärung zu Protokoll des Gerichtsschreibers des örtlich zuständigen Amtsgerichts erhoben werden; das Protokoll ist unverzüglich dem Verwaltungsgerichte vorzulegen.

Die Klage muß die Bezeichnung der Parteien, die bestimmte Angabe des Streitgegenstandes, einen bestimmten Antrag und die Angabe der den Antrag begründenden Tatsachen enthalten. Sie soll auch die gesetzlichen Vertreter der Parteien bezeichnen.

§ 20. Auf Feststellung des Bestehens oder Nichtbestehens eines Rechtsverhältnisses kann Klage erhoben werden, wenn der Kläger ein berechtigtes Interesse daran hat, daß das Rechtsverhältnis durch richterliche Entscheidung alsbald festgestellt wird.

§ 21. Die Klage kann durch einen begründeten Vorbescheid abgewiesen werden, wenn ihr ein wesentliches Erfordernis fehlt oder die Klagefrist versäumt oder das Gericht offenbar unzuständig oder der Klaganspruch nach Inhalt der Klage offenbar unbegründet ist. Fehlt der Klage ein wesentliches Erfordernis, so ist dem Kläger zunächst zur Beseitigung des Mangels eine Frist zu bestimmen.

Dem Verklagten kann durch Vorbescheid die Befriedigung des Klägers aufgegeben werden, wenn glaubhaft gemacht wird, daß ohne den Vorbescheid die Vollstreckung des Urteils vereitelt oder wesentlich erschwert werden würde.

Die Partei, gegen die der Vorbescheid sich richtet, kann binnen zwei Wochen nach Zustellung des Vorbescheids Entscheidung im ordentlichen Verfahren beantragen; sie soll im Vorbescheid auf dieses Recht hingewiesen werden. Wird der Antrag nicht rechtzeitig gestellt, so gilt der Vorbescheid als Urteil. Wird der Antrag rechtzeitig gestellt, so kann das Gericht vor der Entscheidung auf Antrag eine einstweilige Anordnung erlassen, insbesondere anordnen, daß die Vollziehung des Vorbescheids einstweilen auszusetzen ist; gegen den Beschluß findet Beschwerde statt.

§ 22. Der Vorsitzende läßt die Klage, wenn sie nicht durch Vorbescheid abgewiesen wird, dem Verklagten mit der Aufforderung zustellen, sich binnen bestimmter Frist, die in der Regel nicht weniger als eine und nicht mehr als vier Wochen betragen soll, über die Klage zu erklären. Die Erklärung kann schriftlich oder zu Protokoll des Gerichtsschreibers erfolgen.

Die Erklärung des Verklagten soll in gleicher Weise dem Kläger zur Gegenerklärung zugestellt werden. Auch die weiter eingehenden Erklärungen einer Partei sollen dem Gegner zugestellt werden, und zwar, soweit es zur Vorbereitung der Entscheidung erforderlich erscheint, mit der Aufforderung, sich binnen bestimmter Frist darüber zu äußern.

§ 23. Die Parteien sollen den von ihnen eingereichten Schriftsätzen Abschriften für den Gegner beifügen.

Die Parteien sollen in ihren Erklärungen die Beweismittel angeben, deren sie sich zum Nachweis oder zur Widerlegung tatsächlicher Behauptungen bedienen wollen.

Die Parteien sollen Urkunden, auf die sie Bezug nehmen, in Urschrift oder in beglaubigter Abschrift beifügen. Die Abschriften können auch von dem Gerichtsschreiber oder einem bei einem deutschen Gerichte zugelassenen Rechtsanwalte beglaubigt werden. Für den Gegner bestimmte unbeglaubigte Abschriften sind vom Gerichtsschreiber zu beglaubigen. Urkunden von größerem Umfange können zur Einsicht für den Gegner bei dem Gerichte niedergelegt werden.

§ 24. Nachdem die Erklärungen, zu deren Abgabe die Parteien aufgefordert sind, eingegangen sind oder die Abgabefrist fruchtlos verstrichen ist, beraumt der Vorsitzende einen Termin zur mündlichen Verhandlung an. In eiligen Sachen kann schon vorher Termin anberaumt werden.

§ 25. Das Gericht lädt die Parteien zur mündlichen Verhandlung. In der Ladung soll darauf hingewiesen werden, daß beim Ausbleiben der Parteien nach Lage der Akten entschieden werde.

Zwischen der Zustellung der Ladung und dem Verhandlungstermin muß eine Frist von mindestens einer Woche liegen. In eiligen Sachen kann die Frist durch eine mit der Ladung zuzustellende Verfügung des Vorsitzenden abgekürzt werden.

§ 26. Das Gericht kann ohne mündliche Verhandlung entscheiden, wenn die Parteien auf sie verzichten.

§ 27. In der mündlichen Verhandlung können die Parteien persönlich, auch in Begleitung von Beiständen, erscheinen oder sich durch Bevollmächtigte vertreten lassen. Auf die Beistände und die Bevollmächtigten finden die Vorschriften der §§ 79 bis 90 der Zivilprozeßordnung entsprechende Anwendung. Eine Vollmacht braucht jedoch nur beglaubigt zu werden, wenn das Gericht die Beglaubigung für erforderlich erachtet.

Wer die Vertretung geschäftsmäßig betreibt oder zum geeigneten schriftlichen oder mündlichen Vortrag unfähig ist, kann vom Gericht als Beistand oder Bevollmächtigter zurückgewiesen werden. Dies gilt nicht für Rechtsanwälte oder Notare sowie auch nicht für Vertreter beruflicher und gewerkschaftlicher Vereinigungen hinsichtlich des von ihnen in dieser Eigenschaft vertretenen Personenkreises. Es gilt ferner nicht für Personen, die vom Oberverwaltungsgerichte zugelassen sind; das Oberverwaltungsgericht kann die Zulassung jederzeit zurücknehmen.

§ 28. Der Vorsitzende eröffnet und leitet die mündliche Verhandlung.

Nach Aufruf der Sache trägt der Vorsitzende oder ein von ihm bestimmter Beisitzer den Sachverhalt vor.

Hierauf erhalten die Parteien und ihre Vertreter das Wort.

Die Parteien können ihre tatsächlichen und rechtlichen Ausführungen ergänzen oder berichtigen, auch die Klage ändern, soweit nicht dadurch nach dem Ermessen des Gerichts die Verteidigung des Gegners erheblich erschwert oder das Verfahren erheblich verzögert wird.

Der Vorsitzende hat darauf hinzuwirken, daß unklare Anträge erläutert, ungenügende Angaben tatsächlicher Art ergänzt und die Beweismittel bezeichnet sowie überhaupt alle für die Feststellung des Sachverhältnisses erheblichen Erklärungen abgegeben werden. Er muß jedem Beisitzer auf Verlangen gestatten, Fragen zu stellen.

Wird in Abwesenheit des Gegners die Klage in anderer Weise als durch Einschränkung geändert, so ordnet das Gericht, wenn es dem geänderten Antrag entsprechen will, an, daß dieser zunächst dem Gegner zur Erklärung zuzustellen ist. Das gleiche gilt von neuen tatsächlichen Behauptungen, die nach dem Ermessen des Gerichts auf die Entscheidung von Einfluß sind.

§ 29. Das Gericht erhebt den nach seinem Ermessen zur Aufklärung des Sachverhalts erforderlichen Beweis, auch soweit dieser von den Parteien nicht angetreten ist.

Das Gericht kann Untersuchungen an Ort und Stelle veranlassen, Zeugen und Sachverständige vernehmen sowie das persönliche Erscheinen der Parteien zur Aufklärung des Sachverhalts anordnen und durch Geldstrafen bis zum Gesamtbetrage von 1000 Mark erzwingen. Gegen die Verhängung von Geldstrafen findet Beschwerde statt.

Die Parteien können zur eidlichen Bestätigung ihrer Behauptungen oder zur eidlichen Widerlegung der Behauptungen des Gegners zugelassen werden.

§ 30. Die Beweisaufnahme erfolgt in der mündlichen Verhandlung vor dem erkennenden Gericht oder auf Anordnung des Gerichts außerhalb der Verhandlung, geeignetenfalls schon vor der Verhandlung durch ein vom Vorsitzenden bestimmtes Mitglied des Gerichts oder durch eine darum ersuchte Behörde. Die Parteien können an Zeugen oder Sachverständige sachdienliche Fragen richten oder richten lassen; über die Zulässigkeit einer Frage entscheidet das Gericht oder, wenn der Beweis nicht vor dem Gericht aufgenommen wird, vorläufig die mit der Beweisaufnahme betraute Behörde.

Die Parteien werden von Beweisterminen, die außerhalb der Verhandlung stattfinden, benachrichtigt und können der Beweisaufnahme beiwohnen.

Nach einer außerhalb der Verhandlung erfolgten Beweisaufnahme wird, wenn die Parteien nicht gemäß § 26 auf Verhandlung verzichten, Termin zur Verhandlung anberaumt. In diesem Termin wird das Ergebnis der Beweisaufnahme vom Berichterstatter mitgeteilt und den Parteien Gelegenheit zu Äußerungen gegeben.

§ 31. Auf die Verpflichtung, einer Ladung als Zeuge oder Sachverständiger Folge zu leisten, Zeugnis abzulegen oder ein Gutachten zu erstatten, auf die Folgen der Weigerung, auf die Ablehnung von Sachverständigen und auf die Beeidigung von Zeugen und Sachverständigen finden die hierfür geltenden Vorschriften der Zivilprozeßordnung entsprechende Anwendung. Von der Beeidigung eines Zeugen oder Sachverständigen kann abgesehen werden, wenn das Gericht einstimmig der Überzeugung ist, daß es der Beeidigung zur Herbeiführung einer wahrheitsgemäßen Aussage nicht bedarf.

§ 32. Das Gericht kann die Vorlegung der im Besitz einer Partei befindlichen Urkunden, zu deren Vorlegung die Partei dem Gegner gegenüber nach den Vorschriften des bürgerlichen Rechtes verpflichtet ist oder auf welche die Partei zur Beweisführung Bezug genommen hat, anordnen und die Befolgung der Anordnung durch Geldstrafen bis zum Gesamtbetrage von 1000 Mark erzwingen. Gegen die Verhängung von Geldstrafen findet Beschwerde statt.

Bestreitet die Partei, daß die Urkunde sich in ihrem Besitze befindet, so finden die Vorschriften des § 426 der Zivilprozeßordnung entsprechende Anwendung.

§ 33. Über die mündliche Verhandlung wird vom Berichterstatter ein Vermerk aufgenommen.

Über die Aussagen von Zeugen oder Sachverständigen wird von dem Gerichtsschreiber oder einem anderen Justizbeamten eine Niederschrift aufgenommen, die den Vernommenen zu verlesen und von dem Vorsitzenden und dem Schriftführer zu unterschreiben ist. Entsprechendes gilt, wenn die Aussagen von Beteiligten aufgenommen werden sollen oder ein zur vollständigen oder teilweisen Erledigung des Rechtsstreits bestimmter Vergleich vor Gericht geschlossen wird.

Die Vorschriften des Absatzes 2 finden auf Beweis- und Vergleichsverhandlungen, die außerhalb der mündlichen Verhandlung stattfinden, entsprechende Anwendung.

§ 34. Das Gericht hat, soweit der Verklagte die Zulässigkeit des ordentlichen Rechtsweges einwendet, anzuordnen, daß die Verhandlung bis zur rechtkräftigen Entscheidung der ordentlichen Gerichte über die Zulässigkeit des ordentlichen Rechtsweges auszusetzen sei. Ist der Rechtsstreit bei den ordentlichen Gerichten nicht anhängig, so verliert die Anordnung ihre Wirkung, wenn der Verklagte nicht binnen einem Monat nachgewiesen hat, daß Klage im ordentlichen Rechtsweg erhoben ist.

Die Anordnung unterbleibt, wenn das Gericht die Überzeugung gewinnt, daß der Verklagte die Zulässigkeit des Rechtsweges in der Absicht einwendet, den Rechtsstreit zu verschleppen.

§ 35. Das Gericht kann beschließen, daß andere Personen, deren Interessen durch die Entscheidung berührt werden, zu dem Rechtsstreite beizuladen sind (Nebenparteien).

Im Beschlusse sollen der Stand der Sache und der Grund der Beiladung angegeben werden.

Der Beschluß wird den Parteien und den Nebenparteien zugestellt. Gegen den Beschluß findet Beschwerde statt.

Parteierklärungen, die nach dem Beschlusse eingehen, werden auch den Nebenparteien zugestellt. Mit den Erklärungen der Nebenparteien wird wie mit denjenigen der Parteien verfahren. Zur mündlichen Verhandlung werden auch die Nebenparteien geladen.

Die Nebenparteien haben die Rechtsstellung einer Partei.

Die Entscheidung über den Klaganspruch ist auch gegenüber den Nebenparteien wirksam.

§ 36. Die Parteien können die Prozeßakten einsehen und sich aus ihnen durch den Gerichtsschreiber Ausfertigungen, Auszüge oder Abschriften erteilen lassen. Dies gilt nicht für Akten der Verwaltungsbehörden, deren Einsicht zu verweigern im öffentlichen Interesse liegt und von den Verwaltungsbehörden beantragt wird, sowie für Entwürfe von Entscheidungen oder Verfügungen, für die zu ihrer Vorbereitung gelieferten Arbeiten und für Schriftstücke, welche Abstimmungen oder Strafverfügungen betreffen.

§ 37. Das Gericht entscheidet den Rechtsstreit durch Urteil nach seiner freien, aus dem Inhalte der Verhandlung und dem Ergebnisse der Beweisaufnahme geschöpften Überzeugung.

§ 38. Das Urteil ist zu begründen und von den Richtern, die bei der Entscheidung mitgewirkt haben, zu unterschreiben; ist ein Richter verhindert, zu unterschreiben, so ist dies unter Angabe des Verhinderungsgrundes vom Vorsitzenden oder bei dessen Verhinderung vom dienstältesten Beisitzer unter dem Urteil zu vermerken. Das Urteil soll angeben, welches Rechtsmittel zulässig und wie, binnen welcher Frist und bei welcher Stelle es einzulegen ist.

Das Urteil ist vom Vorsitzenden in öffentlicher Sitzung durch Verlesung des entscheidenden Teiles zu verkünden, die Verkündung von dem Vorsitzenden oder dem Berichterstatter auf der Niederschrift des Urteils zu vermerken.

Das Urteil soll bei der Verkündung unterschrieben sein; in dringenden Fällen kann es auch, ohne unterschrieben zu sein, verkündet werden.

Der Gerichtsschreiber erteilt Ausfertigungen des Urteils und stellt sie den Parteien zu.

Auf die Berichtigung und Ergänzung des Urteils finden die Vorschriften der §§ 319 und 321 der Zivilprozeßordnung entsprechende Anwendung.

§ 39. Zustellungen erfolgen von Amts wegen nach den §§ 208 bis 213 der Zivilprozeßordnung.

Zustellungen können auch in der Weise erfolgen, daß der Gerichtsschreiber oder ein anderer damit beauftragter Justizbeamter das Schriftstück gegen Empfangsbescheinigung behändigt.

Zustellungen können ferner durch eingeschriebenen Brief gegen Rückschein erfolgen.

§ 40. Auf die Ausschließung und die Ablehnung von Gerichtspersonen finden die Vorschriften der §§ 41 bis 49 der Zivilprozeßordnung entsprechende Anwendung. Von der Ausübung des Richteramts ist auch ausgeschlossen, wer bei der Anordnung oder Verfügung, die den Gegenstand des Rechtsstreits bildet, oder bei der Entscheidung über ein im Verwaltungswege gegen sie eingelegtes Rechtsmittel mitgewirkt hat.

§ 41. Auf die Zwangsvollstreckung aus den rechtskräftigen und den für vorläufig vollstreckbar erklärten Entscheidungen sowie aus den vor Gericht geschlossenen Vergleichen finden die Vorschriften des achten Buches der Zivilprozeßordnung entsprechende Anwendung, soweit nicht in den Absätzen 2 und 3 Besonderes bestimmt ist.

Die Entscheidung ist auf Antrag gegen oder ohne Sicherheitsleistung für vorläufig vollstreckbar zu erklären, wenn glaubhaft gemacht wird, daß die Aussetzung der Vollstreckung für den Gläubiger einen schwer zu ersetzenden oder zu ermittelnden Nachteil zur Folge haben würde.

Ist der Staat oder eine Gemeinde zur Zahlung eines Geldbetrags verurteilt worden, so ist die Zwangsvollstreckung erst zulässig, nachdem eine vom Gerichte zu bestimmende Zahlungsfrist verstrichen ist.

§ 42. Für Klagen, durch welche Anordnungen oder Verfügungen von Verwaltungsbehörden des Staates oder von Organen anderer Körperschaften oder Anstalten des öffentlichen Rechtes angefochten werden, gelten die besonderen Vorschriften der §§ 43 bis 46. Das gleiche gilt für Klagen, die wegen Verweigerung einer Amtshandlung erhoben werden.

§ 43. Die Klage ist gegen diejenige Behörde zu richten, welche die Anordnung oder Verfügung erlassen oder die Amtshandlung verweigert hat.

§ 44. Die Klage muß binnen zwei Monaten erhoben werden, soweit nicht gesetzlich eine andere Frist bestimmt ist. Die Klagefrist beginnt mit dem Zeitpunkt, in dem die Verfügung oder Anordnung dem Kläger bekanntgemacht ist.

Kann die Anordnung oder Verfügung in einem gesetzlich besonders bestimmten, im Verwaltungswege zu erledigenden Rechtsmittelverfahren angefochten werden, so kann die Klage nur erhoben werden, wenn das Rechtsmittel in der dafür vorgeschriebenen Form und Frist eingelegt und das Rechtsmittelverfahren erledigt ist. Die Klagefrist beginnt in diesem Falle erst mit der Bekanntmachung der das Rechtsmittel erledigenden Entscheidung.

§ 45. Die Klage hat aufschiebende Wirkung. Die Behörde, welche die Anordnung oder Verfügung getroffen hat, kann jedoch die Vollziehung anordnen, wenn sie diese im öffentlichen Interesse für geboten erachtet.

§ 46. Soweit Behörden gesetzlich ermächtigt sind, nach ihrem Ermessen zu verfahren, und nicht gesetzlich ein anderes bestimmt ist, kann die Klage nicht darauf gestützt werden, daß nach richtigem Ermessen anders zu verfahren gewesen wäre.

§ 47. Das Gericht kann, auch wenn der Rechtsstreit noch nicht anhängig ist, auf Antrag die Einnahme des Augenscheins oder die Vernehmung von Zeugen oder Sachverständigen beschließen, wenn zu besorgen ist, daß das Beweismittel verlorengeht oder seine Benutzung erschwert wird. In dringenden Fällen kann der Vorsitzende über den Antrag entscheiden.

Die Beweisaufnahme erfolgt nach den allgemeinen Vorschriften. Die Niederschrift über die Beweisaufnahme ist aufzubewahren.

Vierter Abschnitt.

Berufung, Beschwerde, Wiederaufnahme.

§ 48. Die Berufung an das Oberverwaltungsgericht findet gegen Teil- oder Endurteile sowie gegen solche Zwischenurteile des Verwaltungsgerichts statt, durch die ein nach Grund und Betrag streitiger Anspruch für begründet erklärt ist.

§ 49. Die Berufung wird beim Verwaltungsgerichte durch Einreichung eines Schriftsatzes oder durch Erklärung zu Protokoll des Gerichtsschreibers eingelegt. Sie muß die Bezeichnung des angefochtenen Urteils, einen bestimmten Antrag, die zur Begründung erforderlichen Behauptungen und die Angabe der hierfür erforderlichen Beweismittel enthalten und binnen einem Monat nach der Zustellung des Urteils eingelegt werden.

Das Verwaltungsgericht hat die Berufung mit den Akten unverzüglich dem Oberverwaltungsgerichte vorzulegen.

§ 50. Auf das weitere Verfahren und auf die Vollstreckung der Urteile des Oberverwaltungsgerichts finden die Vorschriften des dritten Abschnitts entsprechende Anwendung. Die Aufnahme einer Niederschrift kann auch in den Fällen des § 33 Abs. 2 Satz 1 unterbleiben, wenn die Vernehmung der Zeugen oder Sachverständigen vor dem Gerichte stattfindet.

Der Berufungsgegner kann sich der Berufung anschließen, wenn die Berufungsfrist verstrichen ist. Auf die Anschließung findet die Vorschrift des § 49 Abs. 1 entsprechende Anwendung.

Leidet das Verfahren vor dem Verwaltungsgericht an einem wesentlichen Mangel, so kann das Oberverwaltungsgericht den Rechtsstreit unter Aufhebung des Urteils an das Verwaltungsgericht zurückweisen.

§ 51. Die Beschwerde an das Oberverwaltungsgericht findet, außer in den besonders bezeichneten Fällen, gegen solche Entscheidungen statt, durch die ein das Verfahren betreffender Antrag zurückgewiesen wird.

In denjenigen Fällen, in denen nach den §§ 7, 31, 38, 40, 41 und 65 und den darin bezeichneten reichsgesetzlichen Vorschriften die Beschwerde oder die sofortige Beschwerde an das Oberverwaltungsgericht zulässig sein würde, findet die Beschwerde nach den Vorschriften dieses Gesetzes statt.

Wird die Änderung der Entscheidung eines beauftragten oder ersuchten Richters oder des Gerichtsschreibers verlangt, so ist die Entscheidung des Gerichts nachzusuchen; auf die Nachsuchung finden die für die Beschwerde geltenden Vorschriften entsprechende Anwendung. Das Gericht hat das Gesuch, wenn es ihm nicht entsprechen will, dem Oberverwaltungsgerichte zur Entscheidung vorzulegen.

§ 52. Die Beschwerde wird beim Verwaltungsgerichte durch Einreichung eines Schriftsatzes oder durch Erklärung zu Protokoll des Gerichtsschreibers eingelegt.

Die Beschwerde muß binnen zwei Wochen nach der Zustellung der Entscheidung eingelegt werden.

Das Verwaltungsgericht oder, wenn die Entscheidung des Vorsitzenden angefochten wird, dieser hat der Beschwerde, wenn sie für begründet zu erachten ist, abzuhelfen, im anderen Falle sie unverzüglich mit den Akten dem Oberverwaltungsgerichte vorzulegen.

§ 53. Die Beschwerde hat, außer in den Fällen der §§ 180 bis 182 des Gerichtsverfassungsgesetzes, der §§ 380, 390 und 409 der Zivilprozeßordnung und des § 29 Abs. 2 und des § 32 Abs. 1 dieses Gesetzes, keine aufschiebende Wirkung.

Das Verwaltungsgericht oder, wenn die Entscheidung des Vorsitzenden angefochten wird, dieser kann anordnen, daß die Vollziehung der angefochtenen Entscheidung einstweilen auszusetzen ist.

Das Oberverwaltungsgericht kann vor der Entscheidung eine einstweilige Anordnung erlassen, insbesondere anordnen, daß die Vollziehung der angefochtenen Entscheidung einstweilen auszusetzen ist.

§ 54. Über die Beschwerde kann ohne mündliche Verhandlung entschieden werden. Im übrigen finden die Vorschriften des § 50 auf das Beschwerdeverfahren entsprechende Anwendung.

§ 55. Das durch rechtskräftiges Zwischen-, Teil- oder Endurteil geschlossene Verfahren kann unter den in den §§ 579 bis 582 der Zivilprozeßordnung bezeichneten Voraussetzungen wieder aufgenommen werden.

Die Nichtigkeitsklage findet auch dann statt:

1. wenn eine Klage deshalb abgewiesen war, weil der ordentliche Rechtsweg zulässig sei, und die ordentlichen Gerichte die Klage rechtskräftig wegen Unzulässigkeit des ordentlichen Rechtsweges abgewiesen haben;

2. wenn einer Klage entsprochen war und die ordentlichen Gerichte den ordentlichen Rechtsweg rechtskräftig für zulässig erklärt haben.

Auf das Aufnahmeverfahren finden die Vorschriften der §§ 585 bis 591 der Zivilprozeßordnung entsprechende Anwendung.

Fünfter Abschnitt.

Kosten.

§ 56. Der unterliegende Teil trägt die Kosten des Verfahrens, der Berufungskläger oder der Beschwerdeführer die Kosten des ohne Erfolg eingelegten Rechtsmittels. Werden Klage, Rekurs, Berufung oder Beschwerde zurückgenommen, so trägt der Zurücknehmende die Kosten, soweit nicht über die Kosten bereits rechtskräftig erkannt ist.

Wenn die Parteien teils obsiegen, teils unterliegen, werden die Kosten gegeneinander aufgehoben oder verhältnismäßig geteilt. Einer Partei können die Kosten ganz oder zu einem größeren Teile auferlegt werden, wenn die Zuvielforderung verhältnismäßig gering ist oder nicht auf einem Verschulden beruht.

Kosten, die durch Verschulden des obsiegenden Teiles entstanden sind, fallen diesem zur Last.

Wird der Rechtsstreit durch Vergleich erledigt, so gelten im Verhältnisse der Parteien zueinander die Kosten als gegenseitig aufgehoben, sofern nicht im Vergleich etwas anderes bestimmt und soweit nicht über die Kosten bereits rechtskräftig erkannt ist.

§ 57. Besteht der zur Kostentragung verpflichtete Teil aus mehreren Personen, so haften diese für die Kosten als Gesamtschuldner, wenn sie auch in der Hauptsache als Gesamtschuldner verurteilt oder aus dem den Gegenstand des Rechtsstreits bildenden Rechtsverhältnis als Gesamtschuldner verpflichtet sind. In anderen Fällen tragen sie die Kosten nach Kopfteilen, sofern nicht über die Kostenverteilung eine andere Entscheidung getroffen ist.

§ 58. Das Gericht entscheidet über die Kosten von Amts wegen. Die Entscheidung wird im Urteil getroffen; ist der Kostenpunkt übergangen, so wird das Urteil ergänzt. Wird kein Urteil erlassen, so wird die Entscheidung durch Beschluß getroffen; gegen den Beschluß des Verwaltungsgerichts findet Beschwerde statt.

Eine Partei oder eine andere Person, welche die Kosten dem Gerichte gegenüber übernommen hat, haftet für die Gerichtskosten neben der zur Kostentragung verpflichteten Partei als Gesamtschuldner.

Einer Kostenentscheidung bedarf es nicht:

1. wenn der Rechtsstreit durch Vorbescheid erledigt wird;
2. wenn der Rechtsstreit durch einen vor Gericht geschlossenen oder von den Parteien dem Gerichte mitgeteilten Vergleich erledigt ist; jede Partei haftet für die Hälfte der Gerichtskosten, unbeschadet der Mithaftung derjenigen Partei, die in dem Vergleich einen größeren Teil der Gerichtskosten übernommen hat oder bereits zur Tragung eines größeren Teiles rechtskräftig verurteilt ist;
3. wenn der Rechtsstreit durch Zurücknahme der Klage, des Rekurses oder der Berufung erledigt wird und keine Kostenverteilung stattfindet.

§ 59. Kosten sind die Gerichtskosten und die notwendigen Aufwendungen der Parteien.

§ 60. Auf die Gerichtskosten finden die in bürgerlichen Rechtsstreitigkeiten dafür geltenden Vorschriften, mit Ausnahme des § 4 Abs. 2 und des § 16 Abs. 2 des Gerichtskostengesetzes, entsprechende Anwendung. Das gleiche gilt für die Erhebung von Stempelabgaben neben den Gerichtskosten.

Die Verhandlungsgebühr wird zur Hälfte erhoben, wenn ohne mündliche Verhandlung entschieden wird.

Die Entscheidungsgebühr wird nur zur Hälfte erhoben, wenn durch Vorbescheid entschieden wird. Die Gebühr wird auf die für ein Urteil zu erhebende Gebühr angerechnet.

§ 61. Der Anspruch der Staatskasse auf Zahlung von Gerichtskosten verjährt in vier Jahren. Die Verjährung beginnt mit dem Schlusse des Jahres, in dem die Kostenforderung fällig wird.

Auf die Verjährung finden die Vorschriften des Bürgerlichen Gesetzbuchs Anwendung. Zur Unterbrechung der Verjährung genügt eine an den Zahlungspflichtigen erlassene Zahlungsaufforderung oder die Bewilligung einer Stundung. Im Falle der Unterbrechung beginnt eine neue Verjährung nicht vor dem Schlusse des Jahres, in welchem der für die Beendigung der Unterbrechung maßgebende Zeitpunkt eintritt oder in welchem eine bewilligte Zahlungsfrist abläuft.

§ 62. Der Anspruch auf Rückerstattung zu Unrecht erhobener Gerichtskosten verjährt in vier Jahren. Auf die Verjährung finden die Vorschriften des Bürgerlichen Gesetzbuchs Anwendung.

§ 63. Zeugen und Sachverständige erhalten Gebühren nach der Gebührenordnung für Zeugen und Sachverständige. Die richterliche Entscheidung über die Gebühren ist jedoch endgültig.

Ist an Zeugen oder Sachverständige mehr als der endgültig festgestellte Betrag aus der Staatskasse gezahlt, so wird der zuviel gezahlte Betrag erforderlichenfalls im Verwaltungszwangsverfahren wieder eingezogen.

§ 64. Der Betrag der Aufwendungen wird auf Antrag einer erstattungsberechtigten Partei vom Gerichtsschreiber des Verwaltungsgerichts festgesetzt. Gegen die Festsetzung findet binnen zwei Wochen nach der Zustellung Erinnerung beim Verwaltungsgerichte statt; dieses entscheidet endgültig.

Zeitversäumnis ist nicht zu erstatten. Aufwendungen, die durch die Zuziehung eines Bevollmächtigten oder eines Beistandes verursacht sind, gelten als notwendig nur, wenn die Zuziehung zur zweckentsprechenden Rechtsverfolgung oder Rechtsverteidigung erforderlich gewesen ist oder der Vorsitzende der Partei schriftlich erklärt hat, daß er die Zuziehung für notwendig halte.

Auf die Gebühren und Auslagen der Rechtsanwälte finden die in bürgerlichen Rechtsstreitigkeiten dafür geltenden Vorschriften, mit Ausnahme des § 12 der Gebührenordnung für Rechtsanwälte, entsprechende Anwendung.

§ 65. Wer außerstande ist, die Kosten des Verfahrens zu tragen, kann vorläufige Befreiung von den Kosten verlangen. Auf die Befreiung finden die Vorschriften der §§ 114 bis 127 der Zivilprozeßordnung über die Bewilligung des Armenrechts entsprechende Anwendung, jedoch mit der Maßgabe, daß der Partei, der Befreiung bewilligt ist, auf Antrag zur unentgeltlichen Wahrnehmung ihrer Rechte ein Vertreter beizuordnen ist, wenn die Partei nach dem Ermessen des Gerichts zur eigenen Wahrnehmung ihrer Interessen nicht imstande ist.

Ist ein Rechtsanwalt beigeordnet, so werden ihm Gebühren und Auslagen nach der Gebührenordnung für Rechtsanwälte von der Staatskasse ersetzt; Reisekosten werden nur vergütet, wenn die Reise erforderlich war. Auf die Festsetzung der Gebühren und Auslagen finden die Vorschriften des Art. II Abs. 2 des Gesetzes über Teuerungszuschläge zu den Gebühren der Rechtsanwälte und Gerichtsvollzieher vom 18. Dezember 1919 entsprechende Anwendung.

Sechster Abschnitt.

Schlußbestimmungen.

§ 66. Auf die Berechnung von Fristen finden die Vorschriften des Bürgerlichen Gesetzbuchs über die Berechnung von Fristen entsprechende Anwendung, soweit nicht reichsgesetzlich ein anderes bestimmt ist.

Fällt das Ende der Frist auf einen Sonntag oder allgemeinen Feiertag, so endigt die Frist mit Ablauf des nächstfolgenden Werktags.

§ 67. Wer ohne Verschulden verhindert war, eine gesetzliche Frist, binnen welcher bei einem Verwaltungsgericht ein Antrag zu stellen oder ein Rechtsmittel einzulegen ist, einzuhalten, ist auf seinen Antrag in den vorigen Stand einzusetzen, soweit nicht reichsgesetzlich ein anderes bestimmt ist.

Die Einsetzung muß binnen zwei Wochen beantragt werden. Die Frist beginnt mit dem Zeitpunkt, in welchem der Antragsteller die versäumte Handlung nachholen kann. Nach Ablauf eines Jahres seit dem Ende der versäumten Frist kann die Einsetzung nicht mehr beantragt werden.

Mit dem Antrag auf Einsetzung muß die versäumte Handlung nachgeholt werden. Über den Antrag entscheidet das Gericht, welches über die nachzuholende Handlung zu entscheiden hat.

Auf die Entscheidung und ihre Anfechtung finden die für die nachgeholte Handlung geltenden Vorschriften Anwendung.

§ 68. Soweit nach hamburgischen Gesetzen der Rekurs an die Senatssektion für Gewerberekurssachen zulässig ist, tritt die Klage beim Verwaltungsgericht an seine Stelle.

Soweit hamburgische Gesetze in Angelegenheiten, für deren Erledigung nach den §§ 9 bis 16 die Verwaltungsgerichte zuständig sind, den ordentlichen Rechtsweg für zulässig erklären, treten die Vorschriften dieses Gesetzes an ihre Stelle.

§ 69. In der Verordnung, betreffend die Ausführung des Gesetzes über den Unterstützungswohnsitz, vom 23. Juni 1871 fallen die §§ 4 bis 6 weg.

Abs. 2 bis 4 betreffen Änderung anderer Gesetze.

§ 70. Gesetz im Sinne dieses Gesetzes ist jede Rechtsnorm.

§ 71. Dieses Gesetz tritt, soweit es sich um die Herstellung der zu seiner Durchführung erforderlichen Einrichtungen, insbesondere um die Ernennung und die Wahl der Mitglieder der Verwaltungsgerichte, handelt, sofort, im übrigen an einem vom Senate zu bestimmenden Zeitpunkt in Kraft.*) Die ersten Vorschläge für die Wahl der bürgerlichen Beisitzer der Verwaltungsgerichte werden von der Senatskommission für die Justizverwaltung aufgestellt.

Vor dem Inkrafttreten dieses Gesetzes anhängig gewordene Streitigkeiten sind nach den für sie bis dahin maßgebend gewesenen Gesetzen zu erledigen.

---

*) In Aussicht genommen ist der 1. Februar 1922.

Nachweisung
der im Anhange abgedruckten oder ihrem Inhalte nach wiedergegebenen landesgesetzlichen Bestimmungen.

1. **Preußen** (einschließlich Kreis Lauenburg).*)

1871 Ausführungsgesetz v. 8. März (§ 1) **70**, (§§ 2—36) **124** ff. **295**, (§ 37) **272**, (§§ 38,39) **146** ff., (§§ 40—56) **297** ff., (§ 49) **294**, (§§ 57—62) **294**, (§ 63) **71**, (§ 64) **275**, (§§ 65—68) **417**, (§ 69) **14**, (§ 70) **148**.

— Ausführungsgesetz für Lauenburg v. 24. Juni (§ 1) **70**, (§§ 2—26) **125** ff., (§ 17) **272**, (§ 27) **272**, (§ 28) **147**, (§§ 49, 50) **296**, (§ 51) **72**, (§ 52) **275**, (§§ 53—56) **418**, (§ 57) **14**.

1883 Ges., betr. die allgemeine Landesverwaltung v. 30. Juli (§ 5) **419**, (§ 7) **281**, (§§ 54, 57, 58 Abs. 2, 60—81, 102—109) **282**, (§ 148) **281**, (§§ 153, 158) **281**, (§ 157 Nr. 3) **282**.

— Zuständigkeitsgesetz v. 1. August (§ 39) **281**, (§ 40) **129, 130, 132—134**, (§ 41) **72**, (§ 42) **146**, (§ 43) **295**, **418**, (§§ 44, 160) **129, 133, 139**.

1891 Ges., betr. Abänderung der §§ 31, 65, 68 des Ausführungsgesetzes v. 11. Juli (Art. I) **139** ff., (Art. III) **420**.

1900 Ges. v. 2. Juli über die Fürsorgeerziehung Minderjähriger **71**.

1908 V. v. 1. Dezember, betr. Einführung des UWG. in Helgoland **70**.

1909 Ges. v. 31. März, betr. den LAV. Helgoland **138**.

1910 Tarif v. 30. November **255**.

1911 Ges. v. 7. August, betr. Beschulung blinder und taubstummer Kinder **71**.

1912 Ges., betr. Abänderung usw. des Ausführungsgesetzes v. 23. Juli (Art. 1—4) **72** ff., **417**.

---

*) Wegen Helgoland s. V., betr. Einführung der preuß. Landesgesetze über das Armenwesen, v. 1. Juli 1908 (GS. 1909 Nr. 5).

1915 Novelle v. 7. Juli zum Fürsorgeerziehungsgesetz **37**, **71**.
1918 Kriegsgesetz zur Vereinfachung der Verwaltung v. 13. Mai **285**.
1919 Ges. v. 14. Oktober, betr. Errichtung einer Provinz Oberschlesien **136**.
— Tarif v. 28. Oktober **255**.
— Beschluß der Regierung v. 15. November, betr. Wohlfahrtsministerium **124**.
— Ges. v. 13. Dezember, betr. den Provinzialausschuß der Restprovinz Posen **136**.
1920 Ges. v. 27. April über Bildung einer neuen Stadtgemeinde Berlin (§ 34) **137**.
— Ges. v. 6. Mai, betr. die öffentliche Krüppelfürsorge (§§ **2**, **9**) **139** ff.
1921 Tarif v. 9. April **255**.

2. **Bayern.**

1878 Ges. v. 8. August, betr. Errichtung eines Verwaltungsgerichtshofs (Art. 1—46) **301**.
1914 Armengesetz v. 21. August (Art. 1—9 **77** ff., (Art. 10 bis 12) **420** ff., (Art. 13) **258**, (Art. 14—60) **150** ff., (Art. 61) **273**, (Art. 62) **276**, (Art. 63—69) **171** ff., (Art. 70—75) **299** ff., (Art. 76—88) **81** ff.
1915 Bekanntmachung zum Vollzuge des Armengesetzes v. 4. August (§ 55) **86**.
— Fürsorgeerziehungsgesetz v. 21. Juli **78**.
1919 Ges. v. 22. Mai über die Selbstverwaltung **154**, **155**, **305**.
— MinBek. v. 12. Juni **156**.
— MinBek. v. 20. Juni **156**.
— MinBek. v. 27. Juni **154**, **155**.
1920 MinBek. v. 28. August, betr. diplomatischen Übernahmeverkehr **276**.

3. **Sachsen.**

1834 Heimatsgesetz v. 26. November **173**.
1840 Armenordnung v. 22. Oktober (§§ 5—7) **422**, (§§ 4, 23—29, 32, 33, 49, 50, 59) **86** ff., (§§ 65, 66) **423**.
1871 Ausführungsverordnung v. 6. Juni (§§ 1—5) **173** ff., (§ 6) **273**, (§ 7) **319**, **322**, (§ 10) **276**.

1873 Ges., betr. die Organisation der Behörden für die innere Verwaltung, v. 21. April **175**.

1876 Weitere Ausführungsverordnung v. 15. Juni (§ 1) **174**, (§ 2) **175**, **322**, (§ 3) **50**, (§ 5) **259**.

— Tarif v. 15. Juni **259**.

1900 Ges. über die Verwaltungsrechtspflege v. 19. Juli **320** ff.

1909 Ges. über die Fürsorgeerziehung v. 1. Februar **89**.

1910 Ges. v. 18. Juni über Gemeindeverbände **173**.

1918 Ges. über die Wohlfahrtspflege v. 30. Mai (§§ 1, 2) **88**.

1921 Verordnungen zur Ausführung des Gesetzes über die Wohlfahrtspflege v. 4. Februar und 18. März **89**.

— V. v. 31. August, betr. Tariferhöhung **259**.

4. Württemberg.

1873 AusfGes. v. 17. April (Art. 1, 2, 4—7) **90** ff., (Art. 3) **337**, **341**, **423**, (Art. 8—14) **176** ff., **337**, (Art. 19—26) **186** ff., (Art. 27) **274**, **337**, (Art. 28—30) **190** ff., **337**, (Aufhebung der Art. 31 ff.) **335**, (Art. 47) **277**, (Art. 48) **424**, (Art. 49) **14**.

1876 Ges. über die Verwaltungsrechtspflege v. 16. Dezember (Art. 1, 3, 6—8, 10—15, 17—56, 58, 72) **335** ff.

1879 Ges. über Zwangsvollstreckung wegen öffentlich-rechtlicher Ansprüche v. 18. August **350**.

1889 Ges., betr. Abänderung des AusfGes. v. 17. April 1873, v. 2. Juli 1889 (Art. 1—11) **182** ff., (Art. 12) **177**, (Art. 13) **187**, (Art. 14) **91**, (Art. 16, 17) **176**, **177**, **182**, **191**.

— Ges. v. 29. Dezember, betr. Zwangserziehung **91**.

1891 Tarif v. 25. Juni **260**.

1906 Gemeindeordnung v. 28. Juli **178** ff.

1919 Ges. v. 8. Oktober, betr. Wahl der Mitglieder der Landarmenbehörde **182**.

5. Baden.

1863 Ges., betr. die Organisation der inneren Verwaltung, v. 6. Oktober **351**, **352**, **354**.

1870 Ges., die öffentliche Armenpflege betreffend, v. 5. Mai (§ 1) **191**, (§§ 2—4, 6—8, 18—21) **93** ff., **277**, **352**, (§ 5) **352**, **424**, (§§ 16 Abs. 3, 26—34) **191** ff., (§ 25) **424**.

1872 AusfGes. v. 14. März (§ 1) **191**, (§ 2) **274**, (§ 4) **101**, **351**. — MinVerf. v. 6. Dezember nebst Zusatzverordnung v. 27. Januar 1877, betr. das Verfahren zur Erwirkung des Ersatzes usw. **14**, **50**.

1884 Ges., betr. die Verwaltungsrechtspflege, v. 14. Juni (§§ 1, 2 Nr. 10, 5—14, 17—19, 32—39, 42, 43) **351** ff.

1888 Tarif v. 30. Juli **261**.

1896 Zusatz zum Tarif v. 19. Dezember **262**.

1900 Ges. v. 16. August, betr. die Zwangserziehung **95**.

1902 Ges. v. 11. August, betr. die Erziehung und den Unterricht nicht vollsinniger Kinder **96**.

1914 Ges. v. 8. Juli, betr. Abänderung des Ges. v. 5. Mai 1870, die öffentliche Armenpflege betreffend (§§ 18 a bis k) **96**.

1921 Verordnung v. 8. August, betr. Erhöhung des Tarifs **261**.

6. Thüringen.

1920 Ges. v. 30. April, betr. das Land Thüringen **5**, **101**.

1921 Ges. v. 11. März, betr. Verfassung (§ 63) **101**.

6a. Sachsen-Weimar-Eisenach.

1872 AusfGes. v. 23. Februar (§§ 1—3) **194** ff., (§ 4) **101**, (§§ 5—8) **196**, **274**, **277** ff., (§§ 9—11) **354** ff.

1899 AusfGes. z. BGB. (§ 200, 210) **102**, (§ 199) **425**.

1907 AbändGes. zu BGB. § 199 v. 27. März **425**.

1914 Tarif v. 21. Januar **264**.

1919 V. v. 15. Februar, betr. kreisfreie Städte **355**.

1921 V. v. 14. März, betr. Erhöhung des Tarifs **264**.

6b. Sachsen-Meiningen.

1872 AusfGes. v. 24. Februar (Art. 1) **102**, (Art. 2—13) **198** ff., **274**, (Art. **14**—**27**) **357**, (Art. 28) **277**, (Art. 29, 30) **425**, (Art. 31) **357**.

1878 Ausschreiben des Min. d. Inn. v. 1. Oktober (Tarif) **265**.

1888 Ges., betr. den Ersatz empfangener Armenunterstützung, v. 26. April **358**, **426**.

1889 Ges. v. 14. Dezember **199**.

1894 Ges. v. 30. Juni, betr. Gebühren der Hebammen (Art. 2) **102**.

1897 Ges., betr. das Verwaltungsstreitverfahren, v. 15. März **358** ff.

1899 Ges. v. 19. August, betr. Zwangserziehung **102**.

1919 Ausschreiben v. 12. Dezember, betr. Tarif **265**.

6c. Reuß.

1918 Notges. v. 21. Dez., betr. Verwaltungsgemeinschaft von Reuß ä. u. j. L. **103**.

1919 Ges. v. 4. April über die Vereinigung der beiden Freistaaten Reuß zu einem Volksstaat Reuß **103**.

1920 V. v. 22. Juni zur anderweitigen Ausführung des UWG. (§§ 1—3) **103**, (§§ 4—16) **201**, (§§ 17—32) **365** ff., (§ 33) **104**, (§ 34) **278**, (§§ 35—38) **427**, (§ 39) **370**.

— Ges. v. 31. Mai über die Ausführung des UWG. (§§ 1—3) **200**.

α) **Reuß** (Greiz) ä. L.

1905 Tarif v. 16. Februar **265**.
1920 Bekanntmachung v. 28. April, betr. Tarif **265**.
1921 Bekanntmachung v. 6. Juli, betr. Tarif **265**.

6d. Sachsen-Altenburg.

1833 Ges. über Heimatsrecht und Armenwesen (§ 134) **104**.

1871 AusfVer. v. 3. Juni (§ 1) **104**, (§§ 2—7) **206**, (§§ 8 bis 13) **370** ff., (§ 14) **105**, (§ 15) **278**, (§ 16) **429**, (§ 17) **14**.

1897 Ges., betr. den außerordentlichen Armenaufwand, v. 10. April 1897 und Novelle v. 8. Januar 1906 **207**.

1899 AusfGes. z. BGB. (§ 103) **429**, (§§ 109—121) **105**.

6e. Sachsen-Koburg-Gotha.

1871 AusfGes. v. 31. Mai (§ 1) **105**, (§§ 2—14) **207**, (§§ 15 bis 35) **372** ff., (§ 36) **105**, (§ 37) **278**, (§§ 38—41) **429**, (§ 42) **14**.

1899 AusfGes. z. BGB. (Art. 46) **429**, (Art. 49, 55) **105**.

1906 (für Gotha) Ges. v. 20. März **209**, **430**.

1911 (für Koburg) Ges. v. 27. März **210**, **430**.

1920 Ges. v. 30. April, betr. Vereinigung von Koburg mit Bayern **105**.

6f. **Schwarzburg-Rudolstadt.**

1871 AusfGes. v. 23. Juni (§ 1) **105**, (§ 2) **210**, (§§ 3—19) **374**, (§ 20) **106**, (§ 21) **278**, (§§ 22—25) **430**, (§ 26) **14**.

— V. v. 23. Juni, betr. die Organe der öffentlichen Unterstützung (§§ 1—4) **219**.

1899 AusfGes. z. BGB. (Art. 163) **430**.

1911 Tarif v. 21. Dezember **268**.

1920 Bekanntmachung v. 9. Oktober, betr. Tariferhöhung **268**.

6g. **Schwarzburg-Sondershausen.**

1872 AusfGes. v. 25. Januar (§§ 1—3, 5—7) **211**, **274**, **278**, (§ 4) **106**, (§§ 8—10) **375**, (§§ 11—13) **430**.

— Weiteres AusfGes. v. 28. Oktober (§§ 1—9) **375** ff., (§ 10) **106**.

1899 AusfGes. z. BGB. (Art. 55) **431**.

7. **Hessen.**

1871 AusfGes. v. 14. Juli (Art. 1) **106**, (Art. 2—7) **215** ff., (Art. 8) **274**, (Art. 9—18) **377** ff., (Art. 19) **106**, (Art. 20) **278**, (Art. 21) **14**.

1893 Ges., betr. die Kosten der Landarmenpflege, v. 24. Mai **217**.

1911 Ges., betr. die Verwaltungsrechtspflege, v. 8. Juli (Art. 133) **106**, **218**, **377** ff.

8. **Hamburg.**

1871 Ges. v. 23. Juni (§§ 1, 2) **218** ff., **278**, (§ 3) **107**, (§§ 4 bis 6) **379** ff., **472**.

1878 Ges., betr. das Armenwesen in den Vororten, v. 12. April **219**.

1907 Gesetze v. 11. September über das Armenwesen, über die öffentliche Fürsorge für Minderjährige, über Zwangserziehung Minderjähriger **107** ff., **219**, (§§ 19—22) **431**.

1914 Ges. v. 21. September, betr. Änderung einiger Bestimmungen des Ges. über das Armenwesen **107**, **431**.

1920 Ges. v. 12. Mai über das Wohlfahrtsamt **107**, **219**.

1921 Ges. v. 9. Juni über die öffentliche Fürsorge für Minderjährige **107**, **108**, über die Beaufsichtigung des Kostkinderwesens **107**.

1921 Ges. v. 12. September, betr. die Geschäftsordnung des Wohlfahrtsamtes Hamburg **109**, **219**, **433**.

— Ges. über Verwaltungsgerichtsbarkeit vom 2. November **440** ff.

9. Mecklenburg-Schwerin.

1871 AusfVer. v. 20. Februar (§§ 2, 3, 5) **220** ff., **274**, **278**, (§§ 4, 4 a, 6) **109**, (§§ 5, 7) **433**, (§§ 8, 9) **382**.

— V. über das Verfahren in Heimatsachen v. 30. Juni (§§ 1 bis 11) **383** ff.

1896 V. v. 26. Februar (Art. II) **433**.

1900 Zusatzverordnung v. 26. Mai **110**.

1908 V. v. 29. Mai **221**.

1921 Bek. v. 16. März, betr. Ortsarmenverbände **220**.

— Bek. v. 12. Mai, betr. Beschwerden Hilfsbedürftiger über verweigerte Armenunterstützung **110**.

10. Braunschweig.

1871 AusfGes. v. 5. Juni (§ 1) **111**, (§§ 2—7, 9, 10) **224** ff., (§ 8) **274**, (§§ 11—29) **387** ff., (§ 15 Abs. 2) **226**, (§ 30) **279**, (§§ 31 bis 33) **434**, (§ 34) **14**.

1892 Städteordnung und Landgemeindeordnung v. 18. Juni **111**, **225**, **435**.

1895 Ges., betr. die Verwaltungsrechtspflege, v. 5. März (§ 10) **387**, (§§ 17—43) **388** ff., (§§ 50, 72) **387**.

11. Oldenburg.

1873 Rev. GemOrd. für das Herzogtum Oldenburg v. 15. April (Art. 68, 69) **227**, (Art. 70—71 § 1) **111**, (Art. 71 § 2 ff.) **435**, (Art. 72 § 1, 74) **112**, **113**, (Art. 75) **229**, **279**, (Art. 77) **275**, (Art. 78—80, 82—92) **229** ff.

1876 Ges. über das Armenwesen für das Fürstentum Birkenfeld v. 28. März (Art. 2—12) **232** ff., (Art. 13) **112**, (Art. 14, 15) **112**, **435**, (Art. 16) **279**, (Art. 17) **275**, (Art. 18) **436**, (Art. 19 bis 21) **112**, **113**, (Art. 22—24) **236**.

— Rev. GemOrd. für das Fürstentum Lübeck (Art. 69 bis 76) **236** ff., (Art. 77) **112**, (Art. 78) **112**, **435**, **436**, (Art. 79 bis 81) **112**, **113**, (Art. 82) **279**, (Art. 83) **275**.

1882 Ges. über das Verfahren in Streitigkeiten über den UW. v. 28. Januar, aufgehoben durch Ges. v. 9. Mai 1900.

1918 Ges. v. 3. Oktober, betr. Erstattung von Armenunterstützungen **441**.

1920 Ges. v. 15. Juni wegen Änderung des Ges. v. 8. Oktober 1918, betr. die Armenverwaltung (§§ 1, 2) **246**.

14. Lippe-Detmold.

1877 AusfGes. v. 12. September (§§ 1, 2) **118**, (§§ 3—8) **247**, (§ 9) **275**, (§§ 25—28) **406**, (§ 29) **118**, (§ 30) **279**, (§§ 31—34) **443**, (§ 35) **14**, (§ 36) **118**.

1898 Ges. v. 9. Februar, betr. die sachliche Zuständigkeit der Verwaltungsgerichte **403**, **443**.

— Ges. v. 9. Februar, betr. die Verwaltungsgerichte und das Verwaltungsstreitverfahren **404** ff.

1920 Ges. v. 5. Mai, betr. das Beschwerdeverfahren in Verwaltungsangelegenheiten **404**.

1921 Tarif v. 14. Mai **269**.

15. Lübeck.

1871 Ges., betr. das Verfahren in Streitigkeiten der AB., v. 29./30. März (§§ 1—9) **407** ff.

1911 AusfGes. v. 14. Dezember (§ 1) **247**, (§§ 2, 3) **118**, **248**, **280**, (§ 4) **406**, (§§ 16—18) **443**. Armenordnung v. 9. Dezember **119**.

16. Mecklenburg-Strelitz (und Ratzeburg).

1871 AusfVer. v. 20. Februar und 27. April (§§ 2, 3, 5) **248** ff., **275**, **280**, (§§ 4, 4 a, 6) **120**, (§§ 5, 7) **434**, (§§ 8, 9) **408**.

— V. über das Verfahren in Heimatsachen v. 4. Juli **409**.

1891 V. v. 10. Februar **248**.

1896 V. v. 26. Februar (Art. II) **433**.

1900 Zusatzverordnung v. 14. Juni **120**.

1914 V. v. 19. Juni zur Abänderung der AusfVer. v. 20. Februar 1871 **250**.

17. Waldeck.

1871 AusfGes. v. 29. Juni (§ 1) **121**, (§§ 2—8) **251**, (§ 9) **275**, (§§ 10—24) **409**, (§ 25) **121**, (§ 26) **280**, (§§ 27—30) **446**, (§ 31) **14**, (§ 32) **446**.

1914 Tarif v. 3. August **270**.

18. Schaumburg-Lippe.

1872 AusfGes. v. 7. März (§ 1) **121**, (§ 2, den Tarif enthaltend) **271**, (§§ 4—14) **122**, (§§ 3—23) **251** ff., (§ 24) **275**, (§§ 25—50) **410** ff., (§§ 51, 52) **123**, (§ 53) **280**, (§§ 54—57) **447**, (§ 58) **14**.

1898 Ges., betr. die Zuständigkeit des Bundesamtes, v. 30. März **415**.

1899 AusfGes. z. BGB. (§ 39) **447**.

1901 Ges. v. 20. April, betr. die Abänderung des AusfGes. **411** ff.

1907 Ges. v. 18. März (Tarif) **271**.

1912 Ges. v. 8. März, betr. außerordentliche Armenpflege (§§ 1—3) **121**, (§§ 15, 16) **447**.

1913 Ges. v. 18. März über die Ausübung der Armenpflege bei Arbeitsscheuen und säumigen Nährpflichtigen **122**.

1921 Ges. v. 17. März, betr. die öffentliche Krüppelfürsorge (§§ 1, 2, 5) **122**.

II.

Gesetz über die Freizügigkeit.

Vom 1. November 1867 (BGBl. S. 55).

Geltungsbereich S. 11 ff.

Wir Wilhelm, usw. verordnen usw. nach erfolgter Zustimmung des Bundesrates und des Reichstages, was folgt:

§ 1. Jeder Deutsche hat das Recht, innerhalb des Reichs:[1])

1. an jedem Orte sich aufzuhalten oder niederzulassen, wo er eine eigene Wohnung oder ein Unterkommen sich zu verschaffen imstande ist;
2. an jedem Orte Grundeigentum aller Art zu erwerben;
3. umherziehend oder an dem Orte des Aufenthalts beziehungsweise der Niederlassung Gewerbe aller Art zu betreiben, unter den für Einheimische geltenden gesetzlichen Bestimmungen.[2])

In der Ausübung dieser Befugnisse darf der Deutsche, soweit nicht das gegenwärtige Gesetz Ausnahmen zuläßt,[3]) weder durch die Obrigkeit seiner Heimat noch durch die Obrigkeit des Ortes, in welchem er sich aufhalten oder niederlassen will, gehindert oder durch lästige Bedingungen[4]) beschränkt werden.

Keinem Deutschen darf um des Glaubensbekenntnisses[5]) willen oder wegen fehlender Landes-

oder Gemeindeangehörigkeit der Aufenthalt, die Niederlassung, der Gewerbebetrieb oder der Erwerb von Grundeigentum verweigert werden.

1. Der Ersatz des Wortes „Bundesangehöriger“ durch „Deutscher“ entspricht dem Art. 3 der Verfassung des Deutschen Reichs vom 16. April 1871; der Ersatz des Wortes „Bundesgebiet“ durch „Reich“ der neueren reichsgesetzlichen Sprachweise.

2. § 1 GewO.

3. Aus polizeilichen Gründen: §§ 3, 10, 12; mit Rücksicht auf kommunale Interessen (Armenlast): §§ 4, 5, 9; s. a. zu § 12.

4. § 8 d. G., § 3 Ges. über das Paßwesen v. 12. Okt. 1867 (BGBl. S. 33).

5. Ges. über die Gleichberechtigung der Konfessionen usw. v. 3. Juli 1869 (BGBl. S. 292).

§ 2 (in der Fassung des Art. 37 EG. z. BGB.). Wer die aus der Reichsangehörigkeit folgenden Befugnisse in Anspruch nimmt, hat auf Verlangen den Nachweis seiner Reichsangehörigkeit und, sofern er unter elterlicher Gewalt oder unter Vormundschaft steht, den Nachweis der Genehmigung des gesetzlichen Vertreters zu erbringen.

Eine Ehefrau *) bedarf der Genehmigung des Ehemanns.

§ 3. Insoweit bestrafte Personen nach den Landesgesetzen Aufenthaltsbeschränkungen durch die Polizeibehörde unterworfen werden können, behält es dabei sein Bewenden.[1])

---

*) Eine minderjährige Ehefrau steht nach §§ 1626, 1773 BGB. unter elterlicher Gewalt oder Vormundschaft; sie bedarf daher in dieser ihre Person betreffenden Angelegenheit (§§ 1633, 1800 BGB.) außer der Genehmigung des Mannes auch der ihres gesetzlichen Vertreters (Abs. 1).

Solchen Personen, welche derartigen Aufenthaltsbeschränkungen in einem Bundesstaate unterliegen, oder welche in einem Bundesstaate innerhalb der letzten zwölf Monate wegen wiederholten Bettelns oder wegen wiederholter Landstreicherei bestraft worden sind, kann der Aufenthalt in jedem anderen Bundesstaate von der Landespolizeibehörde verweigert werden.[2])
Die besonderen Gesetze und Privilegien einzelner Ortschaften und Bezirke, welche Aufenthaltsbeschränkungen gestatten, werden hiermit aufgehoben.

1. Vergl. auch § 39 des StGB. — Für Preußen s. § 2 Ges. v. 31. Dez. 1842 (GS. 1843 S. 5) und Entsch. d. OVG. **9** 415, **10** 336. Verf. des Min. d. Inn. v. 30. Nov. 1902 (MBl. f. i. V. 1903 S. 8). Für Bayern Art. 3 Nr. 5, 6. Art. 4—7 Aufenthaltsgesetz v. 21. August 1914 (GVBl. 589). Dazu Vollzugsvorschrift v. 5. Okt. 1915 (Minist.-Amtsbl. 273). Für Sachsen s. § 17 Heimatges. v. 26. Nov. 1834 (Samml. S. 449), Ges. v. 15. April 1886 (GVBl. S. 85). Für Württemberg Art. 57, 58 Ges. v. 16. Juni 1885 (RBl. Nr. 30).

2. Zu Abs. 2 vergl. die Grundsätze des Bundesrats — mitgeteilt durch ZirkReskript des preuß. Ministers des Innern v. 28. Juli 1894 (MBl. f. i. V. S. 147) und dazu die Reskripte v. 24. Jan. 1895 (MBl. f. i. V. S. 18), v. 7. Febr. und v. 2. Juni 1895 (MBl. f. i. V. S. 28 und 166), v. 15. April 1901 (MBl. f. i. V. S. 128).

§ 4. Die Gemeinde ist zur Abweisung eines neu Anziehenden nur dann befugt, wenn sie nachweisen kann, daß derselbe nicht hinreichende Kräfte besitzt, um sich und seinen nicht arbeitsfähigen Angehörigen[1]) den notdürftigen Lebensunterhalt zu verschaffen, und wenn er solchen weder aus eigenem Vermögen bestreiten kann, noch von einem dazu verpflichteten Verwandten erhält. Den Landesgesetzen bleibt vor-

behalten, diese Befugnis der Gemeinden zu beschränken.[2])

Die Besorgnis vor künftiger Verarmung berechtigt den Gemeindevorstand nicht zur Zurückweisung.[3])

1. d. s. die zur armenrechtlichen Familiengemeinschaft des Anziehenden (Familienhauptes) gehörenden unterhaltsberechtigten (vergl. Entsch. **48** 126, **51** 154 bez. Stiefvaters) Personen, deren UW. durch den UW. des neuanziehenden Familienhauptes sich bestimmt. §§ 15—21 UWG.; s. auch Grundsätze des Bundesamts über die armenrechtliche Familieneinheit (RZBl. 1883 S. 87).

2. Für Bayern vergl. Art. 3, Abs. 2, 4 Aufenthaltsgesetz.

3. Über Beschwerden wegen ungerechtfertigter Zurückweisung entscheidet nicht die Spruchbehörde in Armenstreitsachen; Entsch. **15** 106, **21** 145. Da die Ausweisung nur durch die Polizeibehörde durchgeführt werden kann, so macht sie — falls Zwang nötig — eine entsprechende polizeiliche Verfügung notwendig, gegen welche die gesetzlichen Rechtsmittel stattfinden. (Vergl. für Preußen §§ 127 ff. LVG.; für Bayern Art. 9, 10 Aufenthaltsgesetz; für Württemberg Art. 10 Nr. 1 Ges. v. 16. Dez. 1876; s. Anhang E S. 336; s. auch Anm. 4 zu § 6.)

§ 5. Offenbart sich nach dem Anzuge die Notwendigkeit einer öffentlichen Unterstützung,[1]) **bevor der neu Anziehende an dem Aufenthaltsorte einen Unterstützungswohnsitz (Heimatsrecht) erworben hat,**[2]) **und weist die Gemeinde nach, daß die Unterstützung aus anderen Gründen als wegen einer nur vorübergehenden Arbeitsunfähigkeit**[3]) **notwendig geworden ist,**[4]) **so kann die Fortsetzung des Aufenthalts versagt werden.**[5])

1. Die Notwendigkeit einer Unterstützung wird durch die dauernde oder vorübergehende Hilfsbedürftigkeit (§ 4), die Notwendigkeit einer öffentlichen (armenrechtlich gebotenen) Unterstützung (§§ 1, 2, 28 UWG.) durch die Nichtbeseitigung der Hilfsbedürftigkeit auf anderem Wege (Verwandte, Dienstherrschaft,

Kranken- und Unterstützungskasse, private oder kirchliche Armenpflege) begründet. — Vergl. § 1 II 19 ALR., §§ 4, 23 Sächs. Armenordnung v. 22. Okt. 1840, Art. 2 AusfGes. für Württemberg, §§ 2 und 3 Badisches Armenpflegegesetz v. 5. Mai 1870, Art. 71 §§ 1 und 2 Rev.GemOrd. v. 15. April 1873 für Oldenburg.

2. §§ 9—21 UWG.

3. oder sonstigen nur vorübergehenden Notstandes; Entsch. **12** 86, **32** 109.

4. Die notwendig gewordene Unterstützung muß auch gewährt sein; Entsch. **31** 119.

5. S. jedoch § 56 UWG.

§ 6. Ist in den Fällen, wo die Aufnahme oder die Fortsetzung des Aufenthalts versagt werden darf, die Pflicht zur Übernahme [1]) der Fürsorge zwischen verschiedenen Gemeinden eines und desselben Bundesstaats streitig, so erfolgt die Entscheidung nach den Landesgesetzen.[2])

Die tatsächliche Ausweisung aus einem Orte darf niemals erfolgen, bevor nicht entweder die Annahmeerklärung der in Anspruch genommenen Gemeinde oder eine wenigstens einstweilen vollstreckbare Entscheidung über die Fürsorgepflicht [3]) erfolgt ist.[4])

1. Die Pflicht zur Übernahme ist an die Voraussetzung des § 5 geknüpft; § 31 UWG.; vergl. auch §§ 14, 27, 34, 55 a. a. O. Entsch. **12** 122, **24** 162, **26** 132.

2. §§ 36, 37 UWG. 3. §§ 31, 53 UWG.

4. Über das gegenseitige Verhältnis der Polizeibehörden und der Gemeindebehörden bei den auf Grund der §§ 4—6 FrGes. vorkommenden Ausweisungen s. a. den Bescheid des preuß. Min. d. Innern v. 29. Aug. 1891 (MBl. f. i. V. S. 170).

§ 7.[1]) Sind in den in § 5 bezeichneten Fällen verschiedene Bundesstaaten beteiligt, so regelt sich das Verfahren nach dem Vertrage wegen gegenseitiger

Verpflichtung zur Übernahme der Auszuweisenden d. d. Gotha, den 15. Juli 1851, sowie nach den späteren, zur Ausführung dieses Vertrages getroffenen Verabredungen.[2])

Bis zur Übernahme seitens des verpflichteten Staates ist der Aufenthaltsstaat zur Fürsorge für den Auszuweisenden am Aufenthaltsorte nach den für die öffentliche Armenpflege in seinem Gebiete gesetzlich bestehenden Grundsätzen verpflichtet. Ein Anspruch auf Ersatz der für diesen Zweck verwendeten Kosten findet gegen Staats-, Gemeinde- oder andere öffentliche Kassen desjenigen Staates, welchem der Hilfsbedürftige angehört, sofern nicht anderweitige Verabredungen bestehen, nur insoweit statt, als die Fürsorge für den Auszuweisenden länger als drei Monate gedauert hat.

1. § 7 kommt seit dem 1. Jan. 1916 im Reichsgebiet nicht mehr in Betracht. Die Pflicht zur Übernahme Auszuweisender zwischen den Ländern ist durch die Übernahmepflicht der Armenverbände gemäß §§ 31, 32 UWG. ersetzt.

2. Die nach Abs. 1 maßgebenden Bestimmungen sind hinter diesem Gesetze in der Fassung abgedruckt, in welcher sie als Beilage zu dem Ges., betr. die Einführung des Gesetzes über die Freizügigkeit usw. in Elsaß-Lothringen, v. 8. Jan. 1873 zusammengestellt sind (GesBl. f. ElsLothr. 1873 S. 5).

§ 8. Die Gemeinde ist nicht befugt, von neu Anziehenden wegen des Anzugs eine Abgabe zu erheben. Sie kann dieselben, gleich den übrigen Gemeindeeinwohnern, zu den Gemeindelasten heranziehen. Übersteigt die Dauer des Aufenthalts nicht den Zeitraum von drei Monaten, so sind die neu Anziehenden diesen Lasten nicht unterworfen.

§ 9. Was vorstehend von den Gemeinden bestimmt ist, gilt an denjenigen Orten, wo die Last der öffentlichen Armenpflege verfassungsmäßig nicht der örtlichen Gemeinde, sondern anderen gesetzlich anerkannten Verbänden (Armenkommunen) obliegt, auch von diesen sowie von denjenigen Gutsherrschaften, deren Gutsbezirk sich nicht in einem Gemeindeverbande befindet.[1])

1. Vergl. § 3 UWG. und Anhang B.

§ 10. Die Vorschriften über die Anmeldung der neu Anziehenden bleiben den Landesgesetzen mit der Maßgabe vorbehalten, daß die unterlassene Meldung nur mit einer Polizeistrafe, niemals aber mit dem Verluste des Aufenthaltsrechts (§ 1) geahndet werden darf.

§ 11. Durch den bloßen Aufenthalt oder die bloße Niederlassung, wie sie das gegenwärtige Gesetz gestattet, werden andere Rechtsverhältnisse, namentlich die Gemeindeangehörigkeit, das Ortsbürgerrecht, die Teilnahme an den Gemeindenutzungen und der Armenpflege, nicht begründet.

Wenn jedoch nach den Landesgesetzen durch den Aufenthalt oder die Niederlassung, wenn solche eine bestimmte Zeit hindurch ununterbrochen fortgesetzt worden, das Heimatsrecht (Gemeindeangehörigkeit, Unterstützungswohnsitz) erworben wird, behält es dabei sein Bewenden.

§ 12. Die polizeiliche Ausweisung Deutscher aus dem Orte ihres dauernden oder vorübergehenden Aufenthalts in anderen als in den durch dieses Gesetz vorgesehenen Fällen ist unzulässig.[1])

Im übrigen werden die Bestimmungen über die Fremdenpolizei[2]) durch dieses Gesetz nicht berührt.

1. § 2 des Ges., betr. den Orden der Gesellschaft Jesu, v. 4. Juli 1872 (RGBl. 253) ist aufgehoben. RG. v. 8. März 1904 (RGBl. 139). Das Ges., betr. die unbefugte Ausübung von

Kirchenämtern, v. 4. Mai 1874 (RGBl. 43) ist aufgehoben (Ges. v. 6. Mai 1890). Das Ges., betr. die gemeingefährlichen Bestrebungen der Sozialdemokratie, v. 21. Okt. 1878 (RGBl. 35) ist über den 30. Sept. 1890 hinaus (zuletzt durch Ges. v. 18. März 1888) nicht weiter verlängert worden.

2. Ges. über das Paßwesen v. 12. Okt. 1867 (BGBl. 33).

§ 13. Dies Gesetz tritt am 1. Januar 1868 in Kraft.

Zu § 7 Abs. 1 (Anm. 2):

Gothaer Konvention.

§ 1. Jeder Staat verpflichtet sich,

a) diejenigen Individuen, welche noch fortdauernd seine Angehörigen (Untertanen) sind, und

b) seine vormaligen Angehörigen (Untertanen), auch wenn sie die Untertanschaft nach der inländischen Gesetzgebung bereits verloren haben, solange, als sie nicht dem andern Staate nach dessen eigener Gesetzgebung angehörig geworden sind,

auf Verlangen des andern Staats wieder zu übernehmen.*)

---

*) Luxemburg ist der Gothaer Konvention 1855 beigetreten (Pr. GS. 1855 S. 31). Mit folgenden Staaten sind vom Deutschen Reiche Übernahmeverträge bezüglich ausgewiesener Deutscher und ehemaliger Deutscher, die zwar ihrer Staatsangehörigkeit und damit der Reichsangehörigkeit verlustig geworden, also eigentlich Ausländer sind (§ 1 Ges. v. 1. Juni 1870), aber im Auslande eine andere Staatsangehörigkeit noch nicht erworben haben, geschlossen worden:

Italien (Übereinkunft v. 8. Aug. 1873 [RZBl. 271]; wieder in Kraft seit 8. Juli 1920 [RGBl. 1577]).

Dänemark (Übereinkunft v. 11. Dez. 1873 [RZBl. 1874 S. 31] und Zusatzdeklaration v. 25. Aug. 1881 [a. a. O. S. 407], Bek. v. 17. Juli 1884 [a. a. O. S. 201]. — Ver-

§ 2. Ist die Person, deren sich ein Staat entledigen will, zu keiner Zeit einem der anderen Staaten als Untertan angehörig

---

einbarung v. 21. Febr. 1898, betr. die Abänderung der Zusatzdeklaration v. 25. Aug. 1881 [RGBl. 149]).

Österreich-Ungarn (Bek. des Reichskanzlers v. 2. Sept. 1875 [RGBl. 475]. Bek. des württemb. Min. des Innern v. 7. Mai 1914, betr. die Vereinfachung des Verfahrens bei Übernahme von Hilfsbedürftigen Österreich-Ungarns [Amtsbl. 258], vom 12. Juni 1914 [Amtsbl. 357]).

Schweiz (Niederlassungsvertrag v. 13. Nov. 1909 [RGBl. 1911 S. 887]. Bek. des württemb. Min. des Innern, betr. Ausführung dieses Vertrages, v. 18. Jan. 1913 [Amtsbl. 71]).

Belgien (Deklaration v. 7. Juli 1877 [RGBl. 411]).

Rußland (Übereinkommen v. 10. Febr. 1894, DRAnz. Nr. 44 [RGBl. S. 81]; Zirkular des preuß. Min. des Innern v. 6. Mai 1894 [MBl. f. i. V. S. 257]).

Niederlande (Niederlassungsvertrag v. 17. Dez. 1904 [RGBl. 1906 S. 879]; Vereinbarung zur Ausführung v. 6. Dez. 1906 [RGBl. 887]).

Mit Frankreich ist durch Notenaustausch im Jahre 1880 (teilweise abgeändert 1888) eine Vereinbarung über das Verfahren bei der gegenseitigen Übernahme von hilflosen Personen usw. getroffen worden, deren Inhalt durch Zirk.-Reskr. des preuß. Min. des Innern zur Kenntnis der Regierungen gebracht ist.

Vergl. auch zu 1 Anhang D II und über die Vollziehung der Ausweisung von Ausländern aus dem Reichsgebiete auf Grund der §§ 39, 248, 362 StGB. die Bek. der Vorschriften des Bundesrats v. 10. Dez. 1890 (RGBl. 378), 17. Juli 1899 (RGBl. 265) sowie dazu Verf. des preuß. Min. des Innern v. 7. Juni und 9. Nov. 1906 (MBl. f. i. V. 215, 299). Bayer. MinBek. v. 28. Aug. 1920 (StAnz. Nr. 205) über diplomatischen Übernahmeverkehr mit der Tschechoslowakei,

gewesen (§ 1), so ist unter ihnen derjenige zur Übernahme verpflichtet, in dessen Gebiete der Auszuweisende

a) nach zurückgelegtem 21. Lebensjahre sich zuletzt fünf Jahre hindurch aufgehalten, oder
b) sich verheiratet und mit seiner Ehefrau unmittelbar nach der Eheschließung eine gemeinschaftliche Wohnung mindestens sechs Wochen innegehabt hat, oder
c) geboren ist.

Die Geburt (c) begründet eine Verpflichtung zur Übernahme nur dann, wenn keiner der beiden andern Fälle (a und b) vorliegt. Treffen diese zusammen, so ist das neuere Verhältnis entscheidend.

§ 3. Ehefrauen sind in den Fällen der §§ 1 und 2, ihre Übernahme möge gleichzeitig mit derjenigen ihres Ehegatten oder ohne diese in Frage kommen, von demjenigen Staate zu übernehmen, welchem der Ehemann nach § 1 oder § 2 zugehört.

Bei Witwen und geschiedenen Ehefrauen ist, jedoch nur bis zu einer in ihrer Person eintretenden, die Übernahmeverbindlichkeit begründenden Veränderung, das Verhältnis des Ehemannes zur Zeit seines Todes und beziehungsweise der Ehescheidung maßgebend.

Die Frage, ob eine Ehe vorhanden sei, wird im Falle des § 1 nach den Gesetzen desjenigen Staates beurteilt, welchem der Ehemann angehört, im Falle des § 2 aber nach den Gesetzen desjenigen Staates, wo die Eheschließung erfolgt ist.

Polen, Italien. Württemb. Erl. des Min. des Innern v. 23. Sept. 1920, betr. den Verkehr mit Österreich, der Tschechoslowakei und Ungarn in Angelegenheiten der Übernahme Ausgewiesener (Amtsbl. 282); betr. den Übernahmeverkehr mit England vergl. Bek. des württemb. Min. des Innern v. 25. Sept. 1913 (Amtsbl. 779).

Mit der Türkei ist der Niederlassungsvertrag v. 11. Jan. 1917 (RGBl. 1918 S. 300) geschlossen. Armenrechtliche Bestimmungen in Art. 5, 8, 9, 10.

§ 4. Eheliche Kinder sind, wenn es sich um deren Übernahme vor vollendetem 21. Lebensjahre handelt, in den Fällen der §§ 1 und 2 nicht nach ihrem eigenen Verhältnisse, sondern nach dem des Vaters zu beurteilen. Kinder, welche durch nachfolgende Ehe der Eltern legitimiert sind, werden den ehelich geborenen gleichgeachtet.

§ 5. Uneheliche Kinder sind nach demjenigen Untertansverhältnisse zu beurteilen, in welchem zur Zeit der Geburt derselben deren Mutter stand, auch wenn sich später eine Veränderung in diesem Verhältnisse der Mutter zugetragen hat.

Gehörte die Mutter zur Zeit der Geburt ihres unehelichen Kindes keinem der beteiligten Staaten als Untertanin an, so entscheiden über die Verpflichtung zu seiner Übernahme die Bestimmungen des § 2.

Auch auf uneheliche Kinder findet die Vorschrift des zweiten Absatzes des § 6 Anwendung.

§ 6. Ist keiner der im § 2 gedachten Fälle vorhanden, so muß der Staat, in welchem der Heimatlose sich aufhält, denselben behalten.

Doch sollen weder Ehefrauen noch Kinder unter 16 Jahren, falls sie einem anderen Staate nach §§ 1 oder 2 zugewiesen werden könnten, von ihren Ehemännern und beziehungsweise Eltern getrennt werden.

§ 7. Wenn diejenige Regierung, welche sich einer lästigen Person entledigen will, die Übernahme derselben von mehreren Staaten zu fordern berechtigt ist, so hat sie denjenigen Staat zunächst in Anspruch zu nehmen, welcher in Beziehung auf den Verpflichtungsgrund oder die Zeitfolge näher verpflichtet ist.

Hat dieser Staat, auch nach vorgängigem Schriftwechsel der obersten Landesbehörden, die Übernahme verweigert, so kann die ausweisende Regierung auch von demjenigen Staate, welcher nach den vorstehenden Bestimmungen hiernächst verpflichtet ist, die Übernahme fordern und demselben die Geltendmachung seines Rechts gegen den vermeintlich näher verpflichteten Staat überlassen.

§ 8. Ohne Zustimmung der Behörde des zur Übernahme verpflichteten Staates darf diesem kein aus dem anderen Staate ausgewiesenes Individuum zugeführt werden, es sei denn, daß

a) der Rückkehrende sich im Besitze eines von der Behörde seines Wohnortes ausgestellten Passes (Wanderbuchs, Paßkarte), seit dessen Ablauf noch nicht ein Jahr verstrichen ist, befindet oder

b) daß der Ausgewiesene einem in gerader Richtung rückwärts liegenden dritten Staate zugehört, welchem er nicht wohl anders als durch das Gebiet des anderen Staates zugeführt werden kann.

§ 9. Sollte ein Individuum, welches von dem einen Staate dem anderen zum Weitertransport in einen rückwärts liegenden Staat nach Maßgabe des § 8 Lit. b überwiesen worden ist, von dem letzteren nicht angenommen werden, so kann dasselbe in denjenigen Staat, aus welchem es ausgewiesen worden war, wieder zurückgeführt werden.

§ 10. Die Überweisung der Ausgewiesenen geschieht in der Regel mittels Transportes und Abgabe derselben an die Polizeibehörde desjenigen Ortes, wo der Transport als von seiten des ausweisenden Staates beendigt anzusehen ist. Mit dem Ausgewiesenen werden zugleich die Beweisstücke, worauf der Transport gesetzlich gegründet wird, übergeben. In solchen Fällen, wo keine Gefahr zu besorgen ist, können einzelne Ausgewiesene auch mittels eines Passes, in welchem ihnen die zu befolgende Route genau vorgeschrieben ist, in ihr Vaterland gewiesen werden.

§ 11. Die Kosten der Ausweisung trägt innerhalb seines Gebietes der ausweisende Staat.

Wenn der Ausgewiesene, um seiner Heimat in einem dritten Staate zugeführt zu werden, durch das Gebiet eines anderen Staates transportiert werden muß, so trägt letzterer die bei dem Durchtransporte entstehenden Kosten.*)

---

*) So in der Fassung der Beilage II zu dem Gesetze v. 8. Jan. 1873 (GS. f. Elsaß-Lothringen S. 7); in dem ursprünglichen

Muß der Ausgewiesene im Falle des § 9 in den Staat, aus welchem er ausgewiesen worden war, wieder zurückgebracht werden, so hat dieser Staat sämtliche Kosten des Rücktransportes zu vergüten.*)

Texte lauten die Schlußworte: so hat dem letzteren der ausweisende Staat die Hälfte der bei dem Durchtransporte entstehenden Kosten zu erstatten. S. auch zu § 7 Anm. 1.

*) Über die Tragung der Kosten der Heimschaffung eines hilfsbedürftigen Ausländers, welche in einem Bundesstaate entstanden sind und deren anteilige Erstattung beansprucht wird, s. Verf. d. Min. d. Innern v. 22. Dez. 1905 (MBl. f. i. V. 1906 S. 6).

III.

Reichs- und Staatsangehörigkeitsgesetz.

Vom 22. Juli 1913.

(RGBl. S. 583; s. Art. 10 RVerf. vorn Einleitung.)

Erster Abschnitt.

Allgemeine Vorschriften.

§ 1. Deutscher ist, wer die Staatsangehörigkeit in einem Bundesstaat (§§ 3 bis 32) oder die unmittelbare Reichsangehörigkeit (§§ 33 bis 35) besitzt.

§ 2. Elsaß-Lothringen gilt im Sinne dieses Gesetzes als Bundesstaat.

Die Schutzgebiete gelten im Sinne dieses Gesetzes als Inland.

Zweiter Abschnitt.

Staatsangehörigkeit in einem Bundesstaate.

§ 3. Die Staatsangehörigkeit in einem Bundesstaate [1]) wird erworben

1. durch Geburt (§ 4),
2. durch Legitimation (§ 5),
3. durch Eheschließung (§ 6),
4. für einen Deutschen durch Aufnahme (§§ 7, 14, 16),
5. für einen Ausländer durch Einbürgerung (§§ 8 bis 16).

1. Ges., betr. das Land Thüringen, v. 30. April 1920 (RGBl. 841):

§ 1. Die Länder Sachsen-Weimar-Eisenach, Sachsen-Meiningen, Reuß, Sachsen-Altenburg, Sachsen-Gotha ohne das Gebiet von Koburg, Schwarzburg-Rudolstadt und Schwarzburg-

Sondershausen werden mit Wirkung vom 1. Mai 1920 zu einem Lande Thüringen vereinigt.

§ 2. Durch die Vereinigung werden die Staatsangehörigen der sieben Länder Angehörige des Landes Thüringen. Ausgenommen sind die Angehörigen des Gebiets von Koburg im Sinne des § 2 des Ges. über die Vereinigung Koburgs mit Bayern.

Ges. v. 30. April 1920, betr. die Vereinigung Koburgs mit Bayern (RGBl. 842), in Kraft auf Grund der Verordnung des Reichspräsidenten v. 21. Juni 1920 (RGBl. 1329) am 1. Juli 1920:

§ 1. Das Gebiet von Koburg wird mit dem Lande Bayern vereinigt.

§ 2. Durch die Vereinigung werden bayerische Staatsangehörige alle sachsen-koburg-gothaischen Staatsangehörigen,

1. die am Tage der Vereinigung in Bayern oder im Gebiete von Koburg Wohnsitz oder ständigen Aufenthalt haben;
2. denen das Staatsministerium in Koburg Aufnahme oder Einbürgerungsurkunde oder das Landratsamt Koburg, die Magistrate Koburg, Neustadt und Rodach oder der Stadtrat Königsberg Staatsangehörigkeitsausweis oder Heimatschein ausgestellt hat;
3. die durch Geburt, Legitimation oder Eheschließung der Staatsangehörigkeit einer der in Nr. 1 oder 2 bezeichneten Personen folgen.

Vergl. bayer. Ges. v. 1. März 1920 über die Vereinigung des Freistaats Koburg mit dem Freistaate Bayern (GVBl. 335), Abänderung v. 14. Oktober 1920 (GVBl. 493).

§ 4. Durch die Geburt erwirbt das eheliche Kind eines Deutschen die Staatsangehörigkeit des Vaters, das uneheliche Kind einer Deutschen die Staatsangehörigkeit der Mutter.

Ein Kind, das in dem Gebiet eines Bundesstaats aufgefunden wird (Findelkind), gilt bis zum Beweise des Gegenteils als Kind eines Angehörigen dieses Bundesstaats.

§ 5. Eine nach den deutschen Gesetzen wirksame Legitimation durch einen Deutschen begründet für das Kind die Staatsangehörigkeit des Vaters.

§ 6. Durch die Eheschließung mit einem Deutschen erwirbt die Frau die Staatsangehörigkeit des Mannes.

§ 7. Die Aufnahme muß einem Deutschen von jedem Bundesstaat, in dessen Gebiet er sich niedergelassen hat, auf seinen Antrag erteilt werden, falls kein Grund vorliegt, der nach den §§ 3 bis 5 des Gesetzes über die Freizügigkeit vom 1. November 1867 (Bundes-Gesetzbl. S. 55) die Abweisung eines Neuanziehenden oder die Versagung der Fortsetzung des Aufenthalts rechtfertigt.

Der Antrag einer Ehefrau bedarf der Zustimmung des Mannes; die fehlende Zustimmung kann durch die Vormundschaftsbehörde ersetzt werden. Für eine unter elterlicher Gewalt oder unter Vormundschaft stehende Person wird, wenn sie das sechzehnte Lebensjahr noch nicht vollendet hat, der Antrag von dem gesetzlichen Vertreter gestellt; hat sie das sechzehnte Lebensjahr vollendet, so bedarf ihr Antrag der Zustimmung des gesetzlichen Vertreters.

§ 8. Ein Ausländer, der sich im Inland niedergelassen hat, kann von dem Bundesstaat, in dessen Gebiete die Niederlassung erfolgt ist, auf seinen Antrag eingebürgert werden, wenn er

1. nach den Gesetzen seiner bisherigen Heimat unbeschränkt geschäftsfähig ist oder nach den deutschen Gesetzen unbeschränkt geschäftsfähig sein würde oder der Antrag in entsprechender Anwendung des § 7 Abs. 2 Satz 2 von seinem gesetzlichen Vertreter oder mit dessen Zustimmung gestellt wird,
2. einen unbescholtenen Lebenswandel geführt hat,

3. an dem Orte seiner Niederlassung eine eigene Wohnung oder ein Unterkommen gefunden hat und
4. an diesem Orte sich und seine Angehörigen zu ernähren imstande ist.

Vor der Einbürgerung ist über die Erfordernisse unter Nr. 2 bis 4 die Gemeinde des Niederlassungsorts und, sofern diese keinen selbständigen Armenverband bildet, auch der Armenverband zu hören.

§ 9. Die Einbürgerung in einen Bundesstaat darf erst erfolgen, nachdem durch den Reichskanzler festgestellt worden ist, daß keiner der übrigen Bundesstaaten Bedenken dagegen erhoben hat; erhebt ein Bundesstaat Bedenken, so entscheidet der Bundesrat. Die Bedenken können nur auf Tatsachen gestützt werden, welche die Besorgnis rechtfertigen, daß die Einbürgerung des Antragstellers das Wohl des Reichs oder eines Bundesstaats gefährden würde.

Die Vorschriften des Abs. 1 finden keine Anwendung
1. auf ehemalige Angehörige des Bundesstaats, bei dem der Antrag gestellt wird, auf deren Kinder oder Enkel sowie auf Personen, die von einem Angehörigen des Staates an Kindes Statt angenommen sind, es sei denn, daß der Antragsteller einem ausländischen Staate angehört,
2. auf Ausländer, die im Deutschen Reiche geboren sind, wenn sie sich in dem Bundesstaate, bei dem der Antrag gestellt wird, bis zur Vollendung des einundzwanzigsten Lebensjahrs dauernd aufgehalten haben und die Einbürgerung innerhalb zweier Jahre nach diesem Zeitpunkt beantragen.

§ 10. Die Witwe oder geschiedene Ehefrau eines Ausländers, die zur Zeit ihrer Eheschließung eine

Deutsche war, muß auf ihren Antrag von dem Bundesstaat, in dessen Gebiete sie sich niedergelassen hat, eingebürgert werden, wenn sie den Erfordernissen des § 8 Abs. 1 Nr. 1, 2 entspricht. Über das Erfordernis unter Nr. 2 ist vor der Einbürgerung die Gemeinde des Niederlassungsorts zu hören.

§ 11. Ein ehemaliger Deutscher, der als Minderjähriger die Reichsangehörigkeit durch Entlassung verloren hat, muß auf seinen Antrag von dem Bundesstaat, in dessen Gebiet er sich niedergelassen hat, eingebürgert werden, wenn er den Erfordernissen des § 8 Abs. 1 entspricht und den Antrag innerhalb zweier Jahre nach der Volljährigkeit stellt. Die Vorschrift des § 8 Abs. 2 findet Anwendung.

§ 12. Ein Ausländer, der mindestens ein Jahr wie ein Deutscher im Heere oder in der Marine aktiv gedient hat, muß auf seinen Antrag von dem Bundesstaat, in dessen Gebiet er sich niedergelassen hat, eingebürgert werden, wenn er den Erfordernissen des § 8 Abs. 1 entspricht und die Einbürgerung nicht das Wohl des Reichs oder eines Bundesstaats gefährden würde. Die Vorschriften des § 8 Abs. 2 und des § 9 Abs. 1 finden Anwendung.

§ 13. Ein ehemaliger Deutscher, der sich nicht im Inland niedergelassen hat, kann von dem Bundesstaate, dem er früher angehört hat, auf seinen Antrag eingebürgert werden, wenn er den Erfordernissen des § 8 Abs. 1 Nr. 1, 2 entspricht; dem ehemaligen Deutschen steht gleich, wer von einem solchen abstammt oder an Kindes Statt angenommen ist. Vor der Einbürgerung ist dem Reichskanzler Mitteilung zu machen; die Einbürgerung unterbleibt, wenn der Reichskanzler Bedenken erhebt.

§ 14. Die von der Regierung oder der Zentral- oder höheren Verwaltungsbehörde eines Bundesstaats vollzogene oder bestätigte Anstellung im unmittelbaren oder mittelbaren Staatsdienst, im Dienste einer Gemeinde oder eines Gemeindeverbandes, im öffentlichen Schuldienst oder im Dienste einer von dem Bundesstaat anerkannten Religionsgesellschaft gilt für einen Deutschen als Aufnahme, für einen Ausländer als Einbürgerung, sofern nicht in der Anstellungs- oder Bestätigungsurkunde ein Vorbehalt gemacht wird.

Diese Vorschrift findet keine Anwendung auf die Anstellung als Offizier oder Beamter des Beurlaubtenstandes.

§ 15. Die im Reichsdienst erfolgte Anstellung eines Ausländers, der seinen dienstlichen Wohnsitz in einem Bundesstaate hat, gilt als Einbürgerung in diesen Bundesstaat, sofern nicht in der Anstellungsurkunde ein Vorbehalt gemacht wird.

Hat der Angestellte seinen dienstlichen Wohnsitz im Ausland und bezieht er ein Diensteinkommen aus der Reichskasse, so muß er von dem Bundesstaate, bei dem er den Antrag stellt, eingebürgert werden; bezieht er kein Diensteinkommen aus der Reichskasse, so kann er mit Zustimmung des Reichskanzlers eingebürgert werden.

§ 16. Die Aufnahme oder Einbürgerung wird wirksam mit der Aushändigung der von der höheren Verwaltungsbehörde hierüber ausgefertigten Urkunde oder der Urkunde über die unter den Voraussetzungen des § 14 oder des § 15 Abs. 1 erfolgte Anstellung.

Die Aufnahme oder Einbürgerung erstreckt sich, insofern nicht in der Urkunde ein Vorbehalt gemacht wird, zugleich auf die Ehefrau und auf diejenigen Kinder, deren gesetzliche Vertretung dem Aufgenommenen oder

Eingebürgerten kraft elterlicher Gewalt zusteht. Ausgenommen sind Töchter, die verheiratet sind oder verheiratet gewesen sind.

§ 17. Die Staatsangehörigkeit geht verloren
1. durch Entlassung (§§ 18 bis 24),
2. durch den Erwerb einer ausländischen Staatsangehörigkeit (§ 25),
3. durch Nichterfüllung der Wehrpflicht (§§ 26, 29),
4. durch Ausspruch der Behörde (§§ 27 bis 29),
5. für ein uneheliches Kind durch eine von dem Angehörigen eines anderen Bundesstaats oder von einem Ausländer bewirkte und nach den deutschen Gesetzen wirksame Legitimation,
6. für eine Deutsche durch Eheschließung mit dem Angehörigen eines anderen Bundesstaats oder mit einem Ausländer.

§ 18. Die Entlassung einer Ehefrau kann nur von dem Manne und, sofern dieser ein Deutscher ist, nur zugleich mit seiner Entlassung beantragt werden. Der Antrag bedarf der Zustimmung der Frau.

§ 19. Die Entlassung einer Person, die unter elterlicher Gewalt oder unter Vormundschaft steht, kann nur von dem gesetzlichen Vertreter und nur mit Genehmigung des deutschen Vormundschaftsgerichts beantragt werden. Gegen die Entscheidung des Vormundschaftsgerichts steht auch der Staatsanwaltschaft die Beschwerde zu; gegen den Beschluß des Beschwerdegerichts ist die weitere Beschwerde unbeschränkt zulässig.

Die Genehmigung des Vormundschaftsgerichts ist nicht erforderlich, wenn der Vater oder die Mutter die Entlassung für sich und zugleich kraft elterlicher Gewalt für ein Kind beantragt und dem Antragsteller die Sorge für die Person dieses Kindes zusteht. Erstreckt sich der Wirkungskreis eines der Mutter bestellten Beistandes auf die Sorge für die Person des Kindes, so bedarf die Mutter zu dem Antrag auf Entlassung des Kindes der Genehmigung des Beistandes.

§ 20. Die Entlassung aus der Staatsangehörigkeit in einem Bundesstaate bewirkt gleichzeitig die Entlassung aus der Staatsangehörigkeit in jedem anderen Bundesstaate, soweit sich der Entlassene nicht die Staatsangehörigkeit in einem anderen Bundesstaate durch eine Erklärung gegenüber der zuständigen Behörde des entlassenden Staates vorbehält. Dieser Vorbehalt muß in der Entlassungsurkunde vermerkt werden.

§ 21. Die Entlassung muß jedem Staatsangehörigen auf seinen Antrag erteilt werden, wenn er die Staatsangehörigkeit in einem anderen Bundesstaate besitzt und sich diese gemäß § 20 vorbehält.

§ 22. Fehlt es an den Voraussetzungen des § 21, so wird die Entlassung nicht erteilt

1. Wehrpflichtigen, über deren Dienstverpflichtung noch nicht endgültig entschieden ist, sofern sie nicht ein Zeugnis der Ersatzkommission darüber beibringen, daß nach der Überzeugung der Kommission die Entlassung nicht in der Absicht nachgesucht wird, die Erfüllung der aktiven Dienstpflicht zu umgehen,
2. Mannschaften des aktiven Heeres, der aktiven Marine oder der aktiven Schutztruppen,
3. Mannschaften des Beurlaubtenstandes der im § 56 Nr. 2 bis 4 des Reichsmilitärgesetzes bezeichneten Art, sofern sie nicht die Genehmigung der Militärbehörde erhalten haben,

4. sonstigen Mannschaften des Beurlaubtenstandes, nachdem sie eine Einberufung zum aktiven Dienste erhalten haben,
5. Beamten und Offizieren, mit Einschluß derer des Beurlaubtenstandes, bevor sie aus dem Dienste entlassen sind.

Aus anderen als den in Abs. 1 bezeichneten Gründen darf in Friedenszeiten die Entlassung nicht versagt werden. Für die Zeit eines Krieges oder einer Kriegsgefahr bleibt dem Kaiser der Erlaß besonderer Anordnungen vorbehalten.

§ 23. Die Entlassung wird wirksam mit der Aushändigung einer von der höheren Verwaltungsbehörde des Heimatsstaats ausgefertigten Entlassungsurkunde. Die Urkunde wird nicht ausgehändigt an Personen, die verhaftet sind oder deren Verhaftung oder Festnahme von einer Gerichts- oder Polizeibehörde angeordnet ist.

Soll sich die Entlassung zugleich auf die Ehefrau oder die Kinder des Antragstellers beziehen, so müssen auch diese Personen in der Entlassungsurkunde mit Namen aufgeführt werden.

§ 24. Die Entlassung gilt als nicht erfolgt, wenn der Entlassene beim Ablauf eines Jahres nach der Aushändigung der Entlassungsurkunde seinen Wohnsitz oder seinen dauernden Aufenthalt im Inland hat.

Diese Vorschrift findet keine Anwendung, wenn der Entlassene sich die Staatsangehörigkeit in einem anderen Bundesstaate gemäß § 20 vorbehalten hat.

§ 25. Ein Deutscher, der im Inland weder seinen Wohnsitz noch seinen dauernden Aufenthalt hat, verliert seine Staatsangehörigkeit mit dem Erwerb einer ausländischen Staatsangehörigkeit, wenn dieser Erwerb auf seinen Antrag oder auf den Antrag des Ehemanns oder des gesetzlichen Vertreters erfolgt, die Ehefrau und der Vertretene jedoch nur, wenn die Voraussetzungen vorliegen, unter denen nach den §§ 18, 19 die Entlassung beantragt werden könnte.

Die Staatsangehörigkeit verliert nicht, wer vor dem Erwerbe der ausländischen Staatsangehörigkeit auf seinen Antrag die schriftliche Genehmigung der zuständigen Behörde seines Heimatstaats zur Beibehaltung seiner Staatsangehörigkeit erhalten hat. Vor der Erteilung der Genehmigung ist der deutsche Konsul zu hören.

Unter Zustimmung des Bundesrats kann von dem Reichskanzler angeordnet werden, daß Personen, welche die Staatsangehörigkeit in einem bestimmten ausländischen Staate erwerben wollen, die im Abs. 2 vorgesehene Genehmigung nicht erteilt werden darf.

§ 26. Ein militärpflichtiger Deutscher, der im Inland weder seinen Wohnsitz noch seinen dauernden Aufenthalt hat, verliert seine Staatsangehörigkeit mit der Vollendung des einunddreißigsten Lebensjahrs, sofern er bis zu diesem Zeitpunkt noch keine endgültige Entscheidung über seine Dienstverpflichtung herbeigeführt hat, auch eine Zurückstellung über diesen Zeitpunkt hinaus nicht erfolgt ist.

Ein fahnenflüchtiger Deutscher, der im Inland weder seinen Wohnsitz noch seinen dauernden Aufenthalt hat, verliert seine Staatsangehörigkeit mit dem Ablauf von zwei Jahren nach Bekanntmachung des Beschlusses, durch den er für fahnenflüchtig erklärt worden ist (§ 360 der Militärstrafgerichtsordnung). Diese Vorschrift findet keine Anwendung auf Mannschaften der Reserve, der Land- oder Seewehr und der Ersatzreserve, die für fahnenflüchtig erklärt worden sind, weil sie einer Einberufung zum Dienste keine Folge geleistet haben, es sei denn, daß die Einberufung nach Bekanntmachung der Kriegsbereitschaft oder nach Anordnung der Mobilmachung erfolgt ist.

Wer auf Grund der Vorschriften des Abs. 1 oder 2 seine Staatsangehörigkeit verloren hat, kann von einem Bundesstaate nur nach Anhörung der Militärbehörde eingebürgert werden. Weist er nach, daß ihm ein Verschulden nicht zur Last fällt, so darf ihm die Einbürgerung von dem Bundesstaate, dem er früher angehörte, nicht versagt werden.

§ 27. Ein Deutscher, der sich im Ausland aufhält, kann seiner Staatsangehörigkeit durch Beschluß der Zentralbehörde seines Heimatstaats verlustig erklärt werden, wenn er im Falle eines Krieges oder einer Kriegsgefahr einer vom Kaiser angeordneten Aufforderung zur Rückkehr keine Folge leistet.

Gehört er mehreren Bundesstaaten an, so verliert er durch den Beschluß die Staatsangehörigkeit in allen Bundesstaaten.

§ 28. Ein Deutscher, der ohne Erlaubnis seiner Regierung in ausländische Staatsdienste getreten ist, kann seiner Staatsangehörigkeit durch Beschluß der Zentralbehörde seines Heimatstaats verlustig erklärt werden, wenn er einer Aufforderung zum Austritt nicht Folge leistet.

Gehört er mehreren Bundesstaaten an, so verliert er durch den Beschluß die Staatsangehörigkeit in allen Bundesstaaten.

§ 29. Der Verlust der Staatsangehörigkeit in den Fällen des § 26 Abs. 1, 2 und der §§ 27, 28 sowie der Wiedererwerb der Staatsangehörigkeit in den Fällen des § 26 Abs. 3 Satz 2 erstreckt sich zugleich auf die Ehefrau und auf diejenigen Kinder, deren gesetzliche Vertretung dem Ausgeschiedenen oder dem Wiedereingebürgerten kraft elterlicher Gewalt zusteht, soweit sich die Ehefrau oder die Kinder mit ihm in häuslicher Gemeinschaft befinden. Ausgenommen sind Töchter, die verheiratet sind oder verheiratet gewesen sind.

§ 30. Ein ehemaliger Deutscher, der vor dem Inkrafttreten dieses Gesetzes die Reichsangehörigkeit durch Entlassung verloren hat, aber bei Anwendung der Vorschrift des § 24 Abs. 1 als nicht entlassen gelten würde, muß auf seinen Antrag von dem Bundesstaat, in dessen Gebiet er sich niedergelassen hat, eingebürgert werden, wenn er seit dem im § 24 Abs. 1 bezeichneten Zeitpunkt seinen Wohnsitz im Inland behalten hat und den Erfordernissen des § 8 Abs. 1 entspricht, auch den Antrag innerhalb eines Jahres nach dem Inkrafttreten dieses Gesetzes stellt. Die Vorschrift des § 8 Abs. 2 findet Anwendung.

§ 31. Ein ehemaliger Deutscher, der vor dem Inkrafttreten dieses Gesetzes die Reichsangehörigkeit nach § 21 des Gesetzes über die Erwerbung und den Verlust der Bundes- und Staatsangehörigkeit vom 1. Juni 1870 (Bundes-Gesetzbl. S. 355) durch zehnjährigen Aufenthalt im Ausland verloren hat, muß von dem Bundesstaat, in dessen Gebiet er sich niedergelassen hat, eingebürgert werden, wenn er keinem Staate angehört.

Das gleiche gilt von dem ehemaligen Angehörigen eines Bundesstaats oder eines in einen solchen einverleibten Staates, der bereits vor dem Inkrafttreten des Gesetzes vom 1. Juni 1870 nach Landesrecht seine Staatsangehörigkeit durch Aufenthalt außerhalb seines Heimatstaats verloren hat.

§ 32. Ein militärpflichtiger Deutscher, der zur Zeit des Inkrafttretens dieses Gesetzes im Inland weder seinen Wohnsitz noch seinen dauernden Aufenthalt hat und vor diesem Zeitpunkt das neunundzwanzigste, aber noch nicht das dreiundvierzigste Lebensjahr vollendet hat, verliert seine Staatsangehörigkeit mit dem Ablauf zweier Jahre, sofern er innerhalb dieser Frist keine endgültige Entscheidung über seine Dienstverpflichtung herbeigeführt hat.

Ein fahnenflüchtiger Deutscher der im § 26 Abs. 2 bezeichneten Art, der zur Zeit des Inkrafttretens dieses Gesetzes im Inland weder seinen Wohnsitz noch seinen dauernden Aufenthalt hat und vor diesem Zeitpunkt das dreiundvierzigste Lebensjahr noch nicht vollendet hat, verliert seine Staatsangehörigkeit mit dem Ablauf zweier Jahre, sofern er sich nicht innerhalb dieser Frist vor den Militärbehörden gestellt.

Die Vorschriften des § 26 Abs. 3 und des § 29 finden entsprechende Anwendung.

Dritter Abschnitt.

Unmittelbare Reichsangehörigkeit.

§ 33. Die unmittelbare Reichsangehörigkeit kann verliehen werden

1. einem Ausländer, der sich in einem Schutzgebiete niedergelassen hat, oder einem Eingeborenen in einem Schutzgebiete;
2. einem ehemaligen Deutschen, der sich nicht im Inland niedergelassen hat; dem ehemaligen Deutschen steht gleich, wer von ihm abstammt oder an Kindes Statt angenommen ist.

§ 34. Einem Ausländer, der im Reichsdienst angestellt ist und seinen dienstlichen Wohnsitz im Ausland hat, muß auf seinen Antrag die unmittelbare Reichsangehörigkeit verliehen werden, wenn er ein Diensteinkommen aus der Reichskasse bezieht; sie kann ihm verliehen werden, wenn er ein solches Einkommen nicht bezieht.

§ 35. Auf die unmittelbare Reichsangehörigkeit finden die Vorschriften dieses Gesetzes über die Staatsangehörigkeit in einem Bundesstaate mit Ausnahme der Vorschriften des § 4 Abs. 2, des § 8 Abs. 2, des § 10 Satz 2, des § 11 Satz 2, des § 12 Satz 2 und der §§ 14, 21 mit der Maßgabe entsprechende Anwendung, daß an die Stelle der Zentralbehörde des Bundesstaats der Reichskanzler und an die Stelle der höheren Verwaltungsbehörde der Reichskanzler oder die von ihm bezeichnete Behörde treten.

Vierter Abschnitt.

Schlußbestimmungen.

§ 36. Unberührt bleiben die Staatsverträge, die von Bundesstaaten mit ausländischen Staaten vor dem Inkrafttreten dieses Gesetzes geschlossen sind.

§ 37. Soweit in Reichsgesetzen oder in Landesgesetzen auf Vorschriften des Gesetzes über die Erwerbung und den Verlust der Bundes- und Staatsangehörigkeit vom 1. Juni 1870 oder des Gesetzes, betreffend die Naturalisation von Ausländern, welche im Reichsdienst angestellt sind, vom 20. Dezember 1875 verwiesen ist, treten an deren Stelle die entsprechenden Vorschriften dieses Gesetzes.

§ 38. In den Fällen des § 7, der §§ 10, 11, 12, 30, 31 und des § 34 erster Halbsatz werden die Aufnahme- oder Einbürgerungsurkunden kostenfrei erteilt. Das gleiche gilt für die Erteilung von Entlassungsurkunden in den Fällen des § 21.

Für die Erteilung von Entlassungsurkunden in anderen als den im § 21 bezeichneten Fällen dürfen an Stempelabgaben und Ausfertigungsgebühren zusammen nicht mehr als drei Mark erhoben werden.

§ 39. Der Bundesrat erläßt die Bestimmungen über die Aufnahme-, Einbürgerungs- und Entlassungsurkunden sowie über die Urkunden, die zur Bescheinigung der Staatsangehörigkeit dienen.

Die Landeszentralbehörden bestimmen, welche Behörden im Sinne dieses Gesetzes als höhere Verwaltungsbehörden und als Militärbehörden anzusehen sind.

§ 40. Gegen die Ablehnung des Antrags auf Aufnahme gemäß § 7, auf Einbürgerung in den Fällen der §§ 10, 11, 15, des § 26 Abs. 3, der §§ 30, 31, des § 32 Abs. 3 oder des Antrags auf Entlassung in den Fällen der §§ 21, 22 ist der Rekurs zulässig.

Die Zuständigkeit der Behörden und das Verfahren bestimmen sich nach den Landesgesetzen und, soweit landesgesetzliche Vorschriften nicht vorhanden sind, nach den §§ 20, 21 der Gewerbeordnung.

§ 41. Dieses Gesetz tritt am 1. Januar 1914 gleichzeitig mit einem Gesetze zur Abänderung des Reichsmilitärgesetzes sowie des Gesetzes, betreffend Änderungen der Wehrpflicht, vom 11. Februar 1888 in Kraft.

Urkundlich usw.

Gegeben usw.

Sachregister.

(Die Zahlen bedeuten die Seiten, die lateinischen Buchstaben den Anhang, betreffend das Landesrecht.)

A.

B.

C.

D.

E.

R.

S.

T.

U.

Nachträge und Berichtigungen.

S. 28 unten. Reichsverordnung über Erwerbslosenfürsorge gilt jetzt in der Fassung vom 1. November 1921 (RGBl. S. 1337).

S. 53, 54, 59, 63. Nach dem 3. Entwurf des Reichsministers des Innern entscheidet das Reichsverwaltungsgericht als Berufungsinstanz in dem bisherigen Verfahren über Armenstreitsachen. Es braucht nur eine landesrechtliche Instanz voranzugehen.

S. 171, Art. 65. Umänderung der Bezeichnung „Distrikt" in „Bezirk" durch Gesetz über die Selbstverwaltung vom 22. Mai 1919 (GVBl. 239).

S. 256, Zeile 4 von oben. Das neue Ortsklassenverzeichnis vom 13. Januar 1922 ist im RGBl. S. 87 ff. veröffentlicht worden.

S. 379, zu 8. Hamburg. §§ 4—6 der AusfVer. vom 23. Juni 1871 sind durch das auf S. 449 ff. abgedruckte Gesetz über Verwaltungsgerichtsbarkeit vom 2. November 1921 aufgehoben worden. Vergl. besonders §§ 13, 18 Abs. 2, 69 dieses Gesetzes.

Druck von Otto Walter in Berlin S 14.

April 1922

Guttentagsche Sammlung

Deutscher Reichsgesetze
und
Preußischer Gesetze

Textausgaben mit Anmerkungen und Sachregister — Taschenformat — Gebunden

enthält alle wichtigeren Gesetze in absolut zuverlässigen Gesetzestexten und in mustergültiger, gemeinverständlicher Weise erläutert

Das am Schluß befindliche Schlagwortregister wird geneigter Beachtung empfohlen

Zu den mit * versehenen Preisen tritt noch ein Teuerungszuschlag des Verlages von 200 %.

Vereinigung wissenschaftlicher Verleger
Walter de Gruyter & Co.
vormals G. J. Göschen'sche Verlagshandlung — J. Guttentag, Verlagsbuchhandlung — Georg Reimer — Karl J. Trübner — Veit & Comp.
Berlin W 10, Genthiner Straße 38.

15 000 — IV. 22.

Zu den mit * versehenen Preisen tritt noch

Guttentagsche Sammlung
Deutscher Reichsgesetze.
Text-Ausgaben mit Anmerkungen. Taschenformat.

Nr. 1. **Verfassung des Deutschen Reichs.** Von Dr. **L. von Rönne. 10. Aufl.** von Landrat **P. v. Rönne** und Reg.-Assessor **v. Dobbeler. — 1912.** * 3,90 *M*

Neue Verfassung von 1919 siehe Nr. **137.**

Nr. 2. **Strafgesetzbuch** für das Deutsche Reich nebst 20 der wichtigsten strafrechtl. Nebengesetze. Von Prof. Dr. **Fr. v. Liszt** und Prof. Dr. **E. Delaquis. 25. Aufl. — 1920.** 30,— *M*

Nr. 3. **Militärstrafgerichtsordnung** nebst Einführungsgesetz. Von Wirkl. Geh. Kriegsrat Dr. **A. Romen** und Kriegsgerichtsrat Dr. **E. Rissom. — 1918. 2. Aufl.** 35,— *M*

Nr. 4. **Handelsgesetzbuch vom 10. Mai 1897** unter Ausschluß des Seerechts. Von **Litthauer. 16. Aufl.** Herausgegeben von Geh. Justizrat Prof. Dr. **A. Mosse.** 8°. **— 1920.** 64,— *M*

Nr. 5. **Wechselordnung vom 3. Juni 1908.** Kommentar von Justizrat Dr. **J. Stranz** und Rechtsanwalt Dr. **M. Stranz.** Neue Auflage im Druck.

Nr. 5a. **Wechselstempelgesetz** apart. **11. Aufl. — 1918.** * 2,35 *M*

Nr. 6. **Reichsgewerbeordnung** nebst Ausführungsbestimmungen. **20. Aufl.** von Dr. **Fr. Hiller** und Dr. **H. Luppe. — 1921.** 50,— *M*

Nr. 7. **Post- und Telegraphen-Gesetzgebung.** Nebst Weltpostvertrag und Internationalem Telegraphenvertrag. **6. Aufl.** von Geh. Ob.Postrat Dr. **M. König. — 1908.** * 5,85 *M*

Nr. 8. Die Reichsgesetze über den **Unterstützungswohnsitz, Freizügigkeit, Reichs- und Staatsangehörigkeit.** Von Geh. Rat Dr. **J. Krech. 9. Aufl. — 1922.** 58,— *M*

ein Teuerungszuschlag des Verlages von 200 %.

Guttentagsche Sammlung Deutscher Reichsgesetze.

Nr. 9. Sammlung **kleinerer strafrechtlicher Reichsgesetze.** Von Prof. Dr. **R. H. Kriegsmann. 3. Aufl. — 1910.** 20,— M

Nr. 10. **Das Reichsbeamtengesetz** vom 31. März 1873. Von **J. Pieper. 2. Aufl. — 1901.** * 6,50 M

Reichsbeamtengesetz von **1907** siehe Nr. **82.**

Nr. 11. **Zivilprozeßordnung mit Gerichtsverfassungsgesetz.** Von **R. Sydow.** Fortgeführt von Reichsgerichtsrat **L. Busch** und Landgerichtsrat Dr. **Krantz. 17. Aufl.** Gr. 8°. — **1922.**
Im Druck.

Nr. 12. **Strafprozeßordnung und Gerichtsverfassungsgesetz** nebst den Gesetzen, betr. die Entschädigung der im Wiederaufnahmeverfahren freigesprochenen Personen und die Entschädigung für unschuldig erlittene Untersuchungshaft. **19. Aufl.,** bearbeitet von Prof. Dr. **Kohlrausch. — 1922.** 65,— M

Nr. 13. **Konkursordnung und Anfechtungsgesetz.** Von **R. Sydow.** Fortgeführt von **L. Busch. 12. Aufl. — 1916.** 25,— M

Nr. 14. **Gerichtsverfassungsgesetz** mit Einführungsgesetz. Herausgegeben von **R. Sydow.** Fortgeführt von **L. Busch. 10. Aufl. — 1905.** In Bearbeitung.

Nr. 15. **Das Deutsche Gerichtskostengesetz** nebst den Gebührenordnungen für Gerichtsvollzieher, Zeugen und Sachverständige. Von **R. Sydow.** Fortgeführt von Reichsgerichtsrat **L. Busch** und Amtsrichter **Koehler. 10. Aufl. — 1920.** Mit Nachtrag, enthaltend die Änderungen von 1921. 24,— M

Nr. 16. **Rechtsanwaltsordnung.** Von **R. Sydow. 5. Aufl.** von Justizrat **M. Jacobsohn.** Mit Nachtrag, enth. die Bestimmungen vom 22. Mai 1910. — **1907.** 7,50 M

Nr. 17. Die **Deutsche Gebührenordnung für Rechtsanwälte und das Preußische Gebührengesetz** vom 27. IX. / 6. X. 1899. Von **R. Sydow.** Fortgeführt von **L. Busch. 12. Aufl. — 1922.**
Im Druck.

Guttentagsche Sammlung Deutscher Reichsgesetze.

Nr. 18. **Reichsstempelgesetz** vom 3. Juli 1913. (Börsen-, Lotterie-, Frachturkunden-, Fahrkarten-, Kraftfahrzeug-, Tantieme-, Scheck- und Grundstücksübertragungssteuer.) Mit den gesamten Ausführungsbestimmungen. Von Geh. Reg.Rat **P. Loeck.** 8°. **12. Aufl. — 1914.** Vergriffen.

Neue Auflage unter Berücksichtigung der inzwischen ergangenen Abänderungsbestimmungen befindet sich in Vorbereitung.

Siehe auch Nr. **131 b.**

Nr. 19. Die **Seegesetzgebung.** Von Dr. **W. E. Knitschky. 5. Aufl.** bearbeitet von Ober-L.G.Rat **O. Rudorff. — 1913.** 44,— *M*

Nr. 20. **Krankenversicherungsgesetz (1883).** Von weil. Dr. **E. von Woedtke.** — Neue Fassung **(1911)** siehe **Nr. 107.**

Nr. 21. Die **Konsulargesetzgebung.** Von Prof. Dr. **Ph. Zorn. 8. Aufl.** von Dr. **A. Zorn. — 1911.** 25,— *M*

Nr. 22. **Patentgesetz.** Nebst Ausführungsbestimmungen, völkerrechtlichen Verträgen und der Patentanwalts-Ordnung. Von **R. Lutter,** Geh. Reg.Rat im Reichs-Patentamt. **8. Aufl. — 1920.** 45,— *M*

(Kriegsvorschriften auf dem Gebiete des gewerblichen Rechtsschutzes. Von **R. Lutter. — 1917.** 8°. 12,50 *M*.)

Nr. 23. **Gewerbe-Unfallversicherungsgesetz. (1884.)** Von weil. Dr. **E. v. Woedtke.** — Neue Fassung **(1911)** siehe **Nr. 108.**

Nr. 24. **Aktiengesellschaft und Kommanditgesellschaften auf Aktien.** Von Dr. **H. Keyßner** und Dr. **H. Veit Simon. 7. Aufl.** von Amtsrichter **L. Keyßner. — 1922.** In Bearbeitung.

Nr. 25. **Brausteuergesetz** vom 15. Juli 1909. Von Oberzollrevisor **A. Düffe. 2. Aufl. — 1910.** * 4,40 *M*

Nr. 26. Die Reichsgesetzgebung über **Münz- und Notenbankwesen,** Papiergeld, Prämienpapiere und Reichsschulden. Von Dr. **R. Koch. — 6. Aufl. 1910.** Vergriffen.

Neue Auflage in Bearbeitung.

Nr. 27. **Gesundheitswesen im Deutschen Reich.** Von Dr. jur. **E. Goesch** und Dr. med. **J. Karsten. — 1888.** * 2,60 *M*

ein Teuerungszuschlag des Verlages von 200 %.

Guttentagsche Sammlung Deutscher Reichsgesetze.

Nr. 28. **Bau-Unfallversicherungsgesetz.** Vom 30. Juni 1900. **Von R. Chrzescinski.** Neue Fassung **(1911)** siehe Nr. **108.**

Nr. 29. **Erwerbs- und Wirtschaftsgenossenschaften.** Von **L. Parisius** und Dr. **H. Crüger. 16., neubearbeitete Aufl.** von Dr. **H. Crüger. — 1920.** 18,— *M*

Nr. 30. **Invalidenversicherungsgesetz** (1899). Von weil. Dr. **E. v. Woedtke.** Neue Fassung **(1911)** siehe Nr. **109.**

Nr. 31. **Gewerbegerichtsgesetz.** Von Stadtrat **L. Mugdan. 7. Aufl.** bearbeitet von Oberbürgermeister **W. Cuno. — 1911.** * 3,65 *M*

Nr. 32. Reichsgesetz, betr. die **Gesellschaften mit beschränkter Haftung.** Von **L. Parisius** und Dr. **H. Crüger. 15. Aufl.** von Dr. **H. Crüger. — 1921.** 12,— *M*

Nr. 33. **Vereins- und Versammlungsrecht.** Von Dr. **E. Ball. 2. Aufl.** von Dr. **F. Friedenthal. — 1907.** * 3,65 *M*

Reichs-Vereinsgesetz vom 19. April 1908 siehe Nr. **88.**

Nr. 34. Die **Abzahlungsgeschäfte.** Gesetz vom 16. Mai 1894. **3. Aufl.** von Land-G.Rat Dr. **E. Wilke. — 1910.** * 2,10 *M*

Nr. 35. Die **Reichs-Eisenbahngesetzgebung.** Von Amtsrichter **W. Coermann. — 1895.** * 3,40 *M*

Siehe auch Nr. **66.**

Nr. 36. Gesetze, betr. die **privatrechtlichen Verhältnisse der Binnenschiffahrt und der Flößerei.** Von Geh. Justizrat **E. Löwe. 5. Aufl. — 1915.** * 5,20 *M*

Nr. 37. Gesetz gegen den **unlauteren Wettbewerb.** Von Justizrat **A. Pinner. 7. Aufl.** von Dr. **A. Elster. — 1921.** 12,— *M*

Nr. **38/39. Bürgerliches Gesetzbuch nebst Einführungsgesetz** von Dr. **A. Achilles.** In Verbindung mit Prof. Dr. **André,** Senatspräsident **Meyer,** Reichs-G.Rat Dr. **Strecker,** Staatsrat Dr. **v. Unzner** herausgegeben von Wirkl. Geh. Ob.J.Rat und Ober-L G Präsident **Greiff. 10. Aufl.** Im Druck.

Einzelverkauf. Nachtrag zur 8. Auflage: **Bestimmungen über das Erbbaurecht** v. 15. Januar 1919. **— 1919.** * —,80 *M*

Guttentagsche Sammlung Deutscher Reichsgesetze.

Nr. **40.** Gesetz, betr. die **Pflichten der Kaufleute bei Aufbewahrung fremder Wertpapiere [Depotgesetz].** Von Min.Dir. **F. Lusensky. 3. Aufl. — 1916.** 9,— ℳ

Nr. **41. Börsengesetz.** Von **Th. Hemptenmacher. 3. Aufl.** von Syndikus **O. Meyer. — 1915.** 20,— ℳ

Nr. **42. Grundbuchordnung** nebst preuß. Ausf.-Best. Von Prof. Dr. **O. Fischer. 7. Aufl. — 1920.** 16,— ℳ

Nr. **43. Zwangsvollstreckung in das unbewegliche Vermögen** im Reiche und in Preußen. Kosten- und Gebührentabellen. Von Dr. **J. Krech** und Dr. **O. Fischer. 8. Aufl.** bearbeitet von Prof. Dr. **O. Fischer. — 1916.** * 3,90 ℳ

Nr. **44.** Das Reichsgesetz über das **Auswanderungswesen.** Von Prof. Dr. **F. Stoerk. — 1899.** * 3,25 ℳ

Nr. **45.** Das **Entmündigungsrecht** mit den für Preußen geltenden Vorschriften nebst Just.-Min.-Verfügung vom 28. Nov. 1899. Von Land-G.Rat Dr. **P. Koll. — 1900.** * 2,35 ℳ

Nr. **46.** Die Gesetze des Reiches und Preußens über die **freiwillige Gerichtsbarkeit.** Von Amts-G.Rat **H. Jastrow. 6. Aufl.** von Land-G.Rat Dr. **Herm. Günther. — 1921.** 36,— ℳ

Nr. **47.** Das **deutsche Vormundschaftsrecht** und das preuß. Gesetz über die Fürsorgeerziehung Minderjähriger. Von Ober-Verw.G.Rat **M. Schultzenstein** und Amts-G.Rat Dr. **P. Köhne. 2. Aufl. — 1901.** * 4,40 ℳ

Nr. **48.** Gesetze, betr. den **Drogen-, Gift- und Farbenhandel** außerhalb der Apotheken. Von Dr. **J. Broh. — 1899.** * 1,95 ℳ

Nr. **49.** Deutsche **Kolonialgesetzgebung.** Von Geh. J.Rat Prof. Dr. **Ph. Zorn. 2. Aufl.** von Gerichtsassessor Dr. **Sassen. — 1913.** * 10,40 ℳ

Nr. **50.** Der **Viehkauf [Viehgewährschaft] nach dem BGB.** Verordnung betr. die Hauptmängel und Gewährsfristen beim Viehhandel. Von Rechtsanwalt Dr. **H. Stölzle** und Reg.- und Vet.Rat **H. Weiskopf. 5. Aufl. — 1913.** 25,— ℳ

ein Teuerungszuschlag des Verlages von 200 %.

Guttentagsche Sammlung Deutscher Reichsgesetze.

Nr. **51.** **Hypothekenbankgesetz** vom 13. Juli 1899. Von Dr. **H. Göppert. 2. Aufl.** bearbeitet von Geh. Reg.Rat Dr. **Seidel. — 1911.** 10,50 M

Nr. **52.** Gesetz, betr. die gemeinsamen **Rechte der Besitzer von Schuldverschreibungen.** Von Dr. **H. Göppert. 2. Aufl.** bearbeitet von Amtsrichter Dr. **E. Trendelenburg. — 1915.** 9,— M

Nr. **53.** **Reichspreßgesetz** vom 7. Mai 1874. Mit Kommentar von Bürgermeister **A. Born. 2. Aufl. — 1911.** 10,— M

Nr. **54.** Verkehr mit **Nahrungsmitteln, Genußmitteln** und **Gebrauchsgegenständen.** Von Dr. **G. Lebbin,** Nahrungsmittelchemiker in Berlin **— 1900.** * 3,25 M

Nr. **55.** Das Recht der **Beschlagnahme von Lohn- und Gehaltsforderungen.** Von Justizrat **G. Meyer. 5. Aufl. — 1914.** Mit Nachtrag, enthaltend Verordnung über Lohnpfändung vom 10. August 1920. 15,— M
Nachtrag allein. 4,— M

Nr. **56.** Gesetz, betr. die **Bekämpfung gemeingefährlicher Krankheiten.** Nebst Ausführungsbestimmungen. Von Reg.Rat Dr. **B. Burkhardt. — 1900.** * 2,10 M

Nr. **57.** **See-Unfallversicherungsgesetz (1887).** Von Ober-L.G.Rat Dr. **M. Mittelstein.** — Neue Fassung **1911** siehe Nr. **108.**

Nr. **58.** **Das Recht der unehelichen Kinder nach dem BGB.** Von Amtsgerichtsrat **H. Jastrow. — 1901.** * 2,60 M

Nr. **59.** Reichsgesetz über die **Beurkundung des Personenstandes und die Eheschließung.** Von Amtsgerichtsrat Dr. **F. Fidler. 2. Aufl. — 1912.** 12,— M

Nr. **60.** Gesetz, betr. das **Urheberrecht an Werken der Literatur und der Tonkunst.** Von Geh. Ob.J.Rat **O. Lindemann. 4. Aufl. — 1921.** 21,— M

Nr. **61.** Gesetz über das **Verlagsrecht. Von** Rechtsanwalt Dr. **B. Marwitz. 2. Aufl. — 1911.** 9,— M

Nr. **62.** Gesetz über **private Versicherungsunternehmungen.** Von Reichs-G.Rat **H. Könige. 2. Aufl. — 1910.** * 5,85 M

Guttentagsche Sammlung Deutscher Reichsgesetze.

Nr. **63. Gesetzestafel des Deutschen Reichsrechts.** Systematisch geordnete Nachweisung des z. Z. geltenden Reichsrechts. Von **H. Bruhns. 2. Aufl. — 1913.** * 5,20 ℳ

Nr. **64.** Gesetzsammlung betr. den **Handel mit Drogen und Giften.** Mit Anhang: landesgesetzliche Verordnungen sämtlicher Bundesstaaten. Von Rechtsanwalt **H. Sonnenfeld,** Syndikus der Berliner Drogisten-Innung. **2. Aufl. — 1912.** * 5,85 ℳ

Nr. **65.** Das **Weingesetz** in der Fassung von 1909. Mit Ausführungsbestimmungen von Dr. **G. Lebbin,** Nahrungsmittelchemiker. **2. Aufl. — 1909.** * 3,65 ℳ

Nr. **66.** Die **Eisenbahn-Gesetzgebung.** Von **W. Pietsch,** Rechnungsrat im Reichseisenbahnamt. **2. Aufl. — 1913.** * 5,20 ℳ

Nr. **67. Militär-Strafgesetzbuch für das Deutsche Reich.** Von Wirkl. Geh. Kriegsrat Dr. **A. Romen** und Kriegsgerichtsrat Dr. **C. Rissom. 3. Aufl. — 1918.** 35,— ℳ

Nr. **68.** Das **Fleischbeschaugesetz.** Vom 3. Juni 1900. Von Dr. **G. Lebbin** und Dr. **G. Baum. — 1903.** * 5,85 ℳ

Nr. **69.** Reichsgesetz über die **Naturalleistungen der bewaffneten Macht im Frieden** nebst den preußischen Bestimmungen. Von Dr. **W. v. Hippel. — 1903.** * 2,10 ℳ

Nr. **70.** Das **Reichs-Haftpflichtgesetz** vom 7. Juni 1871. Von Reg.Rat Dr. **G. Eger. — 1903.** Vergriffen.
(Kommentar von **Seligsohn. — 1920.** 20,— ℳ.)

Nr. **71.** Gesetz betr. **Kinderarbeit in gewerblichen Betrieben** vom 30. März 1903. Von Ober-Verw.G.Rat **H. Spangenberg. 2. Aufl. — 1904.** * 2,35 ℳ

Nr. **72. Unfallversicherungsgesetz für Land- und Forstwirtschaft.** (1886.) Von weil. Dr. **E. v. Woedtke.** Siehe Nr. **108.**

Nr. **73. Entschädigung für unschuldig erlittene Verhaftung und Bestrafung.** Anhang: Nebengesetze über Schadensersatz. Von Wirkl. Geh. Kriegsrat Dr. **A. Romen. — 1904.** * 3,10 ℳ

ein Teuerungszuschlag des Verlages von 200 %.

Guttentagsche Sammlung Deutscher Reichsgesetze.

Nr. **74.** Die **Kaufmannsgerichte** nebst Ausführungsbestimmungen. Von Prof. Dr. **M. Apt. 3. Aufl. — 1904.** * 3,10 M

Siehe auch Nr. **112.**

Nr. **75.** Reichsgesetz über die **Konsulargerichtsbarkeit.** Von Rechtsanwalt Dr. **A. F. Vorwerk,** Schanghai. **2. Ausgabe,** mit den Schutzgebietsgesetzen. — **1908.** * 3,10 M

Nr. **76. Die Rechtshilfe im Verkehr mit den ordentlichen Gerichten** nach deutschem Reichsrecht. Von Landrichter Dr. **A. Friedländer. — 1906.** * 2,60 M

Nr. **77. Das Erbschaftssteuergesetz.** Vom 10. September 1919. Von Oberzollsekretär **B. Henckel. — 1920.** 56,— M

Nr. **78. Zigarettensteuergesetz.** Vom 3. Juni 1906. Von Regierungsassessor Dr. **Cuno.** In Vorbereitung.

Nr. **79. Die Militärpensionsgesetze** vom 31. Mai 1906 nebst Ausführungsbestimmungen. Zum Gebrauch für Heer, Marine und Schutztruppe von Wirkl. Geh. Kriegsrat Dr. **A. Romen.**

a) I. Teil: **Offizierpensionsgesetz. — 1907.** * 4,95 M

b) II. Teil: **Mannschaftsversorgungsgesetz** mit Nachtrag, enth. **Kapitalabfindungsgesetz** vom 3. Juli 1916. — **1908.** * 4,95 M

Militärversorgungsgesetze siehe auch Nr. **136.**

Nr. **80.** Reichsgesetzgebung über **gerichtliche Registerführung.** Von Geh. Ob.J.Rat **O. Lindemann. — 1906.** * 4,40 M

Nr. **81. Urheberrecht an Werken der bildenden Künste und der Photographie.** Von Rechtsanwalt Dr. **L. Fuld. — 1907.** Vergriffen. — Neue Auflage im Druck.

Nr. **82. Reichsbeamtengesetz** vom 18. Mai 1907 mit Ergänzungen von Geh.Rat Prof. Dr. **A. Arndt. 2. Aufl. — 1921.** 24,— M

Nr. **83.** Reichsgesetz über den **Versicherungsvertrag** nebst Einführungsgesetz. Von Dr. **P. Hager** und Dr. **E. Bruck. 4. verm. u. verb. Aufl. — 1920.** 60,— M

Nr. **84. Sammlung kleinerer privatrechtlicher Reichsgesetze.** Von Ober-L.G.Rat **E. Müller. — 1908.** 30,— M

Guttentagsche Sammlung Deutscher Reichsgesetze.

Nr. 85. **Scheckgesetz.** Von Prof. Dr. **M. Apt.** Vergriffen. Siehe Nr. 113.

Nr. 86. **Die Auslieferungsverträge des Deutschen Reiches.** Von Landrichter Dr. **A. Cohn.** — 1908. *5,85 M

Nr. 87. Gesetz zum **Schutz der Warenbezeichnungen.** Von Geh. Reg.Rat, Mitgl. des Kaiserl. Patentamts Dr. **Freund** und Rechtsanwalt **Magnus.** 5. Aufl. — 1909. Vergriffen. Neue Auflage in Vorbereitung.

Nr. 88. **Vereinsgesetz** vom 19. April 1908. Von Wirkl. Geh. Kriegsrat Dr. **A. Romen.** Mit den **Bestimmungen über Jugendliche und Gewerkschaften.** 4. Aufl. — 1916. 15,— M

Nr. 89. **Vogelschutzgesetz** vom 30. Mai 1908 nebst den das Flugwild betr. Bestimmungen der Preuß. Jagdordnung. Von Dr. **L. v. Borberger.** — 1909. 8,— M

Nr. 90. Die Haager Abkommen über das **Internationale Privatrecht.** Von Dr. **G. Bogeng.** — 1908. 9,— M

Nr. 91. **Eisenbahn-Verkehrsordnung** mit Ausführungsbestimmungen. Von Reg.-Rat Dr. **E. Blume.** 2. Aufl. von Geh. Reg.Rat Dr. **Weirauch.** — 1922. Im Druck.

Nr. 92. Gesetz, betr. den **Verkehr mit Kraftfahrzeugen.** Von Amtsgerichtsrat **R. Kirchner.** 3. Aufl. — 1915. 27,— M

Nr. 93. Gesetz über die **Sicherung der Bauforderungen.** Von Justizrat Dr. **E. Harnier.** 3. Aufl. — 1912. *2,35 M

Nr. 94. **Die Beamtenhaftpflichtgesetze des Reiches und der Länder.** Von Geh. Justizrat Dr. **H. Delius.** 3. Aufl. — 1921. 32,— M

Nr. 95. Die Berner Übereinkunft über **Internationales Urheberrecht.** Von Geh.Rat Dr. **H. Dungs.** — 1910. 8,— M

Nr. 96. **Branntweinsteuergesetz** vom 15. Juli 1909 mit den für das Reich erlassenen Ausf.-Bestimmungen und Kriegsverordnungen. 2. Aufl., bearbeitet von Reg.Assessor Dr. **K. Kniebe,** Hilfsarbeiter im Reichsamt des Innern. — 1916. *5,20 M

Branntweinmonopolgesetz siehe Nr. 181 a.

ein Teuerungszuschlag des Verlages von 200 %.

Guttentagsche Sammlung Deutscher Reichsgesetze.

Nr. 97. **Schutzgebietsgesetz** nebst dem G. über die Konsulargerichtsbarkeit sowie den Ausf.-Bestimmungen. Von **J. Gerstmeyer**, Wirkl. Legationsrat. — **1910.** * 4,40 ℳ

Nr. 98. **Sechs Haager Abkommen über Internationales Privatrecht.** Von Geh.Rat Dr. **Dungs.** — **1910.** 9,— ℳ

Nr. 99. **Die Abkommen der Haager Friedenskonferenz.** Von Dr. **H. Wehberg.** — **1910.** Vergriffen.

Neue Auflage unter dem Titel: **„Wehberg, Völkerbundsakte".** (Außerhalb der Sammlung.) 14,— ℳ

Nr. 100. **Gesetz über den Absatz von Kalisalzen.** Von Geh. Bergrat **B. Voelkel.** — **1910.** * 3,40 ℳ

Nr. 101. **Zuwachssteuergesetz** vom 14. Februar 1911. Von Geh. Reg.Rat Dr. **W. Cuno.** — **1911.** * 5,20 ℳ

Nr. 102. **Urheberrecht an Mustern und Modellen** und Ges. betr. Schutz von **Gebrauchsmustern.** Von Reg.Rat **J. Neuberg,** Mitgl. d. Patentamts. — **1911.** 12,— ℳ

Nr. 103. **Reichs-Viehseuchengesetz** vom 26. Juni 1909 nebst Ausführungsvorschriften und dem preuß. Ausführungsgesetz. Von Landrat Dr. **W. v. Hippel. 2. Aufl.** — **1912.** * 6,50 ℳ

Nr. 104. **Versicherungsgesetz für Angestellte.** Von **O. Bernstein** und Dr. **J. Kupferberg. 2. Aufl.** — **1912.** Vergriffen. (Siehe auch Nr. 144.)

Nr. 105. **Das Geldwesen in den deutschen Schutzgebieten.** Von **W. Hintze,** Geh. Sekr. im Reichskolonialamt. — **1912.** * 2,90 ℳ

Nr. 106—109. **Reichs-Versicherungsordnung nebst Einführungsgesetz.** Herausgegeben von Direktor Dr. **F. Caspar** und Geh. Ob.Reg.Rat **A. Spielhagen. 4 Bände.**

Nr. 106. I., V. und VI. Buch. **Gemeinsame Vorschriften. — Beziehungen der Versicherungsträger zu einander und zu anderen Verpflichteten. — Verfahren.** Von Dr. **K. Lippmann,** Senatspräsident im Reichs-Vers.Amt, Dr. **L. Laß** und **H. Siefart.** — **1913.** Mit Nachtrag, enthaltend Ergänzungen zum I. und VI. Buch. Von Dr. **K. Lippmann.** — **1920.** 36,— ℳ

Nachtrag einzeln. 4,— ℳ

Guttentagsche Sammlung Deutscher Reichsgesetze.

Nr. **107.** II. Buch. **Krankenversicherung.** Von Geh. Reg.-Rat **H. Siefart** und Reg.Rat Dr. **F. Sitzler.** — **1916.** Mit Nachtrag, enthaltend Ergänzungen zum II. Buch. Bearbeitet von Dr. **K. Lippmann.** — **1920.** 45,— ℳ
Nachtrag einzeln. 12,— ℳ

Nr. **108.** III. Buch. **Unfallversicherung.** Von **A. Radtke,** Senatspräsident im R.Vers.Amt. — **1913.** Mit Nachtrag, enthaltend Ergänzungen zum III. Buch. Bearbeitet von **A. Radtke.** — **1921.** 56,— ℳ
Nachtrag einzeln. 16,— ℳ

Nr. **109.** IV. Buch. **Invaliden- und Hinterbliebenenversicherung.** Von Geh. Ob.Reg.Rat **B. Jaup** und **H. Follmann,** Senatspräsident im R.Vers.Amt. — **1912.** Mit Nachtrag, enthaltend die Ergänzungen 1914—1916. 28,— ℳ

Nr. **110.** **Wehrbeitragsgesetz** mit Ausf.-Bestimmungen. Von Wirkl. Geh. Ob.Fin.Rat **A. Fernow. 2. Aufl.** — **1913.** * 2,90 ℳ

Nr. **111.** **Reichs- und Staatsangehörigkeitsgesetz.** Von Wirkl. Geh. Kriegsrat Dr. **A. Romen.** — **1913.** * 3,25 ℳ

Nr. **112.** **Kaufmannsgerichtsgesetz** mit Best. des Gewerbegerichtsgesetzes. Von Dr. **H. Depène,** Vors. des Kaufmannsgerichts zu Berlin. — **1914.** 13,— ℳ

Nr. **113.** **Postscheckgesetz.** Von Oberpostinspektor **J. Weiland.** — **1914.** Mit Nachtrag **1918.** * 2,35 ℳ

Nr. **113 a.** **Postscheckordnung** mit Ausführungsbestimmungen. Von **J. Weiland.** — **1914.** Mit Nachtrag **1918.** * 2,35 ℳ

Nr. **114.** **Waffengebrauch und Festnahmerecht des Militärs.** Von Wirkl. Geh. Kriegsrat Dr. **A. Romen** und Kriegsgerichtsrat Dr. **C. Rissom.** — **1914.** * 2,90 ℳ

Nr. **115.** **Das vertragliche Wettbewerbsverbot [Konkurrenzklausel].** Nebst Kommentar zum G. v. 10. Juni 1914. Von Rechtsanwalt Dr. **G. Baum.** — **1914.** 13,— ℳ

Nr. **116.** **Kriegs-Zivil- und Finanzgesetze** vom 4. Aug. 1914 und die dazu erlassenen Verordnungen und Bekanntmachungen. **3. Aufl.** — **1915.** * 3,40 ℳ

Nr. **116 a.** Zweite Folge: **Das Jahr** 1915. — **1916.**
Siehe auch Nr. **129.** * 2,90 ℳ

ein Teuerungszuschlag des Verlages von 200 %.

Guttentagsche Sammlung Deutscher Reichsgesetze.

Nr. 117. **Darlehnskassengesetz.** Von Rechtsanwalt **Salomon** und Bankvorsteher **Bud.** — **1915.** * 2,90 ℳ

Nr. 118. **Militärhinterbliebenengesetz.** Von Rechnungsrat **Reh.** Mit Nachtrag, enth. das **Kapitalabfindungsgesetz** vom 11. Juli 1916. — **1915.** — (Siehe auch Nr. **136.**) * 3,65 ℳ

Nr. 119. **Kriegsleistungsgesetz.** Von Rechtsanwälten J.Rat **Heilberg** und **Schäffer.** — **1915.** Vergriffen.

Nr. 120. **Telegraphenwegegesetz.** Von Postreferendar **Wolf.** — **1916.** * 2,55 ℳ

Nr. 121. **Direkte Kriegssteuer.** Gesetze z. Besteuerung der Kriegsgewinne. Von Ob.Verw.Gerichtsrat **A. Mrozek.** — **1916.** *5,85 ℳ

Nr. 122. **Gesetz über den Belagerungszustand.** Von Kriegsgerichtsrat Dr. **H. Pürschel.** — **1916.** * 6,50 ℳ

Nr. 123. **Warenumsatzstempel.** Von Geh. Ober-Justizrat **Lindemann.** — **1916.** * 3,25 ℳ

Umsatzsteuergesetze — 1918 und 1919. Siehe Nr. **132.** — (Ausgabe ohne Anmerkung S. 22.)

Nr. 124. **Todeserklärung Kriegsverschollener.** Von Prof. Dr. **J. Partsch.** — **1916.** * 3,90 ℳ

Nr. 125. Das Gesetz über den **vaterländischen Hilfsdienst. 3. vermehrte Aufl.** — **1917.** * 1,50 ℳ

Nr. 126. **Besitzsteuergesetz** mit Ausführungsbestimmungen. Von Ob.Verw.Gerichtsrat **A. Mrozek.** — **1917.** 16,— ℳ

Nr. 127. Verordnung über die **Geschäftsaufsicht zur Abwendung des Konkurses** vom 14. Dez. 1916. Von Rechtsanwalt **G. Klien,** mit system. Einleitung von Geh. Hofrat Dr. **Ernst Jaeger,** ord. Prof. a. d. Universität Leipzig. — **1917.** 9,— ℳ

Nr. 128. Gesetz, betr. die **Verhaftung und Aufenthaltsbeschränkung,** vom 4. Dez. 1916. Nebst Anhang, betr. Entschädigung unschuldig Verhafteter. Von Wirkl. Geh. Kriegsrat Dr. **A. Romen.** — **1917.** * 2,50 ℳ

Nr. 129. Kriegsgesetze auf dem Gebiete des **Zivil- und Prozeßrechtes,** für die gerichtliche Praxis zusammengestellt von Amtsrichter Dr. **Johannes Fischer.** — **1918.** * 4,— ℳ

Guttentagsche Sammlung Deutscher Reichsgesetze.

Nr. 130. **Ersatzlebensmittelverordnung** nebst Ausf.-Vorschr. des Reichs und der wichtigsten Bundesstaaten. Verordnungen über **Schleichhandel, Preistreiberei und Papierhandel.** Von **Heinz Emil Wendel,** Polizeirat in Berlin. — 1918. * 2,— ℳ

Nr. 131 a. **Reichsfinanzgesetzgebung 1918.** Bd. I. **Getränkesteuern** (Bier, Branntwein, Wein, Schaumwein, Limonaden). Von Dr. **G. Mayer.** — 1918. * 6,50 ℳ

Nr. 131 b. **Reichsfinanzgesetzgebung 1918.** Bd. II. **Abgabe** vom **Einkommen, Stempel, Umsatz, Kriegsgewinn** usw., **Steuerflucht.** Von Dr. **G. Mayer.** — 1919. * 4,— ℳ

Nr. 132. **Umsatzsteuergesetz** und Ausführungsbestimmungen. Von Geh. Ober-Justizrat **Otto Lindemann,** vortr. Rat im Justizministerium. 2. Aufl. — 1920. 48,— ℳ

Nr. 133. **Reichswuchergesetzgebung.** Von Reichsgerichtsrat Dr. **Ad. Lobe.** — 1918. * 6,50 ℳ

Nr. 134. **Die Friedensverträge.** Von Dr. **Karl Strupp.** I. **Die Ostfrieden.** — 1918. * 12,— ℳ

Nr. 135. Verordnung über das **Erbbaurecht.** Von Land-G.Rat Dr. **Hermann Günther.** — 1919. * 5,— ℳ

Nr. 136. **Militärversorgungsgesetze.** Von Landrichter Dr. **Hermann Günther.** — 1919. * 6,50 ℳ

Nr. 137. **Die neue Verfassung des Deutschen Reiches.** Von Prof. Dr. **A. Arndt.** 2. Aufl. — 1921. 24,— ℳ

Nr. 138 a. **Arbeiterschutz und Arbeitsrecht.** Von Prof. Dr. **A. Günther.** — 1920. 40,— ℳ

Nr. 138 b. **Betriebsrätegesetz.** Von Prof. Dr. **A. Günther.** — 1920. 15,— ℳ

Nr. 139. **Grunderwerbsteuergesetz.** Von Geh. Ober-Justizrat **Otto Lindemann.** — 1919. * 6,— ℳ

Nr. 140. **Die Siedelungsgesetzgebung im Reich und in Preußen.** Von Geh. Ob.-Justizrat **W. Holzapfel.** — 1920. 22,— ℳ

ein Teuerungszuschlag des Verlages von 200 %.

Guttentagsche Sammlung Deutscher Reichsgesetze.

Nr. 141. **Sozialisierungsgesetze.** Von Rechtsanwalt Dr **Otto Meier.** — **1920.** 15,— M

Nr. 142. **Wirtschaftliche Demobilmachung.** Von Geh. Reg.-Rat Dr. **Gg. Fischbach.** — **1920.** 8,— M

Nr. 143. **Reichsabgabenordnung** mit Einleitung. Von Rechtsanwalt Dr. **Friedmann.** — **1920.** 16,— M

Nr. 144. **Versicherungsgesetz für Angestellte.** Von Senatspräsident Dr. **Lippmann.** — **1920.** Mit Nachtrag, enthaltend Ergänzungen bis 23. Juli 1921. 24,— M

Nachtrag einzeln. 2,— M

Nr. 145. Gesetzgebung über **Steuer- und Kapitalflucht.** Von Rechtsanwalt Dr. **E. H. Meyer.** 2. Aufl. — **1921.** 12,— M

Nr. 146. **Tabaksteuergesetz.** Von Rechtsanwalt Dr. **Wündisch.** — **1920.** 27,— M

Nr. 147. Gesetz über **Filmzensur.** Von Regierungsrat **Szczesny.** — **1920.** 14,— M

Nr. 148. **Reichsausgleichsgesetz.** Von Rechtsanwalt Dr. **Decke.** — **1920.** 14,— M

Nr. 149. **Reichsnotopfergesetz.** Von Rechtsanwalt Dr. **Friedmann** und Dr. **Richard Wrzeszinsky.** — **1921.** 36,— M

Nr. 150 **Reichsschädengesetze.** Von Rechtsanwalt Dr. **Adolf Hohenstein** und Rechtsanwalt und Notar Dr. **Wenzel Goldbaum.** — **1921.** 50,— M

ein Teuerungszuschlag des Verlages von 200 %.

Guttentagsche Sammlung Preußischer Gesetze.

Nr. **12.** **Allgemeines Berggesetz.** Mit seinen Novellen und Nebengesetzen. **3. Aufl.**, bearbeitet von den Oberbergräten **Schlüter** und **Hense.** — **1913.** * 10,40 ℳ

Nr. **13.** **Ergänzungssteuergesetz** (Vermögenssteuergesetz). Von Wirkl. Geh. Ob.Fin.Rat **A. Fernow. 5. Aufl.** Mit Nachtrag, enth. Ges. betr. Erhöhung der Zuschläge vom 8. Juli 1916. — **1914.** * 5,85 ℳ

Nr. **14.** **Kommunalabgabengesetz** vom 14. Juli 1893 und Ges. wegen Aufhebung direkter Staatssteuern. Von Oberbürgermeister Dr. **F. Adickes. 6. Aufl.** bearbeitet von Bürgermeister Dr. **Falk.** In Bearbeitung.

Nr. **15.** Die **Kreisordnungen** für den Preußischen Staat. Von Land-G.Rat **O. Kolisch.** — **1894.** * 5,50 ℳ

Nr. **16.** **Konzessionierung gewerblicher Anlagen.** Von Geh. Reg.Rat Dr. **W. v. Rüdiger. 2. Aufl.** — **1901.** Vergriffen.

Nr. **17.** Preußisches **Gerichtskostengesetz.** Vom 25. Juli 1910. Mit Kostentabellen. Von Kammer-G.Rat Dr. **P. Siméon. 7. Aufl.** — **1913.** Mit Nachtrag: Abänderungen der Jahre 1919 und 1920. 20,— ℳ

Nr. **18.** Preußisches **Stempelsteuergesetz** vom 30. Juni 1909. Mit sämtlichen Ausführungsbestimmungen. Von **P. Loeck. 8. Aufl.** von Reg.Rat **W. Seyffarth.** — **1914.** * 11,70 ℳ

Neue Auflage in Vorbereitung.

Nr. **19.** Das **Jagdscheingesetz.** Von Wirkl. Geh. Ob.Reg.Rat **F. Kunze. 2. Aufl.** — **1899.** * 2,90 ℳ

Nr. **20.** Die **preußischen Erbschaftssteuergesetze.** Von Rechnungsrat **U. Hoffmann.** — **1905.** * 5,20 ℳ

(**Reichs**-Erbschaftssteuergesetz siehe **Reichsgesetze** Nr. **77** und Seite 22.)

Nr. **21.** Gesetz über die **Handelskammern.** Von Min.Dir. **F. Lusensky. 2. Aufl.** — **1909.** 15,— ℳ

Nr. **22.** Gesetz, betr. **Anstellung und Versorgung der Kommunalbeamten.** Von Dr. **W. Ledermann. 2. Aufl.**, bearbeitet von Dr. **L. Brühl.** — **1914.** * 8,10 ℳ

Guttentagsche Sammlung Preußischer Gesetze.

Nr. **23.** **Ausführungsgesetz zum Bürgerlichen Gesetzbuche.** Von Kammer-G.Rat Dr. **P. Siméon. 3. Aufl. — 1914.** 12,— M

Nr. **24.** Die **Hinterlegungsordnung. (1879.)** Von Reg.Rat Dr. **G. Bartels. 2. Aufl. — 1908.** * 2,60 M

— —, Abänderungsgesetz vom 21. April 1913 siehe Nr. **53.**

Nr. **25.** **Preußische Kommunalbeamtengesetzgebung.** Von Mag.Assessor Dr. **F. Kremski,** Berlin. — **1901.** * 4,40 M

Nr. **26.** Gesetze über das **Diensteinkommen der Lehrer und Lehrerinnen, Ruhegehalt und Hinterbliebenenfürsorge.** Tabelle zur Berechnung der Ruhegehalts-, Witwen- und Waisenbezüge. Von Bürgermeister Dr. **E. Cremer. — 1900.** * 3,40 M

Nr. **27.** Gesetz, betr. die **Warenhaussteuer.** Von Geh. Ober-Fin.Rat Dr. **G. Strutz. — 1900.** * 1,95 M

Nr. **28.** Die **Fürsorgeerziehung Minderjähriger.** Von Geh. Justizrat Dr. **P. F. Aschrott.** Mit Ausführungsbestimmungen und allen wichtigeren Ministerialerlassen. **3. Aufl. — 1917.** 18,— M

Nr. **29.** Gesetz, betr. **die ärztlichen Ehrengerichte, das Umlagerecht und die Kassen der Aerztekammern.** Von Amtsgerichtsrat Dr. **F. Fidler. — 1901.** * 2,35 M

Nr. **30.** Das **Preußische Staatsschuldbuch** und **Reichsschuldbuch.** Von Wirkl. Geh. Ob.-Fin.Rat **J. Mücke. — 1902.** * 2,60 M

Nr. **31.** **Die geltenden Preußischen Gesindeordnungen. Zwei Bände.** Von Rechtsanwalt **St. Gerhard.**

31 a. Gesindeordnung für die altpreußischen Provinzen vom 8. Nov. 1810, unter Berücksichtigung der Ergänzungsgesetze, der Rechtsverhältnisse der Stellenvermittler und Reichsversicherungsordnung, sowie die Gesindeordnungen für Neuvorpommern und Rügen und für die Rheinprovinz. **2. Aufl. — 1914.** * 4 40 M

31 b. Gesindeordnungen für Hannover, Schleswig-Holstein, Hessen-Nassau und den Regierungsbezirk Hohenzollern. **— 1902.** * 3,65 M

ein Teuerungszuschlag des Verlages von 200 %.

Guttentagsche Sammlung Preußischer Gesetze.

Nr. 32. **Die Städteordnung für die sechs östlichen Provinzen Preußens.** Von Dr. **W. Ledermann** u. Dr. **L. Brühl. 2. Aufl. — 1913.** 32,— ℳ

Nr. 33. **Rentenguts- und Anerbenrechts-Gesetzgebung in Preußen.** Von Land-G.Rat **M. Peltasohn** und Rechtsanwalt **B. Peltasohn. — 1903.** * 4,40 ℳ

Nr. 34. Sammlung der wichtigsten **preußischen Strafgesetze** nebst Ges., betr. polizeil. Strafverfügungen, vom 23. April 1883. Von Geh. Ob.J.Rat **Lindemann. 2. Aufl. — 1912.** 13,— ℳ

Nr. 35. **Geschäftsordnung für Gerichtsvollzieher.** Von **E. Exner. — 1904.** * 4,55 ℳ

Nr. 36. **Polizeiverordnungen in Preußen. Von** Geh. Ober-Justizrat **O. Lindemann. — 2. Aufl. 1912.** 12,— ℳ

Nr. 37. Gesetz, betr. **Enteignung von Grundeigentum,** vom 11. Juni 1874. Von Ob.L.G.Rat **O. Meyer. 2. Aufl. — 1911.** * 3,25 ℳ

Nr. 38. **Kreis- und Provinzial-Abgabengesetz** vom 23. April 1906. Von Gemeindevorsteher **F. Schmidt. — 1906.** * 1,95 ℳ

Nr. 39. Gesetz, betr. die **Unterhaltung der öffentlichen Volksschulen.** Von Reg.Rat Dr. **A. Marcks. — 1906.** * 2,90 ℳ

Nr. 40. **Verwaltungsstrafverfahren** bei Zuwiderhandlungen gegen die Zollgesetze und indirekte Reichs- und Landesabgaben. Von Dr. **R. Katzenstein. — 1907.** 15,— ℳ

Nr. 41. Die **preußischen Jagdpolizeigesetze.** Von Wirkl. Geh. Ob.Reg.Rat **F. Kunze** und Rechtsanwalt **R. Kühnemann. 2. Aufl. — 1907.** * 5,20 ℳ

Nr. 42. Die Gesetzgebung über die **Allgemeine Landesverwaltung** und **Zuständigkeit der Verwaltungs- und Verwaltungsgerichtsbehörden.** Von Dr. **K. Friedrichs. 2. Aufl. — 1921.** 25,— ℳ

Nr. 43. Gesetz, betr. die **Zulassung einer Verschuldungsgrenze** für land- und forstwirtschaftlich **benutzte Grundstücke.** Von Syndikus Dr. **R. Leweck. — 1908.** * 3,40 ℳ

Guttentagsche Sammlung Preußischer Gesetze.

Nr. **44.** **Quellenschutzgesetz** nebst den Ausführungsbestimmungen. Von Geh. Bergrat **E. Voelkel. — 1909.** *1,60 M

Nr. **45. Rechtsverhältnisse der Juden in Preußen.** Von Rechtsanwalt Dr. **M. Kollenscher. — 1910.** *3,40 M

Nr. **46.** Gesetz, betr. **Austritt aus der Landeskirche,** vom 14. Mai 1873. Von Ger.Assessor **H. Caro. — 1911.** *3,40 M

Nr. **47.** Gesetz, betr. die **Feuerbestattung.** Von Amtsgerichtsrat Dr. **W. Lohmann. — 1912.** *2,10 M

Nr. **48. Zweckverbandsgesetz für Groß-Berlin** vom 19. Juli 1911 nebst Abdruck des allgemeinen Zweckverbandsgesetzes. Von den Magistratsräten Dr. **L. Brühl,** Dr. **K. Gordan** und Stadtrat Dr. **W. Ledermann. — 1912.** *5,85 M

Nr. **49. Gesetze gegen die Verunstaltung landschaftlich hervorragender Gegenden** mit Ausführungsanweisungen. Von Regierungsrat **O. Goldschmidt. — 1912.** *3,40 M

Nr. **50. Gesetz, betr. die Anlegung und Veränderung von Straßen und Plätzen in Städten und ländlichen Ortschaften.** Von Oberlandgerichtsrat **O. Meyer. — 1913.** 15,— M

Nr. **51. Das preußische Disziplinargesetz für die nichtrichterlichen Beamten** und die Privatdozenten. Von Regierungsrat Dr. **E. v. Dultzig. — 1914.** 20,— M

Nr. **52. Preußisches Wassergesetz** vom 7. April 1913. Von den Rechtsanwälten **G. Wulff** und **F. Herold. — 1913.** 25,— M

Nr. **53. Hinterlegungsordnung** vom 21. April 1913. Von Landrichter **Hagemann. — 1914.** 10,— M

Nr. **54.** Gesetz, betr. **Anlegung von Sparkassenbeständen in Inhaberpapieren** nebst Ausführungsverordnung vom 8. Mai 1913. Von Rechtsanwalt **H. Döhring. — 1914.** *2,90 M

ein Teuerungszuschlag des Verlages von 200 %.

Guttentagsche Sammlung Preußischer Gesetze.

Nr. 55. **Preußisches Wohnungsgesetz und Bürgschaftssicherungsgesetz.** Von Hochschulprofessor Dr. jur. **B. Schmittmann.** — **1918.** 15,— M

Nr. 56. **Das preußische Tumultschadengesetz.** Von Justizrat Dr. **Bruno Friedländer.** — **1919.** * 1,20 M

Nr. 57. Gesetz über **Landeskulturbehörden.** Von Geh. Ober-Justizrat **W. Holzapfel.** — **1920.** 11,— M

Nr. 58. **Arbeitsnachweis.** Von Magistratsrat **P. Wölbling.** — **1920.** 7,— M

Nr. 59. **Bildung der neuen Stadtgemeinde Berlin.** Von Magistratsrat **P. Wölbling. 2. Aufl.** — **1920.** 15,— M

Nr. 60. **Umlegungsordnung.** Von Geh. Ober-Justizrat **W. Holzapfel.** — **1921.** 15,— M

Sonderverzeichnisse über hervorragende Erscheinungen aus den Gebieten des Verwaltungs- und Handelsrechts sowie der genossenschaftlichen Literatur durch jede Buchhandlung und direkt vom Verlage.

ein Teuerungszuschlag des Verlages von 200 %.

Schlagwort-Register

R. = Nummer der Sammlung Deutscher Reichsgesetze.
P. = Nummer der Sammlung Preußischer Gesetze.
S. = Seite.

Schlagwort-Register. (R. = Reichsgesetz, P. = preuß. Gesetz.)

Schlagwort-Register. (R. = Reichsgesetz, P. = preuß. Gesetz.)

Schlagwort-Register. (R. = Reichsgesetz, P. = preuß. Gesetz.)

T.

U.

V.

Kolibri 360 GmbH
Ferdinand-Jühlke-Straße 7
99095 Erfurt, Deutschland
produktsicherheit@kolibri360.de